혁명의 영점

Silvia Federici, *Revolution at Point Zero: Housework, Reproduction, and Feminist Struggle*.
Copyright ⓒ 2012 Silvia Federici
This edition ⓒ 2012 PM Press

ⓒⓈⓞ
This work is licensed under the Creative Commons Attribution-NonCommercial-
ShareAlike 3.0 Unported License. To view a copy of this license,
visit http://creativecommons.org/licenses/by-nc-sa/3.0/

이 책의 한국어판은 저자 Silvia Federici의 동의하에서 출판사 PM Press와의 협약에 따라 출판되었습니다.

 V 아우또노미아총서 44

혁명의 영점
Revolution at Point Zero

지은이 실비아 페데리치
옮긴이 황성원

펴낸이 조정환
책임운영 신은주
편집 김정연
디자인 조문영
홍보 김하은
프리뷰 권범철·한태준

펴낸곳 도서출판 갈무리 등록일 1994. 3. 3. 등록번호 제17-0161호
초판 1쇄 2013년 12월 22일
2판 3쇄 2022년 10월 22일
종이 타라유통 인쇄 예원프린팅 라미네이팅 금성산업 제본 바다제책

주소 서울 마포구 동교로18길 9-13 [서교동 464-56] 2층
전화 02-325-1485 팩스 070-4275-0674
website http://galmuri.co.kr e-mail galmuri94@gmail.com

ISBN 978-89-6195-075-6 94300 / 978-89-6195-003-9(세트)
도서분류 1. 인문학 2. 정치학 3. 여성학 4. 경제학 5. 철학 6. 역사 7. 문화

값 20,000원

이 도서의 국립중앙도서관 출판시도서목록(CIP)은 서지정보유통지원시스템 홈페이지(http://seoji.nl.go.kr)와 국가자료공
동목록시스템(http://www.nl.go.kr/kolisnet)에서 이용하실 수 있습니다. (CIP제어번호 : CIP2013026554)

혁명의
영점

Revolution
at Point Zero
by Silvia Federici

Housework,
Reproduction,
and Feminist Struggle

가사노동,
재생산,
여성주의 투쟁

실비아 페데리치 지음
황성원 옮김

갈무리

일러두기

1. 이 책은 Silvia Federici, *Revolution at Point Zero: Housework, Reproduction, and Feminist Struggle*, PM Press, 2012를 완역하고 영어본에는 없는 13장을 저자의 의사에 따라 추가한 것이다.
2. 단행본, 전집, 정기간행물, 보고서에는 겹낫표(『』)를, 논문, 논설, 기고문 등에는 홑낫표(「」)를 사용하였다.
3. 단체(위원회), 회사, 학회, 협회, 연구소, 재단, 프로젝트, 행사, 영상, 텔레비전 프로그램 이름, 전시, 공연물, 법률, 조약 및 협약에는 가랑이표(〈 〉)를 사용하였다.
4. 지은이 주석과 옮긴이 주석은 같은 일련번호를 가지며, 옮긴이 주석에는 [옮긴이]라고 표시하였다.
5. 본문의 도판들은 독자의 이해를 돕기 위해 편집부에서 삽입하였다.

:: 한국어판 서문

『혁명의 영점』에 대한 가장 훌륭한 접근방식은, 우리에게 아주 가깝지만 아직 많은 이들에게 최소한 그 정치적 잠재력이 알려지지 않은 세상을 가로지르는 여행을 한다고 생각하는 것이다. [그 잠재력이 잘 알려지지 않은 것은] 우리의 생활과 노동능력을 재생산하는 활동들이 우리에게 워낙 익숙하다 보니 재생산활동들이 만들어내는 세상과, 재생산활동을 결정하는 관계들에 대해 분석적으로 평가하는 능력이 둔해졌기 때문이다. 프랑스 사회학자 앙리 르페브르는 일상생활 삼부작 첫 번째 책에서[1] 어째서 '일상생활'의 가치가 그렇게 저평가되었냐고 질문을 던지면서도 이에 대한 만족스러운 답을 찾지는 못했다. [다행히도 우리는] 여성운동의 노력 덕분에 이 같은 저평가의 비밀은 자본주의가 여성으로부터 막대한 양의 부불노동을 추출하기 위해 이 부불[재생산]노동을 여성 본연의 천명으로 당연시하고 그것이 노동력 생산에 기여한다는 사실을 인식할 수 있게 되었다.

『혁명의 영점』은 바로 이런 발견에서 출발한다. 그리고 이 발견은 이 책의 많은 글들을 관통하는 공통의 실과도 같다. 이 실은 〈국제 가사노동에 대한 임금 캠페인〉(가사노동의 부불상태에 도전한 최초의 정치조직)을 둘러싼 논쟁에서 출발하여 세계경제의 재구조화 및 그 속에서 재생산노동[의 위상변화], 여성들이 보다 협력적인 재생산형태를 창조하고 신자유주의 세계화의 파괴적인 영향에 저항하기 위해 세계 각지에서 벌이고 있는 투쟁을 아우른다. 각 사례에서 제시하고 검토하는 논지는 노동의 자본주의적 조직방식과 변혁 양자 모두에 대해 '재생산'이 중심적인 위치를 차지한다는 것이다.

『혁명의 영점』에 대한 아주 긍정적인 반응들이 보여주듯 오늘날에는 이 자명한 사실에 동의하는 사람들이 많다. 1960년대와 1970년대의 사회운동을 지탱하던 조직형태들이 붕괴하고 경제위기가 발생하면서 생존수단으로서뿐만 아니라 우리가 생산했던 부와 우리의 미래를 되찾는 투쟁의 기초로 공동체의 사회적 구조를 재구축하는 일이 정치적으로 우선시되고 있기 때문이다.

이런 맥락에서 재생산노동과 [이를 둘러싼] 관계들이 어떻게 자본주의 축적의 요구에 복속되고 우리를 '노동력'으로서만 재생산하도록 의도된 기제로 변질되었는가를 이해하는 일은 전략적인 중요성을 띤다. 가령 우리가 번식에서 보육, 노인돌봄 등 이 세상의 많은 노동이 기계화로 환원불가능함을 무시한 채, 산업기술의 힘은 우리의 시간을 해방시켜주고, 우리의 삶이 보다 창의적일 수 있게 해주며, 착취에서 자유로운 사회로 가는 길을 열어준다고 과대평가하게 된 것은 재생산노동의 저평가에서 기인했음이 분명하다.

우리는 무엇보다 일상생활의 재생산이라는 맥락 속에서 산업에 의한 환경오염과, 노동의 성별분업 및 왜곡된 여성성/남성성 개념을 양산하는 위계질서가 공동체에 끼친 해악을 가장 잘 측정할 수 있다. 여성에 대한 폭력은 이제 기후변화만큼이나 전 지구적인 현상으로 자리잡았다. 매일 같이 집 안팎에 있는 남성에게 살해 또는 학대 당하는 여성들이 어찌나 많은지 몇몇 국가에서는 관련 법규를 도입하거나 '여성살해'femicide를 금지하는 법규의 도입에 대해 논의하는 중이다.[2] 여성에 대한 적개심이 이처럼 폭증하게 된 원인은 무엇이며, 이에 어떻게 대응해야 할 것인가? 이런 파괴적인 행위에 대해 그 어떤 긍정적인 사회변화도 일어나지 못한다는 점을 고려했을 때 이는 오늘날 가장 중대한 문제에 속한다.

나아가 '복지국가'의 축소가 재생산에 미친 영향을 평가하는 문제도 남아 있다. 1970년대 여성주의자들은 복지국가의 축소를, 여성을 길들이기 위한 목적의 시스템이라며 비판했지만, 이는 많은 이들에게 약간의 경제적 독립을 제공하는 역할을 하기도 했다. 이는 남아프리카공화국, 볼리비아, 멕시코, 베네수엘라 등 일부 국가들이 엄격한 사회적 통제를 대가로 치르는 대신 최악의 빈곤을 방지하는 복지정책(라틴아메리카에서는 이를 '가족보조금'bolsas familiales이라고 한다)을 도입했다는 점에서 특히 중요한 문제이다.

'복지국가'의 해체는 저항의 대상인가? 아니면 복지의 종말은 미국의 일각에서 1930년대까지 모든 복지활동들은 아래로부터, 노동조합을 통해 조직되었음을 지적하면서 제안한 바와 같이 우리의 재생산과 정을 재실정할 기회를 열어줄 것인가? 미국에서는 1930년대까지만 해도 노동조합은 일생동안 노동자의 필요를 충족시켜줄 수 있는 능력 덕분에 권력을 유지했다.[3]

『혁명의 영점』은 40년간의 사회변화와 재생산영역을 둘러싼 투쟁을 아우르면서, 이런 문제들과, 우리의 재생산노동을 좀 더 협력적인 형태로 재조직하는 일이 변혁활동에 제기하는 문제의 밑그림만을 보였을 뿐이다. 하지만 이 책은 내가 보았을 때 재생산이 자본주의적 축적의 논리가 아니라 우리의 욕구와 우리 스스로 설정한 목표에 따라 통제되는 세상을 건설하는 데 필요한 방법론과 이론을 제공하고 있다.

여기에 실린 많은 예와 투쟁들이 북미나 아프리카, 유럽의 것이긴 하지만, 이 책에서 제시하는 경제 및 정치적 과정의 전 지구적 본질을 감안했을 때 한국 독자들의 관심에서 크게 벗어나지는 않으리라고 본다. 오히려 나는 이 책에서 기획하는 재생산의 혁명이 국제적인 분업에서 비롯된 제약에 손상되지 않고 폭넓어지기 위해 필요한 거대한 교류가 이 책의 한국어판 출간을 통해 이루어질 수 있기를 바란다.

실비아 페데리치
2013년 11월, 뉴욕에서

차례

한국어판 서문 5
감사의 말 13
서문 14
수록 매체 18

들어가며 21

1부 가사노동의 이론화와 정치화 35

1장 가사노동에 대항하는 임금 36
"사랑이라는 노동" 38
혁명적 관점 43
사회적 서비스를 위한 투쟁 46
가사노동에 대항하는 투쟁 48

2장 섹슈얼리티는 왜 노동인가 52

3장 부엌에서 만든 대안 60
그들은 우리를 "발전"시킨다 61
새로운 투쟁의 근거지 63
숨은 노동 65
규율로서의 무임금상태 69
가족을 찬양함 71
상이한 노동시장 74
임금 요구 76
자본이 돈을 지불하게 만드는 방법 78

4장 1970년대 미국의 가사노동과 재생산의 구조조정 83
가사노동에 대한 저항 86
사회적 재생산의 재조직화 92
결론 100

5장 여성주의 바로잡기 104

2부 세계화와 사회적 재생산   120

6장   신국제노동분업에서 재생산과 여성주의 투쟁   121
      들어가며   121
      신국제노동분업   123
      이민, 재생산, 국제여성주의   130
      결론   136

7장   전쟁, 세계화, 재생산   138
      아프리카, 전쟁, 구조조정   140
      식량원조라는 이름의 은밀한전쟁   144
      모잠비크 : 현대전의 전형적인 사례   147
      결론 : 아프리카에서 유고슬라비아, 그리고 그 너머   149

8장   여성, 세계화, 국제여성운동   153
      세계화 : 재생산에 대한 공격   155
      여성의 투쟁과 국제여성운동   159

9장   세계경제에서 노동력의 재생산과 끝나지 않은 여성주의 혁명   162
      들어가며   163
      맑스와 노동력의 재생산   165
      가사노동에 대한 여성들의 저항과, 노동, 계급투쟁, 자본주의 위기에 대한 여성주의 재정의   170
      참을 수 없는 것에 이름 붙이기: 시초축적과 재생산의 재구조화   177
      세계경제에서 젠더관계와 여성노동, 재생산노동   186

3부 공유재의 재생산   195

10장   노인돌봄노동과 맑스주의의 한계에 대하여   196
      들어가며   196
      세계화시대 노인돌봄의 위기   198
      노인돌봄, 노조, 좌파   204
      여성주의 경제학에서 바라본 노인돌봄, 노화, 그리고 여성   210

11장	국제적인 관점에서 바라본 여성, 토지투쟁, 세계화	215
	여성이 이 세상의 생명을 유지한다	216
	여성과 토지 : 역사적인 관점	217
	아프리카, 아시아, 남북아메리카의 반"세계화"자급투쟁	225
	투쟁의 중요성	233
12장	시초축적 시대 공유재의 정치와 여성주의	235
	서론 : 왜 공유재인가?	235
	세계의 공유재, 세계은행의 공유재	237
	공유재란 무엇인가?	239
	여성과 공유재	243
	여성주의적 재구성	246
13장	감정노동에 관하여 『제국』부터 『다중』과 『공통체』에 나타난	253
	감정노동과 비물질노동	255
	감정노동과 감정의기원	263
	감정노동과 노동의 탈젠더화	265
	여성주의 저술에 나타난 감정노동	270
	결론	275

후주	277
참고문헌	308
옮긴이 후기	330
인명 찾아보기	332
용어 찾아보기	334

::감사의 말

정치사상은 다양한 운동[에 대한 사유]에서 출발하고, 책 한 권으로 떠나는 여정에는 수많은 개인들의 작업이 필요하다. 이 책이 세상에 나올 수 있게 해준 사람들 중 특히 두 사람에게 감사를 표하고 싶다. 이들은 이 기획에 큰 도움을 주었고 창의적이면서도 관대한 정치적 활동을 벌였기 때문이다. 그중 한 명인 말라브 카누가Malav Kanuga는 〈커먼노션 시리즈〉Common Notions Series의 편집자로 이 책을 출간하라고 독려했고 전 과정에서 열정과 훌륭한 조언으로 나를 도와주었다. 또 다른 한 명인 조쉬 맥피Josh MacPhee는 이 책의 표지디자인을 통해 예술적 재능의 힘과 변화의 씨앗이라는 이미지를 잘 보여주었다.

또한 여성주의자이자 저술가이며 혁명가인 나왈 엘 사다위Nawal El Saadawi에게도 감사의 말을 전한다. 그녀의 저작 『영점에 선 여성』Woman at Point Zero는 이 책의 제목과 그 외 많은 부분에 영감을 주었다.

『혁명의 영점』은 우리 일상생활의 변혁과 새로운 형태의 연대 창출에 대한 책이다. 이런 정신에 입각하여 나는 이 책을 다라 그린왈드Dara Greenwald에게 헌정한다. 그녀는 자신의 예술과 정치적 행동, 암 투병을 통해 투병 기간 동안 "치유의 섬"을 구체적으로 구현하는 등 돌봄의 공동체를 실현했다.

::서문

역사의 결정적인 힘은 당면한 삶의 생산과 재생산이다.
― 프리드리히 엥겔스

전 세계적으로 흑인여성들, 그중에서도 특히 백인지상주의 사회에서 살아가는 흑인여성들은 가정을 저항의 공동체로 만드는…… 이런 과업을 공유해 왔다.
― 벨 훅스

이 책은 가사노동, 사회적 재생산, 그리고 이와 관련된 (가사노동에서 벗어나거나, 더 좋은 조건을 만들거나, 자본주의적 관계에 대한 대안을 제공할 수 있는 방식으로 재구성하기 위한) 여성투쟁의 본질에 대한 30여 년의 사유와 연구작업을 집대성한 것이다. 이 책에는 정치, 역사, 여성주의 이론이 뒤섞여있지만, 여성주의 운동과 반세계화운동에 참여했던 나 자신의 정치활동의 궤적이 그대로 녹아있기도 하다. 이 책을 보면 이런 운동 속에서 나의 초점이 가사노동의 "거부"에서 "가치인정"으로 점진적으로 변화함을 확인할 수 있는데, 이제 나는 이것이 집단적 경험의 결과임을 인정한다.

2차 세계대전 이후 내 또래의 여성들 사이에서는 가사노동을 여성의 타고난 운명으로 받아들이지 않는 현상이 의심의 여지 없이 폭넓게 자리 잡고 있었다. 특히 내가 나고 자란 이탈리아의 상황이 그랬는데, 이탈리아의 경우 1950년대만 해도 아직 파시즘 속에 가부장적 문화가 견고하게 뿌리를 틀고 있었지만, 이미 부분적으로는 전쟁과 전후

^戰後^ 재산업화의 요청 때문에 "젠더 위기"를 겪는 중이기도 했다.

우리 어머니들이 전쟁 기간 동안 학습하여 우리에게 전달한 독립의 교훈 때문에, 대부분[의 여성들]에게 가사노동과 가족, 재생산에 바쳐진 삶이란 있을 수 없는 일처럼 보이게 되었고, 어떤 이들은 이를 참을 수 없는 일로 받아들이기도 했다. 내가 1장 「가사노동에 대항하는 임금」(1975)에서 주부가 된다는 것은 "죽음만도 못한 운명"으로 보인다고 썼을 때 이는 가사노동에 대한 나 자신의 태도를 표현한 것이었다. 또한 나는 실제로 가사노동에서 벗어나기 위해 최선을 다했다.

돌이켜보면 이후 40년 동안 실천적인 수준은 아니더라도 최소한 이론적으로 그리고 정치적으로 재생산노동의 문제를 다뤄왔다는 것은 아이러니가 아닐 수 없다. 여성으로서 우리가 어째서 (최소한 자본주의사회에서 구성된) 가사노동에 반대하는 투쟁을 해야 했는지 설명하려고 노력하는 과정에서 나는 가사노동이 자본가계급뿐만 아니라 우리의 투쟁과 우리의 재생산에도 중요하다는 점을 이해하게 되었다.

여성운동에 참여하면서 나는 인간의 재생산은 모든 경제 및 정치 시스템의 기초이며, 여성들이 집에서 하고 있는 막대한 양의 유급가사노동과 부불가사노동이 이 세상을 돌아가게 만든다는 사실을 깨닫게 되었다. 하지만 이 같은 이론적 깨달음을 지지해준 것은 가족경험을 통해 얻은 실제적이면서도 감정적인 근거였는데, 여기서 나는 오랫동안 당연시해 왔지만, 어린 시절에는 엄청나게 심취해서 지켜보곤 했던 활동들의 세계가 있었음을 다시 기억해냈다. 심지어 지금도 가장 소중하게 여기는 어린 시절의 기억 중에는 어머니가 빵과 파스타, 토마토소스와 파이, 달콤한 알코올음료인 리큐어를 만들던 모습, 뜨개질하고, 바느질하고, 구멍을 꿰매고, 자수를 놓고, 식물을 가꾸던 모습이 있다.

나도 가끔은 선별적으로 어머니를 돕곤 했지만, 대개의 경우 썩 내키진 않았다. 어린 시절 나는 어머니가 일을 한다고 생각했지만, 시간이 지나 여성주의자가 된 뒤에는 어머니가 투쟁하고 있었음을 알게 되었다. 그리고 그 노동 속에 얼마나 많은 사랑이 깃들어 있었는지를 깨닫기도 했다. 하지만 어머니가 그 노동을 당연시하고, 절대로 자신만의 돈을 따로 챙기는 일이 없었으며, 한 푼이라도 쓸 일이 있을 때마다 항상 아버지에게 의존해야 했던 역사 속에는 얼마나 큰 희생이 감춰져 있는지도 알게 되었다.

집안에서 나의 경험을 통해 (부모님들과의 관계를 통해) 나는 이제 내 식대로 표현하자면 재생산노동의 "이중적 성격" 역시 발견하게 되었다. 즉, 재생산노동은 우리를 재생산하고 노동시장에 우리를 통합시킨다는 점에서 우리의 "가치를 설정"하지만, 이와 상반된 역할을 하기도 한다. 분명 나는 나의 경험과 기억을, 가정을 저항의 장소로 그리는 벨 훅스 식의 설명과 비교할 수 없다.[1] 그럼에도 불구하고 우리의 삶을 자본주의 노동시장의 요구와 가치로 재단하지 않을 필요는 언제나 상정되어 있었고, 이는 때로 삶의 재생산을 인도할 원칙으로서 공개적으로 천명되기도 했다. 심지어 나의 어머니가 우리 안에서 스스로의 가치로움을 일깨우기 위해 했던 노력들은 지금의 나에게 어려운 상황을 대면할 수 있는 힘을 주고 있다. 내가 나 자신을 보호할 수 없을 때 종종 나를 구해준 것은 어머니의 노력과, 이 노력이 지켜주고자 했던 어린 나 자신을 보호해야 한다는 책임감이었다. 우리가 자본에 무엇을 내주는지, 그리고 "우리가 우리 자신에게 무엇을 내주는지"의 문제는 단지 재생산노동이라는 노동형태에만 제기할 문제가 아닌 것은 분명하다.[2] 하지만 분명 이는 '소외된 노동'에 내재한 모순이 가장 폭발적으로 나타나는 노동이며, 이 때문에 유일한 영점ground zreo[핵폭발의 중심점]까지는 아니더라도 혁명적 실천을 위한 영점이 될 수 있다.3 우리의 욕망을 충족시키는 관계와 활동들을 노동으로 전환하는 것만큼 우리의 삶을 효과적으로 질식시키는 것은 없기 때문이다. 같은 이유로 우리가 협력의 역량을, 탈인간화에 대한 저항뿐만 아니라 이 세상을 보살핌과 창의성, 돌봄의 공간으로 재구성하는 법을 배울 역량을 개발할 수 있는 것은 바로 우리의 존재를 생산해내는 일상적인 활동들을 통해서이다.

실비아 페데리치
뉴욕 브루클린에서
2011년 6월

:: 수록 매체

1장 「가사노동에 대항하는 임금」은 Wages against Housework (Bristol: Falling Wall Press, 1975)으로 처음 발표되었고, The Politics of Housework, ed. Ellen Malos (Cheltenham: New Clarion Press, 1980)와 Dear Sisters: Dispatches from the Women's Liberation Movement, eds. Rosalyn Baxandall and Linda Gordon (New York: Basic Books, 2000)에도 실렸다.

2장 「섹슈얼리티는 왜 노동인가」(1975)는 원래 1975년 1월 토론토에서 열린 제2차 국제 〈가사노동에 대한 임금〉 회의의 발표자료 중 일부로 작성되었다.

3장 「부엌에서 만든 대안」은 Counterplanning from the Kitchen (Bristol: Falling Wall Press, 1975)으로 처음 발표되었고, From Feminism to Liberation, ed. Edith Hoshino Altbach (Cambridge, MA: Schenkman Publishing Company, 2007)에도 수록되었다.

4장 「1970년대 미국의 가사노동과 재생산의 구조조정」은 1980년 12월 9~11일 "이탈리아와 미국의 여성노동 경제정책"을 주제로 [이탈리아의] 아메리카학 연구소가 로마에서 개최하고 미국의 독일마샬기금이 후원한 학술대회 발표문이다. The Commoner 11 (2006년 봄~여름호)에도 수록되었다.

5장 「여성주의 바로잡기」는 The Sixties Without Apologies, ed. Sohnya Sayres, et al. (Minneapolis: University of Minnesota Press, 1984)에 처음 수록되었다.

6장 「신국제노동분업에서 재생산과 여성주의 투쟁」은 Women, Development and Labor Reproduction: Struggles and Movements, eds. Mariarosa Dalla Costa and Giovanna Franca Dalla Costa (Trenton, NJ: Africa World Press, 1999)에 처음 수록되었다.

7장 「전쟁, 세계화, 재생산」은 Peace and Change 25, no. 2, (April 2000)에 처음 실렸고, There is an Alternative: Subsistence and Worldwide Resistance to Corporate Globalization, eds. Veronika Bennholdt-Thomsen, Nicholas Faraclas, and Claudia von Werlhof (London: Zed Books, 2001)과 Seeds of Hopes, eds. Matt Meyer and Elavie Ndura-Ouedraogo (Pan-African Peace Studies for the Twenty-First Century)에도 수록되었다.

8장 「여성, 세계화, 국제여성운동」은 Canadian Journal of Development Studies 22 (2001)에 먼저 실렸다.

9장 「세계경제에서 노동력의 재생산과 끝나지 않은 여성주의 혁명」은 2009년 1월 27일 UC 산타크루즈에서 개최된 "사회적 재생산의 위기와 여성주의 투쟁" 세미나에서 발표한 발표문이다.

10장 「노인돌봄노동과 맑스주의의 한계에 대하여」는 원래 Uber Marx Hinaus, eds. Marcel van der Linden and Karl Heinz Roth (Hamburg: Assoziation A, 2009)에 "Anmerkungen über Altenpflegearbeit und die Grenzen des Marxismus"라는 제목의 독일어로 발표되었다.

11장 「여성, 토지투쟁, 세계화」는 Journal of Asian and African Studies 특별호, Africa and Globalization: Critical Perspectives 39, no. 1~2 (January~March 2004)에 처음 실렸다.

12장 「여성주의와 공유재의 정치」는 Uses of a Whirlwind: Movement, Movements, and Contemporary Radical Currents in the United States, ed. Team Colors (Baltimore: AK Press, 2010)과 The Commoner 14 (2011)에 먼저 실렸다.

13장 「감정노동에 관하여」는 Michael A. Peters and Ergin Bulut eds., Cognitive Capitalism, Education and Digital Labor, New York: Peter Lang, 2011에 먼저 수록되었다.

들어가며

나는 과거에는 "재생산" 문제만을 다루는 글을 모아 한 권의 책으로 출판하는 데 주저했던 사람이다. 왜냐하면 그것은 내가 그렇게 많은 세월 동안 공을 들였던 각종 투쟁과 사안들을 인위적으로 추상화해놓은 것 같아 보였기 때문이다. 하지만 이번 선집에 실린 글들에는 어느 정도 타당성이 있다. 재생산은 우리의 삶과 노동을 매일같이 재구성할 수 있게 해주는 관계와 활동의 복합체라 할 수 있고, 무엇보다 내 모든 저술활동과 정치활동을 꿰뚫는 일관된 연결고리였기 때문이다.

(흔히 집안일, 가사노동이라고 이해하는) "재생산노동"과의 대면은 2차 세계대전 이후에 성인이 된 나와 같은 세대의 많은 여성들에게 결정적인 요인으로 작용했다. 30여 년간 7천만 명이 넘는 사람들의 목숨을 무참하게 앗아간 양차 대전 이후 가정이라는 유혹과, 국가를 위해 우리의 삶을 희생하여 더 많은 노동자와 군인을 생산해야 한다는 전

망은 우리의 사고에 어떤 영향도 미치지 못했다. 실제로 미국의 로지더 리베터Rosie the Riveter[2차 세계대전 동안 공장에서 일했던 미국여성들을 상징하는 표현]라는 상징적인 이미지가 보여주듯 전쟁은 많은 여성들에게 자립의 경험을 안겨주었다. 특히 유럽에서는 우리의 유년기에 이루어진 참혹한 대학살의 기억이 전후戰後 재생산과의 관계를 결정지었다. 이는 국제여성주의 운동의 역사에서 아직 서술되지는 않았지만 충분히 한 장章을 차지할 만하다.[1] 하지만 이탈리아에서 학창시절 포로수용소의 전시장을 방문했던 기억이나, 밤하늘에 포탄의 섬광이 번뜩이는 가운데 안전한 곳을 찾아 이리저리 뛰어다니며 가까스로 죽음을 면했던 수많은 경험에 대한 이야기가 저녁 식사 자리에서 되풀이되었다는 점을 회상했을 때, 나는 이런 경험들이 나를 비롯한 많은 여성들이 아이를 가지지도, 주부가 되지도 말아야겠다는 결심을 하는 데 얼마나 많은 영향을 미쳤을까 생각해보지 않을 수 없다.

가정, 가족, 집안일에 대한 이전 여성주의자들의 비판과는 달리, 우리의 태도가 그 개혁가들과 일치하지 못했던 것은 어쩌면 이 같은 반전反戰의 시각 때문인지도 모른다. 나는 1970년대 초 여성주의 문헌들을 다시 훑어보다가 1920년대 여성주의자들의 주요 화두였던 주제가 빠져 있다는 사실을 문득 깨달았다. 1920년대에는 가사일, 기술, 공간 조직의 관점에서 가정을 재상상하는 것이 여성주의 이론과 실천에 있어서 중요한 주제였다.[2] 타인을 위한 행위뿐만 아니라 가족과 친지를 위해서 행한다고 여겨지는 재생산에서 여성주의가 처음으로 멀어진 것은 전쟁이 여성들에게 가져다준 분수령 때문인지도 모른다. 무엇보다 전쟁의 위험은 결코 종식되지 않았고, 오히려 핵무기 개발과 함께 더욱 고조되었기 때문이다.

여성주의 정치에서 핵심적인 지위를 점했던 가사노동은 내가 1972년부터 5년간 적극적으로 참여했던 국제 〈가사노동에 대한 임금 캠페인〉Wages for Housework Campaign에서 특히 그 의미가 각별했다. 〈가사노동에 대한 임금〉은 같은 투쟁의 역사에 뿌리를 두고 있는 세계 여러

가사노동에 대한 임금위원회 LA 시위(1975)

지역 및 세계프롤레타리아트의 여러 부문과 관련된 정치현안을 규합하고, 우리 여성주의가 제공하거나 변환시킨 공통의 지반을 발굴한다는 점에서 다소 독특했다. 대부분의 여성주의가 자유주의나 무정부주의 또는 사회주의 정치를 준거점으로 삼았다면, 〈가사노동에 대한 임금〉을 발족시킨 여성들은 반제국주의운동, 민권운동, 학생운동, [자율주의의 전신인] "노동자주의"Operaist 운동의 경험을 통해 걸러진 맑스주의 조직의 전투성을 역사적 배경으로 등장했다. 특히 "노동자주의" 운동은 1960년대 초 이탈리아에서 다시 나타난 공장투쟁의 결과로 성장하여 "공산주의"에 대한 급진적 비평과 맑스 다시 읽기 열풍을 일으켜 전全세대 활동가에게 영향을 미쳤고, 이탈리아자율주의운동에 대한 전 세계적 관심이 보여주듯 아직도 그 분석력을 잃지 않고 있다.³

"여성의 문제"에 대한 우리의 분석은 자본주의에서 여성에 대한 착취를 정의하는 데 있어서 가사노동을 핵심요소로 분석하는 것으로 전환되었다. 이 같은 전환은 위의 여러 운동들을 통해 절합된 범주들을 통해서through, 그뿐만 아니라 이렇게 절합된 범주들과의 대조 속에서

against 이루어졌다. 자본주의에서 여성의 착취를 정의하는 데 있어서 가사노동이 핵심요소라는 사고는 이 책에 실린 논문 대부분을 관통하는 주제다. 우리는 사미르 아민Samir Amin, 안드레 군더 프랑크Andre Gunder Frank, 프란츠 파농Frantz Fanon의 저작에 가장 잘 표현된 반식민주의운동을 통해 부불노동에 대한 맑스주의의 분석을 공장이라는 울타리 밖으로 확장하고, 이를 통해 가정과 가사노동을 공장제의 "타자"가 아니라 그 기초로 바라보는 방법을 배우게 되었다. 또한 우리는 이를 통해 남성산업프롤레타리아트 속에서뿐만 아니라 가장 중요하게는 노예화되고 식민화되었으며 공산주의 전통의 역사 속에서 주변화된 무보수노동자들의 세계 속에서 계급투쟁의 주역들을 발굴할 수 있다는 사실을 깨닫게 되었다. 노동력 (재)생산의 주체로 재개념화할 수 있는 프롤레타리아 주부 역시 이 주변화된 무보수노동자에 포함될 수 있다.

여성주의 운동이 발전해 온 사회/정치적 맥락은 이 같은 위상 정립을 촉진했다. 최소한 19세기 이후 흑인해방운동의 등장에 뒤이어 여성주의 운동이 나타났다는 것은 미국사에서는 상식이었다. 20세기 후반의 여성주의 운동 역시 예외가 아니었다. 나는 1960년대 미국 여성주의의 최초 사례는 아이를 가진 생활보호대상여성들의 투쟁이라는 믿음을 오래전부터 가지고 있었다. 민권운동에서 영감을 얻은 아프리카계 미국여성들이 주도했던 이 투쟁은 자녀 양육에 대한 임금을 국가에 요구함으로써 〈가사노동에 대한 임금〉 같은 조직들이 성장할 수 있는 초석을 마련했다.

우리는 자본-노동관계에서 자율성을 확보하기 위해서는 노동자들의 투쟁이 중심임을 강조했던 노동자주의운동을 통해 임금이 사회조직 수단으로서, 동시에 노동계급 내에 존재하는 위계를 잠식할 수 있는 지렛대로서 갖는 정치적 중요성을 배웠다. 이탈리아에서 이 같은 정치적 교훈은 (1969년) "뜨거운 가을" 공장투쟁의 결실에서 얻을 수 있다. 이 투쟁에서 노동자들은 생산성에 반비례하는 임금인상과 모두에게 동일한 임금을 요구함으로써, 분파적 이득을 추구하는 대신 임금편차에 의한 분열을 종식시키겠다는 굳은 의지를 드러낸 바 있다.[4] 내가 보기에 (경제투쟁과 정치투쟁에 대한 레닌주의적 구분을 거부하는) 이 같은 임금개념은 성적/국제적 분업의 물질적 뿌리를, 또한 나의 이후 연구에서는 "시초축적의 비밀"을 발굴하는 수단이 되었다.

우리의 관점을 진전시키는 데 있어서 이만큼 중요했던 것으로는 "사회적 공장"이라는 노동자주의적 개념이 있다. 이는 『노동자와 자본』 *Operai e Capitale*(1966)이라는 마리오 뜨론띠 Mario Tronti의 저작에 나오는 이론으로, 그의 주장에 따르면 일정한 자본주의 발전단계에 이르면 자본주의적 관계의 헤게모니가 크게 확장되어 모든 사회적 관계가 자본에 종속되고 사회와 공장 간의 구분이 붕괴되기 때문에 사회가 공장이 되고 사회적 관계가 **직접적으로 생산관계가 된다**. 뜨론띠는 여기서 "영토"가 갈수록 공장생산과 자본축적의 필요라는 관점에서 구조화된 사회적 공간으로 재조직되고 있음을 언급한다. 하지만 우리가 보기에 자본생산의 회로와, 그것이 양산하는 "사회적 공장"은 무엇보다 주방과 침실, 집안에서 시작되고 집중되어 있으며 (이런 장소들이 노동력 생산의 중심지인 한) 바로 여기서부터 학교와 사무실, 실험실을 지나 공장으로 이동했음은 재고의 여지 없이 분명하다. 요약하면 우리는 내가 언급했던 운동들의 교훈을 수동적으로 받아들인 것이 아니라 이를 전복하고 그 한계를 드러냄으로써 그 이론적 벽돌을 가지고 새로운 형태의 정치적 주체성과 전략을 구축했다.

이런 정치적 관점과, 이에 대해 좌파와 여성주의자들이 공히 제기한 비판에 대한 방어는 1부에 실린 글들의 공통된 주제다. 이 글들은 모두 1974년에서 1980년 사이에 쓴 것으로 당시는 내가 〈가사노동에 대한 임금〉 캠페인에 조직적으로 관여하던 시기였다. 이 글들의 주요관심사는 가사노동과 다른 형태의 노동 간의 근본적인 차이를 밝히고, 가사노동이 임금을 받지 못한다는 이유로 거치게 된 자연화naturalization 과정을 드러내며, 임금의 특수한 자본주의적 속성과 기능을 보여주고, 역사적으로 "생산성"의 문제는 항상 사회적 권력을 위한 투쟁과 연결되어 있었음을 나타내는 것이었다. 무엇보다 중요한 것은 이 글들이 여성성의 속성들은 사실상 **노동기능**work functions임을 규명하고자 했고, 또한 많은 비판가들이 가사노동에 대한 임금 요구를 바라보는 경제주의적 방식을 논박하고자 했다는 점이다. 화폐의 기능을 보수의 한 형태라는 즉물적인 성격 이상으로 이해하지 못하는 사람들은 가사노동에 대한 임금을 요구하는 것이 경제주의적 성격을 띤다고 받아들인다.

가사노동에 대한 임금 캠페인은 이탈리아, 영국, 프랑스, 미국에서 모여든 일군의 여성들이 〈국제여성주의 집단〉International Feminist Collective을 결성한 1972년 여름 [이탈리아의] 파두아에서 시작되었다. 이 캠페인의 목적은 가사노동이 노동임을, 즉 노동력생산에 기여하고 자본을 생산하며, 이로써 다른 모든 형태의 생산이 일어날 수 있게 만든다는 점에서 보상이 이루어져야 하는 활동임을 인정하라는 압력을 국가에 행사하는 국제여성주의 운동을 촉발하는 것이었다. 가사노동에 대한 임금캠페인은 자본주의 사회에서 "여성억압"의 근본원인을 폭로

했을 뿐 아니라 자본주의가 그 권력을 유지하고 노동계급의 분열을 지속시키는 주요 기제의 정체를 드러낸다는 점에서 가히 혁명적인 관점이었다. 여기서 노동계급의 분열을 유지하는 주요 기제란 다름 아닌 인명의 재생산에 필요한 활동을 비롯한 인간활동 전 영역의 평가절하와, 임금을 활용하여 임금관계 밖에 놓여있는 듯 보이는 거대한 노동자군집(노예, 식민지 신민, 수감자, 주부, 학생)으로부터 노동을 추출하는 능력을 말한다. 다시 말해서, 자본주의는 노동력 비용을 억제하기 위해 부불재생산노동을 필요로 한다는 사실을 우리가 인식했다는 점에서, 또한 이 부불노동의 근원을 소진시키기 위한 성공적인 캠페인은 자본축적 과정에 파열구를 내고 대부분의 여성들에게 공통적인 지형 위에서 자본과 국가에 맞선다는 믿음을 우리에게 안겨주었다는 점에서, 가사노동에 대한 임금 운동은 우리에게 혁명적이었다. 마지막으로 우리가 가사노동에 대한 임금 운동을 혁명적이라고 본 이유는 가사노동이 "여성의 노동"이라는 신화를 타파함으로써 가사노동의 자연화를 종식시켰고, 더 많은 노동을 위해 투쟁하는 것이 아니라 우리가 이미 하고 있는 일에 대한 임금지불을 요구했기 때문이다. 여기서 나는 우리가 가사노동을 "탈젠더화"하는 데 크게 도움이 되리라는 확신에서 주부가 아닌 **가사노동**에 대한 임금을 위해 투쟁했음을 강조하고자 한다. 우리는 또한 남편이 아닌 집합적 자본의 대표체로서 국가에 이 가사노동에 대한 임금지불을 요구했다. 국가는 가사노동을 통해 이윤을 획득하는 진정한 "남성"^{Man}이기 때문이다.

오늘날 특히 젊은 여성들 사이에서 이런 종류의 문제는 구시대적인 것으로 보일 수 있다. 젊을 때는 많은 가사노동에서 회피할 수 있기 때문이다. 게다가 우리 세대와 비교했을 때 오늘날의 젊은 여성들은 남성에게서 경제적으로 더욱 독립적이고 자율적이다. 하지만 그렇다고 해서 가사노동이 자취를 감춘 것은 아니며, 그 가치는 지불이 되든 안 되든 관계없이 우리 대부분에게 금전적으로든 또 다른 어떤 식으로든 꾸준히 문제가 되고 있다. 더욱이 1970년대 여성주의자들 사이에 확산되었던 지불노동이 "해방"에 이르기 위한 길이라는 주장은, 40년간 집 밖에서 전일제 고용의 형태로 일해본 뒤로 더 이상 설 자리를 잃게 되었다. 이론적인 수준에 머물러 있을 때 한해서지만, 가사노동에 대한 임금지불운동의 많은 요소들을 오늘날 전보다 더 쉽게 수용할 수 있는 것은 바로 이 때문이다. 이 같은 수용의 핵심요인은 호주의 애리얼 살레Ariel Salleh나 독일의 마리아 미즈Maria Mies 같은 여성주의 활동가/학자의 작업이었다. 이들은 생태여성주의적 관점과 "식민지" 여성의 관점에서 재생산노동을 새로운 수준에서 분석하였다.[5] 덕분에 학계의 여성주의자들은 가사노동에 대한 임금운동의 고전적인 주장들마저도 마치 자신들이 이제 막 발명해낸 양 태연하게 토론하는 모습을 확인할 수 있다. 하지만 이 주장들은 이미 1970년대에 대단히 격렬한 논쟁을 유발한 손꼽히는 정치적 입장이었다.

1970년대 말이 되자 여전히 지속되는 전 지구적 위기 관리라는 방어전략 속에 자본주의 축적과정의 기초를 뒤흔든 20년간의 국제적인 투쟁이 막을 내렸다. 1974년 석유금수 조치의 시작과 함께, 계급을 "해체"하기 위한 자본주의의 장기실험이 "워싱턴컨센서스", 신자유주의, "세계화"라는 허울 하에 개시되었다. "제로 성장"(1974~75년)에서 부채위기로, 그리고 구 식민지 지역에 대한 구조조정 강요와 산업재입지까지, 새로운 질서는 세계 곳곳에서 노동자와 자본 간의 권력균형을 근본적으로 바꿔 놓으며 비집고 들어왔다.

세일럼마을에서의 마녀재판 (1876)

나는 이 책의 2부에 수록된 글들과 내가 『미드나잇 노트』Midnight Notes에 기고한 글들 중에서도 특히 "신 엔클로저"라는 제하에 발행된 호에 기고한 글들을 통해 이 같은 변화가 노동력 재생산에 미친 일부 영향을 다룬 바 있다.6 여기서 나는 우리가 처음에는 가사노동에 대한 임금운동을 통해, 그리고 나중에는 『미드나잇 노트』를 통해 진전시킨 분석 덕분에 산업재전환이 아니라 계급관계의 재구조화가 이루어지고 있고, 이는 사회적 재생산과정에서 출발한다는 사실을 간파하게 되었다는 점을 덧붙이고 싶다.7 내 이론적, 정치적 실천에 심대한 영향을 미친 두 가지 사건은 새로운 세계질서에 대한 나의 이해를 도왔다. 첫 번째 사건은 자본주의 이행기의 여성사를 공부하겠다는 1970년대 후반의 결심이다. 이 결심은 레오폴디나 포르투나티Leopoldina Fortunati 와 공저한 『대 캘리번』*Il Grande Calibano*(1984)과 『캘리번과 마녀: 여성,

들어가며 29

신체, 시초축적』(2004)[8]의 출간으로 결실을 보았다.

두 번째는 1980년대 중반 (나이지리아의) 포트 하커트Port Harcourt 대학교에서 계약직 강사로 일하면서 세계은행과 국제통화기금이 "채무국"에 새로운 융자와 맞교환하는 조건으로 이행토록 한 구조조정 프로그램이 가져온 참혹한 사회적 결과를 직접 목격할 수 있는 기회를 얻게 된 것이다.

나는 역사를 연구하면서 "자본주의 속의 여성"뿐만 아니라 자본주의 자체에 대한 이해를 심화할 수 있었다. 이를 통해 나는 (새로운 세계경제의 중추인) "구조조정"을 통해 활성화된 과정들과, 『캘리번과 마녀』에서 내가 "시초축적"의 "참된 진실"이라고 밝힌 것들 간의 연결고리를 찾을 수 있었다. 시초축적의 포문을 연 것은 바로 자본주의가 3백 년에 걸친 마녀사냥을 통해 여성들을 대상으로 벌인 전쟁이었다. 자본주의 여명기를 다시 고찰하다 보니 재생산 개념도 가사노동에서 자급농업으로 확대되었는데 (마리아로사 달라 코스따Mariarosa Dalla Costa가 최근에 저술한 글에서 표현한 바와 같이) 이는 마치 부엌의 "문을 열고" 텃밭과 토지로 나아가는 것과 같다고 할 수 있다.[9] 내가 재생산노동에 대해 재고하게 된 데는 나이지리아의 상황도 한몫했다. 나이지리아의 경우 석유생산으로 인한 파괴적인 영향 속에서도 토지는 일상생활의 재생산을 유지하는 데 있어서 여전히 중요한 조건이었고, 국내에서 소비되는 대부분의 식품은 대체로 여성들이 도맡아 하는 자급농업을 통해 공급되었다. 이런 상황 속에서 "가사노동"이라는 개념은 더 넓은 의미를 지니는 것으로 보아야 했다.

2부에 수록된 글들은 이 같은 깨달음과 내 분석의 더 넓은 시야를 드러내는 것으로, 나는 이런 분석을 곧 새로운 정치적 실천으로 탈바꿈시켰다. 나는 나이지리아에 머물 때부터, 아프리카에서는 이미 1980년대 초반에 〈나이지리아의 여성들〉Women in Nigeria 같은 여성주의 운동이나 반ᄌ구조조정 운동을 통해 형태를 갖추기 시작한 반세계화운동에 참여하기 시작했다. 전체적으로 보았을 때 2부의 글들은 새로운 세계경제질서의 구조를 이해하고, 반세계화 운동에서 나타났던 개혁주의적 충동을 저지하기 위한 시도였다고 할 수 있다. 반세계화운동 내 개혁주의적 충동은 "선진국"에서 특히 강했다. 세계은행과 국제통화기금을 개혁하고 인도적으로 만들며 "젠더화"하는 것을 반세계화운동의 과제라고 생각했던 이들과는 반대로 이 글들은 세계은행과 국제통화기금을 새로운 재식민화 과정으로, 노동자권력에 대한 전 세계적인 자본주의적 공격의 수단으로 바라본다. 특히 이 글들은 1990년대 초 구조조정 프로그램을 통해 촉발된 거대한 이주의 움직임과 앨리 혹실드Arlie Hochschild가 말한 "돌봄의 세계화" 간의 관계를 고찰한다. 또한 이 글들에서는 전쟁과 자급농업의 붕괴 간의 관계와, 무엇보다 중요하게는 새로운 세계경제가 여성을 대상으로 벌이는 전쟁 이면의 동기를 파헤친다.

2부에 실린 글들을 관통하는 또 다른 주제는 여성주의의 제도화와 여성주의 정치가 유엔의 신자유주의적 의제의 도구로 전락한 데 대한 비판이다. 수년간 여성주의의 자율성은 남성으로부터의 자율성일 뿐만 아니라 자본과 국가로부터의 자율성이라고 뚝심 있게 주장해 온 우리의 관점에서 운동의 주도권을 조금씩 상실하고 유엔의 산하 기구로 들어가는 것은 패배였다. 더군다나 당시 유엔은 군사 및 경제적 수단으로 새로운 전쟁을 합리화할 준비를 하고 있었다. 지금 생각해보면 이는 시의적절한 비판이었다. 전 지구적 규모의 여성 관련

회의가 네 차례나 치러지고 여성의 권리를 위해 10년이나 공을 들였지만 대다수 여성들의 삶은 전혀 개선되지 않았고 세계의 부와 유엔마저도 기업의 손에 넘어가버린 데 대한 진지한 여성주의적 비판이나 운동 역시 전개되지 못했다. 반대로 "여성의 권한신장"empowerment을 축하하는 행사들은 수백만 명의 목숨을 앗아가고 토지와 근해近海를 몰수하며 독성물질을 마음대로 부리고 인구 전체를 난민으로 전락시키는 유혈정책들의 제재조치들과 손을 맞잡고 치러졌다.

민중의 삶에 대한 이 같은 역사적 공격은 "영구위기"의 정치를 통해 불멸성을 획득했고, 우리 중 많은 이들은 이 속에서 우리의 정치전략과 전망을 재고할 수밖에 없었다. 나의 경우 이 과정에서 "가사노동에 대한 임금" 문제를 재고찰하고 급진적 성향의 다양한 국제적 집단 내에서 점점 커가고 있던 "공유재" 생산에 대한 요구의 의미를 파고들게 되었다.

가사노동에 대한 임금 운동에서는 "가사노동자"의 부불노동에 대한 착취와 가사노동자의 임금을 지불하지 않는 조건 위에 구축된 불균등한 권력관계가 자본주의적 생산조직을 떠받치는 기둥과도 같다는 전제하에, 가사노동자를 핵심적인 사회적 주체로 바라보았다. 하지만 나는 다양한 착취형태의 결실이라 할 수 있는 세계노동시장의 무지막지한 확대와 함께 전 세계적 규모의 "시초축적"이 부활하는 것을 지켜보면서 가사노동에 대한 임금운동이 여성주의 운동뿐만 아니라 "노동계급전체"를 위한 전략이라는 주장을 차마 할 수 없었다(1970년대 초 만해도 이런 주장을 했는데 말이다). 모든 자연자원의 상업화와 토지를 사유화하려는 책략의 확대, 그리고 과감한 평가절하 때문에 사실상 화폐가치가 사라진 현실은 생산수단의 전취와 새로운 사회적 협력 형태의 창출이라는 문제를 시급하게 제기하고 있다. 하지만 그렇다고 해서 이 같은 목적이 "임금"을 위한/둘러싼 투쟁의 대안이라고 생각해서는 곤란하다. 가령 재생산노동의 가치절하는 자본축적과 여성노동에 대한 자본주의적 착취를 떠받치는 기둥 중 하나였다는 점에서, "돌봄노동"의 제도적 인정을 위해 투쟁하는 이주민가사노동자들의 투쟁은 전략적으로 아주 중요하다. 국가에 압력을 행사하여 우리의 재생산을 보장해주는 "사회적 임금" 또는 "보장소득"을 지불하게 하는 것 역시 중요한 정치적 목적이다. 국가는 우리가 생산해낸 부의 많은 부분을 인질로 잡아두고 있기 때문이다.

그렇다면 고용이 훨씬 더 취약해지고 금전적 수입이 꾸준한 조작에 희롱당하며 유연화와 도심재개발, 이주를 통해 한때 프롤레타리아트적 삶의 특징이었던 여러 형태의 사회성이 붕괴된 상황에서 우리는 공유재의 창출을 임금을 둘러싼 투쟁의 보완물이자 전제로 이해해야 한다. 3부에서 주장하듯 토지를 재전유하고, 벌목자로부터 삼림을 방어하며, 도시텃밭을 조성하는 일은 분명 시작에 불과하다. 맛시모 데 안젤리스Massimo De Angelis와 피터 라인보우Peter Linebaugh가 각자의 연구작업과 정치활동 속에서 자주 강조하듯 가장 중요한 것은 인종, 젠더, 나이, 지리적 위치를 따라 우리 사이에 놓여있는 경계를 넘어서서, 새로운 집합적인 재생산형태와 같은 "공유의"commoning 실천들을 만들어내는 것이다. 이는 최근 몇 년간 내가 가장 많은 관심을 가졌던 주제이자 앞으로도 내 연구의 상당 부분을 할애하고 싶은 주제이다. 내가 이 분야의 연구를 앞으로도 지속하고 싶은 이유는 지금도 진행 중인 재생산의 위기(젊은 세대 전반의 파괴를 포함해서, 이렇게 파괴된 젊은 세대의 대다수는 감옥에서 썩고 있는 유색인종들이 차지하고 있

다) 때문이기도 하지만, 스스로를 재생산하지 못하는 운동은 지속가능하지 못하다는 깨달음이 미국의 활동가들 내에서 점점 확산되고 있기 때문이다.[10] 이 같은 깨달음은 최근 몇 년간 뉴욕에서 다양한 공동체 기반 조직들을 발달시키는 한편, "스스로 재생산하는 운동"과 "돌봄의 공동체"에 대한 논의에 영감을 불러 일으켰다. 또한 공유재 개념을 확장하여 더 넓은 정치적 의미를 부여할 경우 월가점거운동 Occupy Movement, 아랍의 봄, 그리고 전 세계에서 꾸준히 펼쳐지고 있는 수많은 구조조정 반대투쟁을 관통하는 지평을 다질 수 있다. 투쟁의 변혁적 힘은 국가가 통제하고 시장이 상업화했던 공간을 전취하여 다시 공유지로 전환하는 능력에서 비롯되기 때문이다.

뉴욕 브루클린에서
2011년 3월

1부 가사노동의 이론화와 정치화

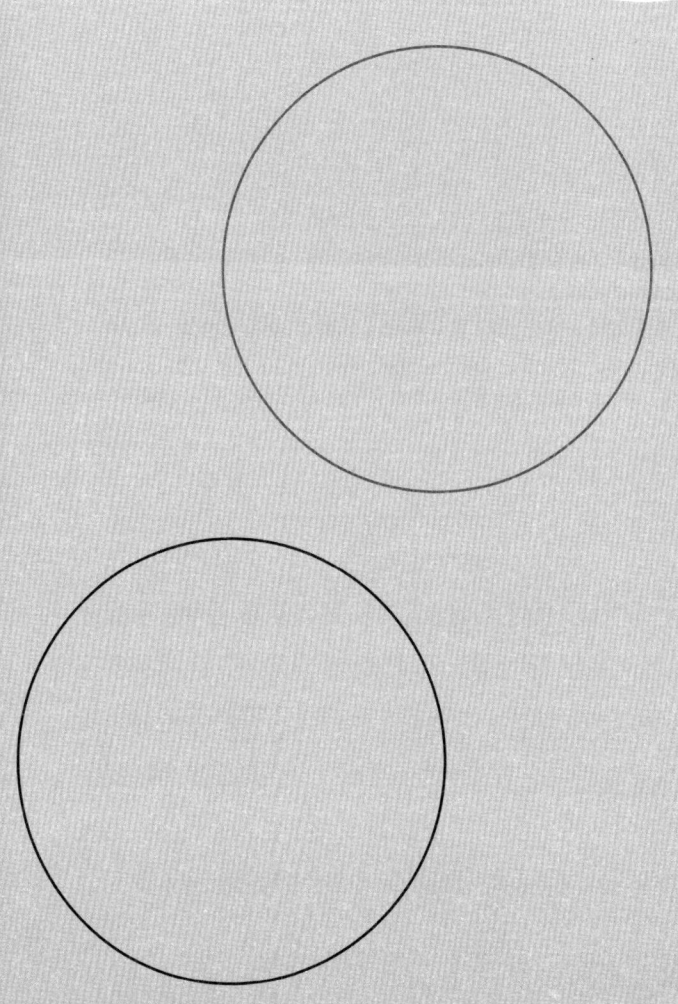

1장
가사노동에 대항하는 임금

그들은 그것이 사랑이라고 말하지만, 우리는 부불노동이라고 말한다.
그들은 그것을 불감증이라고 부르지만, 우리는 결근이라고 부른다.
모든 유산(流産)은 업무상 재해다.
동성애와 이성애 모두 노동조건이다 …… 하지만 동성애는 노동의 결과물이 아니라 생산에 대한 노동자의 통제다.
더 많이 웃으라고? 그렇다면 더 많은 돈을 달라. 그 어떤 것도 돈만큼 강력하게 미소의 치유력을 파괴하지는 못할 것이다.
노이로제, 자살, 중성화 : 주부의 직업병.

여성들이 가사노동에 대한 임금문제를 논의할 때 어려움과 애매함을 호소하는 이유는 많은 경우 가사노동에 대한 임금을 정치적 관점의 하나로 바라보지 않고 돈다발 같은 하나의 사물로 환원하기 때문이다. 이 두 관점 간에는 엄청난 차이가 있다. 가사노동에 대한 임금을 하나의 관점이 아닌 사물로 바라볼 경우 투쟁의 최종결과는 투쟁 그 자체와 분리되고, 자본주의 사회에서 여성에게 국한된 역할을 탈신

비화하고 전복하는 데 있어서 가사노동에 대한 임금이 가지는 중요성이 유실된다.

　따라서 가사노동에 대한 임금을 이렇게 환원적으로 바라볼 경우 우리는 돈이 좀 더 많아진다고 해서 우리 삶이 어떻게 달라질까 자문하기 시작한다. 심지어 우리는 가사노동과 결혼 이외에는 어떤 선택도 할 수 없는 많은 여성들에게 가사노동에 대한 임금은 실제로 많은 차이를 가져올 수도 있다는 데 동의할 수도 있다. 하지만 (전문적인 직업, 계몽된 남편, 공동체적 생활양식, 게이 관계, 혹은 이중 몇 가지의 조합 같은) 다른 선택이 가능한 일부에게 가사노동에 대한 임금은 큰 의미가 없을 것이다. 우리 같은 일부에게는 경제적 독립을 획득할 수 있는 다른 방법들이 있을 수 있고, 가정주부라는 정체성을 가지고 가사노동에 대한 임금을 받는 것은 말하자면 차라리 죽느니만 못한 최악의 운명이기 때문이다. 이 경우 문제는 비참한 삶을 살면서 약간의 돈을 더 받는 생활을 머리로 상상하면서, (가사노동에 대한 임금을 획득하기 위한 투쟁의 과정에서) 가족 모두와 사회적 관계를 동시에 혁명적으로 바꾸지 않고도 그 돈을 벌 수 있다는 그릇된 가정하에 "그게 뭐?"하고 반문한다는 점에 있다. 하지만 우리가 가사노동에 대한 임금을 정치적 관점의 하나로 받아들일 경우 이를 쟁취하기 위한 투쟁은 우리가 여성으로서 가지는 사회적 권력에서, 그리고 우리의 삶에서 혁명을 일으키리라고 생각할 수 있다. 또한 우리가 그 돈이 필요없다고 생각한다면 이는 분명 특정형태의 심신의 매춘을 수용하는 과정에서 그 필요가 감춰졌기 때문이다. 뒤에서 보여주겠지만 가사노동에 대한 임금은 혁명적인 관점일 뿐 아니라 여성주의 관점에서 제출된 유일한 혁명적 관점이라는 의미를 지닌다.

"사랑이라는 노동"

우리가 이야기하는 가사노동은 다른 직업들과 같다고 보기는 힘들지만, 우리 주위에서 가장 흔하게 볼 수 있는 조작행위이자 자본주의가 노동계급의 분파들을 상대로 이제까지 자행했던 폭력 중에서 가장 미세한 폭력임을 인정하는 것이 중요하다. 실제로 자본주의하에서 모든 노동자는 조작과 착취를 당하고, 노동자가 자본과 맺는 관계는 그 실체가 제대로 드러나지 않는다. 임금은 마치 공정한 거래라는 인상을 주는데, 일을 하고 돈을 받았으니 고용자와 피고용자는 서로 빚을 갚았다고 생각하기 쉽다. 하지만 현실에서 임금은 노동에 대한 지불을 하는 것이 아니라 이윤으로 전환된 모든 부불노동을 감춰버린다. 하지만 임금은 최소한 당신이 노동자임을, 따라서 임금과 노동의 조건과 양에 대해 협상하고 투쟁할 수 있음을 인정한다. 즉, 임금을 받는다는 것은 사회적 계약의 일부가 됨을 의미하고, 그 의미에 관해서는 의심의 여지가 없다. 노동자가 일을 하는 것은 그 일을 좋아하기 때문도, 그 일이 자연스럽게 그 노동자에게 찾아왔기 때문도 아니다. 그 일이 삶을 허락받는 유일한 조건이기 때문이다. 노동자는 착취당하긴 해도 그 일로 환원되지는 않기 때문에, 오늘은 우체부였다가 내일은 택시기사가 될 수도 있다. 가장 중요한 것은 얼마나 많은 노동을 해야 하고 얼마나 많은 돈을 벌 수 있는가 하는 사실뿐이다.

가사노동의 차이는 여성에게 강요된다는 점뿐만 아니라 내면 깊이 자리한 여성 특유의 기질에서 비롯된 자연적 속성, 내적 욕구, 열망에서 기인한 행위로 변신했다는 점에 있다. 즉, 가사노동은 부불노동이라는 운명 때문에 노동으로 인식되기보다는 타고난 자질에서 비롯된 행위로 탈바꿈하게 된 것이다. 자본은 우리에게 가사노동이 자연스럽고 피할 수 없으며 심지어는 성취감을 얻을 수 있는 활동이라는 확신을 심어줌으로써 우리가 무임금노동을 받아들이도록 만들어야 했다. 결국 부불 가사노동이라는 조건은 가사노동은 노동이 아니라는 보편적인 가정을 강화하는 가장 강력한 무기였다. 덕분에 전 사회가 비웃어 마지 않는 사유화된 부엌-침실에서의 말싸움 정도를 제외하면 여성들은 가사노동을 거부하는 투쟁을 상상조차 할 수 없게 되었고, 이 때문에 투쟁의 참가자가 대폭 줄어들었다. 사람들은 우리를 투쟁하는 노동자가 아니라 바가지를 긁는 년들이라고 생각한다.

하지만 주부가 되는 것이 과연 얼마나 부자연스러운 일인지는 한 여성이 이 역할을 준비하고 아이와 남편이 자신의 삶에서 기대할 수 있는 최상의 선물이라는 생각을 갖게 되기까지, 무임금상태의 어머니가 시키는 일상적인 훈련과 사회화를 거치며 최소한 20년의 시간을 보내야 한다는 사실에서 드러난다. 하지만 이 경우도 성공은 쉽지 않다. 아무리 훈련을 잘 받는다 하더라도 신혼생활이 끝나고 설거짓거리가 쌓인 싱크대 앞에 서 있는 자신을 발견했을 때 속았다는 기분이 들지 않는 여성은 없기 때문이다. 아직도 사랑 때문에 결혼한다는 환상을 품고 있는 여성들이 많고, 돈과 안전 때문에 결혼한다고 생각하는 이들도 많다. 하지만 사랑이나 돈은 결혼과 거의 관련이 없고 우리를 기다리고 있는 것은 엄청난 노동이라는 점을 분명히 밝힐 때가 이제는 되었다. 나이 지긋한 여성들이 항상 우리에게 "놀 수 있을 때 마음껏 자유를 즐기고 뭐든 사고 싶은 것은 지금 사두라"고 이야기하는 것은 이 때문이다. 하지만 안타깝게도 어린 시절부터 말 잘 듣고 순종적이며 의존적이 되도록 훈련을 받고, 가장 중요하게는 자신을 희생하고 심지어 거기서 기쁨을 얻도록 훈련을 받았다면 자유를 만끽하기란 불가능에 가깝다. 만일 당신이 이런 훈련을 원치 않는다면 그것은 문제이고, 실패이며, 죄책감을 느껴야 하는 비정상적인 상태이다.

우리는 자본이 우리의 노동을 보이지 않게 만드는 데 대단히 성공했다는 사실을 인정할 수밖에 없다. 자본은 여성을 희생하여 진정한 걸작을 만들어냈다. 가사노동에 대한 임금지불을 거부하고 가사노동을 사랑의 행위로 바꿔 놓음으로써 일거다득의 성과를 거둔 것이다. 먼저 터무니없이 많은 양의 노동을 거의 공짜로 획득했고, 여성들이 이에 거부하는 투쟁을 일으키기는커녕 인생 최고의 일로 가사노동을 추구하게 만든 것이다(마법과도 같은 말: "그래, 여보, 당신은 천생 여자야"). 동시에 자본은 여성이 남성노동자의 노동과 임금에 의존하게 만듦으로써 남성노동자 역시 통제했다. 그리고 공장이나 사무실에서 과중한 업무에 시달린 뒤 집에 가면 부릴 수 있는 하녀를 붙여줌으로써 이 통제에 순응하게 만들었다. 실제로 여성의 역할은 임금을 받지 않으면서도 행복한, 그리고 무엇보다도 사랑스러운 "노동계급"의 하녀가 되는 것이다. 여기서 노동계급이란 자본이 어쩔 수 없이 상대적으로 더 많은 사회적 권력을 부여한 프롤레타리아트계층을 말한다. 하느님이 아담을 즐겁게 하기 위해 이브를 창조하신 것과 똑같이 자본은 남성노동자를 육체적, 정신적, 성적으로 충족시키고, 그의 아이들을 키우며 그의 양말을 기우고 자본이 그를 위해 마련한 사회적 관계(고독의 관계)와 노동 때문에 그의 자아가 산산조각 났을 때 이를 다시 이어 붙일 수 있도록 주부를 창조해냈다. 바로 여성이 자본을 위해 수행해야 하는 역할과 관련된 바로 이 같은 육체적, 정신적, 성적 서비스의 독특한 결합 때문에 주부라는 이름의 하녀라는 독특한 집단이

워싱턴에서의 여성해방행진(1970)

만들어지고 주부의 노동이 힘겨우면서도 동시에 눈에 띄지 않게 된 것이다. 대부분의 남성들이 첫 직장을 잡자마자 결혼을 고민하기 시작하는 것은 우연이 아니다. 직장이 생기면 결혼비용이 생기기 때문도 있지만 자신을 돌봐줄 사람이 누군가 집에 없을 경우 조립라인이나 책상 앞에 앉아서 하루를 보내고 난 뒤 미치지 않을 재간이 없기 때문이다. 모든 여성들은 진정한 여성이 되기 위해서는, "성공적인" 결혼을 하기 위해서는 이를 견디지 않으면 안 된다는 것을 알고 있다. 또한 이 경우 역시 집안이 가난할수록 여성의 노예화는 더 심해지는데, 이는 단지 금전적인 문제 때문만은 아니다. 사실 자본은 중산층가정과 노동계급가정에게 별도의 이중정책을 사용한다. 노동계급가정 내에서 남성성의 과시가 가장 단순한 형태로 나타나는 것은 결코 우연이 아니다. 남성노동자가 직장에서 많이 얻어터질수록 아내는 이를 받

1장 가사노동에 대항하는 임금

아들이는 훈련이 더 잘되어 있고, 아내의 희생을 대가로 그는 자신의 자아를 더 잘 회복할 수 있기 때문이다. 그는 일 때문에 너무 지치거나 좌절감이 들 때 또는 투쟁에서 패했을 때(하지만 이미 공장에서 일한다는 자체가 패배다) 아내를 때리면서 화풀이한다. 그리고 남의 시중을 더 많이 들고 상사에게 더 많이 굽신거릴수록 [집에서는 아내를] 더 많이 부려먹는다. 남성노동자의 집은 그의 성城이다. 그의 아내는 그가 침울할 때 말없이 기다리는 법을, 그가 허물어져 세상을 욕할 때 그의 기운을 다시 북돋는 법을, 그가 "오늘 밤은 너무 피곤해"라고 하거나 사랑을 나누다가 어떤 여성의 표현처럼 마요네즈 통을 가지고도 충분할 지경으로 너무 빨리 일이 끝났을 때 조용히 돌아눕는 법을 배워야 한다. 여성들은 언제나 남편에게 반격하거나 복수하는 방법을 찾긴 했지만 항상 고립되고 사유화된 방식이었다. 따라서 이제 중요한 것은 어떻게 이 투쟁을 부엌과 침실 밖으로 끌어내 거리로 내보낼 것인가가 되었다.

    사랑과 결혼의 이름으로 자행되는 이 같은 사기는 결혼 여부에 관계없이 우리 모두에게 영향을 미친다. 왜냐하면 가사노동이 완전히 자연화되고 성적인 문제가 되면 다시 말해서 가사노동이 여성의 속성을 띠게 되면 여성 모두는 거기에서 헤어날 수 없기 때문이다. 만일 어떤 일을 하는 것이 자연스러운 것이라면 모든 여성은 그 일을 하면서 심지어는 좋아하기까지 해야 한다는 기대 속에 놓이게 된다. 남편이 가사도우미를 두고 정신과 상담을 받을 수 있을 정도로 돈을 벌고 다양한 형태의 휴식과 오락을 즐길 수 있다는 사회적 지위 덕분에 가사노동의 일부 또는 전부에서 벗어날 수 있는 여성들에 대해서도 이 같은 기대가 예외는 아니다. 여성이 한 남성에게 봉사하는 것은 아닐 수도 있지만, 여성 모두가 전체 남성사회와 주종관계를 맺고 있음을 부정하기는 힘들다. 이 때문에 이 사회에서 여성으로 불리는 것이 비하이고 무시인 것이다. 남편이든 당신의 기차표를 끊어준 사람이든 직장 상사든 간에 모든 남성들은 당신에게 "웃어봐, 자기야, 무슨 일 있어?" 같은 질문을 할 권리가 있다고 느낀다.

혁명적 관점

위의 분석에서 출발할 경우 우리는 가사노동에 대한 임금을 요구하는 입장이 혁명적 함의를 가진다는 점을 깨달을 수 있다. 가사노동에 대한 임금을 원한다는 것은 가사노동이 여성 본성의 표현이라는 인식을 거부하고, 이를 통해 자본주의가 여성에게 할당한 역할을 정확하게 거부하는 것을 의미한다는 점에서 가사노동에 대한 임금요구는 우리의 본성이 끝나고 투쟁이 시작되는 지점이다.

가사노동에 대한 임금요구는 그 자체로 이 사회가 여성에게 갖는 기대를 무너뜨릴 것이다. 왜냐하면 사회화의 본질인 이 같은 기대는 모두 집안에서 부불조건을 만드는 데 기여하기 때문이다. 이런 점에서 가사노동에 대한 임금지불을 위한 여성의 투쟁과 더 많은 임금을 받기 위한 남성노동자들의 공장투쟁을 단순비교하는 것은 어리석다. 임금노동자가 더 많은 임금을 받기 위해 투쟁할 때 그는 자신의 사회적 역할을 벗어나지 않는 선에서 도전한다. 하지만 우리가 가사노동에 대한 임금을 위해 투쟁할 때는 우리의 사회적 역할을 직접적으로, 분명하게 거역하면서 투쟁한다. 동시에 임금노동자의 투쟁과 노예상태를 벗어나기 위해 임금을 요구하는 노예의 투쟁 간에는 질적인 차이가 있다. 하지만 우리가 임금을 위해 투쟁할 때는 자본주의 관계에 진입하기 위해 투쟁하는 것이 아니라는 점을 분명히 할 필요가 있다. 왜냐하면 우리는 단 한 번도 자본주의 관계 밖에 있어 본 적이 없기 때문이다. 우리 투쟁의 목표는 자본이 그 헤게모니를 유지하기 위해 사용하는 노동계급 내 노동 및 사회적 권력의 분할에서 필수불가결한 전략인, 여성을 대상으로 한 자본의 계획을 분쇄하는 것이다. 따라서 가사노동에 대한 임금요구가 혁명적인 이유는 그것이 그 자체로 자본을 분쇄할 수 있기 때문이 아니라, 사회적 관계를 우리에게 좀 더 호의적인, 따라서 결과적으로 계급 전체에 더욱 호의적인 조건으로 재편하도록 자본을 압박하기 때문이다. 실제로 가사노동에 대한 임금요구는 우리가 돈을 받을 경우 이 일을 지속하겠다는 의미가 아니다. 오히려 그와는 정반대를 의미한다. 우리가 가사노동에 대해 임금을 원한다고 말하는 것은 가사노동을 거부하기 위한 첫걸음과 같다. 왜냐하면 임금에 대한 요구는 [이제까지는 보이지 않던] 우리의 노동을 눈에 보이게 만드는데, 이는 즉물적인 측면에서뿐만 아니라 여성성이라는 더 음험한 성격까지 지닌 가사노동에 저항하는 투쟁을 시작하는 데 가장 기본적인 조건이기 때문이다.

"경제주의"라는 비판과 관련해서는 돈은 자본임을, 다시 말해서 돈은 노동을 통제하는 권력임을 기억해 둘 필요가 있다. 따라서 우리 노동의 (우리 어머니와 할머니의 노동의) 결실인 그 돈을 재전유하는 것은 우리에게서 더 많은 노동을 끌어낼 수 있는 자본의 힘을 잠식하는 일이기도 하다. 또한 무임금의 힘은 여성의 역할을 결정짓고 우리의 노동을 보이지 않게 만드는 데 강력한 힘을 발휘한다는 점에서 우리는, 임금에는 여성성에 대한 환상을 걷어내고 우리의 노동(노동으로서의 여성성)을 가시화하는 힘이 있음을 믿어야 한다. 가사노동에 대한 임금요구는 우리의 마음, 몸, 감정 모두가 특수한 기능을 위해, 특수한 기능 속에서 왜곡되어버렸음을, 따라서 만일 우리가 이 사회에서 여성으로 받아들여지고자 한다면 모두가 순응해야 하는 모델에 스스로를 끼워 맞추기 위해 부단한 좌절을 감내해야 했음을 드러내는 일이다.

우리가 가사노동에 대한 임금을 원한다고 말하는 일은 가사노동이 이미 자본을 위한 화폐라는 사실을, 자본은 예나 지금이나 우리의 요리와 미소, 잠자리를 통해 돈을 벌고 있다는 사실을 폭로하는 행위다. 동시에 이는 우리가 수년 동안 음식을 만들고, 미소를 짓고, 남편과 잠자리를 가진 것은 다른 사람들에 비해 우리가 이 일을 하는 것이 더 수월해서가 아니라 우리에게는 다른 선택지가 전혀 없었기 때문임을 보여준다. 미소를 너무 많이 짓다 보니 우리의 표정은 왜곡되어 버렸다. 너무 많은 사랑을 하다 보니 우리는 감정을 잃어버렸다. 과노한 성애화 때문에 우리는 완전히 무성적인 존재가 되어버렸다.

가사노동에 대한 임금은 시작에 불과하지만, 우리에게 임금을 지불하지 않으면 더 이상 여성으로서 주어진 그 어떤 역할도 보장할 수 없다는 메시지만은 분명하다. 우리는 노동을 노동이라고 호명함으로써 이제까지 전혀 몰랐던 사랑을 재발견하고 우리의 섹슈얼리티를 새롭게 창조하고 싶다. 그리고 노동의 관점에서 보면 우리는 한 가지가 아닌 수많은 종류의 임금을 요구할 수 있다. 우리는 동시에 수많은 일을 강요받고 있기 때문이다. 우리는 하녀이자 매춘부이고 간호사이자 정신과 의사이다. "어머니의 날"에 찬미하는 "영웅적인" 배우자의 본질은 바로 이것이다. 우리는 다음과 같이 요구한다. 우리의 착취에 대한, 소위 영웅주의에 대한 찬미를 중단하라고. 지금부터 우리는 노동의 매 순간 돈을 요구할 것이다. 따라서 어떤 특정한 노동을 거부할 수 있고 궁극적으로 모든 노동을 거부할 수도 있다. 이런 점에서 우리의 여성적 가치가 이미 계산가능한 화폐가치를 지닌다는 점을 보여주는 것만큼 더 효과적인 것은 없을 것이다. 지금까지는 오직 자본을 위해 그 양이 늘어났다는 점에서 우리는 패배했지만, 지금부터는 자본을 거역하고 우리 자신을 위해 우리가 권력을 조직할 수 있음을 보여줄 것이다.

사회적 서비스를 위한 투쟁

우리는 탁아소나 동일임금, 무료세탁시설을 요구할 수는 있지만, 근본적으로 여성의 역할을 공격하지 않고서는 진정한 변화를 일굴 수 없다는 점에서 우리가 채택할 수 있는 가장 급진적인 관점은 바로 가사노동에 대한 임금이다. 즉, 더 나은 노동조건을 위한 사회적 서비스를 손에 넣으려는 우리의 투쟁은 먼저 우리의 노동이 노동임을 분명히 밝히지 않을 경우 항상 좌절될 수밖에 없다. 우리는 총체적인 투쟁을 벌이지 않으면 그 어떤 국면에서도 승리할 수 없다. 매일 같이 우리의 몸과, 섹슈얼리티와, 사회적 관계를 불구로 만드는, 끝없는 노동이라는 대가를 치르지 않고서는 사랑을 할 수 없다는 사실에 먼저 맞서 싸우지 않으면, 애정을 주고받고 싶은 욕구를 우리의 의사에 반하여 의무적인 노동으로 전락시키는 협박에서 먼저 벗어나지 않으면, 무료세탁시설을 쟁취하기 위한 투쟁에서도 실패할 것이다. 우리는 사랑이라는 이름의 의무적인 노동 때문에 남편에게, 아이에게, 친구에게 꾸준히 분개하다가도 자신이 이런 부정적인 감정을 품고 있다는 데 대해 죄책감을 느낀다. 여성취업의 오랜 역사가 보여주듯, 부업을 한다고 해서 이 역할이 바뀌지는 않는다. 오히려 부업은 우리의 착취를 가중시킬 뿐 아니라 여러 형태로 우리의 역할을 재생산한다. 우리는 곳곳에서 여성에게 주어지는 일자리는 그저 주부라는 조건의 모든 함축이 표현된 단순확장임을 확인할 수 있다. 우리는 간호사, 가사도우미, 교사, 비서가 될 수 있지만(우리는 이 모든 기능과 관련된 훈련을 집에서 받는다) 이 일을 하면서도 우리의 투쟁을 저해하는 가정의 조건과 똑같은 곤경에 처하게 된다. 즉, 고립된 조건, 다른 사람들의 삶이 우리에게 달려 있다는 사실, 우리의 노동이 어디에서 시작되고 끝나는지, 우리의 노동이 어디서 끝나고 우리의 욕망이 어디서 시작되는지를 확인할 수 없는 문제 등이 바로 그것이다. 상사에게 커피를 가져다주고 그와 함께 그의 결혼문제에 대한 이야기를 나누는 것은 비서로서의 업무인가, 아니면 사적인 기호의 문제인가? 업무복장에 대해 신경 써야 한다는 사실은 노동조건인가 아니면 여성적인 허영심의 결과인가?(얼마 전까지만 해도 미국 항공사의 여승무원들은 정기적으로 체중검사를 받았기 때문에 해고될지도 모른다는 공포 속에서 꾸준히 (모든 여성들이 익히 알고 있는 고문인) 다이어트를 해야 했다.) 임금노동시장에서 여성노동력을 필요로 할 때 종종 이런 말이 회자된다. "여성은 자신의 여성성을 잃지 않고도 어떤 일이든 할 수 있다." 하지만 이는 결국 무슨 일을 하든 간에 너는 그저 "꼴 보기 싫은 년"이라는 말일 뿐이다.

가사노동의 사회화 및 공영화 제안과 관련하여, 이런 대안과 우리의 관점을 구분하려면 몇 가지 예로 충분할 것이다. 우리가 원하는 방식대로 어린이집을 만들어 여기에 국고지원을 요구하는 것과, 우리 아이들을 아예 국가 앞으로 데리고 간 뒤 하루 5시간이 아니라 15시간 동안 돌봐달라고 요구하는 것은 판이하게 다른 일이다. 또한 우리가 먹고 싶은 음식문화를 공동으로 조직한 뒤 국가에 이에 대해 돈을 지원해달라고 요구하는 것과, 국가 스스로 우리의 끼니를 조직하라고 요구하는 것은 완전히 다른 일이다. 전자의 경우 우리는 우리 일상에 대한 통제력을 어느 정도 회복할 수 있지만, 후자의 경우에서는 우리에 대한 국가의 통제를 더욱 확장시키는 모양새가 된다.

가사노동에 대항하는 투쟁

이렇게 말하는 여성들도 있다. 가사노동에 대한 임금이 우리에 대한 남편들의 태도를 어떻게 바꿔줄 것인가? 우리가 가사노동에 대해 임금을 받을 경우 남편들이 아직도 우리에게 전과 동일한 의무를 기대하거나 심지어 그 이상을 기대하지는 않을까? 하지만 이것은 남성들이 우리에게 그렇게 많은 기대를 갖는 것은 바로 우리가 우리의 노동에 대해 아무런 돈도 받지 못하기 때문이라는 점을, 남성들이 가사노동은 그렇게 큰 노력이 필요없는 "여성들의 일"이라고 생각하기 때문임을 모르고 하는 소리이다. 남성들이 우리의 서비스를 수용하고 그 속에서 기쁨을 느낄 수 있는 것은 가사노동이 여성들에게 쉽고, 우리가 그들에 대한 사랑 때문에 가사노동을 하는 것이므로 이를 즐기고 있다고 지레짐작하기 때문이다. 남성들은 실제로 우리와 결혼함으로써, 또는 우리와 동거함으로써 우리에게 여성임을 드러낼 (즉, 우리가 그들의 시중을 들) 기회를 주었기 때문에 우리가 감사해할 것이라고 생각한다. "당신은 참 복도 많아. 나 같은 남자를 만나다니 말이야" 같은 말도 서슴지 않는다. 그러므로 남성들이 우리의 노동을 노동으로 (우리의 사랑을 노동으로) 이해하고, 가장 중요하게는 우리가 노동이든 사랑이든 모두 거부할 의지가 있음을 인식할 때, 우리에 대한 태도를 바꿀 것이다. 수천 명의 여성들이 거리로 나와 해도 해도 끝이 없는 청소, 항상 남편 비위 맞추기, 일거리를 잃을지 모른다는 공포 속에 남편이 원할 때마다 잠자리 갖기 등은 우리의 삶을 황폐하게 만드는 고되고도 혐오스런 노동임을 이야기할 때만 이들은 남성으로서 겁먹고 풀이 죽게 될 것이다. 하지만 이는 남성들의 관점에서 보았을 때 일어날 수 있는 최상의 일이다. 왜냐하면 자본이 우리를 어떻게 갈라놓았는지(자본은 우리를 통해 남성들을, 남성들을 통해 우리를, 서로서로 규율해 왔다) 폭로함으로써 (그들의 지팡이이자, 노예이자, 사슬인) 우리가 남성해방의 문을 열어주었기 때문이다. 이런 점에서 가사노동에 대한 임금은 우리가 남성들만큼의 일을 할 수 있음을, 남성들과 같은 일을 할 수 있음을 증명하는 효과보다는 차라리 교육적인 효과가 훨씬 더 클 것이다. 우리는 이 뜻깊은 노력을 "커리어우먼"에게 넘기고자 한다. 단결과 투쟁의 힘을 통해서가 아니라, 지배자의 힘으로, (보통 다른 여성들을) 억압하는 힘으로 자신이 당하고 있는 억압에서 벗어난 여성들에게 말이다. 또한 우리는 "블루칼라 장벽을 깨뜨릴" 수 있다고 증명할 필요가 없다. 많은 여성들은 이미 오래전에 이 장벽을 깨뜨렸고 작업복이 앞치마보다 우리에게 더 많은 권력을 주지 않는다는 사실을 확인했다. 오히려 작업복은 앞치마보다 훨씬 더 적은 권력만을 보장하는데, 왜냐하면 이제 우리는 작업복과 앞치마 둘 다를 입어야 하고, 시간과 에너지가 너무 떨어져서 이에 대항해 투쟁할 여력마저 없어졌기 때문이다. 우리가 입증해야 할 것은 우리가 이미 노동으로 하고 있는 일, 자본이 우리에게 가하고 있는 일, 그리고 이에 저항하여 싸울 힘이 있음을 드러낼 역량이 있다는 점이다.

안타깝게도 많은 여성들, 특히 독신여성들은 가사노동에 대한 임금이라는 관점을 꺼림칙해한다. 단 1초라도 스스로를 주부라고 생각하지 않으려 하기 때문이다. 이들은 주부가 사회에서 가장 힘없는 지위임을 알고 있으며, 따라서 자신이 주부임을 인정하고 싶지 않은 것이다. 이는 분명 우리의 약점이다. 우리의 노예상태는 자기 정체성을 분별하지 못하기 때문에 유지, 존속된다. 우리는 우리 모두가 가사노동자이기를, 매춘부이기를, 게이이기를 원하며, 또 그렇게 말해야 한다. 우리가 이 같은 구분을 받아들이는 한, 그리고 우리가 뭔가 더 나은 어떤 것, 주부와는 다른 어떤 것이라고 생각하는 한, 우리는 지배자의 논리를 받아들이게 되기 때문이다. 우리 모두는 주부다. 우리가 어디에 있든 간에 그들은 항상 우리에게서 더 많은 노동을 기대할 수 있고, 우리가 우리의 요구를 밝히기를 두려워한다고 생각하며, 우리의 마음은 다른 곳, 즉 "우리를 돌봐줄" 현재 또는 미래의 그 남자에게 쏠려 있으므로 고집 같은 것은 잘 부릴 줄 모른다고 생각하기 때문이다.

우리는 가사노동에서 벗어날 수 있다고 스스로를 현혹하기도 한다. 하지만 집 밖에서까지 일을 하는 많은 여성들이 어떻게 가사노동에서 벗어날 수 있겠는가? 또한 정말로 한 남자와 함께 산다는 생각을 그렇게 쉽게 무시할 수 있을까? 일자리를 잃으면 어떡하지? 나이가

들어서, 젊음(생산성)과 매력(여성으로서의 생산성)이 지금 우리에게 보장해주는 최소한의 힘마저도 잃게 되면? 또 아이들은 어쩌고? 아이를 갖지 않겠다는 결정을 한 것에 대해, 혹은 아이 문제를 현실적으로 고민할 수조차 없었던 것에 대해 후회하거나 아쉬워하지는 않을까? 게이 관계를 감당할 수는 있을까? 고립과 배제에서 발생할 수 있는 희생을 기꺼이 치르려 할까? 하지만 남성과의 관계를 진짜로 감당할 형편이 되기는 할까?

문제는 이런 것들이 어째서 우리의 유일한 대안이며, 이를 넘어서기 위해서는 어떤 종류의 투쟁이 필요한가이다.

2장
섹슈얼리티는 왜 노동인가

　섹슈얼리티는 노동과정의 규율을 통해 우리에게 주어진 표현양식이다. 섹슈얼리티는 판에 박힌 일상에 필요한 보조물이자 한 주의 노동시간을 조직하는 방식이기도 하다. 섹슈얼리티는 "자연상태로 돌아가" "풀어질 대로 풀어져 있다가" 월요일이 되면 상큼해진 기분으로 일터로 돌아갈 수 있게 해주는 허가증과도 같다. "토요일 밤"은 우리의 삶에 대한 자본주의적 규율이라는 합리성 속에서 비합리와 "즉흥성"을 분출하는 시간이다. 사람들은 섹슈얼리티가 노동에 대한 보상이라고 간주하고, 이데올로기적으로는 노동의 "타자"라고 받아들인다. 즉, 섹슈얼리티는 우리가 진정한 자아를 찾을 수 있는 자유의 공간이자, 꾸준히 우리의 욕망을 억누르고 미루고 심지어는 우리 자신으로부터 숨기기까지 해야만 하는 사회관계라는 세계 속에서 은밀하고 "진정한" 관계의 가능성과도 같다.
　하지만 이런 약속에도 불구하고 우리가 실제로 손에 넣는 것은 기대와는 거리가 멀다. 그냥 옷을 벗어 던진다고 해서 자연/본성으로 돌아갈 수 없고, 성관계를 가진다고 해서 "우리 자신"이 될 수는 없기 때문이다. 사랑에 쓸 수 있는 시간, 조건, 에너지의 양이 우리의 통제 밖에 있을 때 즉흥성이란 거의 불가능에 가깝다. 한 주의 노동을 마친 우리의 육신과 감정은 마비되어, 기계처럼 켤 수도 없다. 하지만 우리가 "풀어졌을" 때 분출되는 것은 침대에서 다시 태어날 준비를 하는 숨은 자아가 아니라 억눌린 좌절과 폭력인 경우가 더 많다.

무엇보다 우리는 항상 이런 즉흥성이 옳지 못함을 의식한다. 침대에서 아무리 많은 비명과 신음 소리를 내고 에로틱한 행동을 한들, 우리는 이것이 [일상이라는 텍스트 속의] 괄호와도 같고 내일이면 우리 두 사람 모두 다시 문명의 옷을 입게 될 것임을 알고 있다(우리는 출근준비를 하면서 함께 커피를 마시게 될 것이다). 이것이 하루 또는 한 주의 나머지 시간들이 부정할 괄호 속의 예외와도 같다는 사실을 우리가 분명히 인식하면 할수록 "야만의 상태"로 돌아가 "모든 것을 잊기"는 어려워진다. 그리고 우리는 불편함을 느끼지 않을 수가 없다. 이는 우리가 막 성관계를 가지기 위해 옷을 벗을 때 경험하는 민망함이나, 다음 날 아침, 이미 다시 거리를 유지하는 데 골몰하게 되었을 때의 민망함, (마지막으로) 그 날의 나머지 시간들과는 완전히 다른 사람인 듯 행동하려 할 때의 민망함과 똑같다. 이 같은 변신은 특히 여성들에게 고통스럽지만, 남성들은 이런 일에 도가 튼 것처럼 보이는데, 아무래도 남성들은 자신의 노동 속에서 좀 더 엄격한 통제를 통해 규제되어 왔기 때문일지도 모른다. 항상 여성들은 어떻게 밤새 그런 열정을 보여줬던 "그"가 눈을 떴을 때는 이미 다른 세계에 있게 되었는지, 시간적으로 너무 멀게 느껴져서 어젯밤의 그 사람이 지금의 그 사람과 같은 사람이라고는 도저히 생각할 수 없을 지경이 될 수 있는지 의아해하곤 했다. 어떤 경우든 성적인 관계의 정신분열적 성격 때문에 가장 고통을 받는 사람은 항상 여성이다. 이는 우리가 어깨에 더 많은 걱정과 일거리를 짊어지고 하루를 마치기 때문이기도 하지만, 남자에게 즐거운 성적 경험을 만들어줄 책임이 우리에게 있기 때문이기도 하다. 바로 이 때문에 일반적으로 여성이 남성보다 성적인 관심이 떨어지는 것이다. 우리에게 성관계는 노동이자 의무이다. 우리의 섹슈얼리티 속에는 상대를 즐겁게 해줄 의무가 들어 있기 때문에 우리는 상대에게 즐거움을 줌으로써, 남성을 달아오르게 하고 흥분시키는 것으로써, 즐거움을 느끼도록 학습 받아왔다.

여성은 해방감을 제공해준다는 기대가 있다 보니 어쩔 수 없이 남성이 자신의 억압된 분노를 분출하는 대상이 되기도 한다. 우리는 침실에서도, 거리에서도 강간을 당하는데, 이는 바로 우리가 성적 만족을 제공하는 사람, 남성의 삶에서 잘못된 모든 것에 대한 안전밸브라는 인식 때문에 우리가 그 역할을 제대로 해내지 못할 때, 특히 우리가 그 역할을 거부할 때 남성들이 항상 우리에게 그동안 쌓였던 분노를 풀어내 왔기 때문이다.

구획화compartmentalization는 불구화된 섹슈얼리티를 보여주는 한 단면일 뿐이다. 우리의 섹슈얼리티가 노동력 재생산에 복속되었다는 것은 우리에게 유일하게 용납된 성적 행위는 이성애밖에 없음을 의미했다. 실제로 모든 진실된 소통에는 성적인 요소가 있는데, 우리의 몸과 감정은 분리할 수 없고 우리는 항시 모든 층위에서 소통을 하기 때문이다. 하지만 [여성이] 여성과 성적으로 접촉하는 일은 금지되어 있는데, 부르주아의 도덕률에서는 생산과 관계없는 모든 것은 외설적이고

2011년 4월 3일 토론토에서의 첫 번째 슬럿워크

부자연스러우며 변태적이기 때문이다. 이는 태어나서부터 우리가 사랑할 수 있는 사람과 그저 말 상대일 뿐인 사람, 우리의 몸을 보여줄 수 있는 사람과 "영혼"만을 보여줄 수 있는 사람, 우리의 연인과 친구를 가르는 법을 배워야 했듯, 우리에게는 진짜 정신분열증적 조건이 강요되고 있음을 의미했다. 그 결과 우리는 여성친구들에게는 육체 없는 영혼일 뿐이고, 남성 연인에게는 영혼 없는 살덩어리가 되었다. 그리고 이 같은 분리 때문에 우리는 다른 여성들과 분리되었을 뿐만 아니라 우리 스스로부터 멀어지게 되었다. 보여주기 위해 존재하는 "깨끗한" 부분은 육체와 감정으로 받아들이지만, 생산의 지점인 부부침실에 감춰져 있는(그리고 따라서 깨끗해져야 하는) "더럽고", "내밀한" 부분들은 받아들이지 못하기 때문이다.

생산에 대한 동일한 우려 때문에 섹슈얼리티, 특히 여성의 섹슈얼리티는 일생 중 정해진 기간으로만 국한되어야 한다는 주장 역시 생겨났다. 나이든 여성뿐만 아니라 어린아이와 청소년의 섹슈얼리티는 억압된다. 사정이 이렇다 보니 우리가 성적으로 활동할 수 있는 시기는 바로 우리가 노동의 짐을 가장 많이 짊어지고 있어서 성적인 만남을 즐기려면 대단한 노력을 경주해야 하는 그런 시기가 된 것이다.

하지만 섹슈얼리티를 통해 얻을 수 있는 즐거움을 우리가 누릴 수 없는 중요한 이유는 바로 여성에게 섹스는 노동이기 때문이다. 남성에게 기쁨을 선사하는 일은 모든 여성에게 기대되는 본질적인 부분에 속한다.

성적인 자유는 별로 도움이 되지 않는다. 물론 우리가 "바람을 피우거나", '처녀'가 아님이 확인되었다고 해서 돌에 맞아 죽지 않아도 된다는 것은 분명 중요한 점이다. 하지만 "성적 해방"은 우리의 노동을 강화했다. 옛날 여성들은 그저 아이들만 키우면 그만이었다. 하지만 오늘날의 여성들은 일자리를 가지면서 동시에 집 안을 청소하고 아이들을 키우며, 두 배에 달하는 노동일勞動日의 마지막에는 언제든 침대에 뛰어들어 성적으로 매혹적이어야 한다는 기대까지 받고 있다. 여성에게 섹스를 할 권리는 섹스를 해야 할 의무이자 그것을 즐기기까지 해야 할 의무이다(하지만 대부분의 일에 대해서는 이런 기대를 하지 않는다). 바로 이 때문에 최근 몇 년간 질이든 음핵이든 우리 몸의 어떤 부분이 성적으로 더 생산적인지에 대한 연구가 그렇게 많이 이루어지고 있는 것이다.

하지만 우리의 섹슈얼리티는 해방된 형태로든, 억압적인 형태로든 여전히 통제를 받는다. 법, 의학, 남성에 대한 경제적 의존, 이 모든 것들이 아무리 규제가 느슨해졌다 해도 즉흥성이란 우리의 성생활에서 제외될 수밖에 없음을 확인시켜준다. 가족 내에서의 성적 억압은 이 같은 통제의 한 기능이다. 이런 점에서 아빠, 오빠, 남편, 포주 모두 국가 요원처럼 행동하면서 우리의 성적 활동을 감시하고 우리가 기성의, 사회적 제재를 받는 생산성 규율에 따라 성적 서비스를 제공하도록 보장하는 역할을 한다.

경제적 종속은 여성의 섹슈얼리티에 대한 궁극의 통제형태다. 성적 노동이 아직도 여성의 주요 직업 중 하나인 것도, 모든 성적 만남에서 매춘이 두드러지게 나타나는 것도 모두 이 때문이다. 이 같은 조건에서는 여성의 입장에서 섹스 속에 그 어떤 즉흥성도 있을 수 없다. 이 때문에 우리의 성생활에서 즐거움이 그렇게 짧기만 한 것이다.

바로 그와 관련된 교환 때문에, 우리에게 섹슈얼리티는 항상 불안을 동반하고, 가사노동의 일부이며, 자기혐오의 가장 큰 원인임은 의심의 여지가 없다. 게다가 여성의 몸이 상품화되면서 우리가 그 형태나 모양에 관계없이 우리의 몸에 편안함을 느끼기란 불가능해졌다. 자신이 평가받고 있을 뿐 아니라, 여성의 몸을 대하는 행동의 기준이 있음을 의식하는 상태에서는 그 어떤 여성도 남성 앞에서 기분 좋게 옷을 벗을 수 없다. 이런 기준들은 주변 곳곳에, 도시의 모든 벽면과 텔레비전 화면 속에 널려 있기 때문에 남성이든 여성이든 모든 사람이 알 수밖에 없다. 어떤 면에서 우리가 자신을 팔고 있음을 인식함으로써 몸에 대한 자신감과 즐거움은 파괴되고 말았다.

마른 사람이든 통통한 사람이든, 코가 높든 낮든, 키가 크든 작든 간에 우리 모두가 자신의 몸을 증오하게 된 것은 바로 이 때문이다. 우리가 자신의 몸을 싫어하는 것은 신체시장을 염두에 두고, 우리가 만나는 남성의 눈으로, 바깥에서 우리의 몸을 들여다보는 데 익숙해져 있기 때문이다. 우리가 자신의 몸을 싫어하는 것은 우리의 몸을 판매 대상으로, 우리 자신으로부터 소외되어 늘 판매대에 놓여있는 것으로 생각하는 데 익숙해져 있기 때문이다. 우리가 자신의 몸을 싫어하는 것은 너무나도 많은 것이 몸에 좌우된다는 것을 알고 있기 때문이다. (결혼관계 내에서든 집 밖에서든) 좋은 일자리를 얻을 것인가, 나쁜 일자리를 얻을 것인가도, 노년기뿐만 아니라 가끔은 젊은 시기에마저 우리를 기다리고 있는 외로움을 물리쳐 줄 약간의 친구들과, 어느 정도의 사회적 힘을 얻을 수 있을지의 여부도 모두 우리의 몸이 어떻게 보이느냐에 달려 있다. 또한 우리는 몸이 우리를 배신할까 봐, 살이 찌거나, 주름이 지거나, 너무 빨리 노화되거나, 사람들이 우리에게 무심해지게 만들까 봐, 성행위에 대한 권리나, [타인으로부터] 손길이나 포옹을 받게 될 기회를 빼앗아 갈까 봐 항상 걱정한다.

요컨대 우리는 연기를 하느라 너무 바쁘고, 타인에게 기쁨을 주느라 정신이 없으며, 실패에 대한 지나친 두려움 때문에 성관계를 제대로 즐기지 못하고 있다. 모든 성적 관계에서 우리의 가치에 대한 감각은 위태롭다. 어떤 남자가 우리에게 성관계를 잘하는군, 당신은 나를 흥분시켰어라고 말한다면 우리가 그 남자와 성관계를 갖는 것이 좋은지에 관계없이 기분이 황홀해지고 권력을 가진 듯 우쭐해진다. 조금 뒤 여전히 설거지를 해야 하는 처지임을 알고 있으면서도 말이다. 하지만 우리는 결코 그와 관련된 거래를 망각하지 못한다. 남성과의 사랑관계 속에서 가치관계를 결코 넘어서지 못하기 때문이다. 섹슈얼리티에 대한 우리의 경험을 항상 지배하는 것은 "얼마지?"라는 질문이다. 우리가 경험하는 성적 만남의 대부분은 계산 속에 흘러간다. 침대에서 탄식하고, 흐느끼고, 애원하고, 헐떡이고, 위아래로 오르내리는 동안에도 마음속으로는 "얼마인지" 계산을 한다. 넋이 나가버리거나 자신을 헐값에 처분하기 전에 우리 자신을 얼마에 줄 수 있으며, 그 보상으로 얼마를 얻게 될지를 말이다. 첫 데이트라면 그 사람이 얼마나 만질 수 있게 해줄지, 치마 위까지인지, 블라우스 속까지인지, 브래지어 속까지인지 계산할 것이다. 어느 지점에서 그 남자에게 "이제 그만!"이라고 외쳐야 할까? 얼마나 강하게 거부해야 할까? 언제쯤 좋아한다고 말을 해야 우리가 "싸구려"라고 생각하지 않을까?

값을 올려라. 이것이 법이다. 우리는 최소한 이렇게 배운다. 이미 침대에 누워버렸다면 계산은 훨씬 복잡해진다. 임신의 가능성도 계산해야 하기 때문이다. 그것은 신음 소리를 내고 헐떡이고, 그 외 여러 가지 열정의 표현을 하는 동안에도 생리주기를 빠르게 계산해야 함을 의미한다. 하지만 오르가즘도 없는 성행위를 하는 동안 가짜 흥분을 쥐어짜는 일은 고된 추가노동이다. 흥분을 가장할 때는 어느 정도까지 해야 하는지를 전혀 모르다 보니 충분치 못할까 봐 걱정하면서 오히려 항상 더 많이 하게 되기 때문이다.

사실 마침내 그 어떤 일도 일어나지 않고 있음을 인정하기까지 여성들의 많은 투쟁과 권력의 비약적인 신장이 있었다.

3장
부엌에서 만든 대안[1]

맑스 이후로 자본은 임금을 통해 지배하고 발전했음이, 다시 말해 자본주의 사회의 기초는 임금노동자와 그/그녀에 대한 직접적인 착취였음이 분명해졌다. 하지만 비임금노동자의 착취를 조직한 것이 바로 그 임금인지는 분명하지도 않고, 노동계급운동의 조직에서도 사실로 인정되어 본 적이 없다. 임금을 주지 않으면 착취한다는 사실마저 드러나지 않는다는 점에서 비임금노동자에 대한 착취는 훨씬 효과적이었다 …… 때문에 여성의 노동은 자본 밖에 있는 개인적인 서비스처럼 보이게 된 것이다.[2]

지난 몇 개월간 몇몇 좌파저널들이 가사노동에 대한 임금을 공격하는 글을 출간한 것은 우연이 아니다. 여성운동이 자율적인 지위를 갖게 될 때마다 좌파들은 위협을 느꼈다. 좌파들은 여성주의적 관점이 "여성의 문제"를 넘어서는 함의를 가지고 있으며, 여성과의 관계에서뿐만 아니라 나머지 노동계급과의 관계에서 과거와 현재의 좌파정치와의 단절을 의미한다고 느낀다. 실제로 여성들의 투쟁과의 관계에서 좌파들이 전통적으로 보여준 분파주의는 자본주의가 지배하는 방식과 계급투쟁이 이 지배를 깨뜨리기 위해 지향해야 할 방향에 대한 얕은 이해에서 비롯된 결과이다.

좌파는 "계급투쟁"과 "노동계급의 통일된 이해"라는 미명하에 항상 노동계급의 일부 분파를 혁명적 주체로 선택하고 나머지에게는 이 분파가 수행하는 투쟁에서 보조적인 역할을 맡겼다. 따라서 좌파는 그 조직적, 전략적 목표 속에서 자본주의적인 분업의 특징과 동일한 계급구분을 재생산했다. 이 점에서 [좌파 분파들의] 작전상의 지위가 다양함에도 불구하고, 좌파들은 전략적으로 한 몸이 되었다. 혁명 주체를 선택하는 문제에 이르러서는 스탈린주의자도, 트로츠키주의자도, 무정부적 자유주의자도, 구좌파도, 신좌파도 대의에 대한 동일한 가정과 주장을 등에 업고 손을 잡는다.

그들은 우리를 "발전"시킨다

좌파들이 임금을 노동과 비노동, 생산과 기생, 잠재력과 무력함을 구분하는 기준으로 삼은 이후로, 여성들이 자본을 위해 가정에서 수행하는 막대한 양의 부불노동은 좌파들의 분석과 전략에서 벗어나게 되었다. 레닌부터 그람시, 줄리엣 미첼에 이르기까지, 모든 좌파전통은 자본의 재생산에서는 가사노동이, 혁명투쟁에서는 가정주부가 주변적인 지위를 점한다는 데 동의했다. 좌파들에 따르면 가정주부로서의 여성들은 자본 때문에 고통을 당하는 것이 아니라 오히려 자본의 부

줄리엣 미첼(Juliet Mitchel, 1940~)

재로 고통을 당한다. 우리의 문제는 자본이 우리의 부엌과 침실까지 침투하지 못했기 때문에 어쩌면 우리가 아직도 전자본주의적인 중세 단계에 머물러 있을 뿐 아니라, 우리가 부엌과 침실에서 무슨 짓을 한대도 사회변화와는 무관하다는 두 가지 결과에 맞닥뜨린 것인지도 모른다. 우리의 부엌이 자본의 밖에 위치해 있다면 아무리 이를 파괴하려 투쟁한들 결코 자본을 쓰러뜨리는 데 성공하지 못하리라는 점은 분명하다.

좌파들은 너무나도 자신만만하게 자본이 비합리적이고 계획능력을 결여하고 있다고 믿었기 때문에 단 한 번도 어째서 자본이 그렇게 많은 무익한 노동을, 그렇게 많은 비생산적인 노동시간을 남겨뒀을까 이상해하지 않았다. 그리고 아이러니하게도 좌파들은 여성이 자본과 맺고 있는 특수한 관계에 대한 무지를, 여성이 공장문에 들어서야만 극복할 수 있는 여성의 정치적 후진성이라는 이론으로 탈바꿈시켰다. 따라서 여성억압의 원인을 여성들이 자본주의적 관계에서 배제되었기 때문으로 분석하는 논리는, 우리가 자본주의 관계를 파괴하는 것이 아니라 그 속으로 들어가는 전략으로 귀결될 수밖에 없었다.

이런 점에서 좌파들의 여성에 대한 전략과 "제3세계"에 대한 전략 사이에는 직접적인 연관이 있다. 좌파들은 여성을 공장에 끌어들이려는 것과 마찬가지로 "제3세계"에 공장을 끌어들이려 한다. 두 경우 모두에서 이들은 "저개발된 자들"(여성의 경우 임금을 받지도 못하고 낮은 기술 수준의 노동을 한다)은 "진정한 노동계급"이라는 관점에서 뒤처져 있고 더 선진적인 자본주의착취 형태, 더 큰 비중의 공장노동을 획득함으로써만 만회할 수 있다고 생각한다. 두 경우 모두에서 좌파가 임금을 받지 못하는 "저개발된 자들"에게 제안하는 투쟁은 자본에 저항하는 투쟁이 아니라 더 합리화되고 선진적이며 생산적인 형태로 자본을 손에 넣기 위한 투쟁이다. 이들은 우리에게 (모든 노동자들에게 제안하는) "노동할 권리"뿐만 아니라 더 많이 일할 권리, 더 많이 착취당할 권리까지 제안한다.

새로운 투쟁의 근거지

가사노동에 대한 임금의 정치적 기초는 무임금상태와 낮은 기술적 발전을 정치적 후진성, 권력없음과 동일시하고, 궁극적으로는 우리가 조직되기 위해서는 먼저 자본을 통해 조직되어야 한다는 논리와 능지시켜 버리는 이 같은 자본주의적인 이데올로기를 거부하는 것이다. 우리는, 임금을 받지 못하거나 낮은 기술 수준의 노동을 하기 때문에(그리고 이 두 가지 조건은 깊이 연관되어 있다) 우리의 필요는 나머지 노동계급과 다를 수밖에 없으리라는 주장을 거부한다. 우리는 디트로이트 자동차 공장의 남성노동자는 조립라인에 저항해서 투쟁할 수 있지만, 대도시에 있는 우리의 부엌이나 "제3세계"의 부엌 또는 텃밭에 서 있는 우리의 목표는 전 세계 노동자들의 반대가 거세지고 있는 공장노동이어야 한다는 주장을 거부한다. 우리가 좌파이데올로기를 거부하는 것은 자본주의적 발전을 해방에 이르는 길로 받아들이지 않는 것과, 더 구체적으로는 모든 형태의 자본주의를 거부하는 것과 같다. 이 같은 거부에는 자본주의가 무엇이며, 노동계급은 누구인가에 대한 재정의가, 다시 말해서 계급의 힘과 계급의 필요에 대한 새로운 평가가 내포되어 있다.

그렇다면 가사노동에 대한 임금은 여러 가지 중에서 가능한 하나의 요구가 아니라, 여성에서 시작하지만 노동계급 전체로 확장될 수 있는 투쟁의 새로운 지평을 열어줄 정치적 관점이다.[3] 좌파의 공격은 공통적으로 가사노동에 대한 임금을 [가능한 여러 가지 요구 중의] 하나로 폄하함으로써 그것이 제기하는 정치적 문제를 회피할 빌미를 마련한다는 점에서 이 부분은 강조해 둘 필요가 있다.

로페이트의 논문 「여성과 가사노동에 대한 보수」가 대표적인 사례다. 이미 "가사노동에 대한 보수"라는 제목 자체가 문제에 대한 잘못된 이해를 보여준다. 임금은 그저 약간의 돈이기만 한 것이 아니라 자본과 노동계급 간의 권력관계의 표현이기 때문이다. 게다가 가사노동에 대한 임금은 이탈리아에서 수입된 것으로, 여성들이 "일을 하고 있는" 미국의 상황과는 거의 무관하다는 주장은 영악한 비방이다.[4] 이는 잘못된 정보이기 때문이다. 로페이트가 유일하게 참고한 자료 「여성의 권력과 공동체의 전복」The Power of Women and the Subversion of the Community은 가사노동에 대한 임금이 국제적 맥락 속에서 시작했음을 인정하고 있다. 어떤 경우든 가사노동에 대한 임금의 지리적 기원을 추적하는 것은 자본의 국제적 통합이라는 현 단계에서 의미 없는 짓이다. 중요한 것은 그 정치적 기원, 즉 노동, 착취, 이에 맞설 수 있는 힘을 임금 속에서만 찾지 않으려는 노력이다. 우리에게 있어서 그것은 "일하는" 여성과 "일을 하지 않는"("그저 가정주부"인) 여성들 간의 구분을 없애는 것이다. 일을 하지 않는 여성이라는 표현은 부불노동이 노동이 아님을, 가사노동은 노동이 아님을, 그리고 역설적이게도 부업을 가진 미국여성들만이 노동하고 투쟁함을 의미한다. 하지만 가정 내에서 여성의 노동을 인정하지 않는 것은 무임금상태에 있는 전 세계 압도적 다수의 노동과 투쟁을 보지 못하는 것과 같다. 이는 미국자본이 임금노동뿐만 아니라 노예노동을 딛고 서 있음을, 그리고 오늘날까지도 미국과 전 세계의 농장, 부엌, 감옥에 있는 수백만 명의 남녀의 부불노동을 통해 번성하고 있음을 묵인하는 것이다.

숨은 노동

여성으로서의 우리 자신부터 시작했을 때, 우리는 자본을 위한 노동일勞動日이 필연적으로 지불수표로 이어지지는 않으며, 공장 문 앞에서 시작되고 끝나지 않음을 알고, 가사노동 그 지체의 본성과 앙을 재발견하게 된다. 깁고 있던 양말에서, 조리하던 음식에서 고개를 들고 우리 노동일의 총체성을 들여다보는 순간, 우리는 이것이 우리 자신을 위한 임금으로 귀결되지는 않지만 그럼에도 불구하고 우리는 자본주의 시장에서 가장 귀중한 상품인 노동력을 생산한다는 사실을 알고 있기 때문이다. 가사노동은 단순한 집 청소가 아니다. 가사노동은 임금노동자에게 육체적, 정신적, 성적 서비스를 제공하여 매일 같이 일터로 나갈 수 있게 만들어내는 것이다. 가사노동은 아이들(미래의 노동자들)을 돌보는 것을, 즉 태어날 때부터 학교 다닐 때까지 시중을 들고, 이들 역시 자본주의하에서 기대되는 방식대로 일을 해나가도록 만드는 것이다. 이는 모든 공장 뒤에, 모든 학교 뒤에, 모든 사무실이나 광산 뒤에는 공장, 학교, 사무실, 광산에서 노동하는 노동력을 생산하기 위해 자신의 생활을, 노동을 소진한 수백만 명 여성들의 숨은 노동이 있음을 의미한다.[5]

오늘날에도 "선진"국과 "저개발"국 모두에서 가사노동과 가족이 자본주의적 생산의 기둥인 것은 바로 이 때문이다. 자본주의발달의 전 단계에서 생산의 필수조건은 안정적이고 잘 규율된 노동력의 구비이다. 여성노동의 조건은 나라마다 다르다. 여성들이 아이들을 집중적으로 생산해야 하는 나라도 있지만 어떤 나라에서는 특히 흑인여성이나 생활보호대상자에게 "문제아"를 재생산하지 말라고 당부하기도 한다. 어떤 나라에서는 농업을 위해 미숙련노동력을 생산하지만, 어떤 나라에서는 숙련노동자와 기술자를 생산한다. 하지만 모든 나라에서 여성의 부불노동과 우리가 자본을 위해 수행하는 기능은 동일하다.

부업을 구한다고 해서 결코 주업에서 해방될 수 없다. 두 가지 일은 여성에게는 이 둘 모두에 맞서 싸울 시간도, 에너지도 훨씬 더 줄어들게 됨을 의미할 뿐이다. 게다가 집에서든 집 밖에서든 하루 종일 일하는 여성은 기혼자든 독신이든 간에 자신의 노동력을 재생산하는 데도 몇 시간의 노동을 투여해야 하는데, 여성들은 이 일이 얼마나 지독한 횡포인지 잘 알고 있다. 결혼시장에서든 임금노동시장에서든 예쁜 옷과 머리모양은 일자리를 얻기 위한 조건이기 때문이다.

따라서 우리는 미국에서는 "학교, 유아원, 어린이집, 텔레비전 덕분에 엄마들은 아이들의 사회화에 대한 많은 의무에서 벗어났다"는 주장과 "가족규모의 감소와 가사노동의 기계화는 가정주부가 잠재적으로 훨씬 더 많은 여가시간을 가질 수 있음을 의미했다"는 주장, 그리고 그녀는 그저 "이론적으로는 그녀 자신의 시간에 맞춰진…… 도구들을 구입하고, 사용하고, 수선하느라 바빴다"는 말에 의문을 품을 수밖에 없다.6

어린이집과 유아원은 우리 자신을 위한 시간을 만들어주기는커녕 추가적인 노동이 들어가게 만들었다. 기술의 경우, 사회적으로 이용가능한 기술과 우리의 주방까지 흘러들어오는 기술 간의 격차를 확연히 느낄 수 있는 곳이 다름 아닌 미국이다. 또한 이 경우 우리가 얻을 수 있는 기술의 양과 질을 결정하는 것은 바로 우리의 무보수상태라는 조건이다. "만일 당신에게 일정한 한도 내에서 시간을 기준으로 임금을 지불하지 않는다면, 그 누구도 당신이 일을 하는 데 얼마나 많은 시간이 걸릴지 신경쓰지 않을 것"이기 때문이다.7 오히려 미국의 상황은 기술도, 부업도, 여성을 가사노동에서 해방시킬 수 없음을, "여성이 어떤 기술적 수준에서 노동을 하든지 간에 무급노동을 거부하지 않으면, 또한 어떤 유형의 아이를 생산하던지 간에 자신이 생산을 위해 존재해야 한다는 점을 부정하지 않으면, 기술자의 생산이나 미숙련노동자의 생산이나 부담스럽기는 마찬가지임"을 확인시켜 줄 뿐이다.8

우리가 가정에서 수행하는 노동이 자본주의적 생산이라고 주장한다고 해서 "생산력"의 일부로 합당한 인정을 받겠다는 소망을 표현하는 것은 아니라는 점을 밝혀둘 필요가 있다. 즉, 이는 도덕률에 대한 호소가 아니다. 오직 자본주의적 관점에서 보았을 때에만 생산성은 도덕적인 정언명령까지는 아니라도 도덕적 미덕이다. 노동계급의 관점에서 보았을 때 생산성은 단지 착취를 의미할 뿐이다. 맑스가 인정했듯 "생산적인 노동자가 되는 것은 일말의 행운이 아니라 불운이다."9 따라서 우리는 거기서 "자부심"을 얻기 힘들다.10 하지만 우리가 가사노동이 자본주의적 생산의 한 단면이라고 말할 때 이는 자본주의적 분업 내에서 우리가 하고 있는 특정한 기능과, 가사노동에 대한 우리의 반란이 취해야 하는 특정한 형태를 분명히 밝히기 위함이다. 결국 우리가 자본을 생산한다고 말할 때 이는 우리가 이런 형태와 이런 정도의 착취에서 다른 형태와 정도로 이동할 뿐인, 패배할 수밖에 없는 싸움에 말려들기보다는, 그것을 파괴할 수 있고 파괴하고자 한다는 의미를 담고 있다.

또한 우리는 "맑스주의에서 범주를 빌리는" 것이 아님을 분명히 밝혀야 겠다.[11] 하지만 맑스의 업적을 폐기한 로페이트만큼 그렇게 열렬하지는 않음을 인정한다. 맑스는 오늘날까지도 우리가 자본주의 사회에서 어떻게 기능하는지 이해하는 데 아주 긴요한 분석을 선사했기 때문이다. 또한 우리는 가사노동에 대한 맑스의 확연한 무관심이 역사적 요인에 뿌리를 두고 있는지도 모른다는 의혹을 갖고 있다. 맑스가 분명 자신의 동시대인들과 (그 외에도 많은 이들과) 공유했던 남성 쇼비니즘에 대해 말하려는 것이 아니다. 맑스가 저술활동을 하던 시절, 핵가족과 가사노동은 아직 완전히 형성되지 않았다.[12] 맑스의 눈앞에는 남편과 아이들과 함께 공장에 고용된 프롤레타리아트 여성과, 함께 일을 하든 그렇지 않든 간에 하녀를 두고, 상품노동력을 생산하지는 않는 부르주아 여성 밖에 없었다. 핵가족이 없었다고 해서 노동자들이 짝짓기와 교미를 하지 않을리는 없다. 하지만 핵가족의 부재는, 모든 가족구성원이 공장에서 하루 15시간씩 보내는 상황에서 가족관계와 가사노동이 성립불가능했고 가족을 위한 시간이나 물리적 공간이 따로 존재하지 않았음을 의미했다.

더 안정적이고 규율된 노동력에 대한 필요 때문에 자본이 핵가족을 노동력 재생산의 중심으로 조직하게 된 것은, 전염병과 과로로 노동인구가 궤멸되고 무엇보다 1830년대와 1840년대 프롤레타리아트 투쟁의 물결 속에 잉글랜드가 혁명 전야를 맞게 된 직후였다. "서구"에는 익히 알려져 있지만, 가족은 전자본주의적 구조가 아니라 노동력의 양과 질, 그리고 노동력에 대한 통제를 보장해주는 제도로서, 자본을 위한 자본의 창조물이다. 따라서 "노동조합과 마찬가지로 가족은 노동자를 보호해주지만, 그들이 노동자 이상도 이하도 아님을 확인시켜준다. 가족에 대항하는 노동계급 여성의 투쟁이 중요한 것은 바로 이 때문이다."13

규율로서의 무임금상태

가족은 본질적으로 여성부불노동의 제도화이자, 무임금으로 인한 남성에 대한 종속의 제도 하이며, 결과적으로 남성뿐만 아니라 여성을 규율해 온 불평등한 권력분배의 제도화이다. 남성들이 일을 그만두고 싶어질 때마다 자신의 월급봉투에 의존하는 아내와 아이들을 떠올리게 된다는 점에서 여성의 무임금상태와 종속은 남성들을 노동에 묶어 놓는 기능을 해 왔다. 이는 로페이트가 끊어내기 너무 어렵다고 했던 "남성과 여성의 오래된 습관"의 기초다. 남성이 "동등하게 육아를 할 수 있도록 노동시간을 특별히 조정해달라고 요청"하기 어려운 것은 우연이 아니다.14 남성들이 시간제 일자리를 택할 수 없는 것은 아내가 부업을 하고 있더라도 언제나 가족의 생존에서 핵심은 남성의 월급이기 때문이다. 또한 여성들이 살림할 시간을 더 많이 보장해주는 덜 소모적인 일자리를 선호하거나 찾고 있다면, 이는 우리가 공장에서 [노동력으로] 소모되고 난 뒤 집에서는 그보다 더 빨리 소모되는 경험을 통해, 심화된 착취에 저항하고 있기 때문이다.15

여성들이 집에서 하는 노동에 대한 임금을 받지 못하는 것은 임금노동시장에서 여성이 약자인 핵심 원인이었다. 고용주들은 여성들이 공짜로 부려지고 있다는 것을 알고 있고, 우리는 약간이나마 나만의 돈을 절실하게 원하기 때문에 이들은 우리를 저가에 얻을 수 있는 것이다. 여성이 가정주부와 동의어가 되면서 우리는 어디를 가든지 이 가정주부라는 정체성과 우리가 어릴 때부터 습득한 "가사기술"을 달고 다니게 되었다. 여성고용이 많은 경우 가사노동의 연장인 것은 바로 이 때문이다. 따라서 여성이 임금을 얻기 위해서는 더 많은 살림을 해야 하는 경우가 많다. 가사노동에 대해 임금을 지불하지 않는다는 사실은 이 같은 사회적으로 부과된 조건을 자연스러운 것("여성성")처럼 보이게 만들어왔고, 이는 여성들이 어떤 일을 하든지 영향을 미친다. 따라서 "분명히 기억해야 할 중요한 사실은 우리가 하나의 '성'"이라는 로페이트의 말을 별로 귀담아 들을 필요가 없다.16 수년간 자본은 우리에게 여성은 섹스와 출산에만 쓸모가 있다고 말해오지 않았던가. 이는 성에 따른 분업이며, 우리는 이를 영원히 고착시키는 데 반대한다. 하지만 "여성이 된다는 것은 실제로 무엇을 의미하는가? 여성이라는 특성에는 어떤 특정한 자질이 필연적으로, 그리고 항상 따라다니는가?"라는 질문을 하는 순간, 성에 따른 분업이 어쩔 수 없이 나타나게 된다.17 이 같은 질문은 성차별적인 반응을 불러올 뿐이다. 우리가 누구인지 밝힐 수 있는 자는 누구인가? 우리는 지금 당장으로서는 우리가 누가 아닌지를 밝힐 수 있을 뿐이며, 이마저도 투쟁을 통해 우리에게 부과된 사회적 정체성을 해체할 수 있는 힘을 손에 넣어야만 가능하다. 자연적으로 주어진, 영원한 인간의 성격을 전제하는 사람들은 바로 지배계급이거나, 아니면 지배를 열망하는 자들이다. 이는 우리에 대한 그들의 권력을 영원히 지속시켜 줄 것이기 때문이다.

가족을 찬양함

당연하게도 로페이트는 여성성의 본질을 추구하다가 결국 가정의 부불노동과 일반적인 부불노동을 노골적으로 찬양하고 나섰다.

집과 가족은 전통적으로 사람들이 사랑이나 돌봄이라는 동기에서 서로의 필요에 봉사할 수 있는 자본주의적 삶의 유일한 숨구멍 역할을 해 왔다. 때로 이 같은 봉사는 두려움과 지배라는 동기에서 비롯되기도 하지만 말이다. 부모가 자식을 돌보는 것은 최소한 부분적으로는 사랑이라는 동기 때문이다…… 심지어 나는 이 기억이 우리가 자라는 동안 우리에게 남아있다가 결국에는 금전적인 보상이 아니라, 사랑에서 비롯된 돌봄과 노동을 일종의 유토피아로 항상 간직하게 될 거라고까지 생각한다.[18]

여성운동 문헌들은 이 같은 사랑과 돌봄, 봉사가 여성에게 미친 파괴적인 영향을 보여주고 있다. 이는 여성들을 노예상태와 가까운 조건에 묶어 놓는 사슬과도 같다. 따라서 우리는 어머니와 할머니의 비참함과, 우리 자신의 유년기에 겪었던 비참함을 꾸준히 간직하거나 이를 유토피아의 반열에 올리고 싶지 않다! 자본이나 국가가 임금을 지불하지 않을 때, 사랑과 돌봄의 대상이자, 임금도, 권력도 갖지 못한 자들은 목숨으로 그 대가를 지불해야 한다.

우리는 가사노동에 대한 보수가 "소외되지 않는 자유로운 노동의 가능성을 어렵게 만드는 역할을 할 뿐"이라는 로페이트의 제언 또한 거부한다.[19] 이는 노동에서 "소외되지 않는" 가장 빠른 방법은 공짜로 노동을 하는 것이라는 말이기 때문이다. 포드 대통령이라면 이 같은 제언을 높이 평가할 것이다. 현대 국가가 갈수록 의존하고 있는 자발적인 노동은 우리 시대의 자비로운 시혜를 근간으로 한다. 하지만 우리가 보기에 어머니들이 사랑과 돌봄에 의존하는 대신 금전적인 보상을 받았더라면 덜 쓸쓸하고 덜 의존적인 삶 속에서 위협도 덜 받았을 것이고, 아이들에게 협박도 덜 했을 것이다. 아이들이 꾸준히 어머니의 희생을 상기해야 하는 것은 공갈협박과 다르지 않다. 또한 그 같은 노동에 저항할 시간과 권력을 더 많이 가졌을 것이고, 그렇다면 지금의 우리 역시 이 투쟁에서 좀 더 우위를 점할 수 있었을 것이다.

자본주의 이데올로기의 본질은 가정을 "사적인 세계"로, 남녀가 "살아있는 영혼을 유지하는" 최후의 변경으로 찬미하는 것이다. 따라서 이 이데올로기가 오늘날의 "위기"와 "내핍", "고난" 속에서 자본주의 계획자들에게 새로운 인기를 누리게 된 것은 그렇게 놀랄 일도 아니다.[20] 최근 러셀 베이커Russell Baker가 『뉴욕타임즈』에서 말했듯 사랑은 경제대공황 기간에도 우리에게 온기를 주었으므로 지금 우리 시대의 역경을 헤쳐 나가기 위해서는 바로 이 사랑이 필요하다.[21] 가족(또는 공동체)을 공장과, 개인적인 것을 사회적인 것과, 사적인 것을 공적인 것과, 생산적인 노동을 비생산적인 노동과 대립관계에 두는 이 같

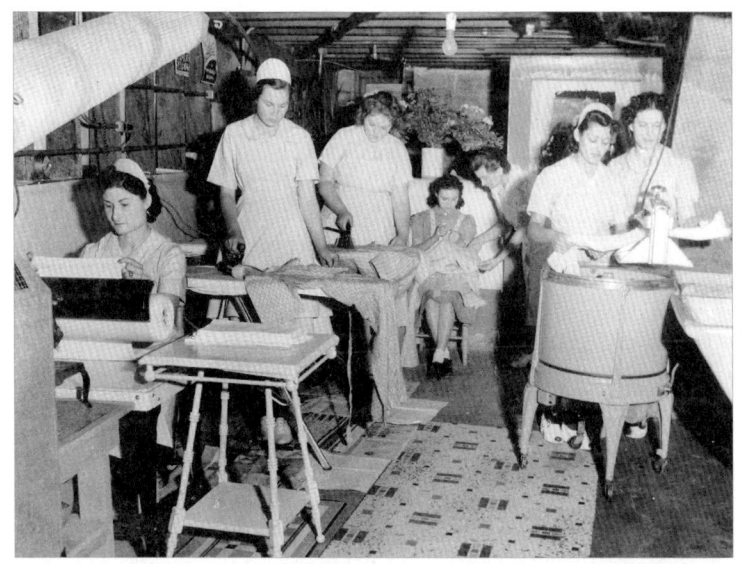
1940년 캘리포니아 산호세에서 가사노동자를 교육하는 모습

은 이데올로기는 우리를 집에 노예상태로 종속시키는 기능을 하는데, 임금이 없는 상태에서 이는 항상 사랑의 행위로 그려졌다. 자본주의적 분업에 깊이 뿌리를 두고 있는 이 같은 이데올로기는 핵가족 조직을 통해 가장 분명하게 표현된다.

자본이 "금전적 결합"에 종속된 우리의 사회적 관계와 임금노동을 미혹하는 것과 연장선상에서, 임금관계는 가족의 사회적 기능을 미혹해 왔다. 우리는 맑스를 통해 임금은 이윤을 산출하는 부불노동을 숨긴다는 사실을 배웠다. 하지만 임금을 가지고 노동을 측정할 경우에도 가족과 사회적 관계가 생산관계에 종속됨으로써(가족과 사회적 관계가 생산관계가 됨으로써) 우리 삶의 모든 국면이 자본축적을 위해 기능하게 된다는 점이 드러나지 않게 된다. 임금의 존재와 부재 덕분에 자본은 우리 노동일의 실제 길이를 감출 수 있었다. 노동은 특정한 시

3장 부엌에서 만든 대안 73

공간만을 차지하는, 우리 삶의 한 구획처럼 보이기 때문이다. 우리가 출근준비를 하거나 출근을 하면서, 재빨리 간식이나 섹스, 영화를 즐기면서 "근육, 신경, 뼈, 뇌"[22]를 복구하느라 "사회적 공장"에서 소모하는 시간은 모두 여가, 자유시간, 개인적인 선택으로 비춰진다.

상이한 노동시장

자본은 임금을 사용해서 노동계급이 누구인지를 숨기고 노동자들을 분열시킨다. 자본은 임금관계를 통해 상이한 노동시장(흑인, 청년, 여성, 백인 남성에 대한 노동시장)을 조직하고, "노동계급"과, 이들의 노동에 기생한다는 소리를 듣는 "비노동계급"을 갈라 놓는다. 따라서 복지의 수혜자인 우리들은 "노동계급"의 세금을 먹고 산다는 소리를 듣고, 가정주부로서는 남편의 월급을 좀먹는 존재로 그려진다.

하지만 궁극적으로 무임금 상태에 있는 자들의 사회적 취약함은 자본과의 관계에서 보았을 때 전체 노동계급의 취약함이었고 지금도 그렇다. 해외 이전한 공장들의 역사가 보여주듯 "저개발된" 국가에서든 대도시에서든 무임금노동을 이용할 수 있을 경우 자본은 노동 비용이 너무 비싼 곳을 떠나버림으로써 그곳의 노동자들이 성취한 권력을 약화시켰다. 자본이 "제3세계"로 도망칠 수 없을 경우에는 대도시에 여성, 흑인, 청년을 받아주는 공장을 개업하거나 "제3세계" 출신의 이민자들을 받아들였다. 따라서 자본주의가 임금노동을 발판으로 삼는 것처럼 보이지만, 세계 인구의 절반 이상이 무임금 상태에 있는 것은 우연이 아니다. 국내외적으로 무임금상태와 저개발상태는 자본주의적인 계획의 본질적인 요소이다. 이는 노동자들이 국내외 노동시장에서 경쟁하게 만드는 강력한 수단이며, 우리의 이해관계가 서로 상이하고 모순적이라고 믿게 만들기도 한다.[23]

성차별, 인종차별, 복지비하풍조(국가에서 일정한 돈을 받는 데 성공한 노동자들에 대한 경멸)의 뿌리가 바로 여기에 있다. 성차별, 인종차별, 복지비하풍조는 상이한 노동시장의 표현이며, 따라서 노동계급을 규제하고 분할하는 다양한 방식들이다. 만일 자본주의 이데올로기와, 임금관계 속에 있는 이 이데올로기의 뿌리가 이렇게 활용되고 있다는 사실을 무시할 경우, 우리는 인종차별, 성차별, 복지비하풍조를 "허위의식"의 소산이자 도덕적 질병으로 치부해버릴 뿐 아니라 "우리 편을 강화해야 한다는 도덕적 명령" 외에는 아무 것도 남기지 않는 "교육" 전략에 갇히게 된다.[24]

우리의 전략을 밀고 갈 경우 해방을 손에 넣기 위해 "남성들이 '착한' 사람들"이라는 사실에 의존할 필요가 없다는 로페이트의 말에 이르러서 비로소 우리는 그녀와의 합일지점을 찾아낼 수 있다.[25] 1960년대 흑인투쟁이 보여주듯 이들이 자신의 필요를 "이해시킬" 수 있었던 것은 좋은 말로써가 아니라 자신들의 권력을 조직했기 때문이다. 여성이 남성을 교육하려 한다는 것은 항상 주방과 침실의 고독 속에서 개인화된 형태의 투쟁을 치를 수밖에 없음을 의미한다. 힘이 곧 교육이다. 일단 남성들은 겁을 먹게 될 것이고, 그러고 난 뒤 자본이 겁을 먹게 될 것이기 때문에 남성들도 학습을 하게 될 것이다. 우리는 같은 일을 두고 더욱 평등한 재분배를 요구하는 투쟁을 하는 것이 아니기 때문이다. 우리 투쟁의 목적은 이 노동을 종식시키는 것이며, 그 첫 단계는 거기에 가격표를 다는 일이다.

임금 요구

여성으로서 우리의 권리는 임금투쟁을 위한 사회적 투쟁과 함께 시작된다. 하지만 이는 임금관계에 포함되기 위해서가 아니라(우리는 결코 그 밖에 있어본 적이 없었으므로) 그 밖으로 빠져나오기 위해서이다. 임금관계 밖에 놓여있는 노동계급의 모든 부문을 위해서 말이다. 좌파들이 임금요구가 "경제주의적"인 성격을 지닌, "노조의 요구"라고 주장할 때, 이들은 무임금 상태와 함께 임금은 우리를 착취하는 직접적인 수단이며, 따라서 자본과 노동계급 간의, 또한 노동계급 내에서의 권력관계를 직접적으로 드러내준다는 사실을 간과한다. 이들은 임금투쟁은 수많은 형태를 취하며 단순히 임금상승에만 국한되지 않는다는 사실 역시 간과한다. 더 많은 돈을 손에 넣는 것뿐만 아니라 노동시간 감축, 더 나은 사회적 서비스 획득, 이 모든 것들이 얼마나 많은 노동을 빼앗겨야 하는지, 우리가 우리의 삶에 대해 얼마나 많은 권력을 행사할 수 있는지를 결정하는 임금증가의 한 형태라 할 수 있다. 임금이 역사적으로 노동자와 자본가 사이의 주요 투쟁의 근거였던 것은 바로 이 때문이다. 또한 계급관계의 표현으로서의 임금은 항상 양면적이다. 자본의 측면에서는 모든 임금상승이 생산성의 상승으로 이어질 수 있게 함으로써 임금을 가지고 노동자를 통제하고, 노동자의 입장에서는 더 많은 돈과 권력, 더 적은 노동을 위해 더욱더 투쟁하게 된다.

오늘날 자본주의 위기의 역사가 보여주듯 자본주의적 생산에 복무하기 위해 자신의 삶을 기꺼이 희생하고 생산성 증가의 요구를 들어주겠다는 노동자는 갈수록 줄어들고 있다.[26] 하지만 임금과 생산성

간의 "공정한 거래"가 엎어질 때 임금을 위한 투쟁은 우리에게서 잉여노동을 끌어내려는 자본의 역량과, 자본의 이윤에 대한 직접적인 공격이 된다. 따라서 임금을 위한 투쟁은, 임금을 통해 표현되는 권력을 획득하려는 동시에 임금을 통해 구현되는 자본관계를 거역한다는 점에서, 임금에 저항하는 투쟁이기도 하다. 우리의 경우처럼 임금을 받지 못하는 상태에서는 임금을 위한 투쟁이 훨씬 분명하게 자본에 대한 공격이 된다. 가사노동에 대한 임금이라는 말은 고용주들이 우리에게 떠맡긴 막대한 양의 사회적 서비스에 대해 자본이 비용을 지불해야 한다는 의미이기 때문이다. 가장 중요한 사실은 가사노동에 대한 임금요구는 우리의 노동을 생물학적 운명으로 받아들이기를 거부하는 일이라는 점인데, 이는 투쟁의 필수적인 조건이다. 사실 우리의 노동과 가족, 남성에 대한 우리의 의존도를 가장 강력하게 제도화한 것은 바로 가사노동에 대한 보상은 언제나 임금이 아니라 "사랑"이었다는 사실이었다. 하지만 우리가 임금노동자가 된다면 임금은 생산성 거래를 통해 받게 되는 대가가 아니다. 우리는 임금에 대한 보답으로 전만큼 혹은 전보다 더 많이 일하지는 않고 오히려 더 적게 일할 것이기 때문이다. 우리는 임금이 [가사노동에 들어가는] 우리의 시간과 에너지를 해결해줄 수 있기를, 경제적 독립의 필요성 때문에 부업에 구속되지 않고 투쟁을 일구는 데 도움이 되기를 원한다.

임금을 위한 우리의 투쟁은 임금을 받는 자와 임금을 받지 못하는 자 모두에게 노동일의 실제 길이에 대한 질문을 던질 것이다. 지금까지 남녀를 막론하고 노동계급에게 노동일은 출근카드를 찍는 방식으로 자본에 의해 규정되었다. 그렇게 정해진 시간동안은 자본에 귀속되고, 나머지 시간에는 우리 자신에게 귀속된다는 식이었던 것이다. 하지만 우리는 한 번도 우리 자신에게 귀속되어본 적이 없다. 우리는 항상, 우리 삶의 매 순간 자본에 귀속되었다. 이제는 자본이 이 매 순간에 대해 돈을 지불하게 만들어야 한다. 계급적으로 표현하면 이제는 우리가 자본을 위해 살아가는 매 순간에 대해 임금을 요구해야 할 때다.

자본이 돈을 지불하게 만드는 방법

바로 이 같은 계급적 관점이 1960년대 미국을 비롯한 국제사회에서 투쟁을 촉발시켰다. 미국에서 흑인과 생활보호대상 여성들(대도시의 "제3세계")은 무임금 상태에 대한 반역을 도모하는 한편, 자본이 제시한 유일한 대안인 더 많은 노동을 거부했다. 이들의 투쟁은 공동체를 권력의 거점으로 삼아, 개발을 목적으로 삼는 것이 아니라, 자본이 임금수익자뿐만 아니라 비임금수익자를 통해 축적한 사회적 부에 대한 재전유를 목적으로 삼았다. 이들은 노동을 유일한 존재조건으로 강제하는 자본주의적 사회조직 방식에 도전했고, 오직 공장에서만 노동계급이 권력을 조직할 수 있다는 좌파의 도그마도 받아들이지 않았다.

노동계급 조직의 일부가 되기 위해 반드시 공장에 들어갈 필요는 없다. "노동계급 연대를 위한 이데올로기적 전제조건은 함께 일하는 데서 비롯된 네트워크와 유대"로 "이 같은 전제조건은 개별 가정에서 일하는 고립된 여성들 사이에서는 나타날 수 없다"고 주장하는 로페이트는 1960년대에 이 "고립된" 여성들이 일군 투쟁들의 가치를 깡그리 무시하고 있다(임대료 파업, 복지수당 파업 등).²⁷ 로페이트는 우리가 먼저 자본에 의해 조직되지 않고서는 스스로를 조직할 수 없다고 전제한다. 또한 로페이트는 자본이 이미 우리를 조직했음을 부정하기 때문에 우리 투쟁의 존재를 부정한다. 하지만 부엌에서든 공장에서든 자본에 의한 여성노동의 조직과, 이에 저항하는 우리 투쟁의 조직을 혼동할 경우 이는 패배의 지름길이 된다. 노동을 위해 투쟁하는 것은 이미 패배이며, 우리는 모든 새로운 노동조직이 우리를 전보다 훨씬 고립시킬 것이라고 확신할 수 있다. 우리가 서로 고립된 상태에서 노동하지 않을 때는 자본이 우리를 분열시키지 않는다는 생각은 착각일 뿐이다.

자본주의적인 노동조직에서 전형적으로 나타나는 분할에 대항하여 우리는 우리의 필요에 따른 조직방식을 택해야 한다. 이런 점에서 가사노동에 대한 임금은 로페이트가 제안한 가정의 자본주의적 "합리화"에 대한 거부일 뿐 아니라, 공장의 사회화에 대한 거부이기도 하다. 로페이트는 아래와 같이 제안했다. "우리는 가정을 유지하는 데 '필요한' 일들을 진지하게 들여다 볼 필요가 있다…… 우리는 그 시간과 노동절감도구들을 연구하여 어떤 것이 유용하고 어떤 것은 오히려 가사노동의 질을 더 심하게 떨어뜨리기만 하는지를 분별해 낼 필요가 있다."²⁸

우리의 상태를 악화시키는 것은 기술 그 자체가 아니라 자본이 그 기술을 사용한다는 사실에 있다. 게다가 "자기관리"와 "노동자통제"는 늘 집 안에도 존재했다. 우리는 빨래를 월요일에 할지, 아니면 토요일에 할지를 선택했고, 둘 중 하나만 골라야 한다면 식기세척기를 살지,

진공청소기를 살지 선택했다. 따라서 우리는 자본주의가 우리가 하는 노동의 본성을 바꿔줘야 한다고 요청할 것이 아니라 우리 자신과 타인들을, 노동자로, 노동력으로, 상품으로 재생산하는 것을 거부하는 투쟁을 해야 한다. 이 목표를 손에 넣기 위해서는 가사노동이 임금을 통해 노동으로 인정받아야 한다. 분명, 자본주의적 임금관계가 존재하는 한 자본주의 역시 존재할 것이기 때문이다. 따라서 우리는 임금을 손에 넣는 것이 바로 혁명이라고 말하지는 않는다. 다만 임금의 쟁취는 우리가 자본주의적 분업에서 할당받은 역할을 약화시키고 그 결과 노동계급내의 권력관계를 우리와 계급의 통일성에 더욱 유리한 조건으로 바꿔 놓을 것이기 때문에 혁명적인 전술이라고 말할 수 있다.

가사노동에 대한 임금의 재정적 측면과 관련하여 우리가 자본의 입장 또는 재무부의 입장을 취할 경우 이는 "대단히 문제적"이다. 이들은 항상 노동자문제만 나오면 돈이 없다고 앓는 소리를 하기 때문이다.[29] 우리는 재무부도 아니고, 재무부가 될 생각도 없기 때문에 이들을 위해 지불과 임금차등장치, 생산성 거래 시스템을 짜줄 의향은 전혀 없다. 우리가 우리의 권력에 제한을 두거나 우리의 가치를 매긴다는 것은 말이 되지 않는다. 우리는 우리가 원하는 것을 얻기 위해, 우리 모두를 위해, 우리의 방식대로 투쟁을 조직할 뿐이다. 우리의 목적은 가격설정을 불가능하게 만드는 것, 우리 스스로의 가격을 시장 밖에서 정하는 것, 가사노동과 공장노동, 사무노동이 "비경제적"이 되게 만드는 것이다.

이와 유사하게 우리는 노동계급의 다른 일부 분파가 우리의 궁극적인 성취에 대해 지불할 것이라는 주장을 거부한다. 이 논리에 따르면 우리는 자본이 우리에게 지불하지 않은 돈을 임금노동자들이 대신

받고 있다고 말할 수 있을 것이다. 하지만 이는 국가의 화법이다. 실제로 "노동자들은 사회적 복지 프로그램에 돈을 지불하는 것은 결국 기업이 아니라 자신들임을 알고 있었기 때문에" 1960년대에 흑인들이 주장했던 사회적 복지프로그램에 대한 요구가 "흑인과 백인과의 관계에 대한……광범위한 전략에 치명적인 영향"을 미쳤다는 주장은 명백한 인종주의이다.[30] 모든 투쟁은 빈곤의 재분배로 끝날 수밖에 없다고 생각한다면 이는 결국 우리가 패배할 수밖에 없음을 인정하는 것이다. 실제로 로페이트의 글은 자본주의적 제도의 수용을 불가피하다고 보는, 패배주의적인 느낌을 준다. 로페이트는 자본이 우리에게 임금을 주기 위해 다른 노동자들의 임금을 낮춰야 할 경우, 이 노동자들은 자신들의 이익뿐만 아니라 우리의 이익을 함께 방어하기 위해 투쟁할 수도 있다고 상상할 능력은 없는 모양이다. 또한 "분명 남성들은 집에서 자신들이 하는 노동에 대해 최고의 임금을 받게 될 것"이라고 주장하기도 한다. 요컨대 로페이트는 우리가 결코 승리할 수 없다고 미리 선을 긋고 있다.[31]

　마지막으로 로페이트는 우리가 가사노동에 대한 임금을 손에 넣을 경우, 자본은 우리의 노동을 통제할 감독관을 보낼 것이라고 경고한다. 로페이트는 가정주부를 투쟁할 능력이 없는 피해자로만 바라보기 때문에 감독관이 이 같은 통제권을 행사하려 할 경우 이에 맞서 문을 닫아 걸고 집단행동을 할 수 있다는 상상은 하지 못한다. 심지어 공식적인 감독관이 없을 경우 우리의 노동이 제대로 통제되지 않는다고까지 생각한다. 하지만 임금을 받는다는 것이 곧 국가가 우리의 노동을 더욱 직접적으로 통제하고자 한다는 것을 의미할지라도, 이는 현재의 상황보다는 더 나을 수 있다. 이 같은 시도는 우리의 노동을 통제하는 자가 누구인지 드러내줄 것이며, "두려움과 지배로 인해" 억지로 "사랑이나 돌봄"을 떠맡은 우리 자신을 책망하고 증오하기보다는, 우리의 적이 누구인지를 분명하게 아는 것이 더 낫기 때문이다.[32]

4장

1970년대 미국의 가사노동과 재생산의 구조조정[1]

만일 여성들이 아내라는 지위에 있다고 생각하는 영예를 얻기 위해 누군가의 아내가 되고자 할 경우, 이들은 자신이 제공하는 서비스의 가치나 규정된 임금에 대해 이야기하는 것이 아니라, 잉글랜드식 결혼서약에 따라 "기쁠 때나 슬플 때나 부유할 때나 가난할 때나 아플 때나 건강할 때나 사랑하고 존중하며 복종하기 위해" 남편과 함께 살아갈 것이다. 아내가 된다는 것은 바로 이런 것이다.
-「아내의 임금」, 『뉴욕타임즈』, 1876년 8월 19일 자.

사회자본 중에서 가장 귀중한 것은 인간에게 투자된 자본이고, 인간에게 투자된 자본 중에서 가장 소중한 부분은 어머니의 돌봄과 영향력의 결과물이다. 그 어머니가 자신의 다정하고 헌신적인 본성을 유지하기만 한다면 말이다.
- 알프레드 마샬, 『경제학의 원리』(1890)

여성노동력의 극적인 확대는 1970년대의 가장 중요한 사회현상이라는 인식이 일반적이지만, 경제학자들 사이에서는 여성노동력 확대의 기원에 대한 미심쩍음이 아직도 만연해있다. 이 같은 추세의 원인으로는 주로 가내기술의 진보, 가족 규모의 축소, 서비스부문의 성장 등이 지목된다. 하지만 이런 요인들은 오히려 여성의 노동시장 진출의 결과일 수 있으며, 원인을 찾아다니다가 결국 "닭이냐 달걀이냐"는 답을 내기 어려운 문제로 빠질 수 있다는 주장도 있다. 경제학자들이 이런 미심쩍음을 떨쳐내지 못하고 있는 것은 1970년대 여성노동력의 극적인 증가가 국가노동력의 재생산에 복무하는, 가내 부불노동자로서의 역할거부를 반영한다는 점을 인식하지 못하기 때문이다. 실제로 "가사일"이라는 이름으로 이루어지는 일들이란 알프레드 마샬 식으로 표현하면 노동자의 "일반적인 노동능력"2, (게리 베커Gary Becker의 표현을 빌자면) "인간자본"을 생산하고 재생산하는 "생산적인 소비" 과정이다.3 사회계획가들은 종종 이 같은 노동이 경제에서 얼마나 중요한지를 인식했다. 하지만 베커의 지적처럼 가정에서 일어나는 생산적인 소비는 "경제사상에서 노상강도와 유사한 존재감"을 갖는다.4 노동과 임금이 동의어처럼 사용되는 사회에서 가사노동에 대해 임금을 지불하지 않는다는 사실은 결국 가사노동을 보이지 않는 노동으로 만들어, 가사노동이 제공하는 서비스는 국민총생산에 포함되지도 않고 가사노동 제공자들은 국가노동력 추산에서 빠지게 되기 때문이다.

가사노동의 사회적 비가시성을 고려할 때, 1960년대와 1970년대에 가사노동이 여성들에게는 너무나도 중요한 싸움터였고 이 때문에 여성들이 시장의 일자리를 선택한 것마저 가사노동에서 해방되기 위해 스스로 선택한 전략으로 인식될 수밖에 없었음을 경제학자들이 알아차리지 못한 것은 당연하다. 이 과정에서 여성들은 전후에 재생산을 재조직한 사회정책들과 지배적인 성별 분업에 위기를 초래한 사회적 재생산을 크게 재조직했다. 하지만 여성들이 부불가사노동에서 빠져나왔음을 보여주는 많은 증거에도 불구하고, 오늘날 여전히 30% 이상이 주로 전업주부로서 일하고 있고, 시장의 일자리를 거머쥔 이들마

국제여성의류노동조합 집회(1958)

저도 아무런 보수도, 사회보장연금이나 생활보조금도 보장해주지 않는 노동에 상당량의 시간을 들이고 있다. 이는 미국여성들에게 있어서 아직도 가사노동이 주요한 고용원이며, 대부분의 미국여성들은 임금으로 인한 그 어떤 혜택도 가져다주지 않는 노동을 하는 데 대부분의 시간을 보내고 있음을 의미한다.

금전적 보상이 없는 상태에서 여성들이 "경제적 독립"을 성취하고자 할 때는 종종 그에 대한 무거운 대가를 치러야 할 뿐만 아니라 심각한 장애에 직면한다. 아이를 가질지 말지 선택할 여지조차 없는 상황, 저임금, 노동시장에 진입했을 때 겪게 되는 2교대제의 부담이 바로 그것이다. 여성들이 직면하는 문제들은 성장가능성 대 제로성장경제와, "에너지위기"를 둘러싼 최근의 논쟁을 통해 등장하고 있는 경제적 관점들을 고려하면 특히 심각해 보인다. 어느 경로가 이기게 되든지 간에 여성들은 에너지소비와 "인플레이션을 통제하는 전투"에서 주요 패자가 될 것으로 보인다. 최근에 일어난 쓰리마일섬의 경험은 핵발전의 확장, 많은 경제활동들의 규제완화, 군비지출의 증가를 근간으로, "비즈니스 공동체"와 정부의 후원하에 이루어진 경제성장이 여성의 삶에 어떤 영향을 미칠 수 있는지를 보여주었다. 하지만 서비스의 축소와 그로 인한 서비스 비용의 증가를 만회하기 위해 여성들에게 무제한적일 정도로 가사노동을 강요하는 최근의 제로성장이라는 대안도 구미가 당기지 않기는 마찬가지이다.

가사노동에 대한 저항

제대로 아는 사람은 거의 없지만, 집에서 부불노동자로 기능하기를 거부하는 여성의 첫 신호는 베티 프리단Betty Friedan의 베스트셀러인 『여성의 신비』 *The Feminine Mystique*(1963)⁵가 아니라 부양아동보조금 AID for Dependent Children을 받는 "생활보호대상 어머니들"welfare mothers 의 1960년대 중반의 투쟁에서 확인된다. 민권운동의 뒤를 이어 발생하기 시작하여 대개 주변적인 사안으로 인식되었던 생활보호대상 어머니들의 투쟁은, 많은 미국 여성들이 하는 가사노동을 무시하고 이들이 국가의 노동력을 유지하는 데 제공하는 광범위한 서비스에서 막대한 득을 보면서 공공보조를 요구하면 기생충 취급을 하는 사회정책에 대한 불만을 표출하였다. 가령 생활보호대상 어머니들은 타인의 아이를 돌보는 경우에만 육아를 노동으로 인정하기 때문에 [자신들 같은」 생활보호대상 어머니들보다 양부모에게 더 많은 수당을 지급하고 "생활보호대상 어머니들을 일자리로 내모는" 프로그램을 고안하는 정부정책의 부조리를 규탄했다. 복지투쟁의 정신은 그 조직자 중 한 명의 표현에 잘 드러난다. "정신이 제대로 박힌 정부라면 부양아동보조금이 아니라 '종일돌봄'이라는 표현을 사용하고, 별도의 담당 부처를 만들며, 지금 우리가 하고 있는 서비스 노동에 대해 최소한의 임금을 지급하고, 생활보호대상 어머니들이 일터로 갈 수 있게 되었으니 복지위기가 해결되었다고 말할 것이다."6

몇 년이 지난 뒤, 닉슨행정부가 1971년에 제출된 가족부조계획Family Assistance Plan안에 대한 논의를 하고 있을 때 다니엘 패트릭 모이니한Daniel Patrick Moynihan 상원의원은 전혀 낭비라고 볼 수 없음을 인정했다. "만일 미국사회가 가사노동과 양육을 국가경제장부에 포함시켜야 하는 생산적인 노동으로 인정할 경우……복지의 혜택을 받는다고 해서 의존상태에 있다고 볼 수 없게 될 것이다. 하지만 아직 우리 사회는 그 정도에 이르지 못했다. 현시기의 여성운동이 이를 바꾸리라 희망할 수도 있다. 하지만 내가 이 글을 쓰고 있는 시점까지는 아직 그런 일이 일어나지 못했다."7

얼마 안 가 모이니한이 틀렸음이 증명되었다. 그가 가족부조계획을 법으로 제정하려는 모험을 떠올리고 있던 바로 그때, 미국에서 가사노동에 대한 임금운동이 아주 강력하게 일어나 1977년 휴스턴에서 개최된 〈전미여성회의〉National Women's Conference에서 그 행동계획에 복지수당을 임금이라고 불러야 한다는 조항을 추천하게 만들었기 때문이다.8 생활보호대상 어머니들의 투쟁은 "빈곤문제"라는 허울을 쓰긴 했지만, 가사노동 문제를 국가적인 의제로 올려놓았을 뿐만 아니라 정부가 더 이상 남성임금의 조직을 통해 여성의 노동을 규제하겠다는 희망을 품을 수 없음을 분명히 했다. 바야흐로 남성의 중재를 거치지 않고 정부가 직접 여성들을 다루어야 하는 새 시대가 도래하고 있었던 것이다.

가사노동에 대한 거부는 광범위한 사회현상이 되었고, 이는 여성주의 운동의 발전 때문에 더욱 극적으로 보이게 되었다. 결혼박람회 bridal fairs와 미스아메리카대회에 반대하는 여성들은 갈수록 "여성성"과 결혼, 가정을 자신들의 자연스런 숙명으로 받아들이는 사람들의 수가 적어지고 있음을 의미했다. 하지만 1970년대 초에는 가사노동에 대한 거부가 임금노동으로의 이전이라는 형태를 취했다. 경제학자들은 이 같은 경향은 가정 내 기술진보와 산아제한의 확산이 가져온 결과로서, "여성들의 노동가능한 시간을 해방시켰다"고 설명한다. 하지만 전자오븐과 푸드프로세서 같은 예외를 제외하면 1970년대에는 기술혁신이 가정 안으로 크게 침투하지 못했기 때문에 여성임금노동력의 기록적인 성장을 충분히 정당화하지는 못한다.[9] 출산율 하락과 마찬가지로, 과거의 경향은 가정의 규모가 시장의 일자리를 찾겠다는 여성의 결정에서 그 자체로 결정적인 요인은 아니라는 점을 보여준다. 베이비붐이 일었던 1950년대에는 여성, 특히 어린아이가 있는 기혼여성들이 기록적인 수로 임금노동으로 되돌아갔기 때문이다.[10] 또한 1971년 체이스맨하탄은행에서 수행한 연구 등 몇몇 연구에 따르면 여성의 시간은 가사노동에서 크게 해방되지 못했는데, 미국여성의 경우 1960년대 말 여전히 매주 평균 45시간을 가사노동에 쓰고 있었고, 어린아이가 있을 경우 이 숫자는 금세 치솟았다.

자발적으로 노동시장에 뛰어드는 여성 중 가장 많은 비중이 미취학 자녀를 둔 여성들이라는 사실 역시 고려했을 때 여성들이 일 그 자체를 갈망해 왔다고 결론 내리기 힘들다. 무엇보다 대부분의 여성들이 찾아낸 일자리는 가사노동의 연장이기 때문이다. 주애니타 크렙스 Juanita Kreps의 지적처럼 사실 여성들은 "똑같이 지루하고 반복적인 시장의 일자리와 (가사노동)을 맞바꾸고 싶어 했는데, (왜냐하면) 시장의 일자리는 월급을 준다는 차이가 있기 때문이다."[11] 특히 1973년 이후 여성의 노동력이 기록적으로 확대된 것은 1970년대에 복지혜택이 대폭 삭감되었기 때문이기도 하다. 닉슨 행정부가 시작되면서 언론에서는 모든 사회문제를 "엉망진창인 복지"의 탓으로 돌리는 여론전이 매일 같이 진행되었다. 동시에 전국적으로 자격규정이 엄격해져 혜택을 받을 수 있는 여성의 수가 줄어드는 한편, 생활비가 꾸준히 상승하는 상황에서도 혜택 자체가 줄어들었다.[12]

그 결과 1969년 전에는 부양아동이 있는 가정에 대한 원조Aid to Families with Dependence Children의 혜택이 여성의 평균임금보다 더 높았지만, 1970년대 중반경에는 평균·실질임금이 1960년대에 비해 하락했음에도 불구하고 상황이 역전되었다. 복지수당에 대한 전방위적 공격에 맞닥뜨린 여성들은 정부가 다른 사람의 아이를 돌보는 여성들에게만 돈을 지급하려 한다면 "아이를 서로 맞바꿔야" 한다고 논평했던 생활보호대상 어머니들을 따르려 했던 것으로 보인다. 노동시장에서 여성들이 재생산노동과 관련된 서비스부문의 일자리에 집중되어 있다는 사실을 고려했을 때 여성은 가족을 위한 부불가사노동을 시장에 있는 지불가사노동과 맞바꾸었다는 주장이 가능하다.

여성노동력의 성장이 가사노동에 대한 여성들의 거부를 반영한다고 할 때, 이는 기록적인 수의 여성들이 노동시장에 진입하고 있는 바로 그 순간 가사노동이 경제학적 연구대상으로 부상하기 시작했다는 역설을 설명해줄 수도 있다. 바야흐로 1970년대는 가사노동에 대한 연구가 갑작스러운 인기를 얻었다. 그러다가 1975년에는 정부조차도 주부의 허드렛일이 국민총생산^{GNP}에 기여한 바를 측정하기로 결정하기에 이르렀다. 또한 1976년에는 사회보장국의 연구자들이 질병이 국가의 생산성에 미치는 영향에 대한 연구를 하다가, 가사노동의 달러 가치를 자신들의 표에 포함하도록 했다.[13] 시장가격접근법에 근거를 둔 이 추정치는 아주 보수적이었다. 하지만 이런 계산을 하려는 시도가 있었다는 사실 자체가 "가정-가사노동의 위기"에 대한 정부의 관심이 증가하고 있음을 보여준다. 실제로 가사노동에 대한 갑작스러운 관심 이면에는, 이런 종류의 노동은 문제없이 잘 행해지고 있을 때에만 비가시적이라는 오래된 진실이 있다. 그 외에도 정책입안가들이 "가사노동 위기"를 우려하게 된 데는 몇 가지 이유가 있다. 첫째로 무엇보다 미국여성의 수입능력 증가와 치솟고 있는 이혼율, 이로 인한 모자가정의 증가 간에는 일정한 상관관계가 있다는 점에서 "가정의 안정성"에 대한 위협이 있었다. 1970년대 중반경에는 정부 역시 여성임금노동력의 확산이 예상수치를 넘어섬으로써 그에 대한 정부의 계획을 어그러뜨리는 자율성을 발휘하게 될까 우려하고 있었다.[14] 가령 유급일자리를 찾는 여성의 증가는 늘어나는 복지수혜비율에 대한 "해법"을 제시하기는커녕 복지혜택에 대한 완충장치로 기능하게 되었다. 일자리를 구하는 여성의 수와 가능한 일자리 간의 격차 때문에 "생활보호수당을 받는 여성들을 일터로 보내려는" 정부의 계획이 꾸준히 차질을 빚었던 것이다. 대공황 이후로 가장 심각한 침체기라는 상황 속에서 장기간의 고실업 상태에 골몰하던 정부와 고용주들에게 똑같이 걱정스러웠던 것은 임금노동시장에 대한 여성 참여의 "경직된 듯한" 모양새였다.

과연 여성들은 임금을 통해 얻을 수 있는 금전적인 혜택을 경험하고 나면 전후戰後에 그랬듯 빈손으로 조용히 집으로 돌아갈까?15 가사노동에 대한 재평가가 이루어진 것은 바로 이 같은 환경 속에서였다. 하지만 그렇게도 많은 립서비스가 있었지만, 실제로 이루어진 것은 별로 없었다. 가사노동의 경제적 가치는 소소한 입법안을 통해 확인되었을 뿐이다. 가령 1976년에 (세금개혁법의 일부로) 통과된 정부 공인 퇴직계획안에서는 남성들이 미취업상태의 아내를 대신하여 개별퇴직계획Individual Retirement Plan에 돈을 낼 수 있도록 허가했다. 가정의 복지에 대한 아내의 기여는 최근 몇 년간 몇 개 주에서 통과시킨 쌍방의 책임을 묻지 않는 이혼법에서도 최소한 형식적으로 인정받았다. 이 법에서는 아내가 제공한 서비스를 근거로 가정의 재산을 분할할 수 있게 하고 있다. (하지만 최근 판결사례에서는 일부 여성들이 요구한 남성의 임금분할에 대해서는 거부했다.) 마지막으로 1976년의 세금개혁법에서는 자식을 둔 부모들이 양육비용을 세금에서 아이 한 명당 최대 4백 달러까지 공제할 수 있게 했다(하지만 양육수당이 2천 달러를 넘을 경우에 한해서다). 가사노동에 대한 보수의 가능성과 관련해서 이제까지 유일하게 제안된 안은 GNP를 계산할 때 넣기 위해 상징적인 가격표를 다는 것뿐이었다. 이렇게 하면 여성들이 자존감을 높이는 한편 가사노동에 대한 만족감을 높일 수 있다는 가정에서였다. 미국의 노동을 연구하는 태스크포스팀이 제시한 아래의 권고사항은 이런 접근법에서 전형적으로 나타난다.

살림을 하고 아이를 키우는 것은 노동, 그것도 평균적으로, 재화와 서비스를 생산하는 거의 모든 지불노동만큼이나 잘하기가 어렵고 사회에 유용한 노동임은 분명한 사실이다. 문제는 …… 우리가 한 사회로서 이 사실을 공적인 가치 및 보상시스템 속에서 확인하지 못해 왔다는 점에 있다. 이 같은 인정은 우선 가사노동에 화폐가치를 할당함으로써 주부를 노동력으로 계산하는 일에서부터 시작될 수 있다.[16]

현실에서 가사노동에 대한 여성들의 반란이 일으킨 유일한 반응은 인플레이션의 꾸준한 증가였다. 그리고 이는 여성들의 가사노동과 남성임금에 대한 종속을 강화시켰다. 하지만 우호적인 법안의 부재와 인플레이션의 증가에도 불구하고 가정 내 부불노동에 대한 여성들의 거부는 1970년대 내내 지속되었고, 이를 통해 가사노동조직 및 일반적인 사회적 재생산 과정에서 상당한 변화를 만들어냈다.

사회적 재생산의 재조직화

1970년대 여성이 가사노동과 맺었던 관계는 경제학자들이 말하는 "소득효과", 즉 수입이 증가할 경우 노동을 줄이려는 노동자들의 경향을 보여주는 좋은 예라 할 수 있다. 여성의 경우 줄어든 것은 전적으로 이들의 가정 내 부불노동이긴 하지만 말이다. 이와 관련하여 가사노동의 감소, 재분배("공동분담"이라고도 하는), 사회화라는 세 가지 경향이 나타났다.

가사노동이 감소한 주요 원인은 주로 시장을 기본으로 하는 많은 가사노동서비스의 재조직화와, 자녀 수의 극적인 감소에서 비롯된 가족 규모의 감소였다. 반면 노동절감기기들은 이 과정에서 역할이 미미했다. 1970년대만 해도 기술혁신의 산물이 가정 내에서 활용되는 경우가 거의 없었기 때문이다. 게다가 가전제품판매의 꾸준한 부진[17]은 가족규모의 감소와 가정에서 제공하는 서비스의 탈축적dis-accumulation에 따라, 가정 내 자본의 탈축적 경향이 나타나고 있음을 보여준다. 아파트와 가구 디자인(없는 것과 다름없는 주방, 모듈식 구성[18]으로 바뀌는 경향, 찍어내듯 만드는 가구들)마저 집에서 과거의 재생산기능을 크게 몰아내는 경향을 반영한다. 실제로 1970년대에 여성들이 사용했던 진정한 의미의 유일한 노동 절감 장치는 출산율의 급락이 보여주듯 피임약이었다. 1979년에는 15세에서 44세 가임기 여성 1천 명당 아이 1.75명으로 급락했다. 종종 하는 말이지만, 1950년대의 베이비붐은 학교제도, 노동력, 산업생산 등 사회생활의 모든 영역에 심대한 영향을 미치는 출생률 급락으로 전환되었다. 노동력의 경우 지금의 추세가 지속될 경우 인구구성이 점점 고령화될 것이고, 산업생산은 많아진 고령자들의 수요에 더 큰 우선순위를 두고 재조정될 것이다.[19]

새로운 베이비붐이 곧 시작되리라는 예측에도 불구하고, 이 같은 추세는 지속될 것으로 보인다. 1950년대와는 반대로 오늘날 미국 여성들은 기꺼이 모성을 포기함으로써 육아에 수반되는 노동과 희생에 굴종하느니 일자리를 유지하기 위해 불임수술을 자청하는 경지에 이르렀다.[20]

집안에서 이루어지는 노동의 감소는 결혼을 늦추거나 아예 결혼하지 않는 (혼자 살거나 동성 커플과, 또는 공동체적 환경에서 사는) 여성 수의 증가와 (아직도 주로 여성이 원해서 이루어지는) 이혼율의 증가를 근거로 삼을 수도 있다. 1970년대에는 매년 이혼율과 관련된 신기록이 나왔다. 결혼은 더 이상 여성들을 위한 "괜찮은 거래"나 필요한 행위가 아닌 것으로 보인다. 결혼에 대한 거부가 아직 의제로 부상하지는 않았지만, 여성들은 분명 남성과의 관계에서 새로운 기동성을 얻었고, 이제는 남성들과 단기적인 관계를 형성할 수 있게 되었다. 이런 관계에서는 노동이라는 요소가 상당히 감소된다. 여성이 남성을 위해 무료로 봉사하기를 어느 정도로 거부하고 있는지는, 여성가장가족의 꾸준한 성장세 속에서도 확인할 수 있다.

하지만 이런 경향은 종종 집에 남편이 있을 경우 부양아동보조금의 지급을 금지하는 현행 복지정책 때문에 유발된 "결손가정증후군"으로 해석된다는 점에서 몇 가지 분명히 해 둘 것이 있다. 다시 말해서 여성가장가족의 증가는 가정 내 남성의 존재에 뒤따르는 규율과 노동을 줄이려는 여성의 시도를 무시하는 피해자화의 관점에서 해석되는 경우가 너무도 많다. 복지정책의 영향이 과대평가되었다는 점은 멀쩡한 부부들에게 복지수당을 지불했던 시애틀의 한 실험에서 확인된다. 일 년 뒤 이 부부들은 복지수당을 받는 다른 가족들과 동일한 비율로 파경을 맞았다. 이는 복지수당에 눈이 멀어 가족이 해체되는 것이 아니라 복지수당 덕분에 여성들이 남성으로부터 더 큰 자율성을 누리는 한편 금전적 고려에 입각한 관계를 정리할 수 있는 가능성을 얻게 된다는 사실을 보여준다.[21]

여성들은 가사노동의 양을 줄였을 뿐만 아니라 가사노동의 조건 또한 바꿔 놓았다. 예컨대, 여성들은 남편이 아내의 동의 여부에 관계없이 성적 서비스를 요구할 권리에 도전했다. 이와 관련하여 1979년 아내를 강간했다는 이유로 기소된 남성에 대한 재판은 획기적인 사건이었다. 이전에는 한 번도 아내와 강제로 섹스하는 것을 범죄라고 여겪본 적이 없기 때문이다. 구타, 다시 말해서 가정에서 일어나는 육체적 학대에 대한 여성들의 저항 역시 동등하게 중요한 사건이었다. 전통적으로 가정폭력은 가정주부가 되기 위한 조건으로 암암리에 정당화되어 법원과 경찰이 묵인해 왔다. 여성들이 획득한 권력과, 주부의 전통적인 "위험요소"를 거부하겠다는 단호한 결심이 확산되면서 법원에서도 갈수록 구타당한 아내들의 자기방어권을 인정하는 분위기가 형성되어 갔다.

"가사노동의 분담"은 1970년대에 확대되기 시작한 또 다른 경향이었다. 오랫동안 많은 여성주의자들은 가사노동문제에 대한 이상적인 해법으로 가사노동분담을 지지했다. 하지만 이 분야에서 이루어진 성취를 검토하다 보면 오히려 여성들이 가사노동을 더 평등하게 분담하려고 할 때 몇 가지 장애에 맞닥뜨리게 됨을 깨닫게 된다.

당연히도 요즘 남성들은, 특히 맞벌이 부부인 경우 집안일을 어느 정도 하는 경향이 있다. 요즘의 많은 부부들은 심지어 집안일의 분담을 놓고 혼인서약을 작성하기도 한다. 1970년대에는 전업남편이라는 현상이 새로 나타나기도 했다. 이는 공인된 것보다는 더 널리 확산되었을 수 있는데, 왜냐하면 많은 남성들이 아내의 부양을 받는다는 사실을 인정하지 않으려는 경향이 있기 때문이다. 하지만 최근의 조사에서 나타나는 바와 같이 가사노동의 탈중성화 desexualization 경향에도 불구하고 대부분의 가사노동은 아직도 여성들이, 심지어는 부업을 가진 상태에서 하고 있다. 좀 더 평등주의적인 관계를 확립한 부부들마저 아이가 생기면 상황이 뒤바뀐다. 이 같은 변화가 나타나는 이유는 남성들이 아이를 돌보기 위해 직장에서 휴가를 얻을 경우 그만큼 임금이 줄어들기 때문이다. 이는 남성의 유급노동시간 단축과 생활수준의 하락이 맞물린 상태에서는, 근무시간자유선택제 같은 혁신만으로 가사노동의 동등한 분담을 충분히 보장하지 못하리라는 사실을 시사한다. 또한 집안에서 가사노동을 재분배하려는 여성의 시도는 가사노동에 대한 남성들의 견고한 태도보다는 여성들이 노동시장에서 받는 저임금 때문에 좌절될 가능성이 더 높음을 시사하기도 한다.

하지만 여성이 가정 내 부불노동을 줄이기 위해 임금의 힘을 이용했다는 데 대한 가장 분명한 증거는 1970년대 서비스 부문의 폭발적 성장이다.[22] 요리, 청소, 아이보기, 심지어는 문제해결과 친구 되어주기 같은 서비스들은 갈수록 "집 밖으로 나와" 상업적으로 조직되었다. 요즘 미국인들은 끼니의 절반을 집 밖에서 먹고, 인플레이션 때문에 "내 손으로 직접 하기"do it yourself 습관이 다시 부활하고 있는 상황에서도 패스트푸드산업은 1970년대에 매년 15%씩 성장했다는 계산도 있다. 전통적으로 여성의 일로 여겼던, 가족들을 행복하고 편안하게 해주는 일을 대신해주는 레크리에이션과 오락산업의 폭발적인 성장 또한 중요했다. 실제로 아내와 어머니들이 "파업에 들어가자", 전에는 보이지 않았던 여성들의 많은 서비스들이 판매가능한 상품이 되어 새로운 산업을 통째로 형성하는 일이 일어났다. 전형적인 예는 (헬스클럽에서부터 여러 가지(성적, 치유적, 감정적) 서비스를 곁들인 안마시술소에 이르는) 신체산업의 새로운 성장과, 조깅을 중심으로 탄생한 산업들(조깅의 인기는 그 자체로 이제 그 누구도 너를 돌봐주지 않을지 모르니 "네 몸은 네가 간수해야 한다"는 새로운 일반적인 자각을 알려주는 표지와 같다)이다. 가정 내 서비스의 탈축적 경향에 대한 더욱 강력한 근거는 어린이집의 성장과 유치원에 등록하는 아이들의 극적인 증가이다(1966년부터 1976년 사이 3세의 경우 194% 증가).[23]

'위대한 사회'를 정책 이념으로 내건 미국 36대 대통령 린든 존슨(가운데, 1908~1973)

전체적으로 보았을 때 이 같은 경향은 가사노동이 갈수록 탈성화되어 가고 있고, 집 밖에서 행해지고 있으며, 가장 중요하게는 지불노동이 되고 있다는 점에서 사회적 재생산의 조직에 중대한 변화가 일고 있음을 의미한다. 따라서 집은 아직도 노동력 재생산(혹은 비즈니스의 관점에서 보았을 때는 "인적자본")의 중심이지만, 재생산서비스의 중추로서의 중요성은 퇴색하고 있다. 전후의 케인즈주의적 경제모델에서 우세했던 재생산의 조직방식은 위기에 봉착했다. 케인즈주의 경제모델에서는 인적자본에 대한 직접투자라는 기능과, 그 수요-소비 역할을 통해 생산을 자극하는 기능을 동시에 맡고 있는 남성임금을 조직함으로써 가사노동을 통제 및 규제했다. 또한 이 모델에서는 가정 내 여성의 노동은 남성의 임금 속에 숨겨지고, 노동으로 인정받는 유일한 활동은 (유급)상품생산뿐이기 때문에 여성은 작업장의 변화와 전환에 부수적인 부속물 내지는 종속변수로 취급되었다. 남편이 어디에 거주하는지, 남편의 직업이 무엇이며, 임금이 어느 정도가 되는지는 여성의 노동강도와 이들에게 요구하는 생산성의 수준에 직접적인 명령을 내렸다. 하지만 공짜노동력을 제공하기를 거부하는 여성들은 이 같은 거래 관계를 파기했다. 이들은 집/공장, 남성임금/가사노동순환을 거부하고, 자신들을 재생산의 순간에마저 정부 및 고용주와 직접 맞서야만 하는 "종속변수"로 취급하는 행태에 작별을 고했다. 우리는 이런 진전이 이루어지면서 노동력의 재생산은 상품생산과의 관계에서 경제 내에서 자율적인 지위를 맡게 되었고, 덕분에 이제는 재생산노동의 생산성을 (과거처럼) 유급노동에서 남성노동자의 생산성으로 측정하는 것이 아니라 해당서비스가 이루어지는 곳에서 직접 측정되었다는 사실을 깨닫게 된다.

당연하게도 1970년대 내내 정부와 기업은 이 같은 재생산의 재조직현상을 이용하여 전후부터 위대한 사회[24]의 특징을 이룬 "인적자본개발" 정책의 버팀목이었던 사회복지프로그램을 뒤흔드는 한편, 1960년대 내내 꾸준히 상승한 남성의 임금을 억제했다. 정부는 사회복지지출로는 기대했던 결과를 만들어내지 못했다고 주장하면서 시장을 기반으로 재생산부문을 재조직할 것을 독려했다. 이는 (최소한 관행적인 방식으로 측정했을 때 낮은 생산성 수준에도 불구하고) 생산되는 노동력의 생산성과 무관하게 즉각적인 수익을 보장하는 것처럼 보이기 때문이다. 하지만 정부는 복지지출을 삭감하고 복지를 미국사회의 주요 문제 중 하나로 비난하는 분위기를 조성하는 데는 성공했지만, 최초의 "가사노동에 대한 임금"으로 볼 수 있는 것을 없애는 데는 실패했다. 가장 중요한 점은 "여성복지임금"이 줄어들고 여성과 빈곤은 아직도 동의어와 같은 상태였지만, 여성들이 손에 쥔 임금의 총량은 단연 증가했다는 사실이다. (서비스부문의 성장을 독려하는 한편, 제조업 부문의 발달을 억제하는 생산의 재조직화를 통해) 시장의 일자리에 대한 여성의 요구를 이용하여 남성의 임금을 억제하려는 시도의 경우 이 역시 기대한 결과를 가져오지 못하기는 마찬가지였다.

높은 실업률에도 불구하고, 1970년대에는 1930년대와 1940년대에 확연했던 여성고용(특히 기혼여성의 고용)에 대한 반발이 없었음은 눈에 띈다.[25] 남성의 노동력 참여가 꾸준히 감소하는 데서 나타나듯, 남성들이 맞벌이의 장점을 인식하기 시작한 것으로 보인다. 남성들은 노동패턴에 한해서는 갈수록 여성과 유사하게 행동한다는 주장까지 있을 정도다. 남성가장과 여성주부라는 모델은 붕괴하고 있을 뿐 아니라 (노동부의 통계에 따르면 이는 오늘날 노동연령 남성의 34%에만 적용된다) 맞벌이 남편의 경우 직위 이동을 받아들이지 않으려는 경향이 더 강하다(아내의 고용상태를 교란시킬 수 있는 직위이동을 할 바에는 차라리 승진기회를 포기하는 경우도 종종 있다). 또한 이들은 일자리를 자주 바꾸고 높은 봉급보다는 근무시간이 짧은 일자리를 선호하며, 전보다 더 빨리 은퇴한다. 게다가 가정 내에서 맞벌이는 실업과 인플레이션에 대한 중요한 완충장치가 되어줄 수 있는데, 이는 소비자수요(와 소비자의 부채)가 꾸준히 늘다 보니 예상했던 경기침체가 촉발되지 않았던 지난 몇 년간의 경험을 통해 확인되었다. 두 배의 수입을 기다리며 마음을 놓은 가족들은 씀씀이가 커져서 인플레이션이 전통적으로 불러왔던 것과는 정반대의 영향을 일으켰다. 즉, 인플레이션이 지출을 감소시키는 것이 아니라 증가시킨 것이다.

결론

여성들이 가정 내에서 부불노동자가 되기를 거부하면서 재생산의 조직방식과 여성노동의 조건에 중대한 변화가 일어난 것은 분명하다. 우리는 여성을 (부불) 재생산노동에, 남성을 (유급) 상품생산에 가두는 전통적인 성별 분업의 위기를 목도하고 있다. 대부분의 여성들은 자신의 경제적 생존을 위해 남성에게 의존하고 이런 의존에 수반된 규율에 복종하는 것 외에는 대안이 없었기 때문에, 남녀 간의 모든 권력관계는 이 "차이" 위에 구축되어 있었다. 주지하다시피 이와 관련된 주요한 변화들은 갈수록 많은 여성들이 임금노동력으로 전환함으로써 완성되었다. 그리고 이는 1970년대에 여성의 사회경제적 권력 신장에 크게 기여했다. 하지만 이 전략에는 많은 한계가 있다. 지난 10년간 남성의 노동은 줄어들었지만, 오늘날 여성은 과거보다 훨씬 더 열심히 일하고 있다.[26] 여성이 짊어지고 있는 짐은 의료기록에 잘 나타난다. 여성이 남성보다 더 오래 산다는 것은 거의 정설처럼 굳어져 있지만, 의료기록을 보면 이와는 다른 사실을 확인할 수 있다. 여성, 특히 30대 초반의 여성은 젊은이들 중에서 마약사용, 신경쇠약, 정신과 치료(입원치료와 통원치료) 비율이 가장 높을 뿐만 아니라 자살률이 가장 높고, 남성에 비해 스트레스와 불안을 호소하는 경향이 더 많다.[27] 이 같은 통계는 여성들이 전업주부의 삶을 살면서, 또는 2교대의 부담, 즉 전적으로 일만 하는 삶의 부담 속에서 치르고 있는 대가의 한 징후에 불과하다. 분명 사회 및 경제 정책과 사회적 우선순위에서 크나큰 전환이 일어나지 않으면 여성의 삶은 긍정적으로 바뀔 수 없다.

하지만 새로 선출된 레이건 대통령의 약속이 실현될 경우, 여성들은 1960년대와 1970년대의 성취조차 빼앗기지 않고 방어하기 위해 힘겨운 싸움을 해야 할 것이다. 복지지출은 중단되고, 군비예산이 증가하며, 저소득층에게는 큰 도움이 안 되고 소득이 전혀 없는 사람들에게는 아무런 도움이 안 되지만 기업에는 분명 도움이 될 새로운 감세가 계획 중이라는 말이 들려 온다. 게다가 레이건 측근의 공급중시경제학자들이 촉진하고 있는 경제성장은 핵폐기물과 산업규제완화의 누적을 통해 꾸준한 오염의 증가라는 악몽으로 여성들을 위협할 것이다. 이는 더 많은 쓰리마일섬 사고를, 더 많은 러브커낼 사건[28]을, 가족들의 더 많은 질병을, 우리 자신과 아이들 및 친지들의 건강에 대한 더 많은 일상적인 걱정을, 이를 해결하기 위한 더 많은 노동을 의미한다.

동시에 적은 에너지소비를 기초로 하는 낮은 비율의 경제성장이 "이 사회에서 여성의 역할에 이로운 영향을 미칠 수 있다"는 주장도 의심스럽다.[29] 일반적으로 제안하는 저성장경제모델은 특히 임금을 지급하지 않는 가사노동을 더욱 심화시키는, 집약적인 노동을 기초로 하는 사회모델이다. 경성기술경로가 여성들에게 어떤 "창조적인 인간 활동"의 문을 열어줄지는 그 지지자 중 한 명인 영국의 경제학자 에이머리 로빈스Amory Lovins의 표현 속에 드러난다. [경성기술사회에서 여성들을 기다리고 있는 것은] 정원 가꾸기, 통조림 만들기, 천 짜기, 목공, 직접 키운 과일과 채소로 저장식품 만들기, 옷 만들어 입기, 창문과 다락에 단열 처리하기, 재활용하기 등이다.[30] 로빈스는 평범함보다는 질을, 시스템보다는 개인주의를 활성화하는 수단으로(이런 활동들은 "강렬하고, 오래 지속되며, 전염성이 큰" 감정들을 분출시킨다고 한다) "자립기술"do-it-yourself habits로 복귀해야 함을 강조하면서 "우리는 노동의 유일한 동기를 봉사와 돌봄이라는 오래된 윤리에서 돈벌이로 갈아

치워 버렸다"고 불평한다.31

이와 연장선상에서 낸시 바렛Nancy Barrett은 저성장경제의 상을 아래와 같이 제시하고 있다.

> 노동과 여가의 경계는 흐려질 것이다……집에 있는 사람은 연료 보존과 식량공급 증가에 기여할 경우 자신이 쓸모없다는 느낌을 갖지 않게 된다. 비시장활동이 사회적으로 유용하게 느껴지기 때문에, 비노동인구(지배적인 행태유형을 고려했을 때 주로 여성)는 노동력 밖에 벗어나 있다는 점에 대해 최근 몇 년 전보다는 더욱 만족하게 될 가능성이 높다.32

하지만 당연하게도 이렇게 물을 수밖에 없다. 전적으로 자신과 타인의 재생산 위에 구축된 이런 목가적인 삶은 이미 여성들이 항상 살아오던 삶이 아닌가? 그 "의미 있고, 유용하며, 보다 중요하게는 희생적인 활동"을 그 노동에 대한 지불을 요구하는 이들의 탐욕스런 열망과 대비시킴으로써, 전통적으로 부불가사노동의 지위를 정당화하는 기능을 해 왔던, 가사노동에 대한 찬미를 다시 듣고 있는 것은 아닌가? 마지막으로 여성을 집으로 돌려보내려고 사용되었던 낡은 이유의 새로운 형태를 다시 대면하고 있는 것은 아닌가?

하지만 여성들이 지난 10년간 만들어낸 변화를 통해 미국여성들이 나아가고 있는 방향을 짐작해본다면, 살림의 가치에 대한 보편적이면서도 순수하게 도덕적인 인정만으로는, 아무리 분담을 한다 하더라도 가사노동의 부하가 늘어나는 것에 대해 만족하지 않을 가능성이 높아 보인다. 이런 맥락에서 우리는 아래의 문장에 대해서 만큼은 낸시 바렛의 의견에 동의한다.

여성들은 비시장활동(과) 가사노동에 대한 임금, 사회보장연금 등 재정적 지원에 관심을 집중시킬 필요가 있음을 알게 될 수도 있다……또한 가사노동에 대한 다른 부가혜택들은 갈수록 골칫거리가 될 것이다.[33]

5장
여성주의 바로잡기

　내가 여성운동에 처음 발을 들인지 거의 14년이 다 되어 간다. 처음에는 어느 정도 거리감이 있었다. 나는 유보조건을 달고 몇몇 회의에 참석하곤 했는데, 나 같은 "정치적 인물"이 보기에 여성주의는 "계급적 관점"과 화해하기 어려워 보였기 때문이다. 이것은 어쨌든 합리적인 이유였다. 어쩌면 나는 수년 동안 남자와 비교해서 부족함이 없게 보이려고 갖은 애를 쓰다 보니 여성이라는 정체성을 받아들이지 못하고 있었는지도 모르겠다. 내가 열성적인 여성주의자가 된 데는 두 가지 경험이 중요했다. 첫 번째는 루스 겔러Ruth Geller와의 동거였다. 나중에 작가가 된 루스 겔러는 『여성운동의 씨앗』 Seed of a Woman(1979)에서 여성운동의 발발을 기록했는데, 당시 전형적인 여성운동의 유행에 따라 나의 남성에 대한 노예적 태도를 꾸준히 비웃곤 했다. 두 번째 경험은 마리아로사 달라 코스따의 『여성과 공동체의 전복』 Women and the Subversion of the Community(1970)을 읽은 것이다. 이 팜플렛은 당시 가

1970년대 노동절 시위에서의 마리아로사 달라 코스따(왼쪽), 레오폴디나 포르투나티

장 많이 토론되는 여성운동 문서 중 하나가 되었다. 이 팜플렛의 마지막 페이지를 읽는 순간, 나는 내가 비로소 여성으로서, 여성주의자로서, 내 집을, 내 부족을, 내 자아를 발견했음을 깨달았다. 마리아로사 달라 코스따와 셀마 제임스Selma James 같은 여성들이 이탈리아와 영국에서 조직하고 있던 〈가사노동에 대한 임금〉에 내가 참여하고, 1973년 내가 미국에서 〈가사노동에 대한 임금〉 그룹을 결성하기로 결정한 것도 모두 여기에서 비롯되었다.

〈가사노동에 대한 임금〉은 여성운동에서 발전한 입장 중에서 가장 논쟁적이고 가장 많이 적대시된 입장이었을 것이다. 나는 가사노동에 대한 임금투쟁의 주변화는 여성운동을 약화시킨 중대한 실수였다고 생각한다. 나는 요즘 만일 여성운동이 또 다른 위계적인 시스템으로 축소되지 않고 다시 탄력을 받으려면 여성의 삶에서 물질적인 조건

5장 여성주의 바로잡기 105

을 직시해야 한다는 생각을 그 어느 때보다 더 강하게 품고 있다.

이제 우리는 우리의 성과를 정확하게 측정하고 과거에 채택했던 전략들의 한계와 가능성들을 보다 분명하게 확인할 수 있기 때문에 오늘날 우리의 선택은 더 분명해졌다. 예컨대 전통적으로 남성노동계급의 권력을 모으는 거점이었던 곳에서조차 임금차별이 이루어지고 있는 상황에서, "동일노동 동일임금" 캠페인을 꾸준히 할 수 있을까? 기술에 의한 실업과 임금삭감을 통한 남성노동자에 대한 공격이 우리의 요구 또한 억누르는 기능을 하고 있는 상황에서 "누가 적인지" 혼란스러워할 이유가 있을까? 또한 여성들이 취업을 해도 최소임금을 받을 뿐이고 노조는 패배의 조건을 두고 협상을 벌일 능력밖에는 없어 보이는 상황에서, 해방은 "일을 얻고 조합을 결성"하는 데서 비롯된다는 말을 믿을 수 있을까?

1960년대 후반에 여성운동이 시작되었을 때 우리는 이 세상을 전복하는 것은 우리 여성들에게 달려 있다고 믿었다. 우리가 우리의 노동과 우리 앞세대들의 노동이 빚어낸 부를 공평하게 공유하고 협력하는 방법을 배울 수 있는, 기존의 권력관계에서 자유로운 사회를 만드는 데 필요한 것은 바로 자매애였다. 자매애는 우리 모두가 알고 있다시피 여성에 대한 차별의 첫 번째 원인인 주부라는 지위를 거부하는 거대한 흐름을 만들어내기도 했다. 우리보다 앞선 다른 여성주의자들과 마찬가지로 우리는 부엌이 우리의 노예선이자 플랜테이션 농장임을, 따라서 만일 우리가 스스로를 해방시키고자 한다면 먼저 자신을 가정주부와 동일시해서는 안 되며, 마지 피어시(Marge Piercy)의 표현을 빌자면 "잘난 막노동꾼"이 되기를 거부해야 한다는 점을 깨달았다. 우리는 우리의 신체와 섹슈얼리티를 우리 손으로 통제할 수 있기를, 핵가족으로 인한 노예상태와 남성에 대한 의존에 종지부를 찍기를, 또한 우리가 수백 년간의 착취가 우리에게 남겨 놓은 상처에서 자유로워지기 시작했을 때 어떤 종류의 인간이 될지를 모색할 수 있기를 원했다. 정치적 차이가 나타나고 있기는 하지만, 이는 여성운동의 목표였고, 이를 달성하기 위해 우리는 모든 전선에서 전쟁을 치렀다. 하지만 투쟁을 아우르고 그 장기적인 목표와 지금 열려 있는 가능성들을 중재하는 전략적인 관점을 발전시키지 못하면 그 어떤 운동도 명맥을 유지하거나 성장할 수 없다. 하지만 여성운동은 이 같은 전략에 대한 감각 없이 총체적인 변화를 요구하는 유토피아적 측면과 제도적 시스템의 불변성을 전제한 일상적인 실천 사이를 꾸준히 오가기만 했다.

여성운동의 큰 단점 중 하나는 마치 노예상태가 정신적 조건이고 해방이 의지의 힘으로 얻어낼 수 있다는 듯이 사회운동의 맥락에서 의식의 역할을 과도하게 강조하는 경향이었다. 우리가 원하기만 하면 남성과 고용주로부터 착취당하지 않을 수 있고, 우리의 기준에 따라 아이를 키울 수 있으며, 집 밖에 나와 지금부터 우리의 일상생활을 혁명적으로 바꿀 수 있을지도 모른다. 분명 이미 이 같은 조치를 취할 힘을 가진 여성들이 있기 때문에 이들의 삶을 바꾸는 것이 실제로 의지의 문제였을지도 모른다. 하지만 수백만 명의 여성들에게 이 같은 충고는 이를 가능하게 만드는 물적 조건을 만들어내지 못하고, 죄책감만 뒤집어씌울 수도 있다. 또한 물적 조건의 문제가 제기되었을 때, 여성운동은 우리의 사회적 기반을 확장하고 모든 여성에게 새로운 수준의 권력을 제공하기 위해 싸우지 않고, 경제시스템의 구조와 양립할 수 있을 것처럼 보이는 것을 얻기 위해 싸웠다.

"유토피아적" 운동은 결코 완전히 사라지지 않았지만, 날이 갈수록 여성주의는 시스템(그 목표, 우선순위, 생산성 거래) 자체를 문제 삼지 않고 성차별을 마치 완벽할 수도 있었던 제도의 기능 이상처럼 바라보는 구조 속에서 굴러가게 되었다. 여성주의는 공장에서부터 기업의 사무실에 이르기까지 노동시장에서 동등한 기회를 얻고, 남성과 동등한 지위를 획득하며, 우리의 삶과 개성을 새로운 생산적인 업무에 끼워 맞추는 것과 동의어가 되었다. 여성주의자들은 "집을 떠나" "일하러 가는 것"이 여성해방의 전제조건이라는 주장에 대해서는 이미 1970년대 초부터 별다르게 문제제기 하지 않았다. 자유주의자들에게 있어서 일자리는 경력이라는 화려한 외양을 띠고 있었고, 사회주의자들에게 일자리는 여성이 "계급투쟁에 합류"하고 "사회적으로 유용한, 생산적인 노동"을 수행하는 경험을 통해 많은 것을 얻을 수 있음을 의미했다. 두 경우 모두 여성을 위한 경제적 필수사항인 노동 그 자체가 해방으로 가는 길처럼 보이는 전략으로 격상되었다는 공통점이 있다. 여성의 취업에 부여된 전략적 중요성은 우리의 가사노동에 대한 임금캠페인에 대한 폭넓은 반대를 통해 가늠해 볼 수 있는데, 사람들은 우리의 캠페인이 경제주의적이고 여성을 가정 안에 제도화시킨다고 비판했다. 하지만 가사노동에 대한 임금의 요구는 여러 가지 관점에서 보았을 때 중요했다. 첫째, 이는 가사노동이 노동(노동력을 생산하고 재생산하는 노동)임을 인식했고, 이런 점에서 이 사회에서 아무런 도전도 받지 않고 눈에 보이지 않은 채로 버려져 있던 막대한 양의 부불노동을 드러냈다. 또한 가사노동은 우리 모두가 공유하는 문제의 하나임을 인식함으로써 공동의 목표를 중심으로 여성들을 규합하고 우리의 세력이 가장 강력한 영역에서 투쟁할 수 있는 가능성을 제공하였다. 마지막으로 "취업"을 남성으로부터 독립하기 위한 주요 조건으로 상정할 경우 집 밖에서 일하기를 원치 않는 여성들을 소외시킬 수 있다. 이들은 가족들을 돌보느라 충분히 힘들게 일하고 있고, 만일 이들이 취업을 한다면 이것이 해방의 경험이라고 생각해서가 아니라 돈이 필요한 것이기 때문일 것이다. 왜냐하면 일자리를 갖는다고 해서 결코 가사노동에서 자유로워질 수 없기 때문이다.

우리는 여성운동이 모든 여성들이 순응해야 하는 모델을 설정해야 한다고는 생각하지 않는다. 다만 우리의 가능성을 확장시킬 수 있는 전략을 고안할 필요는 있다고 본다. 일단 취업을 우리 해방의 필요조건으로 간주할 경우, 부엌에서의 노동과 공장에서의 노동을 맞교환하지 않으려는 여성들은 분명 후진적이라는 비난을 받게 된다. 또한 이런 여성들의 문제는 그냥 무시되는 것도 아니고 이 여성이 가진 결함으로 탈바꿈하고 만다. 나중에 새로운 도덕적 다수파New Moral Majority가 동원해낸 많은 여성들은 이들이 자신들의 요구를 해결하기만 했더라면 운동에서 승리했을지도 모른다. 우리 캠페인에 대한 기사가 나오거나, 우리가 라디오프로그램의 연사로 초청되어 출연하고 나면 종종 자신의 삶에 대한 이야기를 털어놓거나 때로 그냥 "선생님, 가사노동에 대한 임금을 받으려면 어떻게 해야 하는지 좀 알려주세요"라고 쓴 수십 통의 편지를 받았다. 이들의 이야기는 항상 같았다. 이들은 자신만의 시간이나 돈이 전혀 없는 상태로 장시간 노동을 했다. 또한 당시에는 생활보조금Supplementary Security Income으로 근근이 살아가는 노령여성들이 고양이를 키워도 되는지 문의를 해오기도 했다. 사회복지사가 이들이 동물을 키우는 것을 알면 수당을 끊을지도 모른다고 걱정했기 때문이다. 여성운동은 이런 여성들에게 무엇을 제공해야 했을까? '집 밖으로 나가서 취업을 하면 노동계급에 동참할 수 있습니다'라고 해야 했을까? 하지만 이들의 문제는 이미 일을 너무 많이 하고 있고, 집에서 남편과 아이들을 겨우겨우 걷어 먹여야 하는 상황에서 계산원이나 공장노동자로 8시간씩 일한다는 것은 전혀 매력적인 제안이 아니라는 데 있다. 우리가 자주 강조해 왔지만 필요한 것은 더 많은 노동이 아니라 더 많은 시간과 돈이다. 또한 단지 더 많은 노동으로 해방되기 위해서가 아니라 산책을 하고 친구들과 이야기하며, 여성들의 모임에 참여할 수 있기 위해 어린이집이 필요하다.

가사노동에 대한 임금은 재생산문제에 대한 직접적인 투쟁을 시작하고, 양육과 돌봄은 사회적 책임임을 밝히는 일과 같다. 착취에서 자유로운 미래사회에는 이런 사회적 책임을 어떻게 면제하고 공유할지 우리가 결정하게 될 것이다. 돈이 모든 관계를 지배하는 이 사회에서 사회적 책임을 묻는 것은 곧 가사노동에서 덕을 보는 사람(기업과 "집합적 자본가"로서의 국가)이 이에 대한 대가를 지불하라고 요청하는 것과 같다. 그렇지 않을 경우 우리는 아이를 키우고, 노동하는 사람을 위해 봉사하는 것은 사적이고 개인적인 문제이며, 살아가고 사랑하며 타인과 사회를 이루는 숨 막히는 방식들에 대한 책임이 오로지 "남성문화"에만 있다는 (우리 여성들에게는 너무나도 큰 희생을 요구하는) 신화에 동의해야만 한다. 안타깝게도 여성운동은 재생산문제를 대체로 무시하거나 가사노동분담 같은 개인적인 해법만을 제시했다. 하지만 이는 많은 여성들이 이미 수행해 온 고립된 전투에서 별반 대안이라고 할 수는 없다. 심지어 낙태를 위한 투쟁이 진행되는 동안 대부분의 여성주의자들은 아이를 갖지 않을 권리만을 위해 싸웠다. 이는 우리의 몸과 재생산과 관련된 선택에서 [여러 가지 중] 단 하나의 통제방식일 뿐인데도 말이다. 아이는 원하지만 자신을 위한 시간은 전혀 없고 돈 걱정에 끈질기게 시달리는 대가를 원치 않는다는 점에서 키울 능력은 없다면 어떨까? 가사노동이 무급인 한, 우리의 노동을 줄이는 데 필요한 사회적 서비스를 제공하는 데는 그 어떤 인센티브도 없을 것이다. 이는 강력한 여성운동에도 불구하고 1970년대 내내 보조금으로 운영되는 어린이집이 꾸준히 줄어들었다는 사실을 통해 이미 증명되었다. 가사노동에 대한 임금은 단순히 월급봉투만이 아니라 더 많은, 무료의 사회서비스 또한 의미한다.

이것이 유토피아적인 꿈인가? 많은 여성들이 그렇게 생각하는 것 같았다. 하지만 나는 이탈리아의 많은 도시에서 학생운동의 결과 학생들의 통학시간에는 버스가 무료가 되었다는 사실을 알고 있다. 아테네에서는 대부분의 사람들이 출근을 하는 아침 9시까지는 지하철을 무료로 탈 수 있다. 심지어 이런 곳들은 부유한 곳도 아니다. 그렇다면 어째서 미국처럼 세계 그 어떤 곳보다 많은 부를 축적하고 있는 곳에서 아이가 있는 여성에게 교통비를 무료로 해달라고 요구하는 것을 비현실적이라고 할 수 있을까? 아무리 의식 수준이 높아진다 해도 버스 한 번 타는 데 3달러가 든다면 어쩔 수 없이 집안에만 갇혀 지낼 수밖에 없는 노릇이라는 점은 누구나 다 아는 사실이다. 가사노동에 대한 임금은 이 나라의 노동자들이 받아 마땅하다고 생각하는 그 유명한 "파이"를 확장하는, 재전유 전략이었다. 가사노동에 대해 월급을 지불하는 일만큼 가사노동을 재빨리 탈성화하는 방법도 없으리라는 점에서, 이는 여성과 남성노동자 모두에게 유리한 방식으로 부자들이 가진 부를 재분배하는 일이 되었을 수도 있다. 하지만 많은 여성주의자들이 돈을 품위 없는 단어라고 생각하던 시절이 있었다.

가사노동에 대한 임금을 거부함으로써 나타난 결과 중 하나는,

1970년대 초반부터 진행된 복지수당 축소를 저지하기 위한 움직임이 거의 일지 못했고, 그 결과 복지를 둘러싼 투쟁이 약해졌다는 점이다. 만일 가사노동에 대해 돈을 지불해서는 안 된다면, 부양아동보조금을 받는 여성들 역시 이 돈을 받아서는 안 되며, 국가는 "이들이 돈을 벌기 위한 노동을 할 수 있도록" 노력하는 것이 맞기 때문이다. 대부분의 여성주의자들은 복지수당을 받는 여성들에게 "빈민"에 대한 태도와 동일한 태도를 취했다. 바로 자기동일시가 아닌 연민을 느낀 것이다. 일반적으로 여성들은 모두 "남편만 없으면 복지수당 신세"라는 점에 대해서는 별 이견이 없는 데도 말이다.

여성운동의 정치를 통해 조장된 분열의 예는 〈여성노조연합〉 Coalition of Labor Union Women의 역사 속에서도 찾을 수 있다. 1974년 여성노조연합이 결성되었을 때 수백 명의 여성주의자들이 동원되어 그해 3월 시카고에서 열린 창립총회에 참석했다. 하지만 베울라 샌더스 Beulah Sanders가 이끄는 생활보호대상 어머니 그룹과 [켄터키주] 해런 카운티Harlan County에서 파업 중인 광부의 아내들이 자신들도 노동자라고 주장하며 참석을 요구하자 노조회원증이 있는 사람들만 참석이 가능하다는 말과 함께 거절당했다(단지 그 주 토요일 밤에 열리는 "연대의 만찬"에는 참석가능하다는 약속을 받았다).

지난 5년의 역사는 이 같은 정치의 한계를 보여주었다. 모두가 인정하다시피 "여성"은 "빈곤"과 동의어가 되었다. 여성의 임금은 절대적인 기준에서나 남성임금과 비교했을 때나 꾸준히 떨어졌다(1984년 전일제로 일하는 여성의 72%가 1만4천 달러 이하를 벌었고, 대다수가 평균 9천 달러에서 1만 달러를 벌었지만, 아이가 둘인 여성은 기껏해야 5천 달러의 복지수당을 받았다). 게다가 대부분 보조금으로 유지되

1908년 뉴욕에서 여성노동조합연맹 행진

던 어린이집이 사라지면서 많은 여성들은 지금 최저임금 이하의 품삯을 받아가며 가내산업에 종사하고 있다. 약간의 돈을 벌면서 동시에 아이도 돌볼 수 있는 유일한 방법이기 때문이다.

여성주의자들은 가사노동에 대한 임금은 여성을 집안에 고립시킬 것이라고 비난했다. 하지만 정치활동은 고사하고 야간부업을 해야 하고 돈이 없어서 어디에도 가지 못할 때 과연 고립이 덜하다고 할 수 있을까? 고립은 또한 같은 일자리를 두고 다른 여성들과, 또는 누가 먼저 해고될지를 두고 흑인이나 백인 남성과 경쟁해야 함을 의미한다. 우리의 일자리를 지키기 위해 싸워서는 안 된다는 말이 아니다. 하지만 해방투쟁을 지향하는 운동이라면 축적된 부와 기술발달 수준을 통해 유토피아가 구체적인 가능성을 품고 있는 미국 같은 나라에서는 특히 더 넓은 시야를 가질 필요가 있다.

여성운동은 노동이 해방이 아님을 깨달아야 한다. 자본주의시

템에서 노동은 착취이고, 피착취에는 즐거움도, 자존감도, 창의성도 전무하다. 자기실현과 관련해서는 "경력"조차 허울이다. 사람들은 경력으로 인정받을 수 있는 대부분의 일자리는 다른 사람, 종종 다른 여성들에게 권력을 행사해야 하고, 이는 여성들 간의 분열을 심화한다는 사실을 잘 모른다. 우리는 더 많은 시간과 더 많은 만족감을 갖기 위해 생산직이나 영세한 사무직에서 벗어나려고 애쓰지만, 결국 우리가 더 나은 일자리를 위해 치른 대가는 바로 우리와 다른 여성들 사이에 벌어지는 거리임을 깨닫게 된다. 하지만 우리가 타인에게 적용하는 규율은 동시에 우리 스스로에게도 적용된다. 즉, 이런 일을 맡았을 때 우리는 사실상 우리 스스로의 투쟁을 좀먹게 된다.

학계에서 지위를 얻는 것마저 다른 일에 비해 더 큰 성취감을 느끼거나 창조적인 인간이 될 수 있는 길은 아니다. 강한 여성운동이 부재한 상태에서 학술계에 종사하는 것은 숨 막히는 일일 수 있다. 결정할 권한이 없는 기준을 충족시켜야 하고, 나 자신의 것이 아닌 언어로 말해야 하기 때문이다. 이렇게 보면 유클리드 기하학을 가르치건 여성사를 가르치건 별반 차이는 없다. 여성학은 아직도 상대적으로 말해서 우리에게 "좀 더 자유로워질" 수 있는 섬과도 같은 공간을 제공하고 있긴 하지만 말이다. 하지만 작은 섬들로는 부족하다. 지적인 활동과 학술기관들과의 관계를 바꾸지 않으면 안 된다. 여성학은 돈을 지불할 능력이 있거나, 이어지는 교육과정 속에서 학업과 노동을 병행하는 희생을 기꺼이 감내하는 이들에게만 가능하다. 하지만 모든 여성들이 무료로 학교에 다닐 수 있어야 한다. 공부가 우리가 돈을 지불해야 하는 상품 내지는 "취업 사냥"의 한 단계인 한 지적 활동과 우리의 관계는 해방적인 경험이 될 수 없기 때문이다.

1973년 이탈리아에서는 금속기술노동자들이 유급노동시간 중 150시간을 학교에서 공부해도 된다는 노동계약을 채결했는데, 이는 다른 분야의 많은 노동자들이 계약서에는 명시하지 않았지만 이 가능성을 제기하기 시작한 직후였다. 그보다 더 최근 프랑스의 미테랑정부는 자격요건에 무관하게 여성들에게 대학을 개방하는 학교개혁안을 제안했다. 여성운동이 단순히 공부해야 하는 과목과 관련해서가 아니라, 학업에 뒤따르는 재정적 비용을 없애는 것과 관련하여 대학을 해방시키는 문제를 제기하지 않을 이유가 있을까?

나는 창의성이, 행복한 소수만이 누릴 수 있는 재능이 아니라, 대중적인 조건인 사회를 만드는 데 관심이 있다. 지금 우리는 시간이나 돈이 없어서 끝내지 못하거나 시작조차 할 수 없는 책, 그림, 음악 때문에 고심하는 수천 명의 여성에 대해 이야기하고 있는 것이다. 창의성의 의미에 대한 발상도 넓혀야 한다. 가장 창의적인 최선의 활동은 다른 사람들과 함께 투쟁에 참여하고, 우리의 고립상태를 깨뜨리며, 다른 사람들과의 관계가 변화해가는 것을 확인하고, 우리 삶의 새로운 측면들을 발견하는 것이다. 나는 1970년 마지막 날 여성주의 영화그룹을 지켜보면서 다른 5백 명의 여성들과 같은 방에 있었던 그 순간을 결코 잊지 못할 것이다. 이는 그 어떤 책으로도 이루지 못했던 의식의 도약이었다. 여성운동에서 이것은 집단적인 경험이었다. 공개적인 자리에서 말 한마디 할 줄 몰랐던 여성들이 연설하는 법을 배우고, 예술적인 기술이 전혀 없었다고 확신했던 이들이 노래를 만들고 현수막과 포스터디자인을 하곤 했다. 이것은 강력한 집단적 경험이었다. 창조적인 활동을 위해서는 우리의 무력감을 극복하는 것이 필수적이다. 자신의 인생에서 중요한 것에 말을 걸지 못한다면 그 어떤 가치 있는 것도 만들어낼 수 없다는 것은 식상할 정도로 뻔한 사실이다. 베르톨트 브레히트는 지루함 속에 만들어진 것은 지루함만을 만들어낼 수 있다고 말했는데, 과연 그가 옳았다. 하지만 우리의 고통과 기쁨을 공책의 한 페이지, 한 곡의 노래, 그림 한 점으로 바꾸기 위해서는 누군가 우리의 목소리를 들어주리라는 충분한 믿음과 의지를 품어야 한다. 여성운동에서 갖가지 창의성이 만개한 것은 바로 이 때문이다.『첫해의 기록들』Notes from the First Year (1970)이나 『더 이상 장난과 게임은 그만』No More Fun and Games (1970) 같은 잡지들이, 그 오랜 침묵의 시간들을 거의 난데없이 깨고 나와 그렇게 힘 있는 언어를 구사했다는 사실을 생각해보라.

우리의 의식을 확장시키는 것은 바로 힘이다. 이때 힘은 타인에게 행사하는 힘이 아니라 우리를 억압하는 자들에게 저항할 수 있는 힘을 말한다. 나는 우리의 의식은 우리가 거리에서 1만 명의 여성들과 함께 있는지, 소집단으로 있는지, 아니면 침실에 혼자 있는지에 따라 아주 달라진다는 말을 자주 했다. 이는 여성운동이 우리에게 가져다준 장점이었다. 십 년 전 만 해도 교외의 주부로 억눌린 삶을 살았을 여성들이 스스로를 마녀라고 칭하고, 결혼박람회에서 방해 행각을 벌이며, 『SCUM 선언』(1967)[1]에서처럼 남성들에게 자살센터를 권하는 불경스러운 짓을 서슴지 않고, 밑바닥에 있는 우리의 관점에서 우리는 사회시스템 전반을 그 근본부터 흔들어야 한다고 선언했다. 하지만 운동의 주류는 온건파였다. 마치 여성투쟁의 목표가 남성들이 처해 있는 조건의 보편화라는 듯 오늘날의 여성주의는 〈평등헌법수정안〉Equal Rights Amendment을 손에 넣기 위해 투쟁하고 있다. 평등헌법수정안에 대한 비판은 보통 여성주의 운동에 대한 배신으로 취급된다는 점에서 나는 우리가 남성과 동등하다고 명시하는 법률에 반대하는 것이 아님을 분명히 밝혀두고자 한다. 내가 반대하는 것은 우리의 모든 에너지를 기껏해야 우리 삶에 제한적인 영향밖에 못 미치는 법을 위한 투쟁에 집중시키는 일이다. 또한 우리가 남성이 이미 해방되었다고 가정하는 것이 아니라면, 어떤 점에서 남성과 동등하기를 원하는지 결정해야 한다. 만일 그것이 군사적인 측면에서의 동등함, 즉 전투 시의 역할에서 동등할 권리를 의미한다면 이는 마땅히 거부해야 한다. 1970년대 NOW[〈전미여성기구〉National Organization for Women. 자유주의적 성향의 여성운동조직] 같은 조직들은 이런 목표하에 캠페인을 벌였지만, 여성을 [군인으로] 선발하자는 카터의 제안이 수포로 돌아가면서 여성주의도 함께 패배를 경험했다는 것은 역설이 아닐 수 없다. 만일 이런 것이 여성주의라면 나는 여성주의자가 아니다. 나는 미국의 제국주의 정치에 동조하며 그 과정에서 죽음을 맞고 싶지 않기 때문이다. 이 경우 동등한 권리를 얻기 위한 투쟁은, 징병에 거부하는 남성들의 투쟁과 정면으로 배치된다. 인구의 다른 절반이 당신이 거부하는 것을 특권이라고 여길 때, 어떻게 당신의 투쟁을 정당화할 수 있겠는가? 또 다른 예로는 〈보호법제도〉protective legislation 2가 있다. 〈보호법제도〉가 여성의 안녕을 위해서가 아니라 오로지 여성을 특정 일자리와 특정 노조에서 배제할 목적에서 도입되었다는 점에는 의심의 여지가 없다. 하지만 그렇다고 해서 불구가 되거나 암이나 화학독성물질로 천천히 죽어가는 사람들은 차치하고, 매년 평균 1만4천 명이 산재로 사망하는 나라에서 보호법제도를 폐지해야 한다고 간단히 요구할 수는 없는 일이다. 그렇지 않을 경우 우리가 성취한 평등은 이미 여성광부들을 통해 확인된 바와 같이 진폐증의 평등, 광산에서 죽을 동등할 권리일 뿐이다. 우리는 모든 이들이 보호받을 수 있도록 남녀 모두의 노동조건을 변화시킬 필요가 있다. 게다가 평등헌법수정안은 양육이 여성들의 책임인 한 평등에 대한 그 어떤 개념도 환상으로 남을 수밖에 없음에도 가사노동과 양육문제를 해결하려는 시도조차 하지 않는다.

나는 여성운동이 자율적인 정치세력이 되고자 한다면 이 문제를 반드시 직시해야 한다고 확신한다. 분명 이제는 여성주의적인 문제에 대한 인식이 널리 확산되어 있다. 하지만 여성주의는 제도화의 위험에 직면했다. 여성의 권리에 영원히 헌신하겠다고 감히 고백하지 않는 정치인이 없을 지경이다. 그리고 이들이 진심으로 고려하고 있는 것은 여성의 "노동할 권리"라는 점에서 이는 아주 영리한 행동이다. 여성의 싼 노동력은 현 시스템을 위한 보물창고와도 같기 때문이다. 그동안 이제 여성주의의 영웅들은 더 이상 엠마 골드만Emma Goldman[20세기 무정부주의자]이나 마더 존스Mother Jones[20세기 미국의 노동운동가]가 아니라 가장 후미진 남성의 영토를 정복할 능력을 갖춘 자립적이고 고급기술을 가진 여성의 이상적인 상징과도 같은 최초의 여성 우주비행사 샐리 라이드와 임신한 몸을 이끌고 재임을 결정한 전미여성정치연맹의 의장 미세스 윌슨이 되었다.

하지만 오늘날에는 여성운동을 고난에 빠뜨린 마비 상태가 끝나가고 있음을 알리는 신호들도 있다. 전환점은 **여성주의-레즈비언 반전운동**의 시작을 알린 세니커여성캠프Seneca Women's Encampment의 조직이었다. 이와 함께 우리의 경험도 다시 원점으로 돌아가고 있다. 최초의 여성주의 그룹을 결성한 여성들은, 반전운동에 적극적이었지만, "혁명적인 남성동지들"이 피착취계급의 필요에 너무 민감한 나머지 여성들이 자신들의 투쟁을 직접 책임지지 않을 경우 여성들의 관심사를 노골적으로 무시하곤 한다는 사실을 깨달은 이들이었다. 그로부터 14년이 지난 지금 여성들은 자신들의 요구에서 직접 출발한 반전운동을 조직하고 있다.

오늘날 모든 형태의 전쟁을 반대하는 여성들의 저항은 그리넘 커먼Greenham Common 3에서 세니커폴스Seneca Falls 4, 아르헨티나에서 에티오피아에 이르기까지 세계 곳곳에서 확인되고 있다. 아르헨티나에서는 데사파레시도스5의 어머니들이 군사적 탄압에 맞서는 저항의 전면에 섰고, 에티오피아에서는 이번 여름 여성들이 거리로 나와 정부가 징집해간 자신의 아이들을 돌려달라고 요구했다. 여성들의 반전운동은 폭격기의 힘으로 지구 전역에 대한 지배력을 행사하기 위해 기를 쓰고 있는 듯 보이는 미국에서 특히 중요하다.

1960년대에 우리는 여성 역시 세상의 흐름에 맞서 싸우고 변화시킬 수 있음을 보여준 베트남 여성들의 투쟁에서 영감을 얻었다. 오늘날 우리는 매일 밤 텔레비전을 통해 확인할 수 있는, 난민캠프에 모여 있거나 삭감된 우리의 임금으로 만든 포탄으로 파괴된 집의 잔해들 사이에서 아이들과 함께 방황하는 여성들의 얼굴에 드리워진 절망에서 경각심을 느껴야 한다. 이 사회를 밑바닥부터 바꿀 힘을 되찾지 못하면 그들이 지금 이 순간 당하고 있는 고통은 곧 우리의 것이 될 수도 있다.

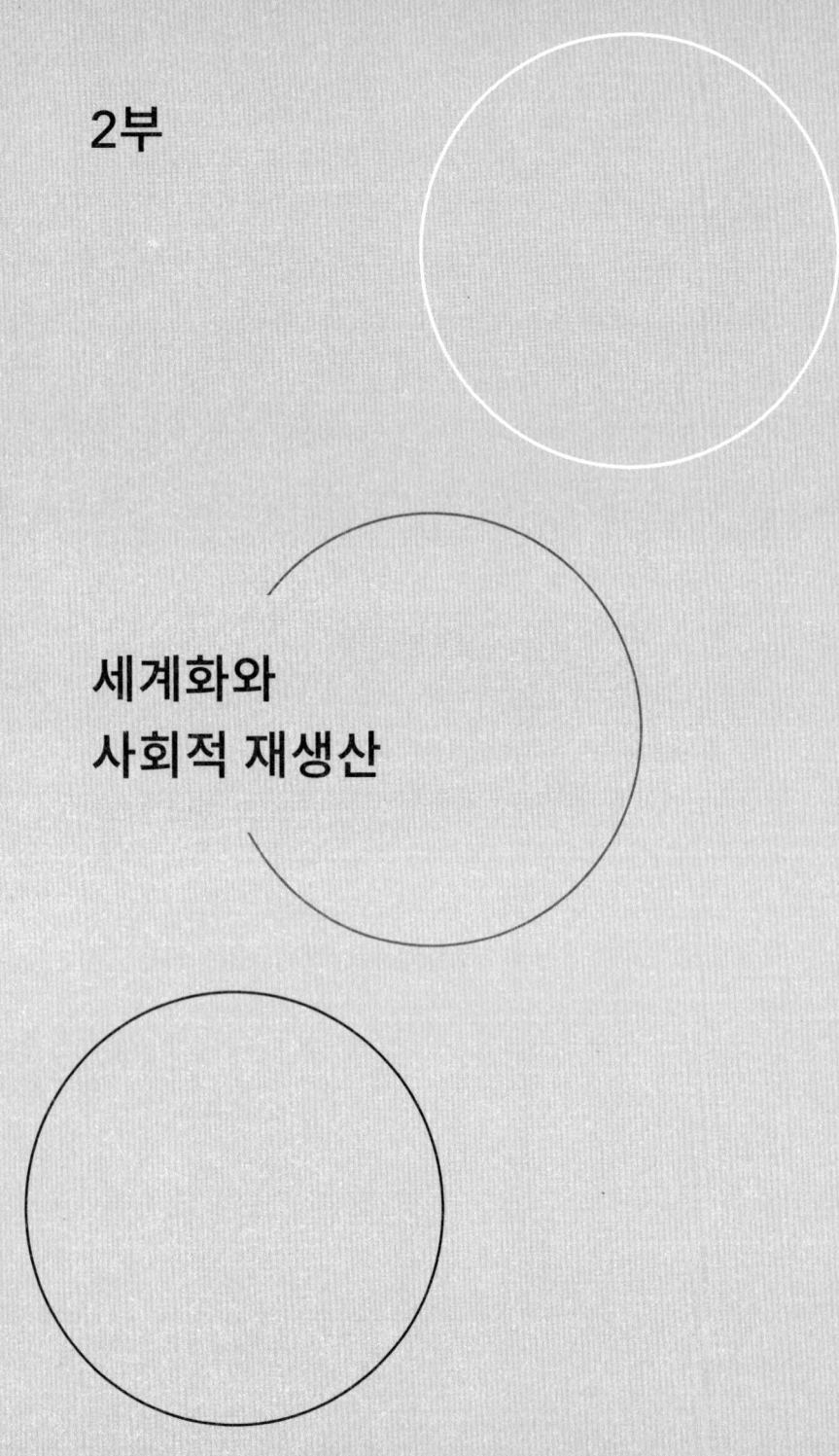

2부

세계화와 사회적 재생산

6장

신국제노동분업에서 재생산과 여성주의 투쟁

전 세계적 규모의 가부장제와 축적이 오늘날 여성의 현실을 이해하는 데 필요한 구조적이며 이데올로기적인 뼈대를 구성한다는 인식에서 출발한 전 세계 여성주의 운동은 이 뼈대와 밀접한 관계에 있는 노동의 성적, 국제적 분업과 함께 이 뼈대에 도전하지 않을 수 없다.
— 마리아 미즈, 『전 세계적 규모의 가부장제와 축적』(1986)

자본주의의 발달은 인간에게 미치는 영향 때문에 항상 지속가능하지 못하다. 이를 이해하려면 자본주의의 발달 때문에 살해되었고 지금도 꾸준히 살해되고 있는 이들의 관점을 취해보기만 하면 된다. 자본주의는 인류의 대대적인 희생(대량학살, 기아와 빈곤의 양산, 노예제, 폭력과 공포)을 전제로 탄생했다. 자본주의를 지속하기 위해서는 동일한 전제가 필요하다.
— 마리아로사 달라 코스따, 『자본주의와 재생산』(1995)

들어가며

지난 20년간 여성해방운동은 국제적 양상을 띠게 되었다는 인식이 일반적이다. 특히 유엔이 후원한 세계여성대회가 개최되면서 여성주의 운동 및 네트워크가 세계 곳곳에서 만들어졌기 때문이다. 따라서 오늘날 우리는 과거 그 어떤 시기보다도 세계 곳곳에서 여성들이 직면하고 있는 문제들을 더 잘 이해할 수 있게 된 듯하다.

하지만 미국과 유럽에서 여성주의 정치를 좌우하는 시각을 살펴보면 세계경제의 재구조화가 여성의 물적 조건 안에서 만들어낸 변화들과, 이 변화가 여성주의의 결속에 대해 갖는 함의를 대부분의 여성주의자들이 제대로 파악하지 못하고 있다는 결론을 내릴 수밖에 없다. 우리가 알고 있는 사례연구들에 따르면 지구 곳곳의 여성들은 가난해졌다. 하지만 세계화가 전 지구적인 "빈곤의 여성화"뿐만 아니라 여성주의자들이 반대해야 마땅한 여성 내에서의 새로운 분열과 신식민적 질서를 유발했다는 점을 인정하는 여성주의자들은 거의 없다. 세계은행과 국제통화기금이 추구하는 정책에 비판적인 이들마저도 자본주의적 관계의 전 세계적인 헤게모니는 손대지 않은 채 성차별만을 비난하는 개혁주의적 입장에 만족하는 경우가 종종 있다. 가령 많은 여성주의자들은 구조조정과 기타 긴축 프로그램들이 여성들에게 강요하는 "불평등한 짐"을 규탄하고 개발기구들이 여성들의 필요에 더 많은 주의를 기울이거나, "개발계획에 [여성의] 참여"를 촉진할 것을 권장한다.[1] 하지만 이들이 구조조정 및 긴축 프로그램 그 자체나, 이런 프로그램을 강제하는 기관들에 반대하는 입장을 취하거나 빈곤과 경제적 착취가 남성들에게도 영향을 미친다는 사실을 인정하는 경우는 거의 없다.[2] 또한 국제적으로 여성들이 직면한 문제들을 "인권"의 문제로 바라보고 법개혁에 정부개입의 주요수단이라는 특권을 부여하는 경향도 있다.[3] 하지만 이런 접근법을 취할 경우 여성에게 가해지는 새로운 착취의 근본원인인 국제경제질서에 도전할 수 없다. 또한 최근 몇 년간 시작된, 여성폭력반대캠페인은 유엔이 정한 방침을 따라 강간과 가정폭력에 중점을 둔다.[4] 그 결과 자본주의축적 과정에 내재한 폭력, 기근이라는 폭력, 그리고 1980년대와 1990년대에 경제적 세계화의 길을 터준 전쟁과 내란진압활동 등은 간과했다.

이런 맥락에서 먼저 나는 경제의 세계화는 아프리카, 아시아, 라틴아메리카 인구의 사회적 재생산에 큰 위기를 야기했고, 이 위기를 발판으로 "대도시" 노동력의 재생산을 위해 여성노동을 활용하는 노동의 신국제분업이 이루어졌음을 보여주고자 한다. 이는 전 세계 여성들이 저렴한 수출용 상품을 만드는 데 그치지 않고, 지역경제뿐만 아니라 선진국을 위한 노동력의 생산자로서 세계경제에 "통합"되어가고 있음을 의미한다. 나는 재생산노동의 이 같은 전 지구적 재구조화는 여성 내에서 새로운 분열을 조장하여 국제적인 여성주의적 연대의 가능성을 잠식하고 여성주의를 세계경제질서를 합리화하기 위한 수단으로 전락시킬 수 있다는 점에서, 여성주의 정치에 위기를 가져올 수 있다고 주장할 것이다.

신국제노동분업

신국제노동분업이 여성에게 미친 영향을 평가하기 위해서는 먼저 이 개념의 의미를 우리식으로 살펴볼 필요가 있다. 기존 이론만으로는 이미 일어나고 있는 변화들을 부분적으로 바라보게 되기 때문이다. 신국제노동분업은 보통 1970년대 중반부터 노동갈등 심화에 대한 대응에서 다국적 기업, 그중에서도 특히 섬유와 전자 같은 노동집약적인 부문에서 "개도국"으로 산업시설을 이동시키기 시작하면서 일어난 상품생산의 국제적인 구조조정을 일컫는다. 따라서 신국제노동분업은 자유무역지대(어떤 노동규제에서도 자유로운 산업지역으로 수출용 상품을 생산한다)의 조성 및 초국적 기업에 의한 "국제적 조립라인"의 조직과 동일시된다.[5]

이 이론을 근거로 언론과 경제계획가들은 "상호연계성"의 촉진자이자 위대한 균형조성자인 자본주의가 이번에는 전 지구적인 규모로 완성되었다는 신화를 다시 떠들어댔다. 이들의 주장에 따르면 우리는 "제3세계"의 산업화를 목도하고 있다. 이 과정은 역사적으로 국제노동분업의 특징이었던 위계구조를 없애는 한편, 성별분업에도 긍정적인 영향을 미친다는 것이 이들의 주장이다. 또한 자유무역지대에서 일하는 여성들은 산업노동에 참여함으로써, 국제노동시장에서 경쟁할 때 필요한 기술과 새로운 독립성을 획득하는 등의 혜택을 얻는다고 주장하기도 한다.[6]

신자유주의 경제학자들이 받아들이기는 했지만[7] 이 이론도 비판을 면하지는 못했다.[8] 로빈 코헨Robin Cohen은 이미 『새로운 노예들』*The New Helots*(1987)에서 자본이 "북"에서 "남"으로 이동했다는 사실만으로는 "새로운" 국제노동분업의 가정들을 양적으로 충분히 정당화하지는 못한다고 주장했다. 1980년대 말경 세계 제조활동의 약 14%만이 "개도국"에서 이루어졌고, 산업 "붐"은 한국, 홍콩, 대만, 멕시코 같은 몇몇 지역에 몰려 있었다.[9] 또한 자유무역지대의 도입은 지역자원을 고갈시키기만 할 뿐, 도입국가의 산업기초 발달에 기여하지 못하고 고용수준에도 긍정적인 영향을 미치지 못함이 자명해지고 있다.[10] 자유무역지대에 고용된 여성들은 조직을 결성하여 그곳의 노동은 "저발전"을 양산하며 숨겨진 형태의 노예제라고 규탄했다.[11] 자유무역지대의 임금은 갖은 협박을 통해 선진국 최저임금보다 몇 배 더 낮은, 생존수준 이하로 유지되고 있다. 인도네시아의 경우 자유무역지대의 노동은 급료가 너무 적어서 가족들이 보조적인 돈벌이를 하지 않을 수 없는 지경이다.[12]

게다가 여성들은 불안한 조건에서 장시간 노동에 시달리고, 공장 밖으로 뭔가를 가지고 나가지는 않는지 확인하는 몸수색을 매일 당해야 하며, 임신 때문에 생산에 차질이 생기지 않도록 피임약을 강제로 먹어야 하는 경우도 종종 있는가 하면 마음대로 이동하지도 못한다.[13] 많은 경우 이들은 노동할당량을 채울 때까지 갇혀 있는데, 그 결과 멕시코와 중국에서는 지진 때문에 흔들리는 건물이나 화재의 화염에서 도망치지 못해서 수백 명이 사망하는 사건이 벌어지기도 했다.[14] 그리고 모든 나라에서 운동을 조직하려 할 경우 박해를 피할 수 없다.[15] 이런 험난한 조건 속에서도 자유무역지대의 노동자들은 자신들의 공동체에 침투한 자본주의적 관계의 수동적인 피해자에 머물지 않았다. 멕시코에서 필리핀, 카리브해의 섬에 이르기까지 자유무역지대의 여성노동자들은 지원네트워크를 구축하고 투쟁을 조직함으로써 자유무역지대를 허가한 정부와 기업관리자들이 방어태세를 취하게 만들었다. 그럼에도 불구하고 자유무역지대가 해당노동자들에게 미칠 경제적 영향에 대한 모든 낙관주의는 당찮다. 자유무역지대의 존재이유는 노동자들이 아무런 권리를 갖지 못하는 노동환경을 창출하는 것이기 때문이다.

신국제노동분업에 대한 기존의 이론을 수정해야 하는 이유는 이 뿐만이 아니다. 재생산노동이 자본축적에 기여했다고 주장하는 여성주의 저작들이 수십 년간 발표되었음에도 불구하고, 기존 이론은 재생산노동에는 그 어떤 관심도 두지 않고 오로지 상품생산만을 유일한 노동이자 경제활동으로 인정한다는 점 또한 중요하다. 따라서 기존 이론은 자본주의적 관계의 팽창을 통해 "지구 남반구"의 사회적 재생산 조건 속에 도입된 거시적인 변화에 대해 일언반구도 하지 않는다. 신국제노동분업 이론가들이 일반적으로 언급하는 재생산의 유일한 측면은 자유무역지대에서 일하면 해당 여성노동자의 가정과 가사노동 관리가 일정한 영향을 받는다는 사실뿐이다.[16] 하지만 이는 삶을 파괴하는 훨씬 더 넓은 과정의 극히 작은 일부에 불과하며, 이 같은 파국적인 과정이 없이는 자유무역지대도, 신국제노동분업도 불가능하다.

신국제노동분업을 생산과 재생산의 관점에서 살펴보면 신세계질서를 옹호하는 이들이 투사한 것과는 아주 다른 그림이 나온다.[17] 먼저 우리는 자본주의적 관계의 확장이 (잉글랜드의 엔클로저와 아메리카 대륙 정복 시기처럼) 여전히 생산자와 (재)생산수단과의 분리와, 자급농업 등과 같은 비시장지향적인 모든 경제활동의 파괴를 전제로 하고 있음을 알게 된다. 또한 경제적 세계화는 그 어떤 재생산수단도 갖지 못해서 생존을 위해서는 금전적인 관계에 의존할 수밖에 없지만 [실제적인] 금전적인 수입은 전혀 없는 세계 프롤레타리아트의 형성으로 이어졌다. 이는 세계은행과 국제통화기금이 아프리카, 아시아, 남아메리카 등지에서 경제 자유화 정치를 통해 창출해낸 상황이다. 이런 정책들은 "제3세계" 인구의 재생산을 너무나도 심하게 저해해서 세계은행조차 자신들의 실수를 인정하지 않을 수 없었다.[18] 또한 이런 정책들은 식민지 이후 시기에 전례를 찾아볼 수 없을 정도로 심각한 빈곤을 야기했고, 반식민투쟁의 가장 중요한 성과인 신생독립국가들이 국가프롤레타리아트의 재생산에 쏟아부은 노력을 모두 무로 돌렸다.

사회서비스를 위한 정부지출의 대대적인 삭감, 반복적인 통화평가절하, 임금동결은 "구조조정 프로그램"과 신자유주의 의제의 핵심이다. 또한 농업의 상업화를 위해 진행되고 있는 토지수용과, 꾸준한 전쟁상태를 유지하기 위한 조치들도 잊어서는 안 된다.[19] 언론은 우리가 그렇게 믿기를 바라지만, 끝나지 않는 전쟁, 학살, 자신의 땅에서 쫓겨나 난민으로 전락한 모든 사람들, 기근 등, 이 모든 것이 인종적, 정치적, 종교적 갈등을 강화한 극적인 빈곤화의 결과이기만 한 것은 아니다. 이 같은 참혹한 상황은 그 무엇도 이윤의 논리를 벗어날 수 없는 세상을 만들기 위한 시도와 토지관계의 사유화를 위해 필요한 보완장치이고[20] 최근까지 토지와 자연자원에 접근할 수 있었던 사람들로부터 이를 빼앗아 다국적 기업들에게 넘기기 위한 최고의 수단이다.

구조조정과 경제자유화는 구식민국들이 1960년대에 일정정도의 산업적인 자율성을 손에 넣기 위해 채택했던 "수입대체" 정치에도 종언을 고했다. 이 같은 변화로 국내시장이 해외수입품에 개방되자 초국적 기업들이 지역산업들은 경쟁할 수 없는 수입품을 물밀듯이 가지고 들어왔고, 이로 인해 지역산업이 송두리째 흔들리기 시작했다.[21] 자유무역지대의 건설로도 이 같은 상황을 치유하지는 못했다. 자유무역지대의 건설은 해외기업들이 생존수준 이하의 임금을 유지할 수 있게 해주었다는 점에서 오히려 여기에 편승했을 뿐이다. 사스키아 사센의 주장처럼 자유무역지대가 주로 이민을 위한 발판으로 기능하게 된 것은 바로 이 때문이다.[22]

1980년대와 1990년대 내내 자본과 산업의 "제1세계"에서 "제3세계"로의 이전이 자본과 노동의 "제3세계"에서 "제1세계"로의 이전으로 대체되었다는 사실은 "제3세계"의 산업화가 근거 없는 믿음이라는 점을 더욱 분명하게 보여준다. 이 현상은 어마어마한 규모로 나타나고 있다.

국제적인 화폐흐름에서 석유회사들의 수입 다음으로 국제 송금이 가장 큰 비중을 차지한다. 일부 지역(예컨대, 멕시코)에서는 마을 전체가 해외 송금에 의존하기도 한다. 세계은행에 따르면 1970년대에 240억 달러였던 해외송금액은 1980년대에 650억 달러로 늘어났는데, 이 수치는 은행을 통해 송금된 돈만 계산한 것이다. 즉, 가구, 텔레비전 등 이민자들이 모국을 방문할 때 가지고 들어가는 상품 같은 것들은 포함하지 않고 있다.[23]

경제자유화로 인해 세계 프롤레타리아트가 빈곤에 직면하게 되면서 가장 먼저 나타난 결과는 해외부채 지불로 인한 자본이전을 따라 "남"에서 "북"으로 막대한 이민의 움직임이 촉발된 것이었다.

구조적으로 신경제질서와 연관이 있고, 노동시장의 세계화에 엮여 있는 역사적 규모의 이 같은 이민은[24] 국제노동분업이 어떤 식으로 재구조화되고 있는지를 말해주는 증거라 할 수 있다.[25] 이는 부채위기와 "구조조정"이 전 지구적인 아파르트헤이트[인종격리정책] 시스템을 만들어냈음을 보여준다. 왜냐하면 "제3세계"는 부채위기와 "구조조정" 때문에 값싼 노동력의 거대한 저장소로 탈바꿈하게 되었는데, 이는 남아프리카의 백인지역에 대해 "흑인자치구역"homelands이 기능했던 방식과 똑같은 방식으로 [선진국] 대도시 경제와의 관계에서 기능하고 있기 때문이다. 도착국에서 이민자들을 이민자로 한 번, 미등록노동자로 두 번 가치절하하기 위해 통행증과 여러 제약조건 등의 시스템을 통한 규제가 이루어진다는 점은 우연이 아니다. 이민노동자들이 미등록상태가 될 수밖에 없는 제약조건들을 도입할 경우 이민은 노동비용을 절감하기 위한 수단이 될 수 있다.[26] 이민자들이 사회적·정치적으로 가치절하되어야만 지역노동계급의 요구를 억제하는 용도로 이민을 사용할 수 있기 때문이다.[27]

이민을 할 만한 조건이 되지 않거나 이민자들이 보낸 송금액의 혜택을 받지 못하는 사람들에게는 막대한 고난의 삶이 기다리고 있다. 대량실업뿐만 아니라, 식품, 의약품, 식수, 전기, 학교, 이용가능한 도로가 부재한 상황은 이제 대부분이 겪는 일상적인 현실로,[28] 이는 전염병의 꾸준한 발병, 가족생활의 해체,[29] 그리고 거리에서 살아가거나 노예와 같은 조건에서 노동하는 아이들 등을 통해 드러난다. 이 같은 현실은 때로 폭동의 형태를 취하기도 하는 강력한 투쟁 속에 반영되기도 하는데, 매일매일 "[구조]조정된" 국가에서 살고 있는 사람들은 이런 강력한 투쟁을 통해 지역산업의 몰락, 기본적인 물자와 교통비의 폭등, 부채상환이라는 이름으로 이들을 쥐어짜는 재정적 압박에 저항한다.[30]

이 같은 상황을 고려했을 때, 성차별에만 배타적으로 관심을 가진 채 자본주의적 관계의 진전이라는 맥락 속에서 "빈곤의 여성화"를 짚어내지 못하는 여성주의 프로젝트가 현실과 괴리되었거나 포섭전략일 뿐이라는 비난을 면할 수 없다는 점은 충분히 이해할 만하다. 게다가 신국제노동분업은 성별 분업에 내재한 위계질서를 강화하고 여성 사이의 새로운 분열을 조장하는 재생산노동의 국제적인 재분배를 도입한다.

이민, 재생산, 국제여성주의

　이민자들이 보내는 송금액이 석유회사들의 수입 다음으로 가장 큰 국제화폐흐름을 차지하는 것이 사실이라면 오늘날 "제3세계"에서 "제1세계"로 수출하는 가장 중요한 상품은 노동이다. 다시 말해서 예나 지금이나 자본주의적 축적은 무엇보다 노동자의 축적이며, 이는 주로 이민을 통해 발생한다.[31] 이는 오늘날 [선진국]대도시 노동력을 재생산하는 데 필요한 노동의 상당 부분을 아프리카, 아시아, 라틴아메리카, 구사회주의국가 출신 여성들이 수행하고 있음을 의미하며, 이는 오늘날 이민의 기원과 관련하여 중요한 시사점을 갖는다. [이민]여성들의 노동은 "제3세계"의 부채를 계산할 때 전혀 고려되지 않지만 "선진" 자본주의 국가에서는 부의 축적에 직접적으로 기여한다. 이민은 인구 하락을 상쇄하고 임금을 낮게 유지하며 식민지에서 "[선진국]대도시들"로 잉여를 이전시키는 역할을 하기 때문이다.[32] 이는 "세계경제로의 통합"이 어떤 일을 일으키는지 드러내는 한편, "제3세계 원조"라는 이데올로기의 허구성을 폭로하기 위해 여성주의자들이 인정해야 하는 사실이다. "제3세계 원조" 이데올로기는 여성노동의 어마어마한 도용을 감추는 기능을 한다.

　전 세계 여성들은 노동자들을 생산할 뿐만 아니라 세계경제가 돌아가게 만든다. 1990년대 초부터 남반구에서 북반구로 이주하는 여성들이 급격하게 늘었는데, 북반구로 이주한 여성들은 서비스부문과 가사노동 부문에서 갈수록 많은 비중의 노동력을 차지하고 있다.[33] 신시아 인로Cynthia Enloe의 관찰처럼 국제통화기금과 세계은행은 이민에 인센티브를 제공하는 경제정책을 시행함으로써 유럽, 미국, 캐나다의 정부들이 여성운동의 기원과 맞닿아 있는 가사노동위기를 해결하고, 수천 명의 여성들을 "해방시켜" 가외※※ 노동을 할 수 있는 조건을 만들었다. 그리 많지 않은 정도의 급료에 집을 청소하고 아이를 돌보며 음식을 만들고 어르신들을 보살피는 필리핀 또는 멕시코 여성들 덕분에 많은 중산층 여성들이 생활수준을 떨어뜨리지 않으면서도, 원치 않는 또는 더 이상 수행할 수 없는 노동

신시아 인로(Cynthia Enloe, 1938~)

에서 탈출할 수 있게 되었다.[34] 하지만 이 같은 "해법"은 여성 내에 "하녀-주인여성" 관계를 만들어내고, 이 관계는 가사노동을 둘러싼 편견, 즉 가사노동은 진정한 노동이 아니기 때문에 최대한 돈을 적게 지불해야 하고 가사노동에는 분명한 경계가 없다는 등등의 가정 때문에 더욱 복잡해진다는 점에서 상당히 문제적이다.[35] 게다가 가사노동자를 고용할 경우 (국가가 아닌) 여성이 재생산노동을 전담하게 되기 때문에 남성파트너와 가사노동분담 문제를 놓고 왈가왈부할 일이 사라지면서 가족 내 노동분업에 저항하는 투쟁이 약화된다.[36] 이민자여성의 입장에서 보았을 때, 가사노동자는 월급이 박한데다, 자신의 가족을 남겨두고 온 입장에서 다른 이들의 가족들을 돌봐야 한다는 점에서 가사노동자로 취업하는 것은 고통스러운 선택이다.

    1980년대와 1990년대를 지나면서 [선진국]대도시 노동력의 재생산을 "제3세계"에 있거나, "제3세계"에서 온 여성들에게 재분배하려는 시

도를 보여주는 다른 현상들도 나타났다. 가장 눈에 띄는 현상으로는 입양제도를 통해 조직되어, 이제는 수십억 달러짜리 사업으로 진화한 엄청난 규모의 국제 신생아시장의 성장이 있다. 1980년대 말경 미국으로 입양되는 아이의 수가 48분당 한 명꼴이었고, 1990년대 초에는 한국 한 곳에서만 매년 5천7백 명의 아이들이 미국으로 수출되었다.[37] 여성주의자들이 말하는 국제적인 "어린이 밀매"가 오늘날에는 구사회주의 국가, 특히 폴란드와 러시아로도 확산되었다. 러시아의 경우 아이들을 판매하는 기관들이 적발(1994년에 미국으로 수출된 아이들만 1천5백 명이 넘었다)되면서 국가적인 스캔들이 일었다.[38] 또한 아이들을 수출용으로 만들어내는 아기농장들이 성장해 왔고,[39] "제3세계 여성"들이 대리모로 채용되는 일이 갈수록 많아지고 있다.[40] 입양과 비슷하게 대리모를 사용할 경우 "선진"자본주의 국가의 여성들은 아이를 갖기 위해 경력을 중단하거나 건강을 해칠 필요가 없게 된다. 한편 "제3세계" 정부들은 아이 한 명을 팔 때마다 외화를 벌어들일 수 있다는 사실에 눈이 멀었고, 세계은행과 국제통화기금은 이 같은 관행을 묵인하고 있다. 어린이 판매는 "인구과잉"을 교정하는 기능이 있고 채무국이 삼림에서 인간까지 모든 자원을 수출해야 한다는 원칙에도 부응하기 때문이다.

또한 특히 일부 아시아(태국, 한국, 필리핀) 지역에서 섹스산업과 섹스관광이 대중화되어, 베트남전 이후로 이런 국가들을 휴양 및 레크리에이션 지역으로 이용해 온 미군을 비롯한 국제 고객들에게 봉사하고 있다.[41] 1980년대 말 태국 한 곳에서만 5천2백만 명의 인구 중 백만 명의 여성들이 섹스산업에 종사했다. 그뿐만 아니라 유럽, 미국, 일본 등지에서 종종 노예에 가까운 조건에서 매춘부로 일하는 "제3세계"

또는 구사회주의 국가 출신 여성들의 수가 어마어마하게 늘고 있다.[42]

1980년대에 국제적으로 성행했던 "우편주문 신부"라는 이름의 "밀매"도 아직 끝나지 않았다.[43] 미국 한 곳에서만 매년 약 3천5백 명의 남성들이 우편주문으로 여성을 선택하여 결혼한다. 신부들은 동남아시아나 남아메리카의 최빈지역에서 온 젊은 여성들이며, 러시아 같은 구사회주의 국가 출신 여성들 역시 이를 이민의 방법으로 선택하기도 한다. 1979년에는 7,759명의 필리핀 여성들이 이 방법을 이용해서 필리핀을 떠났다.[44] "우편주문 신부"라는 이름의 밀매는 한편으로는 여성들의 빈곤을, 다른 한편으로는 유럽과 미국 남성들의 성차별과 인종차별를 이용한다. 이런 남성들은 고분고분한 아내를 원하고, 해당 국가에서 머물기 위해 자신들에게 의존할 수밖에 없는 여성들의 취약점을 쥐고 흔든다.

전체적으로 보았을 때 이 같은 현상은 신국제노동분업이 여성해방의 수단은커녕 여성착취를 강화하고 식민제국의 몰락과 함께 사라졌다고 생각했던 강제노동을 부활시키는 정치프로젝트의 수단일 뿐임을 보여준다. 또한 신국제노동분업은 성적 대상이자 양육자라는 여성의 이미지를 다시 부활시키고, 남아프리카 공화국 아파르트헤이트 체제하의 백인여성과 흑인여성 간의 관계와 유사한 관계를 여성들 사이에 구축하고 있다.

신국제노동분업의 반여성주의적 성격은 아주 분명하기 때문에, 우리는 시장의 "보이지 않는 손"이 여기에 어느 정도의 작업을 한 것인지, 아니면 이것은 그간 차별과 부불노동, 모든 형태의 "저발전"에 맞선 여성들의 투쟁에 대한 계획된 대응인지 살펴볼 필요가 있다. 어떤 경우든 간에 여성주의자들은 신국제노동분업을 이용한 재식민화 시도를 저지하기 위한 움직임을 조직하고, 재생산 영역에 대한 투쟁을 재개해야 한다.

사실 일부 여성주의자들처럼 가사노동자를 부리는 여성들을 비난해봤자 전혀 소용없다. 재생산노동을 개인 또는 가족의 책임으로 인식하는 한, 특히 아프거나 독립적인 생활을 하지 못하는 사람들을 돌봐야 하고 게다가 집 밖에 일자리까지 있을 경우에는 선택의 여지가 별로 없을 수 있다. 어린아이가 딸린 많은 여성들이 복지수당에 의존하는 이유가 바로 이 때문이다. 하지만 이 대안은 점점 사라져가고 있다.[45] 대안도 없이 가사노동자의 고용을 비난할 경우에는 가사노동이 불필요한 노동이라는 환상을 강화할 위험도 있다. 1970년대 여성주의 정치에는 이런 생각이 팽배해있었고, 우리는 이 때문에 큰 대가를 치렀다. 여성주의 운동이 국가가 재생산노동을 노동으로 인정하고 이에 대한 재정적 책임을 지게 하기 위해 투쟁했더라면, 우리는 우리에게 주어지는 얼마 안 되는 복지혜택들이 송두리째 흔들리고, "가사노동문제"에 대한 신식민주의적 해법이 등장하는 일을 볼 필요가 없었을 것이다.[46] 오늘날에도 여성주의 운동이 국가가 재생산노동에 임금을 지불하도록 강제할 경우 이는 가사노동의 조건을 개선하고 여성들 간의 연대를 구축하는 데 상당한 효과를 발휘할 것이다.

여성주의자들이 가정폭력과 여성 "밀매"를 불법화하기 위해 정부를 상대로 벌인 노력에 대해서도 이와 유사한 생각을 적용할 수 있다. 이런 계획들은 여성들을 상대로 자행되는 학대의 근본에는 이르지 못한다.

처벌을 한다고 해서 일부 국가의 부모들이 자신의 아이들을 매춘부로 팔아넘기는 극심한 빈곤의 상황을 치유할 수 있을까? 또한 세계은행과 국제통화기금이 아시아 또는 아프리카의 정부들에게 모든 사회적 지출을 삭감하고 가장 엄격한 긴축프로그램을 채택하라고 압력을 가하고 있는 상황에서, 어떻게 이 정부들은 자국 여성들의 상태를 개선시킬 수 있을까?[47] 구조조정 때문에 교육이나 보건 관련 프로그램에 대한 모든 보조금을 삭감해야 하는 상황에서 어떻게 이 정부들이 여성에게 동등한 교육권이나 더 나은 보건서비스를 보장해줄 수 있을까? 학위를 받고도 실업상태인 아들을 둔 부모가 과연 딸을 학교에 보내려고 할까?[48]

만일 국제여성주의와 전 세계적인 자매애가 가능하다면, 여성주의자들은 구조조정에, 해외부채 상환에, 지적재산권 도입에 반대하는 캠페인을 벌여야 한다. 이 모두는 신국제노동분업을 조직하는 수단이며, 세계인구 대다수의 생계를 위협하기 때문이다.

"제3세계" 여성주의자들이 종종 강조하듯, 국제수준에서 여성들 사이에 존재하는 불평등은 여성주의 운동의 정치에도 영향을 미친다. 더 많은 자원(이동, 보조금, 출판물, 빠른 의사소통수단)을 가진 유럽과 북미의 여성주의자들은 국제적인 규모의 회의가 열릴 때 의제를 선점하고, 여성주의와 여성주의 투쟁이 어때야 하는가를 정할 때 헤게모니적인 역할을 행사할 수 있다.[49, 50]

신국제노동분업이 만들어내는 권력관계는 "제3세계" 여성들을 위한 "수입창출 프로젝트"에 자금을 지원하는 [선진국]대도시의 비정부기구에서 여성들이 맡고 있는 역할에도 반영된다. 이런 프로젝트들은 구조조정이 야기한 사회서비스의 폐지를 상쇄하기 위해 여성들의 부불노동을 동원할 뿐 아니라 여성들 사이에 후원자-고객 관계를 만들어낸다. [선진국]대도시 비정부기구들은 어떤 프로젝트에 자금을 지원할지, 이들을 어떻게 평가할지, 어떤 여성들을 선발할지를 결정하는데, 이때 정작 노동의 당사자인 여성들에게는 어떤 권한도 주지 않는다. 대도시 비정부기구들이 "도움을 주는" 여성들과의 관계에서 맡고 있는 기능은, 구조조정을 당하는 국가에서 남편과 국가가 여성노동의 감독관으로서 맡고 있는 역할이 약해진 데 대한 대응이라는 점을 언급할 필요가 있을 것 같다. 남성들이 해외로 이주하거나 아니면 가족을 부양할 돈을 벌지 못함에 따라, 그리고 국가에 사회적 재생산에 투자할 자금이 없거나 없다는 주장이 유포됨에 따라 "제3세계" 여성들을 세계은행, 국제통화기금, 그리고 "수입창출프로그램"과 "원조"프로그램을 운영하는 수많은 비정부기구들의 통제하에 두는 새로운 가부장제가 등장한 것이다. 이들은 여성들의 재생산노동에 대한 새로운 감독관이자 착취자이며, 이 새로운 가부장제는 마치 새로운 선교사들처럼 "식민지" 여성들을 훈련시켜 세계경제에 통합되는 데 필요한 태도를 가르치기 위해 선발된 유럽과 북미 여성들의 협력에 의존한다.[51]

결론

신국제노동분업에 대한 나의 분석은 성차별 반대투쟁을 반자본주의의 틀 속에서 사고하지 않는 여성주의 정치전략의 한계를 보여준다. 또한 이는 자본주의의 발전이 꾸준히 빈곤, 질병, 전쟁을 양산할 뿐 아니라 프롤레타리아트 내의 분열을 조장하여 착취 없는 세상의 실현을 방해함으로써만 생존할 수 있음을 보여준다. 따라서 여성주의 정치는 신국제노동분업과, 거기에서 파생된 세계화 프로젝트를 전복시켜야 한다. 이는 몰수된 토지의 반환, 해외부채 지불중단, 구조조정 및 토지 사유화의 폐지를 요구하는, 지구 곳곳에서 자생하는 풀뿌리 여성주의 운동의 정치이다. 이런 요구사항들은 재식민화가 일어나고 있는 나라에서 평등에 대한 요구와 국제적 자본의 역할에 대한 비판을 분리시킬 수 없음을, 여성들이 생존을 위해 매일같이 치르고 있는 투쟁이 정치투쟁이자 여성주의 투쟁임을 다시금 깨닫게 한다.

7장
전쟁, 세계화, 재생산

먼저 터무니없이 높은 이자율로 돈을 빌려주고 싶어 하는 해외은행가들이 나타났고, 그다음으로는 이 이자가 지불되었는지 확인하기 위해 금융관리자들이 나타났으며, 그다음으로는 자신의 몫을 챙기려는 수천 명의 해외자문관들이 나타났다. 마지막으로 그 나라가 파산하여 가망이 없어지자 이제는 외국군대가 "반체제적인" 국민들로부터 통치자를 "구출"할 시간이 되었다. 마지막 한입까지 꿀꺽 삼키고 나자 이 나라는 사라졌다.
— 토마스 파켄엄, 『아프리카 쟁탈전』[1]

굶주린 당신, 누가 당신에게 밥을 줄까?
우리에게 오라, 우리 역시 굶주리고 있다.
굶주린 자들만이 당신을 먹일 수 있다.
— 베르톨트 브레히트, 「전부인가 전무인가」

1980년대와 1990년대 아프리카, 아시아, 중동 지역의 갈등확산과, 미국의 군사개입에 대한 열정이 보여주듯 전쟁은 전 지구적인 의제다.[2] 이는 우리가 목격하고 있는 자본주의적 팽창주의의 새로운 단계가 축적의 논리에 귀속되지 않는 모든 경제활동을 파괴할 것을 요구하고 있기 때문인데, 이는 필연적으로 폭력적인 과정이다. 기업자본이 지구상의 자원(바다에서부터 삼림, 인간의 노동력, 우리의 유전자원에 이르기까지)에 손을 뻗치기 위해서는 전 세계적인 규모의 강력한 저항에 직면하지 않을 수 없다. 게다가 지금 당면한 자본주의 위기의 본성 때문에 그 어떤 중재도 불가능하고 소위 "제3세계"에서 이루어지는 개발계획은 전쟁에 길을 내주지 않을 수 없다.[3]

오늘날의 세계화는 본질적으로 19세기의 제국주의 프로젝트와 연장선상에 있지만, 스스로를 경제프로그램으로 내세우기 때문에 세계경제로의 통합과 전쟁 간의 관계를 잘 알아차리지 못하는 경우가 많다. 세계화가 가장 먼저 앞세우는 가장 가시적인 무기는 구조조정 프로그램, 무역자유화, 사유화, 지적재산권이다. 이 모든 정책들은 어마어마한 양의 부를 "식민지"에서 [선진국]대도시로 이전시키는 역할을 했지만, 영토점령을 필요로 하지 않았기 때문에 순수하게 평화적인 수단을 사용하는 것처럼 보일 수 있다.[4]

군사적 개입 역시 새로운 형태를 취하는데, "식량원조"와 "인도주의적 구호", 또는 라틴아메리카의 경우 "마약과의 전쟁" 같은 자비로운 계획을 가장하고 나타나는 경우가 종종 있다. (오늘날의 제국주의가 취하는 형태인) 전쟁과 세계화 간의 결합이 그렇게 확연해 보이지 않는 더 중요한 이유는 새로운 "세계화전쟁"의 대다수가 아프리카 대륙에서 치러지고 있기 때문이다. 아프리카의 현대사는 아프리카의 모든 위기가 소위 아프리카인들의 "후진성", "종족주의", 그리고 민주적 제도를 만들지 못한 무능력 때문이라고 몰아붙이는 언론을 통해 체계적으로 왜곡되었다.

아프리카, 전쟁, 구조조정

실제로 아프리카의 상황은 1980년대에 세계은행과 국제통화기금이 이 지역에 다국적 자본의 진출을 촉진하기 위해 도입한 구조조정 프로그램과, 꾸준한 전쟁상태의 유지 사이에 긴밀한 관계가 있음을 보여준다. 이는 구조조정이 전쟁을 양산하고, 이렇게 양산된 전쟁은 피해국이 국제자본과 미국, 유럽연합, 유엔 등 이를 대변하는 권력에 의존하게 함으로써 구조조정의 업무를 완수함을 보여준다. 즉, 클라우제비츠의 말로 바꿔서 표현하면 "구조조정은 수단만 바뀐 전쟁이다."

"구조조정"은 수많은 방식으로 전쟁을 조장한다. 세계은행과 국제통화기금은 경제회복을 자극하고, 아프리카정부들이 개발프로젝트의 자금을 모으기 위해 그 이전 10년간 빌린 부채를 갚을 수 있게 도와준다는 명목에서 1980년대 초부터 대부분의 아프리카 국가에 이런 형태의 프로그램을 강요했다. 구조조정이 처방한 개혁으로는 (공유지 사용권의 말소에서 시작되는) 토지사유화, 무역자유화(수입품에 대한 관세 폐지), 통화거래에 대한 규제완화, 공공부문의 축소, 사회적 서비스에 대한 자금지원 철회, 경제계획을 아프리카정부에서 세계은행과 비정부기구들로 효과적으로 이전시키는 통제시스템 등이 있다.[5]

이런 경제적 재구조화는 생산성을 향상시키고, 비효율성을 제거하며, 세계시장에서 아프리카의 "경쟁우위"를 드높이기 위한 것이었다. 하지만 [현실에서는] 이와는 정반대의 일이 일어났다. 구조조정 정책을 채택한 뒤 10여 년이 흐르자 지역경제는 붕괴했고, 해외투자는 실현되지 않았으며, 대부분의 아프리카 국가에서 유일하게 생산적인 활동은 식민지 시기와 마찬가지로 이번에도 역시 광물채취와 수출지향형 농

1993년 소말리아 내전에서 구호물품을 기다리는 모습

업인 상태가 되었다. 아프리카인들은 먹을 식량이 충분치 않은 상황에서도 수출지향형 농업에 매진하여 세계시장의 공급과잉에 기여할 수밖에 없다.

일반화된 경제적 파산 속에서 서로 다른 아프리카 지배계급 분파들 간의 폭력적인 경쟁이 곳곳에서 폭발했다. 노동착취를 통해 배를 불릴 수 없었던 이들은 이제 부의 축적을 위한 핵심조건인 국가권력을 손에 넣기 위해 싸우고 있다. 실제로 국가권력은 국가자산과 자원(토지, 금, 다이아몬드, 석유, 목재), 경쟁자 또는 약한 집단이 소유한 자산을 국제시장에 내다 팔거나 전유할 수 있는 열쇠다.[6] 따라서 전쟁은 신중상주의 경제 또는 (혹자들이 말하는) "약탈의 경제"에 필수적인 공격지점이 되었고[7], 해외기업 및 국제기관들은 [아프리카가] "부패"했다고 그렇게 불평을 해대면서도 함께 공모하여 약탈의 경제를 키우고 거기서 이익을 취하고 있다.

모든 것을 사유화해야 한다는 세계은행의 주장은 러시아의 경우에서처럼 국가를 약화시켰고, 이 과정을 과장했다. 마찬가지로 (역시 세계은행이 요구한) 은행업무와 통화거래 규제완화는, 1980년대 이후 사병의 구성에 기여하고 아프리카의 정치경제에서 중요한 역할을 해온 마약거래의 확산에 도움을 주었다.[8]

아프리카에서 더 근원적인 전쟁의 원인은 구조조정이 인구 대다수에게 안겨준 극심한 빈곤이었다. 이는 사회적인 저항을 강화하는 한편, 수년간 많은 아프리카 국가들의 사회구조를 갈가리 찢어놓았다. 수백만 명이 새로운 생계수단을 찾아 고향마을을 등지고 해외로 이주해야 했고, 생존투쟁은 분쟁당사자들이 실업자(특히 청년)를 동원하고 지역 적대를 조장하는 기초를 제공했다. 아프리카 내 많은 "종족" 및 종교 갈등(유고슬라비아의 "인종" 갈등과 조금도 다를 것 없는)은 이런 과정에 뿌리를 두고 있다. 1980년대 초중반 나이지리아 이민자의 대량추방과 종교반란에서부터, 1990년대 초 소말리아의 "족벌"전쟁,[9] 알제리에서 벌어진 국가와 근본주의자들 간의 피비린내 나는 전쟁에 이르기까지, 오늘날 아프리카에서 나타나는 대부분의 갈등 이면에는 사람들의 삶을 구렁텅이로 몰아넣고 사회연대의 조건을 짓밟은 세계은행과 국제금융기구의 "융자조건"이 있었다.[10]

예컨대 최근 몇 년간 수많은 아프리카의 전쟁을 치른 젊은이들은 [세계은행과 국제금융기구의 조치가 아니었으면] 20년 전에는 학교를 다니고, 공공부문의 일자리나 상업을 통해 생계를 유지할 희망을 품었을 것이며, 가족의 행복에 기여할 수도 있다는 희망을 품고 미래를 내다보았을 사람이라는 데는 의심의 여지가 없다. 이와 유사하게 만일 재정난 때문에 많은 나라에서 대가족이 해체되지 않았더라면, 수백만 명의 아이들이 길거리 말고도 갈 곳이 있었더라면, 누군가 이 아이들에게 필요한 것들을 제공해주었더라면, 1980년대와 1990년대에 소년병사가 등장하는 일은 절대 없었을 것이다.[11]

전쟁은 경제변화의 결과일 뿐 아니라 경제변화를 야기하는 수단으로 작용하기도 해 왔다. 아프리카에 만연한 전쟁의 패턴과, 전쟁이 세계화와 어떻게 교차하는지를 살펴보면 두 가지 사실이 분명하게 드러난다. 첫째, 전쟁은 사람들을 토지에서 몰아낸다. 즉 생산자를 생산수단과 분리시키는데, 이는 세계노동시장의 확대를 위한 조건이다. 또한 전쟁은 환금작물 생산과 수출지향 농업을 확대하는 등, 토지를 자본주의적인 용도로 활용한다. 특히 공유지에 대한 이용권이 널리 확산되어 있는 아프리카에서는 이것이 바로 세계은행의 주요 목표였다. 세계은행이 기관으로 존재하는 이유는 바로 농업의 자본화였기 때문이다.[12] 따라서 오늘날 수백만 명의 난민 또는 기근 피해자들이 고향 땅을 떠나는 모습을 지켜볼 때면, 덕분에 농업기업들뿐만 아니라 세계은행 관료들이 진보의 힘을 느끼고 아주 흡족해하리라는 생각을 지울 수가 없다.

전쟁은 저항의 기초인 사회적 네트워크를 교란시키고 영토를 재설정함으로써 "시장개혁"에 반대하는 움직임을 약화시키기도 한다. 여기서 중요한 것은 (현대 아프리카에서 자주 나타나는) 반IMF 시위와 사회갈등 간의 상관관계다.[13] 이는 아마도 알제리에서 가장 두드러졌다고 볼 수 있는데, 알제리의 경우 1988년 반IMF 투쟁에서 수천 명의 젊은이가 반식민투쟁 전성기 이후 가장 강력하고 폭넓은 저항을 벌여 며칠간 수도의 거리를 점거했는데, 반정부적 성향의 이슬람 근본주의가 바로 이때부터 출현했다.[14]

여기서 (종종 지역투쟁에 밀착하여 이를 전 지구적인 갈등으로 전환시키는) 외부의 개입이 큰 역할을 했다. 이는 레이건 정부가 수단 및 소말리아 정부와 〈앙골라완전독립민족동맹〉National Union for the Total Independence of Angola을 지원했던 것과 마찬가지로, 일반적으로 "지정학"과 냉전의 관점으로 평가하는 미국의 군사개입의 사례로 볼 수도 있다. 수단과 소말리아는 모두 미군의 원조를 받던 1980년대 초부터 구조조정 프로그램이 진행 중이었다. 수단의 경우 미군은 국제통화기금이 요구하는 감축에 반대하는 세력들의 동맹과 맞서 싸우는 네이메리 정권Neimeri regime의 권력을 강화하는 데 도움을 주었다. 하지만 결국 1985년 봉기로 네이메리 정권이 하야하는 것을 막지는 못했다. 소말리아의 경우 미군은 이사아크Isaaks에 대한 시아드 바레Siad Barre 15의 공격을 거들었는데, 이는 아프리카의 유목집단을 대상으로 지난 10년간 국내외 기관들이 수행한 전쟁에서 하나의 에피소드에 불과하다.16 앙골라에서도 미군은 앙골라완전독립민족동맹을 원조함으로써 앙골라정부가 사회주의와 쿠바군의 도움을 물리칠 뿐 아니라 국제통화기금과 협상을 벌이도록 압력을 넣었는데, 이는 당연하게도 앙골라에서 활동하는 석유회사들의 협상력을 강화했다.17

식량원조라는 이름의 은밀한 전쟁

많은 경우 무력으로 완수하지 못한 것은 미국, 유엔, 여러 비정부기구들이 전쟁으로 인한 기근의 피해자와 난민들에게 제공하는 "식량원조"를 통해 완수된다. (수단, 에티오피아, 앙골라의 경우처럼) 갈등의 양측에 모두 전달되는 식량원조는 현대판 신식민주의 전쟁-기계와, 이를 통해 만들어진 전쟁-경제의 핵심 구성요소이다. 먼저 식량원조를 이유로 적십자가 아닌 국제조직에 구호품 제공이라는 명목으로 갈등지역에 개입할 수 있는 권리가 주어졌다(1988년 유엔은 원조를 제공하는 공여자의 권리를 인정하는 결의안을 통과시켰다).[18] 1992~93년에 이루어진 미국/미군의 소말리아 군사개입("희망복구작전"Operation Restore Hope은 이런 기초 위에서 정당화되었다.

하지만 갈등상황에서의 "식량원조"는 군대를 통해 이루어지지 않더라도 항상 정치 및 군사개입의 한 형태일 수밖에 없다. 이는 (때로 민간인의 수보다 더 많은) 교전 중인 군대에 먹을 것을 제공함으로써 전쟁을 연장시키고, 군사전략을 결정하며, 더 강한 쪽(식량배급을 이용하여 최상의 장비를 갖춘 쪽)이 이길 수 있도록 도와주기 때문이다.[19] 1980년대의 수단과 에티오피아에서 바로 이런 일이 일어났다. 미국, 유엔, CARE[20] 같은 비정부기구들은 "식량원조"를 제공함으로써 이들 나라에서 치러지는 전쟁의 중요한 주인공이 되었다.[21]

게다가 식량원조는 비정부기구의 필요를 중심으로 배급소를 건립함으로써 농촌공동체를 뿌리째 뽑아 재배치하고, 지역농산물가격을 폭락시킴으로써 지역농업을 약화시키며, 새로운 전쟁의 원인을 만들어낸다. 대규모 식량공급원을 무단으로 전용하여 지역이나 국제시장에 판매한다는 계획은 특히 극심한 가난에 시달려 온 나라에서 전쟁경제를 창출하는 한편 갈등의 새로운 불씨를 제공하기 때문이다.[22]

식량원조는 그 효과가 워낙 의심스럽고 사람들의 생계를 보장해주는 능력(농기구와 씨앗을 나눠주고, 무엇보다 적대행위를 종식시키는 것이 더 효과적일 것이다) 역시 미심쩍기 때문에, 자급농업의 단계적 폐지와 수입식품에 대한 장기적인 의존상태를 유도하는 것이 진정한 목적이 아닌지 생각해 볼 필요가 있다. 자급농업의 붕괴와 수입식품에 대한 의존은 세계은행 개혁안의 핵심이자 아프리카 국가들을 세계국가로 "통합"하기 위한 조건이다. 이는 1960년대에 식량원조가 구식민국가 전역에서 많은 저항과 연구의 대상이 되었고, 그 이후로 그 부정적인 폐해가 널리 알려지게 되었음을 고려했을 때 더욱 중요한 고민이다. 1960년대 이후로 "밥을 먹여줄 것이 아니라, 스스로 밥 먹는 방법을 알려주는 것이 진정한 도움"이라는 말이 격언처럼 사용되었고, 아무리 기근이 들어도 생존에 가장 필요한 것은 경작능력을 유지하는 것이라는 사실이 거의 정설로 굳었다. 오늘날 아프리카에서 벌어지고 있는 전쟁 관련 작전 속에 포함된 "식량원조"의 주목적 중 하나는 토지와 농업의 상업화와 국제농산업에 의한 아프리카 식품시장의 인수라고 생각하지 않고서는, 유엔과 세계은행이 어떻게 이런 교훈을 잊을 수 있는지 사실상 설명할 수 없다.

첨언하자면, 국제비정부기구들과 원조단체들의 개입에 근거한 "구호작전"은 기근과 갈등의 피해자들을 더욱 주변화시켰다. 원조에 참여하는 조직들이 이들을 국제언론을 통해 스스로를 돌볼 능력이 없는 무력한 존재로 묘사하는 한편, 이들에게는 구호활동을 통제할 권리를 전혀 허용하지 않았기 때문이다. 실제로 조안나 마크래Joanna Macrae와 안소니 즈위Anthony Zwi의 지적처럼 [원조활동에서] 유일하게 인정된 권리는 원조를 시행할 "공여자"의 권리뿐이었는데, 이는 우리가 이미 살펴본 바와 같이 (1992~93년 소말리아에서) 군사개입을 요청하는 용도로 사용되었다.[23]

모잠비크 : 현대전의 전형적인 사례

한 나라를 재식민화하고, 시장으로 끌어들이며, 경제 및 정치적 종속에 대한 저항을 분쇄하기 위해 일차적으로는 전쟁을, 그다음으로는 인도주의적인 구호를 어떻게 활용하는지는 모잠비크의 사례에서 가장 잘 확인할 수 있다.[24] 실제로 아파르트헤이트 정책하의 남아프리카 공화국과 미국의 대리자 격인 레나모Renamo(모잠비크국가저항군 Mozambique National Resistance)가 이 나라를 상대로 약 10년(1981~90년)간 벌인 전쟁에는 오늘날의 새로운 세계화 전쟁의 모든 핵심요소들이 들어있다.

1) 재생산 위기를 촉발하고 경제 및 정치적 종속을 불러오기 위해 국가의 물리적 및 사회적 (재)생산 하부시설을 파괴했다.

레나모는 이를 위해 (a) 국민들을 대상으로 체계적인 테러(대량살상, 노예화, 충격적인 신체절단)를 자행하여 사람들이 토지를 버리고 난민이 되게 만들었다(이 전쟁에서 백만 명 이상이 살해되었다); (b) 도로, 다리, 병원, 학교, 무엇보다 농민의 기본적인 자급수단인 모든 농업활동 및 자산을 파괴했다. 모잠비크의 사례는 지뢰사용 등을 통해 사람들이 더 이상 농사를 짓지 못하게 만들어 외부의 도움을 바랄 수밖에 없는 기근을 창출하는, "저강도 전쟁"의 전략적 중요성을 보여준다.

2) 경제적 융자조건을 따르지 않을 수 없게 만들고, 장기적인 식량 의존상태를 창출하며, 국가가 자신의 경제 및 정치적 미래를 통제할 능력을 잠식하기 위해 난민과 기근의 피해자들에게 "식량원조"를 제공

『모잠비크: 누가 지배하는가?』 표지

했다. 식량원조는 미국농산업을 크게 부흥시켰는데, 이들은 일단 엄청난 양의 재고를 처분하고, 나중에는 수입식량에 의존하는 피원조국의 종속상태를 이용해 돈을 긁어모음으로써 이중적인 혜택을 얻었다.

3) 의사결정 주체를 국가에서 국제기구와 비정부기구로 이전했다. 모잠비크의 주권에 대한 공격이 어찌나 철저했던지, 원조를 요청하라는 압력을 받은 모잠비크는 비정부기구들에게 영토의 어느 곳이든 들어올 수 있는 권리 등 구호작전관리 허가권과 원하는 지역에서 사람들에게 직접 음식을 배분할 수 있는 권한을 승인할 수밖에 없었다. 조셉 한론Joseph Hanlon이 『모잠비크:누가 지배하는가?』Mozambique : Who Calls the Shots에서 보여주었듯 모잠비크 정부는 정치 및 종교적 선동을 위해 구호활동을 활용하는 월드비전 같은 우익 비정부기구의 경우나, CIA와 공모한다는 의심을 받고 있는 CARE 같은 비정부기구의 사례에서조차 비정부기구의 정치에 함부로 대항하지 못했다.

4) 레나모(백만 명이 넘는 사람들을 살상하고 수많은 잔혹행위를 한, 모잠비크 정부와 국민 최대의 적)와의 권력분할과 "화해" 같은 불가능한 평화의 조건들을 강요함으로써 영구적인 불안의 잠재력을 키웠다. 요즘에는 아이티에서 남아프리카공화국에 이르기까지 다양한

나라에 "평화의 조건"으로 냉소적이면서도 폭넓게 강요되고 있는 이 같은 "화해" 정책은, 갈등이라는 맥락에서 양 당사자에게 식량을 제공하는 관행과 동일한 정치적 행위이며, "제3세계" 국민들은 평화에 대한 권리나 이미 적으로 확인된 세력들부터 스스로를 보호할 권리를 절대 가져서는 안 된다고 선포하고 있다는 점에서 오늘날의 재식민화 드라이브를 가장 잘 보여주는 사례라 할 수 있다. 또한 미국이나 유럽 연합의 모든 나라들은 이런 추악한 제안은 꿈에서도 받아들이지 않으리라는 점에서 이 정책은 모든 나라가 동등한 권리를 갖는 것은 아님을 천명하는 것과 같다.

결론:아프리카에서 유고슬라비아, 그리고 그 너머

모잠비크와 같은 사례는 더 있다. 대부분의 아프리카 국가들은 사실상 미국의 지원을 받는 기관들과 비정부기구에 의해 굴러가고 있고, (하부시설의 파괴, 시장개혁의 강요, 잔혹하고 "화해불가능한" 적들과의 화해강요, 사회불안으로 이어지는) 일련의 과정들은 정도와 조합을 달리할 뿐 오늘날 아프리카의 모든 나라에서 나타나고 있으며, 앙골라와 수단 같은 몇몇 국가들은 정치적 주체로서의 생존능력이 의심스러울 정도로 영구적인 위기상황에 놓여있을 정도다.

1980년대 내내 미군의 개입을 통한 통치가 이루어진 중앙아메리카 (엘살바도르, 니카라과, 과테말라, 파나마)에서와 똑같이, 지금까지 세계화에 대한 아프리카인들의 저항은 이처럼 금융전쟁과 군사전쟁이 결합된 조건 속에 억제되어 있었다.

차이가 있다면 아마 다른 조건에서는 (파나마와 그레나다에서 보았던 형태의) 해병대의 상륙이 국제적으로 용인되지 않았을 것이기 때문에 아프리카에서는 미국/유엔의 파병권이 일반적으로 "평화수호", "평화조성", "인도주의적 개입"이라는 미명하에 정당화되었다는 점이다. 하지만 이 같은 개입은 식민주의의 새로운 얼굴일 뿐이며, 아프리카에 국한되지 않는다. 이런 형태의 현대적인 식민주의는 영토소유가 아닌 정책 및 자원통제를 목적으로 한다. 정치적 용어로 표현하면 이것은 "통치" government가 아닌 "협치" governance를 목적으로 하는 "박애주의적"이고, "인도주의적"이며 "제멋대로"인 식민주의이다. 통치는 특정한 제도적, 경제적 구조에 얽매이지만, 오늘날의 자유로운 기업형 제국주의는 언제나 자신의 입맛에 맞는 제도적 구조와 경제적 형태, 입지를 선택할 수 있는 자유를 유지하고자 한다.[25] 하지만 과거의 식민주의에서도 그랬지만, 오늘날 "식량원조"와 군사개입의 결합이 보여주듯 군인과 상인은 종이 한 장 차이다.

그렇다면 이런 시나리오가 반전운동에 대해 갖는 의미는 무엇인가? 먼저 우리는 구조조정 이후 아프리카의 상황(경세전쟁과 군사전쟁의 결합, 구조조정–사회갈등–개입의 연쇄)이 앞으로 몇 년간 지구 전역에서 반복 재생되리라고 예측할 수 있다. 또한 구사회주의국가에서 더 많은 전쟁이 전개되리라고 예측해 볼 수도 있다. 세계화과정을 추진하는 제도와 세력들은 국영산업 등의 사회주의의 유물을 아프리카의 공동체주의만큼이나 "자유 기업"에 대한 장애물이라고 생각하기 때문이다.

이런 점에서 유고슬라비아를 대상으로 한 나토의 전쟁은 국가사회주의의 종말이 자유화와 자유시장으로 대체되고 나토가 동구권진출을 통해 해당 지역에 "안보의 기틀"을 제공하고 있다는 점에서 앞으로 다가올 일을 엿볼 수 있는 (보스니아 다음의) 첫 사례가 될 만하다. 나토의 유고슬라비아에 대한 "인도주의적 개입"과 아프리카에 대한 "인도주의적 개입" 사이의 관계가 어찌나 가까운지 아프리카에서 활동하던 구호인력(현대전-기계의 지상군)이 코소보로 투입될 정도였다. 이들은 국제기구의 눈에 비친 아프리카인들의 삶과 유럽인들의 삶의 상대적인 가치를 평가할 기회를 얻었는데, 이는 코소보에서 난민에게 제공되는 자원의 질과 양을 기준으로 측정하는 것이다.

우리는 우리가 직면한 상황이 19세기 말과 20세기 초의 제국주의와 아주 다르다는 점을 확인할 수 있다. 당시의 제국주의적 권력은 영역적으로 규정된 사회정치구조와 하부구조의 배열에 연결되어 있었고 이에 대한 책임을 졌기 때문이다. 따라서 포함(砲艦)과 기관총으로 머나먼 곳에 있는 수천 명의 사람들을 살상하던 제국주의의 시기에는, 항상 대량살상, 기근, 기타 여러 형태의 대량살상에 대한 책임소재를 규명할 수 있었다. 가령 우리는 콩고에서 수백만 명을 살상한 사건에 대한 개인적인 책임이 벨기에의 레오폴드왕에게 있음을 알고 있다.[26] 반면 오늘날에는 구조조정의 결과로 매년 수백만 명의 아프리카인들이 죽고 있지만, 그 누구도 이에 대한 책임을 지지 않는다. 오히려 아프리카에서 발생하는 죽음의 사회적 원인은 자본주의 시장의 "보이지 않는 손"만큼이나 갈수록 보이지 않게 가려지고 있다.[27]

마지막으로, 우리는 폭격에만 반대하거나 폭격을 중단하라는 요구를 "평화"라고 부를 수 없음을 깨달아야 한다. 이라크의 전후 상황을 통해 우리는 한 국가의 하구부조를 파괴할 경우 폭탄보다 더 많은 사상자가 발생한다는 사실을 확인했다. 우리는 죽음, 굶주림, 질병, 파괴는 오늘날 지구 전역에서 살아가는 대부분의 사람들에게 일상적인 현실이 되었음을 인식할 필요가 있다. 무엇보다 (오늘날 세계에서 가장 보편적인 프로그램이자, 여러 가지 형태로 자본주의와 식민주의의 현대적인 얼굴을 상징하는) 구조조정은 전쟁이다. 따라서 전쟁과 이 전쟁이 구현하는 제국주의 프로젝트를 종식시키기 위해서는, 반전운동 속에 모든 형태의 구조조정을 폐지하고 가장 중요하게는 더 이상 자본주의의 축적 논리 위에 구축되지 않는 세상을 건설하기 위한 프로그램을 포함시켜야 한다.

8장
여성, 세계화, 국제여성운동

한때 집이었던 곳의 잔해 속에서 아이들을 꼭 끌어안고 있거나, 난민캠프의 텐트 아래서 삶을 재창조하기 위해 갖은 애를 쓰고 있는 여성들, 또는 노동환경이 열악한 공장이나 사창가에서, 아니면 해외에서 가사노동자로 일하는 여성들의 이미지는 몇 년간 언론부 두의 단골메뉴였다. 그리고 이런 이미지를 통해 전달되는 피해자화의 이야기는 통계자료를 통해 뒷받침되고 있는데, 이제 "빈곤의 여성화"는 사회학 교과서에서 다뤄질 정도다. 하지만 미국 내에서는, 심지어 여성주의 집단 내에서조차 (아이러니하게도 여성의 지위를 개선하기 위한 유엔의 캠페인과 함께 촉발된)[1] 여성생활조건의 이처럼 극적인 악화를 추동한 요인들에 대한 이해가 충분하지 못한 실정이다. 여성주의 사회학자들은 전 세계 여성들이 모국의 "세계경제로의 통합"에서 "불공평한 비용"을 치르고 있다는 점에 동의한다. 하지만 이런 일이 왜 벌어지게 되었는지에 대해서는 논의가 이루어지지 않거나, 세계화를 주도하는 국제기구들의 가부장적 편향으로 치부된다. 따라서 어떤 여성주의 조직들은 전 세계의 발전에 영향을 미치고 세계은행 같은 금융기관들이 "젠더에 더욱 민감"해질 수 있도록 "제도 속으로 [새롭게] 행진"할 것을 제안했다.2 최고의 전략은 "참여"라는 확신을 가지고 정부에 압력을 행사하여 유엔의 권고사항을 이행하게 만들려는 조직들도 있다.

하지만 세계화는 여성들에게 특히 큰 파국을 몰고 온다. 여성의 필요에 무지한 남성중심의 기관들이 세계화를 관리하기 때문이 아니라 세계화가 성취하고자 하는 그 목표 자체 때문이다.

세계화의 목표는 노동과 천연자원에 대한 완전한 통제력을 기업자본에게 넘겨주는 것이다. 따라서 세계화는 노동자들로부터 더 강력한 착취에 저항할 수 있게 하는 모든 생존수단을 박탈해야 한다. 이를 위해서는 사회적 생산의 물적 조건과, 대부분의 나라에서 이 노동의 주요 주체인 여성들에 대한 체계적인 공격이 반드시 필요하다.

세계화 입장에서는 맞서 싸워야 할 두 가지 중대한 범죄 행위를 주도하는 것이 여성들이다 보니 여성들을 부당하게 괴롭히기도 한다. 여성은 투쟁을 통해 자본주의 발전의 기초인 성적 위계질서에 도전하고 국가가 노동력재생산에 대한 투자를 확대하도록 압박함으로써 어린이와 공동체의 노동을 "안정시키는 데" 가장 크게 기여해 왔다.3 또한 자연자원(토지, 물, 삼림)의 비자본주의적 이용과 자급지향적인 농업을 지키는 데 앞장서 왔기 때문에 "자연"의 완전한 상업화와 마지막으로 남아있는 공유재의 파괴를 저지하는 역할을 해 왔던 것이다.4

이 때문에 모든 자본주의적 형태의 세계화(구조조정, 무역자유화, 저강도전쟁)가 본질적으로 여성을 상대로 한 전쟁이며, 특히 "제3세계" 여성의 삶을 황폐하게 만들고, "선진" 자본주의국가를 포함한 세계 모든 지역에서 살아가는 프롤레타리아트 여성의 생계와 자율성을 침해하는 전쟁일 수밖에 없는 것이다. 따라서 여성의 사회경제적 조건은 국제통화기금과 세계은행, 그리고 WTO 등 자본의 세계적 팽창을 지탱하는 기관과 프로그램들의 권위축소와, 자본주의적 세계화에 저항하는 투쟁 없이는 개선하기 어렵다. 반면 이런 기구를 "젠더화"함으로써 여성에게 "권한을 부여"하려는 모든 시도는 실패할 수밖에 없을 뿐만 아니라 민심을 미혹하여 오히려 비자본주의적인 대안을 건설하기 위해 신자유주의적인 의제를 대상으로 투쟁하는 여성들을 이런 기구에 포섭할 수 있다.[5]

세계화 : 재생산에 대한 공격

세계화가 어째서 여성에 대한 전쟁인지를 이해하려면, 이 과정을 "정치적으로" 독해하여, 노동자들의 "노동거부"를 좌절시키기 위해 노동시장을 전 세계로 확대시키는 전략으로 받아들여야 한다. 이는 반식민운동을 시작으로 1960년대와 1970년대의 흑인민권운동, 노조운동, 여성주의 운동을 통해 노동의 국제적, 성적 분업에 저항하는 투쟁이 지속적으로 전개되고, 이 때문에 역사적인 이윤위기뿐만 아니라 진정한 사회문화적 혁명이 나타나기 시작하자 이런 투쟁의 순환을 끊기 위한 대응으로 나타났다. (남성에 대한 종속에 저항하고, 가사노동을 노동으로 인정받고자 하며, 인종적, 성적 위계질서에 반대하는) 여성들의 투쟁은 이런 위기의 핵심 요소였다. 따라서 세계화와 관련된 모든 프로그램들이 여성을 일차적인 표적으로 삼은 것은 결코 우연이 아니다.

예를 들어 구조조정 프로그램은 경제회복 수단으로 촉진되었음에도, 여성의 생계를 궤멸시킴으로써 여성들이 가족과 스스로를 재생산할 수 없게 만들었다. 구조조정 프로그램의 주요 목표 중 하나는 농업의 "근대화"인데, 이는 상업과 수출을 기반으로 농업을 재조직화하는 것을 말한다. 이는 더 많은 토지에서 환금작물을 재배하고, 세계의 주요자급농민인 여성들이 더 많이 토지를 이탈하게 됨을 의미한다. 여성들의 이탈을 야기한 또 다른 원인은 사회서비스와 공적 고용의 축소로 이어진 공공부문의 긴축이었다. 여기서도 여성들은 가장 큰 대가를 치렀는데, 이는 여성들이 가장 먼저 해고되었을 뿐만 아니라 여성에게 보건과 양육서비스를 이용할 수 없는 상황은 생사를 가르는 문제이기 때문이다.[6]

또한 세계 곳곳에 젊은 여성의 노동을 쥐어짜는, 노동조건이 열악한 노동현장이 들어서면서 완성된 "전 세계 조립라인" 역시 여성과 재생산을 대상으로 한 전쟁의 일부다. 분명 세계시장을 위해 산업노동에 종사할 경우 더 큰 자율성을 얻을 기회가 생기는 여성들도 있을 것이다.[7] 하지만 자유무역지대의 유해한 조건과 장시간 노동을 고려했을 때, 이런 자율성을 얻기 위해서는 가족을 가질 가능성과 자신의 건강을 희생해야만 한다. 결혼을 앞둔 젊은 여성들에게는 이런 산업지역에 취업하는 것이 좋은 임시 해법이라는 생각은 환상이다. 대부분의 경우 죽을 때까지 감옥 같은 공장에 갇혀 살고, 일을 그만두는 사람들조차 이미 몸이 상할 대로 상해있기 때문이다. 콜롬비아나 케냐의 화훼산업에 종사하는 젊은 여성들을 생각해보자. 이들은 소독약과 살충제에 지속적으로 노출되기 때문에 이 부문에서 몇 년, 심지어는 몇

아르헨티나 〈5월광장 어머니회〉의 행진

달 종사하고 나면 눈이 멀거나 치명적인 질환에 걸린다.[8]

너무나도 많은 여성들이 어쩔 수 없이 모국을 떠나 가사노동 말고는 취업할 만한 일거리가 없는 북반구로 이주하고 있다는 사실은 국제기구들이 특히 남반구에서 여성을 대상으로 전쟁을 벌이고 있다는 데 대한 증거라고 할 수 있다. 실제로 오늘날 많은 유럽국가들과 미국에서 어린이와 노약자를 돌보는 이들은 남반구 출신의 여성들인데, 이 현상을 두고 혹자는 "전 지구적인 모성"과 "전 지구적인 돌봄"의 발달이라고 묘사하기도 했다.[9]

새로운 세계 경제는 입지를 강화하기 위해 사회적 재생산 과정에 대한 국가의 투자중단에 크게 의존하고 있다. 새로운 세계경제의 이

윤창출능력을 위해서는 노동비용 삭감이 아주 중요하기 때문에 부채와 구조조정으로 충분하지 않은 곳에서는 전쟁이 이 업무를 완수해왔다. 나는 다른 글에서 최근 아프리카 대륙에서 치러진 많은 전쟁의 기원은 바로 구조조정의 정치임을 보여준 바 있다. 구조조정은 지역갈등을 악화시키고 약탈이나 강탈과는 다르게 모든 세수를 담보로 지역엘리트의 축적에 기여한다. 여기서 나는 오늘날의 많은 전쟁이 자급농업의 파괴를 의도하기 때문에 주로 여성들을 표적으로 삼는다는 점을 강조하고 싶다. 저강도전쟁과 "인도주의적 개입"뿐만 아니라 소농들의 작물을 훼손하는 "마약과의 전쟁"에서도 이는 분명히 드러난다.

그 외에도 세계화가 여성과 재생산에 미친 파괴적인 결과로는, 환경오염, 물의 사유화(21세기의 전쟁은 물전쟁이 되리라고 호탕하게 예측한 세계은행의 마지막 사명), 삼림을 통째로 벌목하거나 수출하기 등이 있다.[10] 또한 세계시장을 위한 상품생산에 노동자들을 소진시키고 재생산은 거의 해주지 않는, 식민지 플랜테이션에서 전형적으로 나타나는 노동체제로 되돌아가기 위한 작업이 진행 중이다. "[구]조조정된" 국가에서 삶의 질을 측정하는 모든 중요한 통계들은 이 지점을 설득력 있게 보여준다. 전형적으로 아래의 내용들을 담고 있다.

· 사망률 증가와 기대수명 감소(아프리카 어린이들의 경우 출생 시 평균 5년 생존)[11]
· 가족과 공동체의 붕괴. 이 때문에 아이들은 길거리 생활을 하거나 노예노동을 하게 됨.[12]
· 난민 수의 증가. 난민들은 주로 전쟁이나 경제정책 때문에 갈 곳을 잃은 여성들임.[13]

· 토지에서 축출된 농민들이 몰려들면서 거대한 판자촌이 형성됨.
· 남성친척, 정부당국, 교전 중인 군대가 여성을 대상으로 저지르는 폭력이 증가함.14

"북반구"에서도 세계화는 여성의 삶을 지탱해 온 정치경제를 유린했다. 미국에서는 아마 신자유주의의 가장 성공적인 예가 복지시스템, 특히 어린아이를 둔 여성들에게 상당한 영향을 미치는, 어린 자녀가 있는 가족에 대한 수당Aid to Families with Dependent Children의 붕괴일 것이다.15 따라서 가장이 여성인 가족들은 완전히 구호민 신세로 전락했고, 노동계급 여성들은 이제 한 가지 이상의 일자리가 있어야만 생존할 수 있게 되었다. 그러는 동안 여성수감자의 수는 꾸준히 증가했고, 산업주의의 심장부에서는 플랜테이션형 경제의 회귀에 부응하는 대대적인 수감정책이 꾸준히 위세를 떨치게 되었다.

여성의 투쟁과 국제여성운동

이 같은 상황은 국제여성운동에 어떤 함의를 갖는가? 일단 떠오르는 대답은 여성주의가 "제3세계 부채"의 탕감을 지원해야 할 뿐 아니라 구조조정 때문에 황폐해진 공동체에 빼앗긴 자원을 돌려주는 보상정책을 마련하기 위한 캠페인에 참여해야 한다는 것이다. 장기적으로 여성주의는 자본주의를 통해 더 나은 삶을 기대할 수 없음을 인식해야 한다. 반식민주의운동, 민권운동, 여성주의 운동이 자본주의 시스템을 압박하여 양보를 얻어내자마자 자본주의 시스템은 핵전쟁과 다를 바 없는 대응을 했음을 알고 있기 때문이다. 생계수단의 파괴가 자본주의 관계의 생존을 위해 필수불가결하다면 이는 우리의 투쟁영역이 되어야 한다. 우리는 여성이 가장 억압적인 체제조차 뒤흔들 수 있음을 보여준, "남반구" 여성들의 투쟁에 동참해야 한다.[16] 일례로는 수년간 지구상에서 가장 억압적인 정권 중 하나인 아르헨티나 정권에 맞서 싸운 아르헨티나의 〈5월광장 어머니회〉Madres de la Plaza de Mayo가 있다. 이 시기는 아르헨티나 내에 있는 다른 그 누구도 감히 활동을 펼칠 생각도 하지 못할 정도로 엄혹했다.[17] 유사한 사례로는 칠레의 프롤레타리아트/원주민 여성들의 투쟁이 있다. 이들은 1973년 군사쿠데타 이후 가족들이 먹을 음식을 마련하기 위해 공동 무료급식소를 조직했는데, 이 과정에서 여성으로서의 필요와 강인함을 자각하게 되었다.[18]

　이 같은 사례들은 여성의 힘이 유엔 같은 전 지구적 규모의 제도들이 호의를 베풀어 위에서 주어지는 것이 아니라 아래로부터 구축되어야 함을 보여준다. 왜냐하면 여성들은 오직 스스로 조직함으로써만 삶을 혁명적으로 바꿀 수 있기 때문이다. 실제로 여성주의자들은 여성의 권리를 위해 진행되는 유엔의 계획들이 지구상에 있는 여성들에 대한 가장 위험천만한 공격들과 동시에 일어났음을 고려해 볼 필요가 있다. 이런 공격들의 책임은 바로 유엔시스템을 구성하고 있는 기관들인 세계은행, 국제통화기금, WTO, 그리고 무엇보다 유엔안전보장이사회에 있기 때문이다. (도로, 학교, 보건소 같은) 기본적인 서비스를 쟁취하기 위해 투쟁하고, 여성들의 주요 생계수단인 노점에 대한 정부의 공격에 저항하며, 남편의 폭력에서 서로를 방어하기 위해 만들어진 아프리카, 아시아, 라틴아메리카의 여성 풀뿌리조직들은 유엔이 설파하는 여성주의와 유엔산하의 비정부기구들, 유엔의 소득창출 사업들, 그리고 [유엔의] 지역운동과 맺는 가부장적 관계들과 대척점에 서 있다.[19]

모든 형태의 자기결정능력이 그렇듯, 여성해방을 위해서는 기본적인 생산 및 생계수단에 대한 통제력으로 시작하는 특정한 물질적 조건이 필요하다. 마리아 미즈와 베로니카 벤홀트-톰젠Veronika Bennholdt-Thomsen이 『최소생활의 관점』The Subsistence Perspective(2000)[20]에서 주장한 바와 같이 이 원칙은 대지주들이 가로챈 토지를 돌려받기 위한 토지투쟁의 주역이었던 "제3세계" 여성들뿐만 아니라 선진국 여성들에게도 해당된다. 뉴욕에서는 여성들이 공동체 전체에 활기를 불어넣는 한편 과거에는 재난구역이라고 생각했던 근린을 활성화시킨 집합노동의 산물인 도시텃밭을 지키기 위해 불도저에 맞서 싸우고 있다.[21]

하지만 이런 프로젝트들마저 용납하지 않는 탄압은 우리에게 국제사*뿐만 아니라 우리의 일상생활까지 파고드는 국가의 개입에 대해 여성주의적인 동원이 필요함을 시사한다. 또한 여성주의자들은 경찰의 야만성, 군비증강, 그리고 무엇보다 전쟁에 대한 저항을 조직해야 한다. 가장 먼저 필요한 조치는 안타깝게도 일부 여성주의자들의 지지 속에 여성평등과 해방의 이름으로 도입된 여성징병에 반대하는 것이어야 한다. 우리는 이 잘못된 정책을 반면교사로 삼을 필요가 있다. 살상의 권리, 즉 기업자본에 의해 국가와 자원을 착취당한 다른 여성과 아이들을 희생시켜 얻은 생존의 권리를 통해 남성과 동등해진, 제복을 입은 여성의 이미지는 세계화가 우리 여성들에게 제공하는 이미지와 같기 때문이다.

9장

세계경제에서 노동력의 재생산과 끝나지 않은 여성주의 혁명

여성의 일과 여성의 노동은 자본주의 사회경제구조의 심장부에 깊이 매장되어 있다.
— 데이비드 스테이플즈, 『집만한 곳 없어라』(2006)

자본주의는 분명 여성의 초(超)착취를 초래했다. 이것이 오직 한층 심해진 비참함과 억압만을 의미했다면 큰 위로는 되지 않았겠지만, 다행히도 저항 역시 촉발시켰다. 또한 자본주의는 만일 이 저항을 완전히 무시하거나 억누를 경우 저항이 더욱 급진적으로 전환하여 결국에는 자립의 운동 그리고 심지어는 새로운 사회질서의 핵으로 전환될 수도 있음을 알게 되었다.
— 로버트 비엘, 『신제국주의』(2000)

제3세계에서 부상하고 있는 해방의 주체는 아직 자신들의 노동에 의한 생활경제에서 유리되지 않은, 부불노동력을 지닌 여성들이다. 이들은 상품생산이 아니라 삶을 위해 일한다. 이들은 세계경제의 보이지 않는 버팀목이다. 이들이 삶을 영위하기 위해 하는 노동에 상응하는 임금은 16조 달러로 추정된다.
— 존 맥머트리, 『암적 상태의 자본주의』(1999)

절구질을 너무 많이 해서 절구공이가 부러져버렸어. 내일 집에 갈 거야. 내일이면, 내일이면…… 절구질을 너무 많이 해서. 내일 집에 갈 거야.
— 나이지리아 하우사 여성들[1]의 노래

들어가며

　이 장에서는 세계경제에서 노동력 (재)생산의 구조조정을 정치적으로 독해할 것이다. 하지만 이는 1970년대 이후 여러 길을 따라 발전해 온 맑스에 대한 여성주의적 비평이기도 하다. 이에 대한 첫 비평을 시도한 이들은 가사노동에 대한 임금캠페인에 참여했던 활동가들, 특히 마리아로사 달라 코스따, 셀마 제임스, 레오폴디나 포르투나티였고, 그 이후에는 호주의 애리얼 살레와 빌레펠드 학파의 여성주의자들인 마리아 미즈, 클라우디아 본 벨호프, 베로니카 벤홀트-톰젠이 참여했다. 비판의 핵심은 맑스가 상품생산의 형태가 아닌 노동은 가치를 창출하는 노동으로 인정하지 않고, 따라서 자본주의 축적과정에서 여성들의 부불재생산노동이 갖는 의미를 간과하다 보니 자본주의에 대한 그의 분석이 제한된다는 주장이다. 맑스는 가사노동을 무시했기 때문에 자본주의 노동착취의 진정한 범위와, 임금이 남녀관계 등을 비롯, 노동계급 내의 분열을 조장하는 기능이 있음을 제대로 이해하지 못했다. 자본주의는 노동력재생산을 위해 막대한 부불가사노동에 의존해야 하지만, 동시에 노동력비용을 줄이기 위해 이런 재생산 활동을 평가절하해야 한다는 사실을 맑스가 알았더라면 자본주의의 발전을 필연적이고 진보적이라고 여기는 경향이 더 적게 나타났을지도 모른다. 우리 입장에서는 『자본』이 출판된 지 150여 년이 지난 지금 최소한 세 가지 이유를 근거로 자본주의의 필연성과 진보성 가정에 도전해야 한다.

　첫째, 지난 5백여 년간 자본주의가 발달하는 과정에서 대규모 산업화의 형태로 "생산력"이 확장되어 (맑스의 예상대로) "공산주의"로의 이행을 위한 "물적 조건"이 만들어지기보다는 지구의 자원이 고갈되었다. (맑스가 인간해방의 주요 장애물로 보았던) "희소성"은 자본주의가 발달한다고 해서 의미가 없어지지 않았다. 오히려 오늘날에는 자본주의적 생산의 결과 전 세계적 규모의 희소성이 나타나고 있다. 둘째, 자본주의는 상품생산 조직 속에서 노동자들 간의 협력을 강화하는 듯하지만, 실제로는 수많은 방식으로 노동자들을 분열시킨다. 분열을 조장하는 방법으로는 노동의 불평등한 분배, 임금을 사용하여 유급노동자에게 부불상태에 있는 자들보다 더 많은 권력을 주는 방법, 성차별주의와 인종주의의 제도화 등이 있는데, 특히 성차별주의와 인종주의 같은 방식은 상이한 개성에 대한 편견을 통해 차별화된 노동체제의 조직을 자연스럽게 받아들이고 본질을 보지 못하게 만든다. 셋째, 멕시코와 중국혁명 등 20세기의 가장 반체제적인 투쟁들의 주역은 맑스가 혁명의 주체로 예견했던 유급산업노동자들만이 아니었다. 이런 투쟁에는 농민운동, 원주민운동, 반식민주의운동, 반인종차별운동, 여성주의 운동세력들이 함께 가담했다. 오늘날에도 아프리카, 인도, 라틴아메리카, 중국에서는 산업노동자들뿐만 아니라 소농, 도시무단점유자^{squatter}들 등이 가장 반체제적인 투쟁을 하고 있다. 가장 중요한 것은 모든 악조건에 맞서 자본가들이 그녀들의 노동력이 쓸모없다고 선언할 때마저 자신의 존재에 대한 가격을 스스로 매기고, 스스로를 위해 자력으로 재생산하면서 시장이 자신들의 삶에 부여하는 가치에 관계없이 가족들을 재생산하는 여성들이 이런 투쟁에 참여하고 있다는 점이다.

그렇다면 맑스주의 이론이 우리 시대에 "혁명"으로 안내하는 지침으로 기능할 가능성은 어떤가? 나는 세계경제 속에서 진행되고 있는 재생산의 재구조화를 분석함으로써 이 질문을 전개할 것이다. 나의 주장은 만일 맑스주의 이론이 21세기의 반자본주의운동에 화답할 수 있으려면 전 지구적인 관점에서 "재생산" 문제를 재고해야 한다는 것이다. 우리의 삶을 재생산하는 활동들을 찬찬히 곱씹어보면 생산의 자동화가 착취 없는 사회의 물적 조건을 창출할 수 있다는 환상이 걷히고, 혁명의 걸림돌은 기술적인 노하우의 부재가 아니라 자본주의의 발전과정에서 노동계급 사이에 조장되는 분열임을 알 수 있다. 실제로 오늘날의 위험은 걸신들린 듯 지구를 집어삼키고 있는 자본주의가 미국이 아프가니스탄과 이라크에서 착수한 것과 유사한 전쟁들까지 전개하고 있다는 점이다. 이런 전쟁들은 모든 지구의 천연자원을 손에 넣고 세계경제를 통제하려는 기업의 결심에서 촉발된다.

맑스와 노동력의 재생산

맑스의 이론적인 정교함을 고려했을 때 놀랍게도 맑스는 여성재생산노동의 존재에 무지했다. 맑스는 다른 모든 상품과 마찬가지로 노동력 역시 생산되어야 하고, 노동력이 화폐 가치를 갖는다면 "그 안에 대상화된 평균적인 사회적 노동의 일정한 양"을 반영한다고 인정했다.[2] 하지만 방적생산과 자본주의적 가치화의 동학을 꼼꼼하게 탐색했던 맑스는 재생산노동을 노동자의 임금으로 살 수 있는 상품의 소비와 해당 상품의 생산에 필요한 노동으로 축소함으로써 재생산노동 문제를 가볍게 넘기고 말았다. 즉, 신자유주의 체제에서와 마찬가지로 맑스의 설명에서도 노동력을 (재)생산하는 데는 상품생산과 시장만으로 충분하다. 노동자가 소비하는 상품을 준비하거나, 육체적으로나 정신적으로 노동력의 노동역량을 회복하는 데 있어서 그 외 어떤 노동도 끼어들지 않는다. 상품생산과 노동력생산 간에는 그 어떤 차이도 없는 것이다.[3] 하나의 조립라인에서 두 가지 모두를 생산한다. 따라서 노동력의 가치는 노동자에게, "삶의 과정을 회복할 수 있도록 남성에게" 제공되어야 하는 상품(의, 식, 주)의 가치로 측정된다. 요컨대 노동력의 가치는 그 생산에 사회적으로 필요한 노동시간을 근거로 측정된다.[4]

맑스는 세대를 기초로 노동자의 재생산을 논의할 때마저도 너무 성의가 없다. 맑스는 임금이 "노동자의 대체물"인 아이들을 확보할 수 있을 정도로 충분히 높아야 하며, 그래야 노동력이 시장에서 영속적으로 유지될 수 있다고 말한다.[5] 하지만 맑스는 이 과정에서도 스스로 재생산하는 남성노동자와 그의 임금, 그리고 그의 생존수단만을 관련 행위자로 인정한다. 상품만 있으면 노동자를 생산할 수 있다고 보기 때문이다. 여성이나 가사노동, 섹슈얼리티, 출산 등에 대해서는 어떤 언급도 하지 않는다. 생물학적 재생산을 언급하는 몇 안 되는 사례에서는 이를 자연현상으로 간주하면서 생산조직의 변화가 있어야만 과잉인구가 주기적으로 만들어져 노동시장의 변화하는 요구를 충족시킬 수 있다고 주장한다.

맑스는 어째서 그렇게도 끈질기게 여성의 재생산노동을 무시했을까? 어째서 가령 노동력의 재생산과정에 참여하는 원재료가 그 가치를 상품으로 전환하기 위해 어떤 변화를 거쳐야 하는지에 대해서는 (다른 상품의 사례에서 그랬듯) 물어보지 않았을까? 나는 (맑스와 엥겔스의 준거지점이었던) 잉글랜드 노동계급의 상태가 이 같은 누락에

일말의 원인이라고 생각한다.[6] 맑스는 자신이 살았던 시기 산업프롤레타리아트의 상태를 본 대로 서술했지만, 여성의 가사노동은 거의 그렇게 하지 못했다. 맑스는 최소한 산업노동계급 안에서는 자본주의적 생산의 특수한 일부를 차지하는 가사노동을 역사적, 정치적 관점으로 분석하지 못했다. 자본주의 제1 발달단계에서부터 그리고 특히 중상주의 시기에 재생산노동은 공식적으로 자본주의 축적에 포괄되어 있었지만, 가사노동이 공장생산의 요구사항에 따라 자본을 위한 자본으로 조직되는, 산업노동의 재생산을 위한 핵심엔진으로 부상한 것은 19세기 후반에 이르러서였다. 1870년대까지 "노동일의 무제한적 연장"과 노동력생산비용의 극심한 절감에 기여하는 정책과 함께 재생산노동은 『자본』 1권의 노동일에 대한 장과, 엥겔스의 『영국 노동계급의 상태』(1845)에 강렬하게 묘사된 상황을 낳았다. 즉 노동계급이 스스로를 재생산하기 힘들 지경에 이르면서 평균수명이 20세밖에 안 되고 젊어서 과로로 죽는 상황이 나타났던 것이다.[7]

자본가계급은 19세기 말이 되어서야 노동력 재생산에 투자하는 한편, 경공업에서 중공업으로 축적의 형태를 이동시켜 더욱 강도 높은 노동규율과 육체적으로 건강한 노동자를 원하게 되었다. 맑스의 용어를 빌면 재생산노동의 발전과 그 결과 등장한 전업주부는 노동착취양식으로서 "절대적" 잉여가치의 추출이 "상대적 잉여" 가치의 추출로 전환한 결과라고 말할 수 있다. 맑스가 "노동계급의 유지와 재생산은 자본의 재생산에서 필요조건"임을 인정하면서도 곧이어 다음과 같이 덧붙인 것은 놀라운 일이 아니다. "하지만 자본가는 이를 노동자의 자기유지본능과 생식본능에 안심하고 맡길 수 있다. 자본가는 노동자의 개인적 소비를 필요한 최소한도로 축소시키는 데만 신경을 쓴다."[8]

금전적으로 가치화되지 않는 노동형태라는 분류에서 비롯된 어려움 때문에 맑스가 이 문제에 대해 더욱 침묵하게 되었다고 생각해 볼 수도 있다. 하지만 만일 우리가 왜 단지 맑스만이 아니라 가사노동과 가정이 위세를 떨친 시대에 성장한 여러 세대에 걸친 맑스주의자들이 재생산노동을 제대로 인식하지 못했는지 설명하고자 한다면, 맑스주의의 정치이론으로서의 한계가 크게 드러나는 더욱 근본적인 이유를 고려해야 한다.

나는 맑스가 여성의 재생산노동을 무시한 것은 그가 혁명의 기술주의적 개념에 물들어있었기 때문이라고 생각한다. 즉, 맑스는 자유가 기계를 통해 발생한다고 생각하고, 노동의 생산성 증가는 공산주의의 물적 기초라고 가정하며, 노동의 자본주의적 조직을 다른 모든 형태의 생산을 떠받치고 있는 역사적 합리성의 최고의 모델로 바라보았던 것이다. 다시 말해서 맑스가 재생산노동의 중요성을 인식하지 못한 것은 무엇이 노동을 구성하는가와 관련하여 자본주의적 기준을 받아들이고, 유급산업노동을 인간해방을 위한 전투가 치러지는 무대라고 믿었기 때문이다.

극히 드문 예외도 있지만, 맑스의 추종자들은 위와 동일한 가정을 재생산하는데(『요강』(1857~1858)의 그 유명한 "기계에 대한 단상"에 대한 꾸준한 사랑을 보라), 이는 과학과 기술을 해방의 힘으로 이상화하는 것이 오늘날까지도 역사와 혁명에 대한 맑스의 관점에서 필수적인 요소임을 보여준다. 자본주의 내에서 여성재생산노동의 존재를 인정하는 사회주의 여성주의자들마저 과거에는 재생산노동의 케케묵고, 후진적이며, 전자본주의적인 성격을 강조하는 경향이 있었다. 그리고 재생산노동의 생산성을 자본주의적 생산에서 선도적인 부문들이 성취한 수준으로 끌어올리는 등 일종의 합리화과정을 통해 재생산노동을 사회주의적으로 재구성하는 상상을 하기도 했다.

이 같은 맹점 때문에 맑스주의 이론가들은 여성해방운동에서 나타나듯, 2차 세계대전 이후 여성들의 재생산노동에 대한 저항에 내재한 역사적 중요성을 파악하지 못했고, 무엇이 노동을 구성하고, 누가 노동계급이며, 계급투쟁의 본질은 무엇인가에 대한 현실적인 재정의를 하지 못했다. 여성들이 좌파조직을 떠났을 때야 비로소 맑스주의자들은 여성해방운동의 정치적 중요성을 알아차렸다. 폴 버켓Paul Burkett 같은 생태맑스주의자의 사례에서 나타나듯 오늘날까지도 많은 맑스주의자들은 재생산노동의 젠더화된 성격을 인정하지 않거나, 안토니오 네그리Antonio Negri와 마이클 하트Michael Hardt의 "감정노동" 개념에서 나타나듯 립서비스에 그치는 실정이다. 실제로 맑스주의 이론가들은 일반적으로 공장에서 일하는 아동들의 상태에 상당한 지면을 할애했던 맑스보다 더 재생산문제에 무심하다. 오늘날에는 대부분의 맑스주의 텍스트에서 아동에 대한 언급조차 찾기가 힘들다.

신자유주의적 전환과 세계화과정의 의미를 제대로 파악하지 못한 현대 맑스주의의 한계에 대해서는 다음에 다시 논할 것이다. 다만 여기서는 1960년대까지 반식민주의투쟁과 미국 내 인종차별정책에 저항하는 투쟁의 영향하에서, 자본주의와 계급관계에 대한 맑스의 설명이, 사미르 아민이나 안드레 군더 프랑크 같은 제3세계 정치평론가들에 의해 급진적 비판을 받았음을 언급하는 정도면 충분할 것이다. 제3세계 정치평론가들은 맑스주의의 유럽중심주의를 비판하는 한편, 맑스가 유급산업프롤레타리아트에게 자본주의 축적의 주요기여자이자 혁명의 주체로서 특권을 부여했다고 비판했다.9 하지만 맑스주의의 가

사미르 아민(Samir Amin, 1931~)

장 급진적인 재고를 촉발한 것은 유럽과 미국에서 일어난 가사노동에 저항하는 여성들의 반란과, 그 이후 세계 전역으로 확대된 여성주의 운동이었다.

가사노동에 대한 여성들의 저항과, 노동, 계급투쟁, 자본주의위기에 대한 여성주의의 재정의

노동의 가치는 오히려 그 가치를 인정하지 않으려는 거부를 통해 입증되고 창조되기도 한다는 점은 사회적인 법칙처럼 보인다. 재생산 노동을 자신들의 타고난 운명으로 받아들이지 않겠다는 여성들의 운동이 시작되기 전까지는 보이지도, 가치가 매겨지지도 않은 채 방치되어 있던 가사노동의 사례가 바로 이와 같았다. 자본주의 경제에서 부불가사노동의 중심성을 밝히고, 사회에 대한 우리의 상*을, 노동자의

생산이 일터 단위와 세대 단위로 이루어지는 가정이라는 플랜테이션농장과 조립라인의 거대한 순환으로 재구성한 것은 1960년대와 1970년대에 전개된 가사노동에 대한 여성들의 반란이었다.

여성주의자들은 노동력의 재생산이 상품의 소비보다 훨씬 넓은 범위의 활동들과 관계된다는 사실을 밝혔다. 음식을 준비하고, 옷을 세탁하고, 몸을 달래고 돌봐줘야 하기 때문이다. 더 나아가 여성주의자들이 재생산과 여성의 가사노동이 자본축적에 대해 갖는 중요성을 인식하면서 맑스의 범주들에 대한 재고가 이루어지는 한편 자본주의의 발전과 계급투쟁의 근간 및 역사에 대한 이해가 새롭게 펼쳐지게 되었다. 맑스에 대한 제3세계의 비평들이 주도했던 이론적 전환은, 1970년대 초부터 여성주의 이론을 통해 급진화되었다. 당시 여성주의 이론은 자본주의가 필연적으로 유급계약노동을 통해 확인할 수 있는 것이 아님을 보여주었고, 본질적으로 유급계약노동은 자유가 없는 노동이라고 주장하는 한편, 재생산노동의 가치절하와 여성의 사회적 지위의 저평가 간에는 밀접한 관계가 있음을 보여주었다.

이 같은 패러다임의 전환에는 정치적 결과 또한 뒤따랐다. 가장 빠르게 나타난 것은 가사노동자를 완전히 배제하는 "총파업"이나 "노동거부" 개념 같은 맑스주의 좌파의 슬로건에 대한 거부였다. 시간이 지나면서 레닌주의와 사회민주주의를 통해 걸러진 맑스주의는 세계프롤레타리아트의 한정된 부문, 즉 백인, 성인, 남성노동자의 이익을 표현해 왔고, 이들이 기술이 가장 발전한 산업 생산의 선도적인 부문에서 일한다는 사실을 근거로 이들의 권력을 인정했다는 깨달음이 자라났다.

긍정적으로 보면 재생산노동의 발견 덕분에 자본주의적 생산은 특수한 형태의 노동자(그리고 따라서 특수한 가족, 섹슈얼리티, 번식 형태)에 의존한다는 점을 이해할 수 있게 되었고, 따라서 사적 영역을 생산관계의 영역과 반자본주의 투쟁의 영역으로 재정의할 수 있게 되었다. 이런 맥락에서 낙태금지정책은 노동력공급규제를 위한 도구로 해독할 수 있고, 출산율의 급락과 이혼의 증가는 자본주의적 노동규율에 대한 저항의 사례로 독해할 수 있다. 개인적인 것은 정치성을 띠고, 자본과 국가가 우리의 삶과 재생산에 끼어들어 침실까지 침투하게 된 것이다.

이런 분석을 근거로 했을 때 1970년대 중반(자본주의적 정책 형성에서 핵심적인 시기로, 이 시기에 세계경제의 신자유주의적 재구성을 위한 최초의 조치들이 취해졌다)까지 많은 여성주의자들은 당시 진행 중이던 자본주의 위기가 공장투쟁에 대한 반응일 뿐 아니라 아프리카, 아시아, 라틴아메리카, 카리브해 지역의 식민주의 유산에 대한 신세대들의 점증하는 저항에 대한, 그리고 여성의 가사노동거부에 대한 대응이라고 생각할 수 있었다. 이 같은 관점을 형성하는 데는 가내규율에 대한 여성들의 보이지 않는 투쟁이 포드주의적 거래의 기둥이었던 재생산모델을 전복하고 있음을 보여준 마리아로사 달라 코스따, 셀마 제임스, 레오폴디나 포르투나티 같은 가사노동에 대한 임금운동의 활동가들이 크게 기여했다. 가령 달라 코스따는 「이주와 재생산」 Emigrazione e Riproduzione(1974)에서 출산율의 붕괴와 정부의 이민장려를 통해 나타나듯 2차 세계대전 이후 유럽여성들은 생식에 대한 조용한 파업에 들어갔다고 지적했다. 포르투나티는 『끔찍한 날들이여 안녕』 Brutto Ciao(1976)에서 제2차 세계대전 후 이탈리아 여성들의 농촌대탈출과 새로운 세대 재생산을 위한 가족임금으로의 방향전환 이면의 동기를 검토하는 한편, 전후戰後 여성들의 독립요구, 아이들에 대한 투자 증가, 새로운 노동자 세대의 호전성 증가 간의 관계를 살폈다. 셀마 제임스는 『섹스, 인종, 그리고 계급』(1975)에서 여성의 "문화적" 행동과 사회적 "역할"은 자신의 자본주의적 삶 전체에 "대항하는 반란이자 대응"으로 독해되어야 함을 보여주었다.

1970년대 중반에 이르자 여성의 투쟁은 더 이상 "비가시적"이지 않게 되었고, 남성에 대한 경제적 의존, 사회적 예속, 자연화된 부불노동에 얽매임, 국가의 통제를 받는 섹슈얼리티와 생식 등 수많은 결과를 낳은 성별분업에 대한 공개적인 거부로 자리 잡게 되었다. 폭넓게 자리 잡은 오해와는 반대로 백인중산층 여성들만 위기를 겪었던 것은 아니다. 오히려 미국에서는 최초의 여성해방운동이 주로 흑인여성들이 주도한 운동이라는 주장도 있다. (부양자녀보조금Aid to Dependent Children 이라는 외피를 쓰고) 국비로 "가사노동에 대한 임금"을 운영하자는 최초의 캠페인을 주도한 집단은 민권운동에서 영감을 받은 생활보호대상 어머니 운동Welfare Mothers Movement이었다. 미국에서 이 투쟁에 참여한 여성들은 여성의 재생산노동의 경제적 가치를 주장하는 한편 "복지"가 여성의 권리임을 선언했다.10

1975년 멕시코시티에서 개최된 세계여성회의를 시작으로, 여권의 후원자로서 여성주의 정치 영역에 개입하겠다는 유엔의 결정이 보여주듯 아프리카, 아시아, 라틴아메리카 전역에서도 여성들이 움직이기 시작했다. 나는 다른 글에서 유엔은 반식민주의 투쟁과의 관계에서 1960년대에 했던 역할과 똑같은 역할을 폭넓게 확산된 국제여성운동과의 관계에서도 수행했음을 주장한 바 있다.11 유엔은 "탈식민화"의 (선택적) 후원자로 나섰을 때와 마찬가지로, 여권증진을 위한 기관으로 자임함으로써 여성해방의 정치를 국제자본의 필요와 계획, 개발 중에 있었던 신자유주의적 의제와 양립가능한 틀에 끼워넣었다. 실제로 멕시코시티 회의와 그 이후에 개최된 회의들은 부분적으로 재생산에 대한 여성의 투쟁 때문에 후기식민지 경제가 가사노동력에 대한 투자를 늘리고 있고, 세계은행이 농업의 상업화를 위한 발전계획에 실패한 가장 중요한 요인이 바로 여성들의 재생산에 대한 투쟁이라는 깨달음에서 출발한 측면이 있었다. 아프리카에서는 여성들이 남편의 환금작물을 키우는 노동에 참여하기를 한사코 거부해 왔고, 그 대신 자급지향농업을 수호함으로써 자신들의 마을을 (메이야수Meillassoux가 제안한 이미지처럼)[12] 값싼 노동의 재생산을 위한 현장에서 착취에 대한 저항의 현장으로 바꿔 놓았다. 1980년대가 되자 이들의 저항은 세계은행의 농업개발프로젝트를 위기로 이끈 핵심요인으로 인식되면서 "여성의 개발에 대한 기여"와 관련된 기사들이 홍수를 이루었고, 이후에는 비정부기구의 후원을 받는 "수입창출프로그램"과 소액대출 제도처럼 이들을 화폐경제로 통합시키고자 하는 계획들이 봇물처럼 터져 나왔다. 이런 사건들을 고려했을 때 경제적 세계화가 만들어낸 구조조정이 "인구통제"라는 이름으로 여성을 억압하는 캠페인뿐만 아니라 재생산의 대대적인 재조직화로 이어진 것은 그리 놀라운 일이 아니다.

 뒤에서 나는 주요 경향과 그로 인한 사회적 결과, 계급관계에 미친 영향 등을 살피며 이 구조조정의 세부적인 양상들을 개괄할 것이다. 하지만 먼저 나는 내가 왜 노동력 개념을 계속 사용하는지를 설명해야 겠다. 일부 여성주의자들은 여성은 노동력이 아니라 살아있는 개인들(아이, 친척, 친구)을 생산한다고 지적하면서 노동력 개념을 환원적이라고 비판해 왔다. 이는 타당한 비판이다. 노동력은 추상적인 개념이다. 맑스가 시스몽디를 연상시키며 말했듯 노동력은 이용되고 "판매되지 않으면 아무것도 아니다".13 하지만 나는 여러 가지 이유에서 이 개념을 유지하고자 한다. 첫째, 자본주의 사회에서 재생산노동은 자신의 의향에 따라 자유롭게 우리 자신이나 타인을 재생산하는 것이 아니라는 사실을 강조하려는 이유에서다. 직간접적으로 그것[노동력]은 임금과 교환된다는 점에서 재생산노동은 노동의 자본주의적 조직과 생산관계가 그 위에 부과한 조건에 완전히 종속된다. 즉 가사노동은 자유로운 활동이 아니다. 가사노동은 "자본가의 가장 중요한 생산수단인 노동자를 생산 및 재생산"[하는 활동]이다.14 이처럼 가사노동은 그 산물이 노동시장의 요구사항을 충족시켜야 한다는 사실에서 비롯된 모든 제약에 종속된다.

둘째, "노동력"의 재생산에 대한 강조는 재생산노동에 내재한 이중적인 성격과 모순을 드러냄으로써, 재생산노동의 불안정하고 잠재적으로 파괴적인 성격을 보여준다. 노동력은 살아있는 개인 속에서만 존재할 수 있다는 점에서, 노동력의 재생산은 원하는 인간의 질과 역량을 생산하고 가치화하는 일임과 동시에, 외부에서 주어진 노동시장의 기준에 적응하는 일이어야 한다. 그렇다면 살아있는 개인과 그 개인이 보유한 노동력 간에 경계 긋기가 불가능하듯, 재생산노동의 두 측면 간에 경계를 긋는 일 역시 똑같이 불가능하다. 그럼에도 불구하고 노동력 개념을 유지할 경우 긴장감과 잠재적 분리가 일어나고, 정치적 의미를 지닌 모순과 저항, 갈등의 세계가 펼쳐진다. 다른 무엇보다 (여성해방운동에 중요한 한 가지 이해방식으로서) 이 개념은 우리가 가사노동에 저항하는 투쟁을 할 때 공동체를 망칠 거라는 두려움을 느낄 필요가 없음을 보여준다. 가사노동은 그 속에서 재생산된 사람들만 아니라 생산자들까지 옴짝달싹 못하게 만들기 때문이다.

나는 포스트모던 경향에 맞서, 생산과 재생산 간의 분리를 유지하려는 나의 꾸준한 노력을 방어하고 싶기도 하다. 생산과 재생산 간의 차이가 흐릿해졌다는 것은 분명 중요한 지적이다. 유럽과 미국에서 일어난 1960년대의 투쟁들, 특히 학생운동과 여성운동은 자본가계급에게 미래세대 노동자의 재생산에 대한 투자는 노동력의 생산성 증가를 보장하지 못하기 때문에 "타산이 맞지 않는다"고 가르쳐주었다. 따라서 노동력에 대한 국가의 투자는 엄청나게 감소했을 뿐만 아니라 재생산활동은 노동자들이 구입하고 돈을 지불해야 하는 가치생산 서비스로 재조직되었다. 이런 식으로 재생산활동이 만들어낸 가치는 이를 통해 재생산된 노동자의 수행능력에 따라 조건부로 실현되는 것이 아니라 그 자리에서 바로 실현된다. 하지만 서비스부문의 확장은 결코 가정에서 이루어지는 부불재생산노동을 없애지 못했고, 그것이 뿌리를 두고 있는 성별 노동분업도 없애지 못한 채 여전히 활동의 주체와 임금의 존재 유무가 갖는 차별적 기능에 따라 생산과 재생산을 나누고 있다.

마지막으로 내가 "감정"노동이 아니라 "재생산"노동이라고 하는 이유는 감정노동이라는 표현은 그 지배적인 특성상 인류의 재생산에 필요한 노동 중 제한된 일부만을 가리키고, 재생산노동이라는 여성주의적 개념의 전복적인 잠재력을 지워버리기 때문이다. "재생산노동" 개념은 노동력 생산에서 재생산노동이 하는 기능을 강조하고, 이를 통해 재생산노동에 내재한 모순을 드러냄으로써 생산자와 재생산대상, 즉 어머니와 아이, 교사와 학생, 간호사와 환자 간의 협력의 형태들과 중요한 동맹의 가능성을 인정한다.

재생산노동의 이런 특수한 특성을 염두에 두었을 때 우리는 다음과 같이 물어볼 수 있다. 경제적 세계화는 노동력의 재생산을 어떤 식으로 재구조화했는가? 또한 이런 재구조화는 노동자, 그리고 특히 전통적으로 재생산노동의 주요주체인 여성에게 어떤 영향을 미쳤는가? 마지막으로, 이런 재구조화를 통해 자본주의의 발달과 우리 시대 반자본주의 투쟁에서 맑스주의 이론이 차지하는 위치와 관련하여 무엇을 배울 수 있는가? 이 질문들에 대한 나의 대답은 두 부분으로 구성된다. 일단 나는 세계화가 일반적인 사회적 재생산 과정과 계급관계에서 만들어낸 큰 변화들을 가볍게 살펴본 뒤, 재생산노동의 재구조화를 좀 더 광범위하게 논할 것이다.

참을 수 없는 것에 이름 붙이기 : 시초축적과 재생산의 재구조화

세계경제의 재구조화는 다섯 가지 중요한 방법을 통해 1960년대와 1970년대에 불붙은 투쟁의 순환에 대응했고 재생산의 조직방식과 계급관계를 바꿔 놓았다. 첫째, 노동시장이 확장되었다. 세계화는 수백만 명을 토지와 일거리, "관습권"에서 유리시킨 전 지구적 "엔클로저" 과정을 통해, 또한 여성고용의 신장을 통해 세계프롤레타리아트의 규모를 역사적으로 손꼽힐 정도로 성장시켰다. 놀랄 것도 없이 세계화는 스스로 시초축적과정임을 자임해 왔는데, 이 시초축적은 많은 형태를 띠었다. 북반구에서 세계화는 노동의 유연화와 불안정화,

적시생산뿐만 아니라 산업의 분산과 재입지라는 형태를 띠었다. 구사회주의국가에서는 산업의 탈국유화, 농업의 탈집단화, 사회적 부의 사유화가 이루어졌다. 남반구에서는 생산의 마킬라도라화[15], 수입자유화, 토지사유화가 진행되었다. 하지만 어디나 목적은 같았다.

자본가계급은 자립경제를 궤멸시키고, 생산자를 자립수단에서 유리시켜 수백만 명이 유급일자리를 얻을 수 없을 때조차 화폐수입에 의존하게 만듦으로써 축적과정을 재가동시켰고 노동생산비용을 감축했다. 자본주의는 이제 갈수록 자동화되는 노동에 의존하기 때문에 더 이상 막대한 양의 살아있는 노동을 필요로 하지 않는다는 이론들의 오류를 증명하기라도 하려는 듯 이십억 명이 세계노동시장에 추가되었다.

둘째, 자본의 탈영토화와 "컴퓨터 혁명"을 통해 가능해진 경제활동의 금융화는 자본의 거의 순간적인 세계이동을 통해 노동자들의 저항이 자본에 가한 제약을 넘고 또 넘음으로써 시초축적이 영구적으로 진행될 수 있는 조건을 창출했다.

셋째, 우리는 국가가 구조조정 프로그램과 "복지국가"의 해체를 통해 노동력재생산에 대한 투자를 체계적으로 철회하는 모습을 지켜보았다. 앞서 언급했듯 1960년대의 투쟁은 자본가 계급에게 노동력재생산에 대한 투자가 반드시 더 높은 노동생산성으로 이어지지는 않는다는 사실을 알려주었다. 그 결과 노동자를 소사업가로 여기고 자기투자에 책임을 지며 자신에게 들어간 재생산활동의 배타적인 수혜자로 상정하는 정책과 이데올로기가 나타나게 되었다. 이에 일시적 해결을 위해 재생산과 축적 간의 변동이 일어났다. 보건, 교육, 연금, 대중교통에 대한 보조금이 모두 삭감되고 높은 요금이 부과되어 노동자들이 자신의 재생산비용을 떠안게 되자 노동력재생산의 모든 절합지점이 직접적인 축적지점으로 바뀐 것이다.

넷째, 기업들이 삼림, 해양, 물, 수산자원, 산호초, 동식물 종을 도용하고 파괴하는 일이 역사적으로 최고조에 달했다. 아프리카에서 태평양 도서島嶼지역에 이르기까지 나라마다 막대한 넓이의 경작지와 바닷물(많은 사람들의 생계수단이자 집)이 사유화되었고, 기업형 농업과 광물채취, 혹은 산업적인 수산업에 넘어갔다. 세계화는 자본주의적 생산과 기술의 비용을 너무나도 적나라하게 드러내 왔기 때문에, 맑스가 『요강』에서 그랬듯 "자본의 교화력"civilizing influence에 대해 말하기란 불가능해졌다. 여기서 말하는 자본의 교화력은 "자연의 보편적인 전취"와 "자연이 인간을 위한 단순한 대상, 순수한 유용성을 갖춘 물질이 되는 사회, 그리고 자연이 그 자체로 힘을 가진 존재로 인정되지 않으며, 자연의 독립적인 법칙에 대한 이론적인 승인이, 자연을 소비의 대상으로든 생산의 수단으로든, 인간의 필요에 복속시키기 위한 책략으로서만 나타나는 사회 단계의 생산"에서 분출된다.16

(기업이 야기한 여러 재난 중에서도) 2011년 BP 기름유출사고와 후쿠시마 핵사고 이후 쓰레기 섬에 둘러싸인 바다는 죽어가고, 우주는 육군보급창과 고물집적소가 되어가고 있는 상황에서 이런 말들은 우리에게 불길한 파문을 한 번 더 일으킬 뿐일지 모른다.

이런 사건들은 정도는 다르지만 지구상의 모든 사람들에게 영향을 미쳤다. 하지만 신경제질서는 신식민주의과정이라고 보는 것이 가장 적합하다. 신경제질서는 세계를 평평하게 만든 뒤 상호의존적인 회로들의 네트워크로 변신시키기는커녕 불평등과 사회경제적 양극화를 확대하고 위계구조를 심화시켜 세상을 피라미드 구조로 바꿔 놓았다.

마킬라도라 공장

이 과정에서 반식민운동과 여성해방운동이 약화시켰던 성별 및 국제 노동분업이 다시 만개하게 되었다.

시초축적의 전략적인 중심은 역사적으로 자본주의 시스템의 취약점이자 노예제와 플랜테이션의 장소인 구식민지들이었다. 내가 "전략적 중심"이라고 부르는 이유는 이 지역들의 재구조화가 생산의 세계적 재조직과 세계노동시장의 전제조건이자 기초였기 때문이다. 실제로 우리가 최초의 그리고 가장 급진적인 몰수와 빈곤화 과정을, 그리고 노동력재생산에 대한 국가의 가장 급진적인 투자철회를 목격할 수 있는 곳은 바로 이런 곳들이다. 이 과정에 대해서는 기록이 잘 되어 있다. 구조조정의 결과 1980년대 초부터 대부분의 "제3세계" 국가에서 실업율이 아주 높이 치솟아서 미국국제개발처 USAID는 〈노동을 위한 식량〉Food for Work 프로그램만을 진행하는 직원을 모집할 정도였다. 임금은 너무 낮게 떨어져서 여성 마킬라노동자들은 컵우유와 달걀, 토마토를 한 번에 사지 못하고 나눠서 사야 할 지경이었다고 보고되었다. 화폐는 모든 사람에게 의미가 없어졌고, 토지는 정부프로젝트 때문에 몰수되거나 해외투자자들에게 주어졌다. 오늘날 아프리카 대륙의 절반이 긴급식량구호를 받고 있다.17 니제르, 나이지리아, 가나 등 서부아프리카에서는 전기가 끊어졌고 전력망이 망가져서 돈이 있는 사람들은 어쩔 수 없이 민간사업자에게서 전기를 사야 했는데, 윙윙거리는 소리가 얼마나 심한지 사람들이 밤잠을 설칠 정도이다. 정부의 보건 및 교육예산, 농업보조금, 기초생필품에 대한 보조금, 이 모든 것이 잘려나가고 삭감되었다. 그 결과 기대수명이 떨어지고, 기근, 기아, 반복적인 전염병, 심지어는 마녀사냥 등 자본주의의 교화력 덕분에 오래전에 지구상에서 사라진 줄만 알았던 현상들이 다시 나타나게 되었다.18 "긴축" 프로그램과 토지수탈의 손길이 미처 닿지 않은 곳에서는 전쟁이 석유시추와 다이아몬드나 콜탄[컬럼바이트와 탄탈석으로 이루어진 금속광물] 채굴을 위한 새로운 부지를 확보함으로써 그 과업을 완성했다. 이 부지에서 쓸려나간 사람들은 새로운 이산민이 되었고, 결국 이런 사람들 수백만 명이 [원래 살던] 땅에서 도시로 흘러드는 바람에 도시는 갈수록 난민 수용소와 같은 몰골이 되고 있다. 마이크 데이비스는 이 상황을 일컬어 "슬럼행성"이라는 표현을 사용했지만, 게토의 행성과 전 지구적 아파르트헤이트 체제라는 표현이 더 정확하고 생생할 것 같다.

부채위기와 구조조정을 좀 더 깊숙이 들여다보면 "제3세계" 국가들이 강압에 의해 자국시장에 내다 팔던 식량생산물을 수출용으로 판매해야 하고, 먹을 수 있는 작물을 경작하던 토지에서 광물 채취와 바이오연료생산을 하고 있으며, 삼림을 벌거숭이로 만들고 있음을 알 수 있다. 또한 이들 국가들은 기업형 유전자사냥꾼들의 사냥터일 뿐 아니라 모든 종류의 쓰레기가 모이는 쓰레기장이 되고 있다. 이런 점에서 우리는 국제적인 자본의 계획 속에는 "제로에 가까운 재생산"의 운명을 짊어진 지역들이 있다는 결론을 내려야만 한다. 실제로 모든 형태의 생명파괴는 오늘날 원재료 획득, 원치 않는 노동자들의 탈축적[제거], 저항약화, 노동비용감축을 위한 수단이다. 이는 자본주의적 관계를 형성하는 데 있어서 생명력이 가진 생산력만큼이나 중요하다. 전 세계에서 수백만 명이 말할 수 없는 고통에 시달리고, 이주를 위해서는 죽음과 투옥을 각오해야 한다는 점은 노동력의 재생산이 얼마나 저발달상태에 머물러 있는지를 보여준다. 이주는 이제 불가피한 생존수단일 뿐 아니라 얀 물리에 부탕Yann Moulier Boutang과 디미트리스 파파도폴로스Dimitris Papadopoulos의 주장처럼 빼앗긴 부를 재전유하기 위한 수단이자 더 높은 수위의 투쟁을 향한 탈출이기도 하다.[19] 이주가 노동시장 구조화를 위한 규제의 기제로 사용하기 어려운 자율적인 성격을 갖게 된 것은 바로 이 때문이다. 하지만 수백만 명의 사람들이 불확실한 미래를 향해 집에서 수천 마일씩 떨어진 곳으로 떠나가는 것은 이들이 적절한 생활조건에서 스스로를 재생산할 수 없기 때문임이 분명하다. 이주민의 절반이 여성이고, 이 중 많은 이들이 아이를 모국에 남겨둔 기혼여성들이라는 점은 특히 이 점을 분명하게 보여준다. 역사적으로 보았을 때 이 같은 관행은 아주 예외적이다. 여성은 일반적으로 주도권이 없어서라거나 전통적인 제약 때문이 아니라, 가족의 재생산에 가장 큰 책임을 느끼는 입장에 있기 때문에 가정을 떠나지 못했다. 여성들은 종종 자신에게 먹을 것이 없더라도 아이들에게는 반드시 먹을 것을 챙겨줘야 하고, 노약자들을 보살펴야 한다. 따라서 수십만 명이 집을 떠나 수년간의 굴욕과 외로움을 감내하며 이역만리의 낯선 이들을 돌보면서 정작 자신이 사랑하는 이들을 보살피지 못하는 고통 속에 살아간다면 이는 전 세계 재생산의 조직방식에 뭔가 상당히 극적인 일이 일어나고 있음을 의미하는 것이다.

하지만 국제적인 자본가 계급이 세계화로 인한 죽음에 무심하다고 해서 이를 자본이 더 이상 산노동을 필요로 하지 않는다는 증거로 받아들여서는 곤란하다. 현실에서 대규모 인명살상은 자본주의 초기부터 노동력 축적의 필연적인 대응물로, 자본주의의 구조적 구성성분이었고, 이는 폭력적인 과정일 수밖에 없다. 우리가 지난 10년간 아프리카에서 목격한 반복적인 "재생산 위기"는 노동력 축적과 파괴의 이런 변증법에 그 뿌리를 두고 있다. 또한 비계약노동과 (대규모 구금, 혈액, 장기 등 인체 부위의 매매 같은) "현대사회"의 추악한 여러 현상들의 확대는 이런 맥락에서 이해해야 한다.

자본주의는 영구적인 재생산 위기를 양산한다. 만일 이 재생산 위기가 최소한 많은 북반구 지역에서 우리가 살아있는 동안 더욱 분명하게 드러나지 않는다면 이것은 자본주의가 양산하는 인간의 재난이 외부화되고, 식민지에 떠넘겨진 뒤 문화적 후진성이나 그릇된 전통과 "부족주의"에 대한 집착의 효과로 합리화되었기 때문이다. 게다가 1980년대와 1990년대 대부분의 기간 동안 북반구에서는 전 지구적 구조조정의 효과가 일부 유색인종 공동체를 제외하고는 거의 나타나지 않거나, (노동의 유연화와 불안정화 같은) 일부 경우에 노동자 없는 사회까지는 아니더라도 획일적인 오전 9시 출근 오후 5시 퇴근의 제도화에 대한 해방적인 대안으로 나타날 수 있었다.

하지만 전체적인 노동자-자본관계의 관점에서 바라보았을 때 이런 사건들은 자본이 노동자들을 분산시키고 유급노동현장에서 노동자들의 조직력을 약화시키는 힘을 꾸준히 보유하고 있음을 보여준다. 이런 경향들이 합쳐지면서 사회적인 계약이 파기되고, 노동관계의 규제가 완화되었으며, 계약서조차 작성하지 않는 형태의 노동이 다시 도입되어, 한 세기 동안의 노동자투쟁이 쟁취한 공산주의의 성과들이 파괴되었을 뿐만 아니라 새로운 "공공재"의 생산을 위협하고 있다.

북반구에서 역시 실질임금과 고용이 하락했고, 토지와 도시공간에 대한 접근권이 줄어들었으며, 빈곤화와 심지어는 굶주림까지 폭넓게 확산되었다. 최근 보고에 따르면 굶주림을 겪고 있는 미국인은 3천 7백만 명에 달하고, 2011년에 이루어진 계산에 따르면 인구의 절반이 "저임금"으로 분류되는 실정이다. 노동절감기술의 도입은 노동일의 길이를 줄이기는커녕 오히려 노동일을 대폭 늘려 (일본에는) 과로사하는 사람들이 있을 정도이고, "여가시간"과 은퇴는 사치품이 되었다. 미국에서는 이제 야간의 부업이 많은 노동자들의 필수품이 되었고, 연금을 빼앗긴 많은 6~70대 노인들은 노동시장으로 돌아가고 있다. 가장 중요한 점은 한때 작물을 따라 철새처럼 미국 전역을 돌아다니는 계절제 농업노동자들의 운명과 마찬가지로, 유목적 삶을 강요당해 항상 트럭이나 트레일러, 버스를 타고 움직이며 기회가 있는 곳이면 어디든 일자리를 찾아 집 없이 떠돌아다니는 노동력 집단이 성장하고 있는 것이다.

빈곤화와 실업, 과로, 집 없는 신세, 부채와 함께, 17세기의 대유폐

大幽閉, Grand Confinement 20를 연상시키는 대규모 구금정책을 통해 노동계급의 범죄화가 날로 늘어나고 있으며, 미등록이주노동자, 학자금 융자를 체납하게 된 학생들, 불법적인 상품을 생산하거나 판매하는 사람들, 성노동자로 구성된 법률상의 프롤레타리아트 집단이 형성되고 있다. 그림자처럼 존재하면서 노동하는 이 프롤레타리아트 집단은 권리가 주어지지 않은 인구집단(노예, [식민 시대에 미국으로 건너간] 연한年限계약 노동자, 재소자, 불법체류자들)의 창출이 아직도 자본축적을 위해 구조적으로 필요한 요소임을 확인시켜준다.

특히 젊은이들, 그중에서도 노동계급의 흑인 젊은이들에 대해서는 공격이 혹독했다. 흑인민권운동의 잠재적 계승자인 이들에게는 확실한 고용의 가능성도, 교육에 대한 접근권도, 그 어떤 것도 허락되지 않았던 것이다. 하지만 많은 중산층 젊은이들에게도 미래가 불확실하기는 마찬가지다. 공부에 워낙 많은 비용이 들다 보니 빚을 지게 되고, 그러다 결국 학자금 대출을 제때 갚지 못하게 될 수도 있기 때문이다. 취업경쟁은 치열하고, 불안감이 공동체 형성을 가로막으면서 사회적 관계가 갈수록 퍽퍽해지고 있다. 재생산의 구조조정에서 비롯된 사회적 결과 중 영아살해 같은 여성과 어린이를 대상으로 한 폭력의 증가뿐만 아니라 젊은이들의 자살 증가가 있는 것은 그리 놀랄 일도 아니다. 상황이 이러하다면 최근 몇 년간 전 지구적 경제의 재구조화에서 창출된 새로운 생산형태가 더욱 자율적이고 더욱 협력적인 노동형태의 가능성을 마련한다고 주장했던 네그리와 하트 같은 이들의 낙관주의를 공유하기는 불가능하다.

하지만 재생산에 대한 공격에 속수무책으로 당하기만 해 온 것은 아니다. 저항의 형태는 다양한데, 어떤 것은 대중적인 현상으로 인지되기 전까지는 눈에 보이지 않기도 한다. 특히 미국의 경우 신용카드, 대출, 채무상태를 통한 일상적인 재생산의 금융화 역시 이런 관점에서 단순히 금융조작의 결과라기보다는 임금감소에 대한 대응이자, 이로 인한 긴축상태의 거부라고 보아야 할 것이다. 1990년대 이후로 (대중적인 시위, 토지점거, 연대의 경제 구축과 여러 형태의 공유재 형성을 통해) 세계화의 모든 측면에 도전해 온 운동의 운동 a movement of movements이 전 세계적으로 성장하기도 했다. 가장 중요한 것은 작년에 튀니지에서 이집트까지 대부분의 중동지방과 스페인, 미국 등 세계의 많은 지역을 휩쓴 장기간의 대규모 봉기와 "점거"운동이 요 근래 확산되면서 중요한 사회적 전환에 대한 상상이 다시금 가능한 공간이 열리게 된 것이다. 몇 년간 분명한 막다른 골목에서 그 어떤 것도 쇠락해가는 자본주의적 질서의 파괴력을 멈출 수 없을 것 같았던 상황을 겪다가, "아랍의 봄"이 발생하고 미국 전역에 시위용 텐트가 퍼져 이미 갈수록 늘고 있던 노숙자들의 수많은 텐트들과 만남으로써 밑바닥이 다시 한번 일어나고 있음을, 새로운 세대가 자신의 미래를 되찾겠다는 굳은 결심을 하고 광장으로 걸어 들어와 주요한 사회적 단절을 잇는 다리를 놓는 투쟁을 선택하고 있음을 보여준다.

세계경제에서 젠더관계와 여성노동, 재생산노동

이런 배경하에 이제 우리는 재생산노동이 세계경제에서 어떤 대접을 받아왔고, 재생산노동이 겪은 변화들은 노동의 성별분업과 남녀관계를 어떻게 조형해 왔는지 살펴보아야 할 것이다. 여기서도 생산과 재생산 간에는 상당한 차이가 있다. 첫 번째 주목할 만한 차이는 생산은 세계경제의 핵심영역에서 기술적인 도약을 통해 재구조화되어 왔지만, 가사노동영역에서는 집 밖에서 고용된 여성의 수가 상당히 늘어났음에도 노동력재생산에 필요한 사회적 노동을 크게 줄여주는 기술적인 도약이 전혀 없었다는 점이다. 북반구에서는 개인용 컴퓨터가 인구의 많은 부분을 재생산하는 일에 관여하게 되면서 쇼핑, 사회적 활동, 정보획득, 심지어는 성노동의 일부까지 이제는 온라인을 통해 이루어지게 되었다. 친구 사귀기와 이성교제의 로봇화를 추진 중인 일본 기업들도 있다. 이들의 발명품 중에는 고객의 판타지와 욕구에 맞춰 조립하면 노인이나 대상자 연인을 목욕시켜주는 "양육로봇" nursebots 도 있다. 하지만 가장 기술적으로 발달한 나라에서도 가사노동은 크게 줄어들지 않았다. 오히려 가사노동은 시장화되어 대부분 남반구와 구사회주의 국가 출신의 이민자 여성들의 어깨에 재분배되었다. 그리고 여성들은 아직도 가사노동의 많은 양을 꾸준히 수행하고 있다. 다른 형태의 생산과 다르게 인간의 생산은 육체적 요소와 감정적 요소가 복잡하게 결합된 욕구의 충족과 고도의 상호작용을 요하기 때문에 많은 부분 기계화로 환원할 수 없다. 재생산노동이 노동집약적인 과정이라는 사실은 어린이와 노인을 돌보는 일에서 가장 분명하게 드러난다. 어린이와 노인을 돌볼 때는 가장 육체적인 일을 할 때조차 공포와 욕구를 내다보며 안정감과 위로를 제공해야 한다.[21] 그 어떤 일도 순수하게 "물질적"이지도 "비물질적"이지도 않고, 가상의 온라인소통으로 대체하거나 기계화할 수 있도록 분해할 수도 없다.

바로 이 때문에 가사노동과 돌봄노동은 기술화되지 못하고 상업화와 세계화를 통해 다양한 주체들의 어깨에 재분배된 것이다. 특히 북반구에서는 갈수록 많은 여성들이 지불노동에 참여하면서 많은 양의 가사노동이 집 밖으로 나와 이제는 임금고용의 관점에서 보았을 때 지배적인 경제부문을 차지하는 서비스산업의 실제적인 부흥 속에 시장을 기반으로 재조직되었다. 이는 전보다 더 많은 끼니를 집 밖에서 해결하고, 더 많은 옷을 세탁소에 맡겨 빨게 되었으며, 이미 가공된 음식을 더 많이 사게 되었음을 의미한다.

여성들이 결혼과 양육에 관련된 훈련을 거부하면서 재생산활동이 축소된 것도 있다. 미국에서는 1960년대에는 여성 1천 명당 118명이었던 출산의 수가 2006년 66.7명으로 떨어졌고, 이 때문에 초산여성의 중위연령[22]이 1980년 30세에서 2006년 36.4세로 늘어났다. 인구증가세의 하락은 서유럽과 동유럽에서 특히 심한데, 서유럽과 동유럽의 경우 (가령 이탈리아와 그리스 같은) 일부 국가에서는 여성들의 출산 "파업"이 꾸준히 지속되어 인구성장이 멈추게 되자 정책입안가들의 우려가 들끓는 한편, 이민확대에 대한 요구가 증가하게 된 주요 요인으로 작용하고 있다. 결혼의 수와 기혼부부의 수 역시 감소해 왔는데, 미국의 경우 1990년에는 총가구 중 56%였던 기혼자 가구가 2006년에는 51%로 줄어들었으며, 이와 동시에 나홀로가구의 수가 늘어나(미국의 경우 2천3백만에서 750만 가구가 늘어나 3천50만 가구가 되었다) 30%의 증가율을 기록하고 있다.

가장 중요한 사실은 구조조정과 경제의 재전환 이후 재생산노동의 재구조화가 전 세계적으로 일어나 [선진국]대도시 노동력 재생산의 많은 부분, 그중에서도 특히 어린이와 노인을 돌보는 노동과 남성 노동자를 성적으로 재생산하는 일이 이제는 남반구 출신의 여성이민자들을 통해 수행되고 있다는 점이다.[23] 이는 여러 가지 관점에서 아주 중대한 사건이다. 그럼에도 불구하고 여성주의자들은 이 사건으로 인해 발생하게 된 여성 내 권력관계와 상업화된 재생산노동의 한계라는 관점에서, 이 사건의 정치적 함의를 아직 충분히 이해하지 못하고 있다. 정부는 "돌봄의 세계화" 덕분에 재생산 부문에 대한 투자를 축소할 수 있게 되었다고 칭송하지만, 이 같은 "해법"은 여성이민자 개인에게뿐만 아니라 이들의 출신공동체에 막대한 사회적 희생을 요구한다.

재생산노동의 기술화는 말할 것도 없고, 시장을 기초로 한 재생산노동의 재조직화나, "돌봄의 세계화" 그 어떤 것도 "여성을 해방"시키거나 오늘날과 같은 형태의 재생산노동에 내재한 착취를 제거하지 못한다. 전 세계적인 관점으로 세상을 바라보면, 모든 나라에서 아직도 여성들이 부불가사노동의 대부분을 떠안고 있을 뿐 아니라, 사회적 서비스의 축소와 산업적 생산의 분산 때문에 아무리 여성들이 직장에 다닌다 하더라도 집에서 수행하는 (부불이든 지불이든) 가사노동의 양이 실제로는 늘어났을지 모른다는 결론에 이르게 된다.

여성의 노동일을 연장하고 노동을 집으로 돌려보낸 요인은 크게 세 가지이다. 첫째, 경제적 세계화에서 비롯된 충격을 흡수한 집단은 세계경제의 악화와 노동력재생산에 대한 갈수록 심화된 국가의 투자철회를 자신의 노동으로 상쇄한 여성들이었다. 이는 국가가 보건, 교육, 하부시설, 기초생필품에 대한 지출을 완전히 삭감한 구조조정 프로그램을 시행한 국가에서 특히 분명히 드러났다. 이 같은 삭감의 결과 대부분의 아프리카와 남아메리카에서는 여성들이 물을 긷고, 음식을 구해 조리하며, 훨씬 빈번해진 질병과 싸우느라 더 많은 시간을 써야 하는 상황이 되었다. 의료기관의 사유화로 대부분이 병원을 찾기 어려워진 상태에서 영양실조와 환경파괴 때문에 질병에 대한 취약성이 증가했기 때문이다.

미국에서도 예산감축 때문에 병원 등의 공공기관에서 전통적으로 해 왔던 업무의 많은 부분이 사유화되거나 가정에 떠넘겨져 여성의 부불노동을 활용하고 있다. 가령 요즘에는 수술이 끝나면 거의 곧바로 퇴원을 해야 하기 때문에 전에는 의사와 전문간호사들이 했던 다양한 수술 후 처리와 치료용 의료행위(가령 만성질환자의 경우)를 집에서 해결해야 한다.24 (가사일, 개인적인 돌봄 같은) 노인에 대한 공공보조 역시 축소되었고 가정방문이 훨씬 줄어들었으며 제공되던 서비스들이 적어졌다.

재생산노동을 다시 집으로 집중시킨 두 번째 요인은 "가내노동"의 확대인데, 산업적 생산의 분산과 비공식노동의 확대가 부분적인 원인으로 지목된다. 데이비드 스테이플즈David Staples가 『집만 한 곳 없어라』 No Place Like Home(2006)에서 적고 있듯 가내노동은 구시대적 노동형태이기는커녕 오랜 기간 지속된 자본주의적 전략의 하나로서 오늘날에도 전 세계적으로 수백만 명의 여성과 아이들이 도시와 마을, 교외지역 등에서 가내노동을 하고 있다. 스테이플즈의 정확한 지적대로 부불가내노동이 가진 매력 때문에 노동이 자꾸 가정으로 침투할 수밖에 없는데, 가정에서 노동을 조직할 경우 고용주는 해당 노동을 보이지 않게 만들고, 노조를 조직하려는 노동자의 노력을 약화시키며, 임금을 최저수준으로 끌어내릴 수 있다. 많은 여성들이 돈도 벌면서 가족들을 돌보겠다는 생각에서 이 같은 방식의 노동을 선택하지만 이는 "공식적인 환경에서 수행했을 때 벌 수 있는 중간임금보다 훨씬 낮은" 임금을 벌게 하고, 여성들을 가사노동에 더욱 깊이 붙잡아두는 성

별노동분업을 재생산하는 노동에 예속되는 결과를 낳을 뿐이다.25

마지막으로 여성고용의 증가와 재생산의 재구조화는 젠더노동의 위계를 없애지 못했다. 남성의 실업이 증가함에도 불구하고 여성들은 여전히 남성임금의 일부만을 받고 있다. 게다가 한편으로는 경제적 경쟁에 대한 두려움과, 다른 한편으로는 남성들이 가정의 부양자로서 자신의 역할을 충족시키지 못할 때 경험하게 되는 좌절감에서 유발된, 그리고 가장 중요하게는 전보다 더 많은 여성들이 자기만의 돈을 관리하고 더 많은 시간을 집 밖에서 보내면서 남성이 이제는 여성의 몸과 노동을 전만큼 통제하지 못한다는 사실에서 유발된 여성에 대한 남성의 폭력이 증가하고 있다. 임금하락과 실업의 만연으로 가정을 꾸리기 어렵게 된 상황에서 많은 남성들이 포르노나 성매매를 조직함으로써 여성의 몸을 교환이나 세계시장에 대한 접근 수단으로 삼기도 한다.

여성에 대한 폭력의 증가는 양으로 표현하기가 어렵고, 최근에는 새로운 형태를 취하고 있다는 점을 고려했을 때 질적인 사고가 그 의미를 이해하는 데 더 도움이 될 것이다. 구조조정의 영향하에 놓인 일부 국가에서는 가정이 전혀 해체되지 않았다. 배우자 중 한 명 또는 두 명이 모두 수입원을 찾아 이주하거나 따로 살 수밖에 없는 상황에서 이는 [부부간의] 상호합의하에 이루어지는 경우도 종종 있다. 하지만 많은 경우 남편이 가령 가난 때문에 아내와 아이들을 버릴 때 대단히 충격적인 사건이 벌어진다. 아프리카와 인도의 일부 지역에서는 나이 든 여성들에 대한 공격도 자행되어왔는데, 이들을 집에서 내쫓거나 심지어는 마술을 부린다거나 악귀에 들렸다는 이유로 살해하는 경우도 있었다. 이 같은 현상 역시 급격하게 줄어드는 자원 앞에서 더 이상 생산성이 없다고 판단된 구성원에 대한 가족의 지원이 크게 위기를 겪게 되었음을 반영한다. 중요한 점은 이것이 공유지시스템의 꾸준한 붕괴와 연결되어 있다는 점이다.[26] 하지만 이는 화폐관계의 확산 속에 재생산노동과 그 노동의 주체들이 겪어온 가치절하의 표현인 측면도 있다.[27]

세계화과정에서 유래를 찾을 수 있는 폭력의 다른 예로는 인도에서 벌어지는 지참금 살해[28]의 증가, 인신매매와 그 외 강제적인 성노동의 증가, 살해당하거나 실종되는 여성 수의 급격한 증가를 들 수 있다. 지금까지 시우다드 화레스[29]를 비롯, 미국과 국경이 맞닿아 있는 멕시코 도시에서는 젊은 여성, 그중에서도 특히 마낄라도라의 노동자 수백명이 살해당했다. 이들은 포르노와 "스너프" snuff [30]를 만들어내는 범죄네트워크나 강간의 피해자임이 분명하다. 멕시코와 과테말라에서는 이렇게 살해당하는 여성피해자의 수가 무시무시하게 증가했다. 하지만 무엇보다 제도적인 폭력이 악화되었다는 점이 중요하다. 이것은 절대적인 빈곤화와 비인간적인 노동환경, 은밀한 이주가 빚어낸 폭력이기 때문이다. 이 같은 이주를 도피를 통해 자율성과 자기결정권을 증대하려는 투쟁이나 좀 더 우호적인 권력관계를 찾기 위한 노력으로 해석한다 해도 위의 사실들은 변하지 않는다.

위의 분석을 통해 우리는 몇 가지 결론을 도출할 수 있다. 첫째, 임금노동을 위한 투쟁이나, 일부 맑스주의 여성주의자들이 좋아하는 "작업장의 노동계급에 합류"하기 위한 투쟁은 해방에 이르는 길이 될 수 없다. 임금고용은 불가피한 일일 수는 있어도 일관된 정치적 전략이 될 수는 없다. 재생산노동이 가치절하되는 한, 재생산노동이 사적인 문제로, 여성의 책임으로 치부되는 한, 여성들은 언제나 남성보다

적은 권력을 가지고, 사회경제적으로 극도로 취약한 조건 속에서 자본과 국가에 대항하게 될 것이다. 또한 재생산노동을 축소시키거나 시장을 기반으로 재조직할 수 있는 정도에는 심각한 제약이 있음을 인식하는 것이 중요하다. 가령 어린이, 노약자, 환자처럼 누군가의 돌봄이 필요한 사람들을 크게 희생시키지 않은 상태에서 이들에 대한 돌봄을 과연 어느 정도나 축소하거나 상업화할 수 있을까? 이와 관련해서는 식품생산의 시장화가 우리의 건강 악화(가령 어린이들 사이에서마저 비만이 증가하게 됨)에 기여했다는 사실을 통해 교훈을 얻을 수 있다. 요즘처럼 재생산노동을 다른 여성들의 어깨에 재분배함으로써 상업화하는 식의 "해법"은 가사노동 위기를 확대하여 이제는 돈을 받고 돌봄노동을 제공하는 여성의 가족들에게까지 영향을 미치는 한편, 여성 내에 새로운 불평등을 양산할 뿐이다.

지금 우리에게 필요한 것은 재생산의 물질적 조건에 대한 통제력을 회복하고 자본과 시장의 논리 밖에서 재생산노동과 관련된 새로운 협력의 형대를 창출함으로써 재생산을 둘러싼 집합적 투쟁의 문을 다시 여는 것이다. 이는 그 자체로 유토피아가 아니라 이미 세계 많은 곳에서 진행 중인, 세계금융시스템의 붕괴 속에 더욱 확대될 과정이다. 정부는 이제 이 위기를 이용하여 우리에게 향후 수년간 고된 긴축시스템을 강요하려는 시도를 하고 있다. 하지만 (이 같은 재생산의 재조직화가 더욱 진전될 수 있는 영역을 몇 가지만 꼽자면) 토지의 탈취, 도시농업, 공동체 차원에서 지원하는 농업, 빈집점거squats, 다양한 형태의 물물교환, 상호부조, 대안적인 보건의 창출을 통해, 재생산노동을 숨 막히고 차별적인 활동에서, 인간관계 중에서 가장 해방적이고 창의적인 실험의 장으로 전환시켜 줄 수 있는 새로운 경제가 나타날 수도 있다.

앞서 말했듯 이것은 유토피아가 아니다. 경제적 세계화의 결과는, 수백만 명의 여성들이 자본주의 노동시장에서 자신들의 가치가 어떻게 매겨지는지에 관계없이 가족을 부양하기 위해 쏟아부은 노력들이 없었다면 분명 훨씬 더 범죄적인 양상을 띠었을 것이다. 각양각색의 직접행동(공공토지점거에서부터 도시농업에 이르기까지)과 생계형 활동들을 통해 자신들이 속한 공동체를 완전히 강탈당하지 않도록 저지하고, 예산을 확대하며 부엌에 먹을 것을 조금이라도 더 늘린 사람들은 바로 여성들이었다. 전쟁과 경제위기, 가치하락 와중에도, 자신들 주위의 세계가 무너져 내리는 순간에도 여성들은 버려진 도시 공터에 옥수수를 심었고 음식을 만들어 길가에서 팔았으며 (칠레와 페루의 공동체부엌운동[31] 같은) 공용부엌을 만들어 생명의 완전한 상품화를 저지하고, 우리가 삶에 대한 통제력을 다시 거머쥐고자 할 때는 반드시 필요한 재생산의 재전유와 재집단화 과정의 문을 열었다. "다중"이 그 어떤 운동도 참여자의 재생산을 중심에 두고 고민하지 않으면 지속불가능하다는 사실을 이해하고 저항의 시위를 집합적인 재생산과 협력의 순간으로 전화시켰다는 점에서 2011년의 축제 같은 광장들과 "점거"운동은 어떤 면에서 이 과정의 연속이라 할 수 있다.

3부

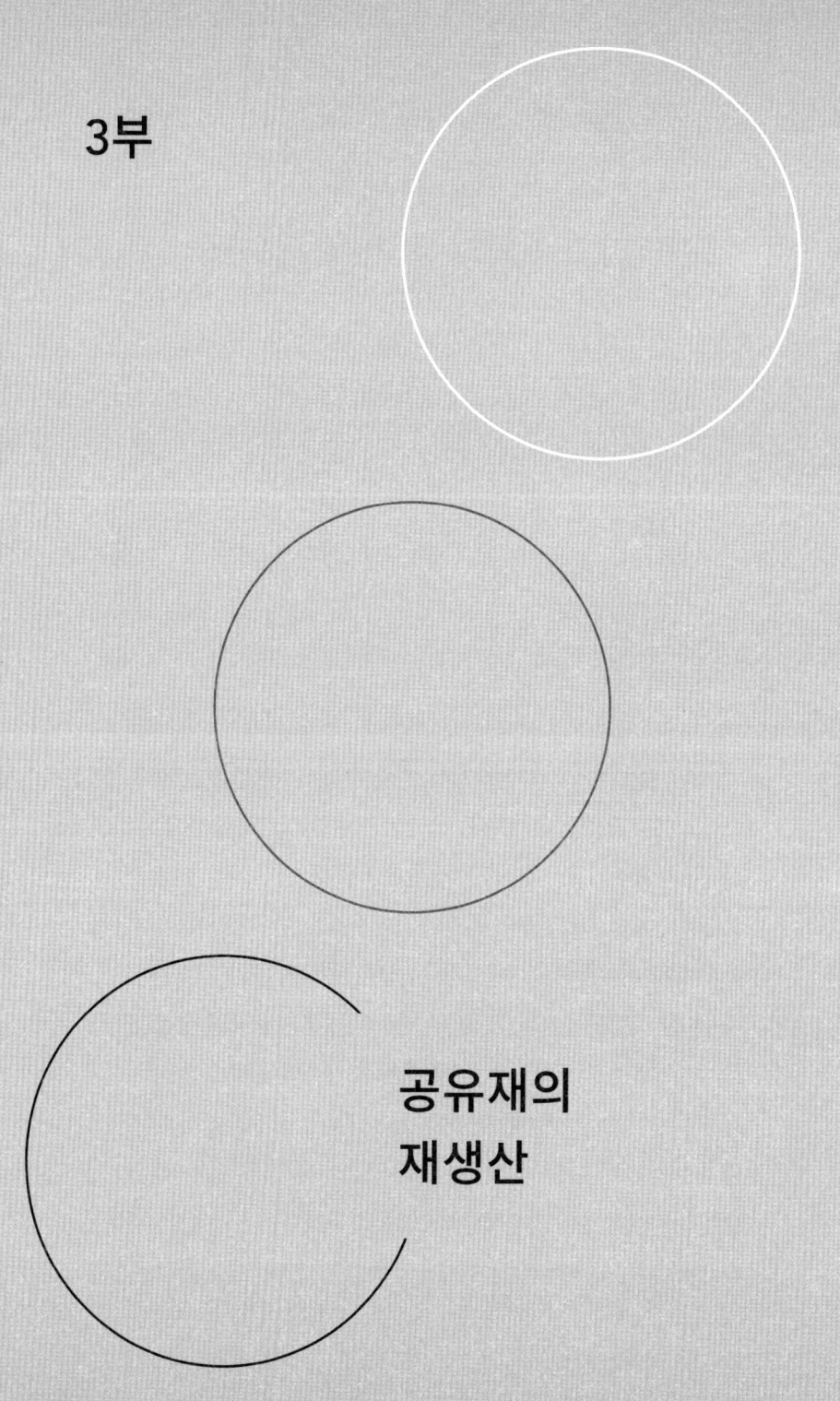

공유재의
재생산

10장

노인돌봄노동과
맑스주의의 한계에 대하여

들어가며

최근 몇 년간 OECD국가에서는 "돌봄노동" 특히 노인돌봄이 전통적인 많은 지원책들을 위기로 몰아넣은 수많은 경향에 대응하는 과정에서 대중적인 관심을 한 몸에 받게 되었다. 먼저 이런 경향 중에는 상대적/절대적 고령인구의 증가와 기대수명의 증가가 있다. 하지만 노인을 위한 서비스의 증가속도는 이 같은 흐름을 따라가지 못하고 있다.[1] 또한 여성취업이 확대되면서 가족의 재생산에 대한 여성의 기여도가 줄어들기도 했다.[2] 여기에 꾸준한 도시화와 노동계급거주지역의 재개발 gentrification 때문에, 음식을 가져다주고 잠자리를 살피며 담소를 나누러 오던 이웃 덕분에 한때 독거노인들이 의존할 수 있었던 상호부조의 여러 형태들과 지원네트워크가 파괴되었다. 이 같은 경향들 때문에 많은 노인들에게는 길어진 수명의 긍정적인 효과들이 아무런 의미가 없어지거나, 고독, 사회적 배제, 육체적/심리적 학대에 대한 취약성의 증가가 예상되면서 수명연장의 효과가 흐려지게 되었다. 이런 배경 속에 나는 특히 미국의 현대사회정책 중에서 노인의료 문제를 약간 살펴본 후 이 문제와 관련하여 어떤 조치를 취할 수 있고 노인돌봄문제가 어째서 급진좌파들의 문헌에 빠져 있는지를 탐구할 것이다.

이 글의 주요 목표는 사회적 부를 노인돌봄 쪽에 재분배하고, 노인들이 더 이상 자립능력이 없을 때 타인의 삶을 희생시키지 않고 제공받을 수 있는 집단적인 재생산형태를 구축할 것을 요구하는 것이다. 하지만 이를 위해서는 노인돌봄을 둘러싼 투쟁을 정치화하고 사회정의운동의 의제 위에 올려놓아야 한다. 고령 개념에는 문화적인 혁명도 필요하다. 지금의 개념 속에는 한편으로는 국가에 대한 재정적 짐이라는 모멸적인 재현과, 다른 한편으로는 시장이 토해낸 "삶의 질 향상" 도구들과 올바른 의료기술을 채택하기만 하면 극복할 수 있고 심지어는 예방할 수 있는 인생의 "선택적인" 단계라는 재현이 있기 때문이다.[3] 노인돌봄 문제를 정치화할 때는 노인들의 운명과 우리 인생에서 이 같은 중요한 문제를 해결하지 못한 급진운동의 지속불가능성뿐만 아니라 세대 간 및 계급 연대의 가능성 역시 관건이다. 수년간 정치적인 경제학자들과 정부는 노동자들이 (연금이나 기타 사회적 안전장치들처럼) 노년을 대비하여 쟁취한 대책들을 경제적인 시한폭탄과 젊은이들의 미래에 부담이 되는 무거운 담보대출이라고 묘사하면서 세대 간 및 계급 연대의 가능성을 대상으로 끈질긴 교전을 벌여왔기 때문이다.

세계화시대 노인돌봄의 위기

보기에 따라 오늘날과 같은 노인돌봄의 위기는 전혀 새롭지 않다. 자본주의 사회에서 노인돌봄은 언제나 위기상태였다. 자본주의에서는 재생산노동이 가치절하되기 때문이기도 하지만, 노인들이 과거 전자본주의 사회에서 그랬듯 집단의 기억과 경험을 간직한 담지자들로 존중받지 못하고 더 이상 생산력이 없는 사람들로 비춰지기 때문이다. 다시 말해서 노인돌봄은 문화적 가치절하와 사회적 가치절하를 통해 이중적인 어려움을 겪고 있다. 모든 재생산노동이 그렇듯 노인돌봄은 노동으로 인식되지 않고, 그 생산물이 가치를 인정받는 노동력 재생산과는 다르게 가치를 흡수할 뿐 창조하지는 못하는 것으로 받아들여진다. 이 때문에 노인돌봄에 배정된 자금은 전통적으로 19세기의 구빈법과 비슷하게 아주 인색한 방식으로 지출되었고, 자립능력이 없는 노인을 돌보는 일은 외부의 지원이 거의 없는 상태에서 여성이 가사노동의 일부로 이 일을 맡는 것은 당연하다는 가정하에 가족과 친지들에게 맡겨졌다.

자본이 "사용 중인" 노동력뿐만 아니라 [노인과 같은] 노동능력을 상실한 사람들에게 도움 주고 노동계급을 [요람에서 무덤까지] 전 생애에 걸쳐 재생산하도록 만들기 위해서는 기나긴 투쟁이 필요했다. 하지만 케인즈주의적인 국가마저도 이 목표에 온전히 이르지는 못했다. 1940년 미국에서 시행된 뉴딜정책의 사회보장법을 보라. 이 법은 "금세기의 성과물 중 하나"로 칭송받지만 사회적 보험을 수년간의 유급고용과 연계하고 절대빈곤상태에 있는 이들에게만 노인돌봄서비스를 제공한다는 점에서 노인들이 직면한 문제에 부분적으로만 대응했다.[4]

신자유주의의 승리는 이 상황을 악화시켰다. 일부 OECD 국가에서는 1990년대에 재가在宅돌봄노동에 대한 지원금을 늘리고 돌봄노동자에게 조언과 서비스를 제공하는 조치를 취했다.5 잉글랜드에서는 정부가 돌봄노동자들에게 고용주에게 유연한 작업스케줄을 요구할 수 있는 권리를 부여했고, 덕분에 이들은 유급노동과 돌봄노동을 "화해시킬" 수 있게 되었다.6 하지만 "복지국가"의 해체와, 재생산은 노동자의 사적 책임이라는 신자유주의적인 주장 때문에 역풍이 불어왔고 이 역풍에는 탄력이 붙고 있으며, 오늘날의 경제위기에 가속도가 붙으리라는 점은 의문의 여지가 없어 보인다.

노인복지서비스의 중단은 특히 미국에서 심각해서 노동자들이 장애가 있는 부모를 돌보는 과정에서 경제적으로 궁핍해지는 경우가 종종 생기고 있다. 특히 사람들을 크게 궁지로 몰아넣은 정책은 바로 병원에서 제공하던 많은 서비스를 가정에 떠넘긴 것이다. 이는 순전히 재정적인 우려에서, 과거에 병원이 제공했던 서비스를 대체하는 데 필요한 구조들은 거의 무시한 채 진행된 변화였다. 노나 글레이저Nona Glazer의 묘사처럼 이 사건은 가족 구성원, 특히 여성들이 해야 하는 돌봄노동의 양을 늘리는 데서 그치지 않았다.7 과거에는 오직 등록된 간호사와 병원들만 시술할 수 있다고 생각했던 "위험하고" 심지어는 "목숨을 위협하는" 수술을 집으로 떠넘기기까지 한 것이다.8 이와 동시에 보조금을 받던 재가서비스노동자들의 업무부하가 두 배로 늘어났고, 이들의 방문시간은 갈수록 줄어들었으며9, 그 결과 이들은 어쩔 수 없이 자신들의 업무를 "가정유지와 신체돌봄"으로 축소시켜야 했다.10 연방보조금을 받던 요양시설 역시 "테일러화"되어 "시간동작연구를 가지고 노동자가 몇 명의 환자를 돌볼 수 있는지" 결

정하게 되었다.[11]

　1980년대와 1990년대에 이루어진 노인돌봄의 "세계화"도 이러한 상황을 해결하지는 못했다. 세계화를 통해 촉진된 재생산노동의 신국제분업은 돌봄노동의 많은 양을 여성이민자들에게 내맡겼다. 이로 인해 정부는 노인돌봄서비스를 제공하느라 수십억 달러의 재정을 지출할 필요가 없어지면서 크게 득을 보았고, 독립성을 유지하고 싶은 많은 노인들이 재정적으로 파산하지 않고도 집에 머물 수 있게 되었다. 하지만 이는 돌봄노동자들의 여건과 돌봄노동을 "선택"하게 만든 요인들과 관련된 총체적인 사회경제적 전환이 빠져 있다는 점에서 노인돌봄에 대한 "해답"이라고 볼 수 없다.

　아프리카, 아시아, 카리브해의 도서지역, 구사회주의권 출신 여성 수백만 명이 좀 더 풍요로운 유럽, 중동, 미국으로 이주하여 유모로, 가사도우미로, 노인돌봄노동자로 일하게 된 것은 자신의 출신국가들이 "경제자유화"와 "구조조정"의 파괴적인 영향에 시달리고 있기 때문이다. 이를 위해 이 여성들은 자식과 나이 든 부모를 비롯한 가족들을 남겨 놓고 떠나야 하기 때문에 자신들이 더 이상 제공할 수 없는 노동을 대체해줄, 자신들보다 권력과 자원이 더 적은 여성들을 고용하거나 친척에게 부탁을 해야 한다.[12] 이탈리아의 경우를 보면, (노인요양사를 지칭하는) 바단티 넷 중 셋은 자식이 있지만, 가족과 함께 살고 있는 이들은 15%에 불과한 것으로 나타났다.[13] 이는 많은 사람들이 지구 반대편에서 타인을 돌보느라 정작 고향에 있는 자신의 가족들은 보살피지 못하고 있다는 사실 때문에 엄청난 스트레스에 시달리고 있음을 의미한다. 이런 맥락에서 앨리 혹실드Arlie Hochschild는 "돌봄과 감정의 전 세계적인 이전"과 "전 지구적인 돌봄사슬"의 형성에 대해 이야기

가사노동자연합의 시위

한 바 있다.[14] 하지만 이 사슬은 종종 끊어진다. 여성이민자들은 자신의 자식에게서 멀어지고, 약속했던 합의는 허물어지며, 친척들은 이들이 없는 동안 세상을 떠날 수 있기 때문이다.

재생산노동이 평가절하되고, 유급돌봄노동자들이 이민자이며, 미등록신세인 경우가 많고, 유색인종 여성이라는 사실 때문에 장시간 노동, 무급휴가, 인종주의적인 처우와 성범죄 등 엄청난 학대와 협박에 취약하다는 점 또한 중요하다. 미국에서는 재가돌봄노동자들의 임금이 워낙 낮다보니 저소득자대상 식량 배급표 같은 여러 가지 공공부조에 의존해야 겨우 먹고 살 수 있는 사람들이 거의 절반에 이른다.[15] 실제로 〈가사노동자연합〉Domestic Workers United(뉴욕에 본부를 두고 있는 규모가 큰 가사/돌봄노동자 조직으로 〈가사노동자 권리장전〉Domestic Workers Bill of Rights을 기획한 집단이다)의 표현대로 가사

노동자들은 "노예제의 그늘" 속에서 생활하고 노동한다.[16]

　대부분의 노인과 가족들은 돌봄노동자를 고용하거나 실제 필요를 충족시킬 수 있는 서비스에 대해 돈을 지불할 능력이 없다는 점도 강조해 둘 필요가 있겠다. 장애가 있어서 하루 온종일 보살핌이 필요한 노인의 경우가 특히 그렇다. [이탈리아] 국가경제노동위원회[CNEL]의 2003년 통계에 따르면 이탈리아에서는 집에서 가족이 아닌 사람의 도움을 받는 노인은 2.8%에 불과한 반면, 프랑스는 이탈리아의 두 배, 독일은 세배에 달한다.[17] 하지만 여전히 이 수치도 낮기는 마찬가지다. 많은 수의 노인들이 힘겨운 고난 속에 혼자 살아가는데, 이 고난은 보이지 않을수록 더욱 파괴적이다. 2003년의 "혹서" 속에 유럽 전역에서 탈수와 식량 및 의약품의 부족, 또는 그저 견딜 수 없는 더위 때문에 수천 명의 노인들이 사망했다. 파리에서는 사망자가 너무 많아서 당국은 가족들이 올 때까지 냉동시설이 된 공공장소에 시신을 쌓아둬야 했다.

　가족구성원들이 노인을 돌볼 때 대체로 그 일은 여성에게 할당되고,[18] 그 일을 맡게 된 여성들은 돌봄에 대한 책임감뿐만 아니라 때로 한 번도 해 본 적 없는 일들까지 수행해야 한다는 책임감과 노동에 시달리며 몇 달간 혹은 몇 년간 심신이 너덜너덜해진 상태로 살게 된다. 많은 여성들이 집 밖에서도 일자리를 갖는다. 돌봄노동이 힘들어지면 결국 집 밖의 일을 그만두게 되긴 하지만 말이다. 특히 강조해야 할 집단은 아이도 키우면서 부모까지 봉양하는 "샌드위치 세대"다.[19] 미국의 저임금 한부모 가정에서는 겨우 11살 정도밖에 안 된 십 대 자녀들이 치료와 주사까지 책임지며 노인들을 보살필 정도로 돌봄노동의 위기는 심각한 지경에 달했다. 『뉴욕타임즈』의 보도에 따르면 2005년 미국 전역을 대상으로 시행된 한 연구는 "8세에서 18세의 자녀를 둔 가정 중에서 아이가 돌봄노동을 제공하는 경우가 3%였다"고 밝혔다.[20]

"지원형 돌봄" assisted care을 구매할 능력이 없는 사람들에게 대안은 공공자금으로 운영되는 요양시설이지만, 이는 노인을 위한 쉼터라기보다는 감옥에 더 가깝다. 보통 일손과 자금 부족 때문에 이런 기관에서는 최소한의 돌봄서비스만을 제공한다. 이런 기관들이 기껏 하는 일이라고는 그 누구도 자세를 바꿔주고 베개를 정돈해주며 다리를 주물러주거나 욕창을 보살피지 않는, 혹은 그냥 말 상대를 해줄 사람조차 없는 상태에서 노인들이 몇 시간 동안 잠자리에 누워있도록 방치하는 것뿐이다. 여기에는 노인들이 정체성과 품위를 유지하고 아직 가치를 인정받으며 살아있음을 느끼는 데 필요한 기본적인 요소들이 전혀 없다. 최악의 경우 요양시설은 노인들에게 약물을 투여하고 이들을 침대에 묶어 놓아 자신의 배설물 속을 뒹굴게 만들고 모든 종류의 육체적, 심리적 학대에 시달리게 만드는 장소다. 이 중 많은 일들이 일련의 보고서를 통해 실제로 밝혀지기도 했는데, 2008년 미국 정부가 발표한 보고서에 따르면 학대, 태만, 안전 및 보건규정 위반 등이 한 번이라도 있었던 요양시설은 94%에 달했다.[21] 다른 나라라고 해서 상황이 더 낫지만도 않다. 이탈리아의 경우 필요한 의학적 도움을 거부한 사례 등과 같이 장애나 만성질환이 있는 노인을 상대로 요양시설에서 학대가 일어난다는 보고는 아주 빈번하다.[22]

노인돌봄, 노조, 좌파

이제까지 내가 설명했던 문제들이 너무 보편적이면서도 긴박하다 보니 노인돌봄 문제를 국제적으로 사회정의운동과 노조의 가장 중요한 의제로 삼아야 한다고 생각할 수도 있다. 하지만 이는 그리 단순한 문제가 아니다. 돌봄노동자들은 간호사와 조무사처럼 어떤 기관에 속해서 일하지 않기 때문에 〈남아프리카노동조합회의〉Congress of South African Trade Unions(COSATU) 같은 가장 전투적인 노동조합마저도 이들을 무시해 왔다.[23]

노조는 연금, 은퇴조건, 보건복지문제를 두고는 협상을 벌이지만, 나이 든 사람과 (유급이든 무급이든) 돌봄노동자들에게 필요한 부양 시스템 관련 프로그램에 대해서는 거의 논의가 없다시피 한 실정이다. 미국에서는 최근까지도 노조에서 부불 가사노동자는 말할 것도 없고 돌봄노동자들을 조직하려는 시도조차 하지 않았다. 따라서 지금까지 개인 또는 가족을 위해 일하는 돌봄노동자들은 "최소임금, 잔업, 협상권, 기타 작업장 보고조치에 대한 접근권"을 보장해주는 뉴딜 법안인 〈공정노동기준법〉Fair Labor Standards Act에서 배제되어 있었다.[24] 이미 언급했듯 미국의 50개 주 중에서 지금까지 돌봄노동자를 노동자로 인정하는 주는 〈가사노동자연합〉의 오랜 투쟁으로 2010년 11월 권리장전을 통과시킨 뉴욕주뿐이다. 이는 미국만의 문제가 아니다. 2004년 국제노동기구의 조사에 따르면 "가사서비스부문에서 교차국가 노조조직률은 1%가 안 된다."[25] 연금 역시 모든 노동자들에게 주어지는 것이 아니라 임금을 받고 일해 온 사람들에게만 국한되기 때문에 보수 없이 가족을 돌보는 사람들에게는 당연히 해당되지 않는다. 재생산노동은 노동으로 인정되지 않고 연금시스템은 유급고용 연차를 근거로 수당을 계산하기 때문에 전업주부였던 여성들은 임금을 버는 남편을 통해서만 연금을 받을 수 있고, 이혼할 경우에는 어떤 사회보장 혜택도 받지 못한다.

노동조직들은 이 같은 불평등에 도전해본 적이 없었고, 현대 맑스주의 분석에서 노인돌봄에 대한 언급이 전혀 없다는 사실을 근거로 판단했을 때, 사회운동과 맑스주의 좌파들은 거의 예외 없이 노인들을 투쟁에서 의미 없는 존재로 생각해 왔던 것으로 보인다. 이 같은 사태에 대한 책임은 어느 정도는 맑스 그 자신에게 있었던 것으로 볼 수 있다. 18세기 이후로 고령과 관련된 문제는 혁명적인 정치적 의제였고, 맑스가 살던 시절에는 상호부조사회와 (푸리에적, 오웬적, 이카로스적으로) 재창조된 공동체에 대한 유토피아적 전망이 넘쳐났음에도 우리는 맑스의 저작에서 노인돌봄이라는 주제를 한 번도 접해보지 못했다.[26]

맑스의 관심은 자본주의적 생산의 동학을 이해하고, 계급투쟁이 어떻게 여기에 도전하는지, 그리고 이로 인해 자본주의의 동학이 어떻게 변형되는지를 이해하는 데 있었다. 고령자의 사회보장과 노인돌봄은 이런 논의에 끼어들지 못했다. 맑스와 같은 시대를 살았던 사람들의 전언을 믿을 경우, 맑스의 시기에는 맨체스터와 리버풀 같은 산업지역의 평균기대수명이 많아야 30세를 넘지 못했기 때문에 공장노동자들과 광부 중에는 고령자가 드물었다.[27]

무엇보다 중요한 점은 맑스가 자본 축적을 위해서나 새로운 공산주의 사회의 건설을 위해서나 재생산노동이 핵심이라는 사실을 인식하지 못했다는 것이다. 맑스와 엥겔스 모두 영국노동계급이 생활하고 노동했던 끔찍한 상황을 묘사했지만, 맑스는 재생산노동이 자본주의 이후 사회에서, 또는 투쟁의 과정 속에서 재조직될 수 있음을 상상하지 못하고 재생산과정을 거의 당연시하다시피 했다. 가령 그는 이후에 크로포트킨이 "상호부조"라고 지칭한, 재생산과정에서의 질적으로 다른 여러 형태의 프롤레타리아트적 협력을 간과한 채 오직 상품생산과정 속에 있는 "협력"에 대해서만 논했다.[28]

맑스에게 노동자 간의 협력은 "전적으로 자본[가]에 의해 초래되는", 노동의 자본주의적 조직에서 근본적인 특성으로 오직 노동자들이 "스스로에게 속하기를 중단할" 때에만 나타나고, 순수하게 노동의 효율성과 생산성을 향상시키는 기능을 맡는다.[29] 이처럼 여기에는 크로포트킨이 당시의 산업인구 속에 존재한다고 보았던 수많은 "상호 지원의 제도들"("연합, 협회, 형제애, 동맹")과 다양한 연대의 표현들이 빠져 있다.[30] 크로포트킨의 지적처럼 이런 형태의 상호부조는 자본과 국가가 노동자의 삶에 행사하는 권력을 제약함으로써 무수한 프롤레타리아들이 완전한 나락으로 굴러떨어지지 않게 막아주고, 자율적으로 관리되는 보험시스템의 씨를 뿌려 실업과 질병, 고령과 죽음에 대해 어느 정도 대비를 할 수 있게 해준다.[31]

『정치경제학 비판 요강』(이하『요강』)(1857~58)의 "기계에 대한 단상"에서 엿볼 수 있는 맑스의 유토피아적 관점은 맑스의 전망이 안고 있는 한계를 전형적으로 보여준다. 이 글에서 맑스는 기계가 모든 노동을 대신하고, 인간은 기계의 감독관으로서 기계를 돌보기만 하면 되는 세상을 그리고 있다. 이 같은 그림은 사실 선진자본주의국가에서마저 사회적 필요노동 중 많은 비중을 재생산노동이 차지하고 있고, 재생산노동을 모두 기계화로 환원할 수는 없다는 사실을 간과하고 있다.

아무리 재생산노동에 기술을 투입한다 해도 노인, 또는 유급작업장에서 소외된 사람들의 필요와 욕구, 가능성은 아주 최소한으로만 해결될 수 있다. 노인돌봄의 자동화는 이미 많은 검토가 이루어진 분야다. 낸시 폴브레Nancy Folbre(미국의 선도적인 여성주의 경제학자이자 노인돌봄 이론가)가 보여주었듯 상호작용이 가능한 로봇을 생산하는 일본 산업계는 노인돌봄을 기술화하려는 시도에 있어서 상당히 앞서 있다. 목욕을 시켜주거나 "운동 삼아 산책을 시켜주는" 양육로봇과 "동반자 로봇"(로봇 강아지, 테디베어)은 엄두도 못 낼 정도로 높은 가격이긴 하지만 이미 시장에 출시되었다.32 텔레비전과 개인용 컴퓨터는 이미 많은 노인들에게 요양사와 같은 역할을 하고 있다. 또한 전동휠체어는 기계를 충분히 다룰 능력이 되는 노인들의 이동성을 높여주기도 한다.

이 같은 과학기술적 진전들은 노인들의 경제적 수준에 맞기만 하다면 큰 편익을 가져다줄 수 있다. 과학기술적 진전을 통해 가능해진 지식의 순환은 분명 노인들을 더욱 풍요롭게 할 것이다. 하지만 특히 혼자 살거나 질병과 장애로 고통받는 노인의 경우에는 이것으로 요양사의 노동을 대체하기가 어렵다. 폴브레의 지적처럼 로봇 파트너들은 오히려 사람들의 외로움과 고립감을 더욱 증폭시킬 수 있다.33 자동화 역시 사람들이 나이가 들고 가장 기본적인 욕구를 충족시킬 때마저 타인에게 의존해야 할 때 경험하게 되는 곤란함(공포, 걱정, 정체성과 품위의 상실)을 해결해주지 못한다.

노인돌봄문제를 해결하기 위해 필요한 것은 기술혁신이 아니라 사회적 관계의 변화를 통해 자본의 가치결정방식이 더 이상 사회적 활

낸시 폴브레(Nancy Folbre, 1952~)

동을 호령하지 못하고 재생산이 집합적 과정을 통해 이루어지도록 하는 것이다. 하지만 이는 맑스주의의 구조 속에서는 불가능하다. 여성주의자들이 1970년대에 가사노동의 기능과 젠더를 근거로 한 차별의 기원에 대한 정치적 논의의 일환으로 시작했던 것과 같은, 노동문제에 대한 중대한 재고가 빠져 있기 때문이다. 맑스주의는 역사적으로 유급산업노동과 상품생산을 사회변혁의 중요한 장소로 여겼지만, 여성주의자들은 이를 거부하고 맑스주의가 인간과 노동력의 재생산문제를 간과했음을 비판해 왔다. 여성주의 운동의 교훈은 재생산이 "사회적 공장"을 떠받치는 기둥이라는 사실뿐만 아니라, "스스로 재생산하는 운동"을 만들어내기 위해서는 재생산의 조건을 바꾸지 않으면 안 된다는 점을 확인한 데 있다.[34] "사적"인 것이 "정치적"이라는 사실을 무시하면 우리 투쟁의 힘이 크게 약화될 것이기 때문이다.

이런 점에서 현대의 맑스주의자들은 맑스에게서 한발도 더 나가지 못했다. 단적으로 "감정노동"[35]과 "비물질노동"에 대한 자율주의적 맑스주의 이론을 살펴보면, 자본주의 내 재생산노동에 대한 여성주의자들의 분석을 통해 밝혀진 수다한 문제들이 아직도 제대로 다뤄지지 못하고 있음을 알 수 있다.[36] 자율주의적 맑스주의이론은 오늘날의 노동은 물질적인 대상이 아닌 "비물질적인" 대상, "감정", 존재상태를 생산하는 행위가 되었기 때문에 지금의 자본주의 발달 단계에서는 생산과 재생산 간의 구분이 완전히 흐려졌다고 주장한다.[37] 이런 점에서 "감정노동"은 특정한 (재)생산의 형태가 아니라 모든 노동형태의 구성요소다. 이상적인 "감정노동자"의 사례로는 미소를 띠고 맥도날드에서 햄버거를 뒤집어야 하는 여성 패스트푸드 노동자들이나, 고객에게 안도감을 팔아야 하는 비행기승무원이 있다. 하지만 노인돌봄과 같은 많은 재생산노동에는 재생산의 대상자와의 완전한 관계 맺기가 요구되는데, 이는 "비물질적"이라고 보기 힘들다는 점에서 위의 예시들은 기만적이다.

하지만 "돌봄노동" 개념이 어느 정도는 환원주의적이기도 하다는 점을 인정할 필요는 있다. 이 개념은 1980년대와 1990년대에 재생산노동 내에서 새로운 분업이 나타나면서 재생산노동 중 육체적 측면과 감정의 측면을 분리하는 과정에서 일상적인 용어가 되었다. 유급돌봄노동자들은 고용주들이 자신에게 기대할 수 있는 업무가 어떤 깃인지 구체적으로 보여줄 수 있고, 자신이 제공하는 노동이 숙련노동이라는 점을 드러내기 위해 이 차이를 유지해 왔다. 하지만 이 같은 구분은 성립하지 않으며 먼저 돌봄노동자들부터 이 사실을 인정해야 한다. 인간의 재생산이 상품생산과 다른 것은 바로 관련된 수많은 업무들의 전체론적인 특성 때문이다. 사실, 이처럼 구분하기 시작하고, 상대의 감정적이고 정서적인 반응과 전반적인 상태에 대한 고려 없이 노인들(또는 이와 관련해서는 아이들)을 먹이고, 씻기고, 빗질을 해주고, 몸을 주물러주고, 약을 먹이기 시작하는 순간 우리는 철저한 소외의 세계에 발을 들여놓게 된다. "감정노동"이론은 이 같은 문제들과, 삶의 재생산의 복잡성을 간과하고 있다. 또한 이는 "후기산업"자본주의사회에서 모든 형태의 노동이 균질화되고 있음을 시사한다.[38] 하지만 최근에 이루어지고 있는 노인돌봄의 조직방식을 간단히 살펴보기만 해도 이 같은 환상은 사라질 것이다.

여성주의 경제학에서 바라본 노인돌봄, 노화, 그리고 여성

여성주의 경제학자들의 주장처럼 노인의 입장에서든 돌봄노동자의 입장에서든 노인돌봄의 위기는 본질적으로 젠더문제이다. 돌봄노동은 점점 상품화되고 있기는 하지만, 대부분 아직도 여성들이, 연금혜택도 누릴 수 없는 부불노동의 형태로 해내고 있다. 따라서 역설적이게도, 많은 여성들이 타인을 돌볼수록 노후에 자신들이 받을 수 있는 돌봄은 줄어든다. 남성에 비해 임금노동에 참여할 시간이 적어지는데, 많은 사회보장계획은 임금노동에 참여한 연차를 근거로 산정되기 때문이다. 또한 이미 살펴본 바와 같이 돌봄노동자 역시 재생산노동의 가치절하로 인한 "하류계급"underclass의 형성에 영향을 받는다. 이 계급에 속하게 되면 노동자라는 사회적인 인정을 받기 위한 투쟁부터 시작해야 한다. 요컨대, 재생산노동의 가치절하 때문에 이 세상의 거의 모든 곳에서 여성들은 가족들의 지원, 금전적 수입, 이용가능한 자산 등의 관점에서 측정했을 때 남성보다 더 적은 자원을 가진 상태로 인생의 황혼기를 맞게 된다. 연금과 사회보장연금이 고용연차를 근거로 산정되는 미국에서는 빈곤한 노인의 가장 큰 비중을 차지하고 현대판 포로수용소라 할 수 있는 저소득층 대상의 요양원에 가장 많이 의지하는 집단이 바로 여성들이다. 임금노동 밖에서 노동으로 인정받지 못하는 활동을 하면서 생의 너무 많은 시간을 보냈기 때문이다.

과학과 기술로는 이 문제를 해결할 수 없다. 우리에게 필요한 것은 노동의 사회적/성적 분업 방식의 전환이며, 무엇보다 재생산노동을 노동으로 인정하여 재생산노동을 수행하는 이들에게 보수를 지급하는 것이다. 그렇지 않으면 돌봄노동을 제공하는 가족구성원은 자신의 노동에 대한 [보상이 아니라] 벌을 받게 된다.[39] 재생산노동을 인정하고 가치를 부여하는 일은 돌봄노동자 사이에 존재하는 분열을 극복하는 데도 중요하다. 돌봄노동자들은 한편으로는 자신들의 피해를 최소화하기 위해 가족구성원들과 싸우고, 다른 한편으로는 빈곤과 멸시 속의 노동이 유발하는 침울한 결과들에 맞서고 있는 다른 유급돌봄노동자들과 경쟁하기 때문이다.

이 문제를 연구하는 여성주의 경제학자들은 지금의 시스템에 대한 가능한 대안을 조합하기 위해 노력해 왔다. 낸시 폴브레, 루이스 쇼Lois B. Shaw, 아그네타 스타크Agneta Stark는 『혹한의 시절 따뜻한 손길』 Warm Hands in Cold Age에서 국제적인 관점을 취했을 때 이 분야에서 선진적인 나라가 어디인지를 평가함으로써 노인, 특히 여성노인을 사회적으로 보호하는 데 필요한 개혁을 논한다.[40] 최상위에는 거의 보편적인 수준의 보험시스템을 제공하는 스칸디나비아 국가들이 있고, 취업기간에 따라 노인에 대한 지원이 달라지는 미국과 영국은 하위에 속한다. 하지만 두 경우 모두 불평등한 성별노동분업과, 가족과 사회 내에서 여성들이 맡고 있는 역할과 관련하여 전통적인 기대를 반영하고 있다는 점에서 정책의 조직 방식에 문제가 있다. 따라서 이는 반드시 변화가 필요한 중요한 분야라고 할 수 있다.

폴브레는 공적 자금을 군산복합체와 기타 파괴적인 산업에서 고령자를 돌보는 일로 돌림으로써 자원을 재분배할 것을 요청하기도 한다. 이는 혁명을 요구하는 것과 마찬가지로 "비현실적"으로 보일 수 있음을 인정하면서도 모든 노동자의 미래가 걸려 있다는 점에서, 또한 오늘날 미국의 사례에서 알 수 있듯이 많은 이들이 나이 들었을 때 겪게 될 끔찍한 고통에 눈감아버린 사회는 자멸에 이를 수밖에 없다는 점에서, 이를 "우리의 의제"로 삼아야 한다는 것이 폴브레의 주장이다.

하지만 그 어디에도 이 같은 상황이 조만간에 극복될 수 있다는 징후는 보이지 않는다. 정책입안가들은 경제위기를 핑계 삼아 이런 현실에서 눈을 돌린 채 사회적 지출을 축소하고 돌봄노동에 대한 보조금 같은 사회보장시스템과 국가의 연금을 난도질하는 데 혈안이 되어 있다. 그러면서 고집스럽게 생명을 연장하는, 정력과 에너지가 넘치는 노인들이 많을수록 국가에서 자금을 대는 공적 연금을 운영하기가 어려워진다는 볼멘소리만 되뇔 뿐이다. 어쩌면 앨런 그린스펀이 자신의 회고록에서 클린턴 행정부가 실제로는 잉여의 재정을 축적해 왔다는 사실을 알게 되었을 때 덜컥 겁이 났다고 고백한 것은 80세가 넘어서도 꿋꿋하게 살아있는 수백만 명의 미국인들을 염두에 둔 것인지도 모른다![41] 하지만 금융위기 전에도 수년간 정책입안가들은 65세 이상의 인구가 늘어나면 사회보장시스템이 파산하여 젊은 세대들이 무거운 짐을 지게 되리라고 부단하게 경고하면서 세대 간 전쟁을 주도해 왔다. 이제 금융위기가 깊어지면서 [오르지 않고] 정체된 임금을 더욱 무력하게 만드는 초인플레이션의 형태로든, 사회보장시스템의 부분적인 사유화를 통해서든, 아니면 은퇴연령의 상향조정을 통해서든 노인 보조금과 노인돌봄에 대한 공격이 고조될 것이다. 무엇보다 확실한 것

은 정부가 노인돌봄에 대한 지출을 늘려야 한다고 주장하는 사람은 아무도 없으리라는 점이다.[42]

따라서 급진적인 학자 및 활동가를 비롯한 사회정의운동들은 이 영역에 개입하여 노인들의 희생을 대가로 한 일시적인 위기탈출용 미봉책을 예방하고, 지금은 종종 서로 적대적인 관계에 놓이기도 하는 노인돌봄문제에 얽혀있는 다양한 사회적 주체들(돌봄노동자, 노인이 있는 가족, 무엇보다 노인 자신들)을 규합할 수 있는 계획을 마련해야 한다. 간호사와 환자, 유급돌봄노동자들과 돌봄대상자의 가족들이 재생산의 관계가 적대적이 되면 생산자와 재생산의 대상자 모두 대가를 치를 수밖에 없음을 인식하고 갈수록 함께 힘을 모아 국가에 맞서고 있다는 점에서 우리는 이미 노인돌봄을 둘러싼 일부 투쟁에서 이런 협력의 예들을 찾을 수 있다.

그러는 동안 다른 한편에서는 재생산/돌봄노동의 "공유재화" commoning 역시 진행 중이다. 이탈리아의 일부 도시에서는 노인들이 가족에게 의지할 수 없거나 돌봄노동자를 고용할 수 없을 때 제도화된 요양기관에 몸을 의탁하는 대신 서로의 노력과 자원을 모아 공동체적 생활양식을 영위하기 위해 "연대 서약" solidarity contracts 을 한다. 미국에서는 질병, 통증, 슬픔의 경험과 관련된 "돌봄노동"을 사회화하고 집단화하기 위해 젊은 세대 정치운동가들이 "돌봄의 공동체"를 구성하고 있다. 이 과정에서 이들은 병든다는 것, 나이가 든다는 것, 죽는다는 것의 의미를 다시 탈환하여 재정의하기 시작했다.[43] 이런 노력들은 더욱 확장되어야 한다. 이는 우리의 일상생활을 재조직하고, 비착취적인 사회적 관계를 창조하는 데 반드시 필요한 작업이다. 새로운 세상의 씨앗은 "온라인" 상이 아니라 우리들 사이에, 필요한 자원과 도움 없이 우리 삶에서 가장 취약한 시절에 맞서야 하는, 눈에 보이지는 않지만 분명 우리 사회에 널리 확산된 일종의 고문을 견뎌내야 하는 우리와 다르지 않은 여성들 사이에서 쌓아 올린 협력 속에 뿌려야 할 것이기 때문이다.

11장
국제적인 관점에서 바라본 여성, 토지투쟁, 세계화

식민권력들이 전 세계에서 여성들의 경작시스템을 파괴하기 위해 체계적인 시도를 했음에도, 오늘날 여성들은 농업노동자의 다수를 구성하면서 자연자원(토지, 삼림, 물)의 비자본주의적인 사용을 위한 투쟁의 최전선에 서 있다. 자급농업과 토지에 대한 공동체의 접근권을 수호하고, 토지수탈에 맞서 싸우는 여성들은 국제적으로 기근과 생태계 파괴의 위협이 사라진, 새로운 유형의 비착취적 사회에 이르는 길을 만들고 있다.

우리가 한 뙈기의 땅이라도 얻어서 노동을 하지 못한다면 대체 어떻게 가난에서 벗어날 수 있을까? 경작할 땅이 있다면 저 멀리 미국에서 오는 음식을 구할 필요가 없으리라. 아니다. 우리에게는 우리의 땅이 있었다. 하지만 정부가 우리에게 필요한 땅과 자원을 주지 않는다면 우리는 외국인들이 온 나라를 휘젓고 다니는 꼴을 보고 있을 수

밖에 없다. — 엘비아 알바라도 Elvia Alvarado 1

여성이 이 세상의 생명을 유지한다

최근까지 토지와 토지투쟁에 관련된 사안들은 인디언의 후예나 농부를 제외하고는 대부분의 북미인들 사이에서 큰 관심을 불러일으키지 못했다. 인디언의 후예와 농부에게 생명의 기초로서 토지가 갖는 중요성은 최소한 문화적으로 아직도 타의추종을 불허하지만, 대부분의 북미인들에게 많은 토지문제들은 그저 한물간 옛이야기처럼 보이기 때문이다. 대대적인 도시화 이후 토지는 더 이상 재생산의 근원적인 수단으로 보이지 않게 되었고, 과거에는 힘, 독립성, 창의력의 상징이었던 자급과 소농의 자리를 새로운 산업기술들이 밀고 들어오게 되었다.

이는 큰 상실이 아닐 수 없다. 이 같은 기억상실의 상황은 우리 존재에 대한 가장 기본적인 질문(우리가 먹는 음식은 어디에서 오는가, 이 음식은 우리에게 자양분을 제공하는가 아니면 우리 몸에 독이 쌓이게 하는가)에 답하지 않고 때로 질문조차 하지 않는 세상을 만들어냈기 때문이다. 하지만 도시거주자들의 이 같은 토지에 대한 무관심은 서서히 막을 내리고 있다. 유럽과 북미에서 농작물의 유전자조작과 열대삼림 파괴로 인한 생태적 영향에 대한 우려는, 토지사유화에 반대하여 무장봉기한 사빠띠스따 같은 원주민들의 투쟁사례들과 함께 얼마 전까지만 해도 "제3세계" 문제로 여기던 "토지문제"의 중요성에 대한 새로운 인식을 만들어냈다.

이 같은 인식상의 변화 때문에 이제는 토지가 현대자본주의에서 존재감이 미미한 "생산요소"가 아닐 수도 있다는 의식이 자리 잡게 되었다. 여성의 자급노동은 지구상의 수백만 명에게 "식량안보"를 보장해주는 주요원천인데, 토지는 이 같은 여성자급노동을 위한 물질적인 기초이다. 이런 배경하에 나는 전 세계 여성들이 토지를 재전유하기 위해서뿐만 아니라 자급농업과 천연자원의 비상업적인 사용을 고취하기 위해 벌이고 있는 투쟁들을 들여다보려 한다. 이런 노력들 덕분에 수십억 명의 사람들이 생존할 수 있다는 점에서, 또한 만일 우리가 다른 사람들을 희생시키지 않고도, 지구상의 생명체를 지속시키는 데 위협적인 일을 하지 않고도 스스로 재생산할 수 있는 사회를 건설하고자 한다면 우리가 어떤 변화를 일궈야 할 것인가에 대해 이런 투쟁들이 많은 시사점을 갖는다는 점에서 이는 아주 중요한 투쟁들이다.

여성과 토지 : 역사적인 관점

도시뿐만 아니라 농촌에서도 여성들이 자급형 농업을 일구고 있다는 점은 양적으로 측정하기는 어렵지만 두말이 필요 없는 사실이다. 즉, 특히 세계인구가 많이 집중되어 있는 아프리카와 아시아에서 지역시장에 내다 팔거나 (직계나 방계의) 가족들이 먹을 음식의 많은 부분을 생산하는 것은 여성들이다.

대부분의 경우 자급형 농업은 부불노동이고, 공식적인 농장에서 이루어지지 않는 경우가 많기 때문에 자급형 농업에 대한 통계를 구하기는 쉽지 않다. 게다가 자급형 농업을 하는 여성들 중에는 이를 노동으로 여기지 않는 이들이 많다. 이는 가사노동자의 수와 가사노동의 가치는 측정하기 어렵다는 잘 알려진 또 다른 경제적 사실과도 유사하다. 자본주의가 시장을 위한 생산에 편향되어 있다는 점을 고려했을 때 가사노동은 노동으로 계산되지 않고, 많은 이들은 이를 "실제노동"으로 생각하지 않는다.

식량농업기구나 국제노동기구, 유엔 같은 국제기구들은 자급형 농업을 측정하는 일이 어렵다는 사실을 종종 무시하곤 했다. 하지만 이들은 많은 것이 어떤 정의를 사용하느냐에 달려 있음을 인정했다. 가령 이들은 다음과 같이 언급하기도 한다. "방글라데시의 경우, 1985~86년 노동력조사에 따르면 여성의 노동력참여율은 10%였다. 하지만 1989년의 조사에서는 설문문항에 탈곡, 식품가공, 가금류 사육 같은 특정활동들을 명시했더니 경제활동참여율이 63%로 올라갔다."[2]

그러므로 이용가능한 통계를 근거로 얼마나 많은 사람들, 특히 얼마나 많은 여성들이 자급형 농업에 종사하고 있는지를 정확히 평가하기란 쉬운 일이 아니다. 하지만 그 수가 상당하다는 점은 분명하다. 가령 식량농업기구에 따르면 사하라 이남 아프리카 지역에서는 "여성들이 가내소비와 판매를 목적으로 하는 모든 기본적인 식량의 80%까지 생산하고 있다."[3] 사하라 이남 아프리카 지역의 인구가 약 7억5천만 명쯤 되고 이 중 많은 비중이 아이들이라는 점을 고려했을 때, 1억 명 이상의 아프리카 여성들이 자립형 농민이라는 결론이 나온다.[4] 여성주의의 슬로건처럼 "여성들이 하늘의 절반 이상을 떠받치고 있다."

자본주의의 발달이 농업생산자, 특히 여성들을 토지에서 유리시켰다는 사실을 고려했을 때 자급형 농업이 지속되고 있다는 점은 놀랍지 않을 수 없다. 이는 농업의 상업화에 대한 여성들의 치열한 투쟁을 빼놓고는 설명할 수 없는 일이다.

안데스 지역에서 아프리카에 이르기까지 식민화의 역사를 통틀어 이런 투쟁의 증거가 발견되지 않는 곳이 없다. 16세기와 17세기에는 멕시코와 페루의 여성들이 (지역유지를 등에 업은) 스페인인들의 토지수탈에 맞서 산으로 들어가 세력을 규합하여 외국침입자들에게 저항했고, 자연-신을 숭배하는 오랜 문화의 종교를 견고하게 지켰다.5 이후 19세기에는 아프리카와 아시아에서 여성들의 전통적인 경작시스템을 무너뜨리고 농업노동을 남성의 일로 재규정하려는 유럽인들의 체계적인 시도를 여성들이 막아냈다.

(다른 사람들도 있지만) 에스터 보즈럽Ester Boserup이 서아프리카와 관련하여 보여준 바와 같이 식민지관료, 선교사, 그리고 나중에는 농업개발자들까지 합세하여 [당장 먹을 수 있는] 식품생산 대신 상업용 작물을 강요했을 뿐만 아니라 대부분의 농업을 책임지던 아프리카 여성들을 현대적인 경작시스템 연구와 기술보조에서 배제했다. 이들은 토지를 배정할 때 남자들이 집에 없는 경우조차 한결같이 남성들을 우선시했다.6 그러므로 식민자와 개발자들은 공동토지시스템 참여자이자 독립적인 경작자로서 여성들의 "전통적인" 권리를 무너뜨렸을 뿐만 아니라 남녀 사이에 새로운 분열을 조장했다. 이들은 여성의 남성에 대한 종속을 근거로 새로운 성별분업을 강요했는데, 식민자들의 계략에 따르면 여기에는 환금작물을 재배하는 남편들을 무보수로 돕는 일도 포함되었다.

하지만 여성들은 자신들의 사회적 지위 하락을 아무런 저항 없이 순순히 받아들이지 않았다. 아프리카의 식민지에서는 여성들이 정부가 자신들의 토지를 팔아버리거나 작물을 수탈할지도 모른다는 두려

풀라니족의 여성

움이 생길 때마다 들고 일어났다. 1958년에 (카메룬 북서지방으로 당시 영국 치하에 있었던) 케드좀 케쿠Kedjom Keku와 케드좀 케틴구Kedjom Ketinguh의 식민당국에 맞서 들고 일어난 여성들의 저항이 대표적인 예다. 정부가 자신들의 땅을 팔기 위해 내놓을 것이라는 소문에 분노한 7천여 명의 여성들이 당시 주도州都였던 바멘다로 여러 차례에 걸쳐 행진을 했고, 가장 길었을 때는 영국식민행정기관 건물 밖에서 2주간 야영하면서 "큰소리로 노래를 부르는 등 자신들의 존재감을 떠들썩하게 과시하는 판을 벌였다".7

이곳 여성들은 식민당국이 목축세herd tax 징수를 기대하며 계절별 목초지이용권을 승인한 유목집단 풀라니Fulani 족들이나 지역의 남성 엘리트들이 [상업적 목적을 위해] 소유한 가축들을 찾아냄으로써 자신들의 자급형 농업을 파괴하려는 움직임에 맞서 싸우기도 했다. 이 경우에도 여성들의 떠들썩한 저항 때문에 결국 당국이 이 불쾌한 목축업자들에게 제재를 가할 수밖에 없게 되면서 계획은 무산되었다. 이와 관련하여 수잔 디둑Susan Diduk은 아래와 같이 적고 있다.

저항과정에서 여성들은 자신들이 가족과 친척들의 생존과 자립을 위해 싸우고 있다고 인식했다. 이들의 농업노동은 예나 지금이나 일상적인 식품생산에서 아주 중요한 역할을 했다. 케드좀Kedjom 남성들 역시 이 점을 강조한다. 오늘날 "여자들은 농사와 9개월간의 임신 때문

에 고생하지 않아? 맞아. 여자들이 나라에 도움이 된다니까"라는 말을 심심찮게 들을 수 있다.[8]

1940년대와 1950년대에도 아프리카 전역에서 여성들이 자신들에게 추가노동을 강요함으로써 자급형 농업을 불가능하게 만들려는 시도와 환금작물의 도입에 저항하는 등 이와 유사한 투쟁이 많았다. 식민화된 공동체의 생존이라는 관점에서 보았을 때, 여성들의 자급형 농업은 반식민투쟁, 특히 (가령 알제리, 케냐, 모잠비크 등지의) 초원에서 해방전사들의 생존을 유지하는 데 크게 기여했던 것으로 이해할 수 있다.[9] 독립 이후에도 여성들은 남편들의 무보수 "조력자"로 농업개발프로젝트에 징발되는 데 맞서 싸웠다. 이런 저항 중에서 가장 좋은 예는 자급형 식품생산 대신 쌀의 상업적인 재배 움직임에 맞서 세네감비아Senegambia[세네갈강과 감비아강 사이의 지역] 여성들이 벌인 강력한 투쟁이다.[10]

독립 전에도, 후에도, 각국 정부가 자본주의식의 "경제발전"을 위해 총력을 기울였음에도 세계의 많은 지역에서 상당한 규모의 자급형 농업이 남아있는 것은 바로 이런 투쟁 덕분이다. (요즘에는 이를 1960년대와 1970년대의 농업개발프로젝트가 실패한 주요 원인으로 꼽기도 한다.)[11]

여성들의 자급형농업이 명맥을 유지하는 것을 두고, 노동의 재생산비용을 낮추는 한편 환금작물 재배와 기타 여러 형태의 임금노동을 위해 남성노동자들을 "해방"시켜야 하는 국제자본의 필요에 따른 기능으로 해석하는 경향이 급진적인 사회과학자들 내에서조차 일반적이다. 그런데 이런 경향에 맞서기 위해서라도 아프리카, 아시아, 남북아메리카의 여성 수백만 명이 자급형농업을 지키기 위해 견고한 투쟁을 전개했음을 강조할 필요가 있다. 이 같은 해석을 지지하는 맑스주의자 클로드 메이야수$^{Claude\ Meillassoux}$는 여성의 자급지향 생산 또는 그의 표현을 따르면 "가내 경제"는 국내외 자본부문을 위해 값싼 노동력의 제공을 보장함으로써 자본축적에 보조금과 같은 역할을 한다고 주장했다.[12] 그의 주장에 따르면 이 "촌락"노동 덕분에 파리나 요하네스버그로 이주한 노동자들이 자신을 고용한 자본가들에게 "공짜" 상품을 제공할 수 있었다. 왜냐하면 고용주들은 이들의 육성을 위해 돈을 지불할 필요도 없고, 더 이상 이들의 노동이 필요하지 않을 때 실업수당을 줄 필요도 없게 되었기 때문이다.

이런 관점에서 보았을 때 자립형 농업에 쏟는 여성의 노동은 정부, 기업, 개발기구에게 좀 더 효과적으로 임금노동을 착취하고, 농촌에서 도시지역으로 부를 꾸준히 이전시키며, 결국에는 여성농민의 삶의 질을 악화시키는 보너스와도 같다.[13] 메이야수가 국제기구와 각국 정부들이 자급부문을 "저개발상태로 유지하기 위해" 노력하고 있음을 인정하는 점은 칭찬할 만하다. 그는 자급부문의 자원들이 꾸준히 유출되고 있음을 알고 있으며, 이런 형태의 노동력생산이 곧 결정적인 위기를 겪게 될 수 있다고 예측하면서 그 취약한 속성을 인지하고 있다.[14] 하지만 그는 자본주의적 관계의 침략에 저항하는 공동체의 역량이라는 관점에서, 자급형 농업에 공격이 가해지는 상황 속에서도 이를 존속시키기 위해 벌어지는 투쟁들과 그 투쟁들이 갖는 중요성을 인식하지 못하고 있다.

자유주의적 경제학자들의 경우 여성의 부불가사노동을 노동으로 인정하지 않는 것과 똑같이, "자급형 노동"을 "비경제적", "비생산적" 활동으로 완전히 가치절하한다. 따라서 자유주의적 경제학자들은 여성주의적 관점을 채택할 때마저도 빈곤에 대한 보편적인 치유책이자 신자유주의 시대 여성해방의 열쇠라고 칭송하는 "수입창출프로젝트"를 대안으로 제시한다.[15]

때로 기업과 정부가 토지에 대한 접근권을 자신들의 입맛에 맞게 이용하고 있는 상황 속에, 이런 여러 관점들은 여성과 해당공동체에 역시 이 토지접근권이 전략적으로 중요한 역할을 해 왔음을 간과하고 있다. 이는 플랜테이션 소유주들이 노예들에게 약간의 토지("식량생산지"provision grounds)를 주고 직접 먹을 식량을 재배하게 만들었던 노예제 시기 카리브해 일부 도서지역(가령 자메이카)의 보편적인 상황과 비교해 볼 수 있다. 노예소유주들은 이 방법을 이용해서 식량 수입비를 절약하고 노동력재생산비용을 절감했다. 하지만 이 전략은 노예에게 더 많은 이동성과 독립성을 제공했다는 점에서 노예에게도 이득이었는데 (일부 사학자들에 따르면) 노예해방 전부터 일부 섬에서는 상당한 정도의 이동의 자율성을 확보한 원형적 형태이 소작농들이 형성되어 이미 자신들의 생산물을 판매하여 약간의 수입을 얻고 있었다.[16]

식민지 이후 자급 농업의 자본주의적 용도를 이해하기 위해 위 유추를 확장시키면, 자급형 농업은 임금노동자들에게 노동조건이 더 나은 계약을 선택하고 노동파업과 정치적 저항에서 살아남을 가능성을 열어주었다는 점에서 수십억 명의 노동자에게 중요한 부양수단이었다고 말할 수 있다. 그리고 그 결과 일부 국가에서는 임금부문이 수치상 규모가 작지만 그에 비해 상당한 중요성을 획득하게 되었다.[17]

(공동체적 환경 속에서 이루어지는 자급형 농업에 대한 비유라 할 수 있는) "촌락"은 국가와 자본이 빼앗아갔던 부를 되찾아오는 기

지로 기능함으로써 여성의 투쟁을 위한 중요한 장소이기도 했다. 이 투쟁은 정부를 상대로 하기도 하고 남성들을 상대로 하기도 하는 등 그 형태는 아주 다양했다. 하지만 여성들이 토지에 대한 직접적인 접근권을 가졌고, 이를 통해 자신과 자식들을 부양하는 한편 잉여생산물을 판매하여 약간의 부수입을 얻을 수 있었다는 사실을 기초로 강화되었다는 점만은 한결같았다. 따라서 촌락이 도시화된 이후에도 여성들은 가족의 먹을거리를 장만하고 시장으로부터 일말의 자율성을 유지하기 위해 접근가능한 토지를 찾아 어떤 식으로든 꾸준히 경작을 했다.[18]

옛 식민지국가 전역에서 남녀노동자들에게 촌락이 얼마나 든든한 권력의 보고였는지는, 1980년대 초부터 1990년대 전반에 걸쳐 세계은행, 국제통화기금, 세계무역기구가 구조조정과 "세계화"라는 허울을 쓰고 촌락을 대상으로 자행한 철두철미한 공격을 통해 가늠해 볼 수 있다.[19]

세계은행은 어느 곳에서든 자급농업의 파괴와 토지상업화의 촉진을 구조조정 프로그램의 핵심사업으로 삼았다.[20] 1980년대 말과 1990년대에는 토지에 울타리가 쳐졌고, (가령, 보조금 덕분에) "값싼" 유럽 및 북미산 수입식품이 이제 경제가 자유화된 (농부들에게 보조금 지급을 허용하지 않는) 아프리카와 아시아에 넘쳐나게 되면서 여성농민들이 지역시장에서 더욱 이탈하게 되었다. 그러는 동안 한때 공유지였던 많은 면적의 토지가 대규모 농업기업들에게 넘어가거나 수출용 작물을 생산하는 데 사용되었다. 마지막으로 전쟁과 기근은 겁에 질린 수백만의 사람들을 고향 땅에서 몰아냈다.

그러자 심각한 재생산 위기가 식민지 시기에도 찾아볼 수 없었던 형태와 규모로 발생했다. 나이지리아 남부지방처럼 한때 농업생산성이 높기로 명성이 자자했던 지역에서마저 이제 식량은 구하기 어렵거나 너무 비싸서 일반인들이 손에 넣을 수 없게 되었다. 하지만 여기서 그치지 않고 사람들은 구조조정 이후 물가폭등, 임금동결, 통화가치 절하, 실업의 만연, 사회적 서비스의 축소에 동시에 맞서야 했다.21

토지를 얻기 위한 여성들의 투쟁이 빛을 발하는 것은 바로 이 지점이다. 여성들은 세계은행의 신자유주의 체제하에서 세계프롤레타리아트가 굶어 죽지 않을 수 있게 해주는 중요한 완충장치 역할을 했다. 이들은 "시장가격"이 사람들의 생사를 가른다는 신자유주의의 주장에 반대하는 한편, 비상업적인 방식으로 삶을 재생산할 수 있는 실제적인 모델을 제시해 온 주요 집단이었다.

아프리카, 아시아, 남북아메리카의 반"세계화"자급투쟁

여성들은 세계화시대에 토지사유화, 환금작물의 확대, 식품가격 상승을 추동하는 흐름의 부활 속에서 지구상에서 가장 막강한 기관들을 상대로 겨루기 위한 많은 전략들을 내놓았다.

여성들이 자신의 공동체를 경제적 구조조정과 세계시장에 대한 의존의 영향에서 보호하기 위해 채택한 첫 번째 전략은 도시 중심지에서도 자급형 농업을 확대하는 일이었다. 이와 관련해서는 1980년대 초반 이후로 여성들이 수도 비사우 등의 도시에 있는 집 주위에 야채, 카사바, 과일나무 등으로 작은 정원을 가꾼 기니비사우의 사례가 대표적이다. 이 여성들은 물자가 부족할 때 직접 키운 농산물을 팔아 돈을 버느니 차라리 가족들을 먹여살리는 편을 택했다.[22] 또한 크리스타 비히터리히Christa Wichterich는 아프리카와 관련하여 1990년대에 여성 자급농업과 도시농업("냄비경제")이 많은 도시에서 다시 활기를 찾게 되었고, 도시농부의 대다수는 하층계급 출신 여성들이라고 말하기도 했다.

> 다르에스살람[탄자니아의 수도]에 있는 저임금 공무원의 집 앞에는 화단 대신 양파와 파파야 나무가 있었고, 루사카[잠비아의 수도]의 뒤뜰에는 닭과 바나나나무가, 캄팔라[우간다의 수도], 그리고 특히 식품공급체계가 전체적으로 무너진 킨샤사[자이르공화국의 수도]의 간선도로 중앙에 있는 넓은 공터에는 야채들이 있었다……[케냐의] 마을의 [역시]…… 길가 녹지와 앞마당, 버려진 공터는 얼마 안 가 옥수수, 여러 가지 식물, 그리고 가장 인기 있는 양배추 종인 수쿰위키가 들어찼다.[23]

하지만 식량생산을 늘리기 위해 더 많은 토지에 접근할 수 있어야 했지만, 토지시장을 창출하려는 국제기구들의 움직임 때문에 이는 쉽지 않았다. 대부분의 남성들이 해외로 돈을 벌기 위해 떠난 뒤에도 경작할 토지를 확보하기 위해 농촌지역에 남기로 한 여성들도 있었는데, 이 때문에 "촌락의 여성화"가 진행되면서 이제는 많은 마을들이 혼자서 또는 여성들의 협동조합을 통해 농사짓는 여성들로 구성되어 있다.[24]

방글라데시에서는 자급형 농업을 위한 토지를 재확보 또는 확장하는 일이 농촌여성들에게 주요 투쟁 중 하나이기 때문에 〈무토지여

방글라데시의 무토지 부족인 산딸족

성연합〉Landless Women Association이 결성되어 1992년 이후로 꾸준히 토지점거를 이어오고 있다. 이 기간 동안 〈무토지여성연합〉은 5만 가구를 정착시켰고, 종종 격한 대치상황에서 땅 주인과 접전을 벌이기도 했다. 나에게 이런 상황을 알려준 무토지여성연합의 대표인 샴선 나하르 칸 돌리Shamsun Nahar Khan Doli에 따르면 이런 많은 점거들이 강 중앙에서 토양퇴적물이 쌓여 형성된 저지대의 섬에서 진행되고 있다.25 방글라데시 법에 따르면 이렇게 새로 형성된 땅은 무토지 농부들에게 할당되어야 하지만, 토지의 상업적 가치가 증가하면서 대지주들이 갈수록 이 땅을 점령하는 일이 늘게 되었다. 하지만 여성들은 빗자루와 죽창, 심지어는 칼로 자신을 방어하면서 이를 중단하기 위해 나섰다. 또한 이들은 경보시스템을 조직해서 지주나 지주가 동원한 폭력배를 실은 배가 다가오면 다른 여성들에게 이를 알려 공격자들을 몰아내거나 이들이 아예 상륙하지 못하게 막을 수 있도록 했다.

남아프리카공화국에서도 이와 유사한 토지투쟁이 전개되고 있다. 파라과이에서는 〈여성소작농위원회〉Peasant Women's Commission가 파라과이소작농운동과의 제휴 속에 결성되어 토지분배를 요구하고 나섰다.26 조 피셔Jo Fischer의 지적에 따르면 〈여성소작농위원회〉는 자신들이 "소작농이자 여성으로서 [겪고 있는] 이중적인 억압"을 비판하며 여성들의 관심사를 반영한 프로그램을 보유한 최초의 소작농여성운동으로, 자신들의 요구사항에 대한 지지를 호소하며 거리로 나서기도 했다.27

파라과이 정부가 브라질 국경에서 가까운 큰 면적의 땅을 소작농운동집단에게 넘겨주면서 〈여성소작농위원회〉에게 전환점이 찾아왔다. 여성들은 이를 공동으로 집단경작하는 시범공동체를 조직할 기회로 여겼던 것이다. 여성소작농위원회의 초대설립자인 제랄디나Geraldina의 지적에 따르면

> 우리는 지금 그 어느 때보다 줄기차게 일을 하고 있지만, 노동방식을 바꿨어요. 공동체적 노동이 우리에게 다른 일을 할 수 있는 여유시간을 더 많이 주는지 확인하는 실험을 하고 있습니다. 이건 우리의 경험과 우려를 공유할 기회도 됩니다. 우리에게 이건 아주 다른 생활방법이에요. 전에는 이웃이 누군지도 모르며 지냈잖아요.28

여성들의 토지투쟁에는 "도시개발"이라는 미명하에 진행되는 상업적인 주택건설프로젝트에 맞서 공동체를 수호하기 위한 투쟁도 포함된다. "주택건설"은 역사적으로 식량생산을 위해 "토지"를 상실하는 것

과 관련이 있었다. 이런 흐름에 대한 저항의 예로는 1992~93년에 세계은행이 〈캄팔라도시위원회〉와 함께 대규모 주택프로젝트를 후원함으로써 주거지 인근의 많은 자급형농지들이 위기를 맞게 된 (우간다) 캄팔라의 카왈라 지역에서 벌어진 여성들의 투쟁이 있다. 아바타카(주민) 위원회를 구성하여 이 계획을 막기 위해 가장 격렬하게 저항하여 결국 세계은행이 이 프로젝트를 철회하도록 만든 이들이 바로 여성이었다는 사실은 그리 놀라운 일이 아니다. 여성지도자 중 한 명에 따르면

> 남성들은 몸을 피해버렸지만, 여성들은 정부관료와의 공적인 회의에서 하고 싶은 말을 다 했다. 여성들은 직접적인 영향을 받다 보니 목소리가 클 수밖에 없었던 것이다. 여성들이 아무런 소득 수단 없이 지내기란 대단히 힘든 일이다……이런 여성 대다수는 기본적으로 자식을 부양하는 이들이기 때문에 수입이나 식량이 없으면 안 되는 상황이다……당신들이 와서 이들의 평화와 소득을 가져가 버리면 이들은 맞서 싸울 것이다. 그것을 원해서가 아니다. 이들은 억압받고 억눌려 왔기 때문이다.[29]

아일리 마리 트리프Aili Mari Tripp는 카왈라 지역이 특수한 상황이 아님을 지적한다.[30] 아프리카와 아시아의 여러 지역에서도 소작농여성들의 조직이 자신과 가족들을 몰아내고 환경을 오염시키는 산업지구 개발에 반대하는 등 이와 유사한 투쟁들이 보고되고 있기 때문이다.

갈수록 많은 여성들이 도시중심지에서마저 텃밭을 일구고 있는 상황에서(캄팔라에서는 여성들이 가족들이 먹을 음식의 45%를 직접 재배한다), 산업시설이나 상업용 주거단지의 개발은 여성들의 자급형

농업과 종종 충돌한다. 상업적인 이해관계의 공격으로부터 토지를 지키고, "토지와 생명은 판매대상이 아니"라는 원칙을 지키는 투쟁을 전개할 때 여성들은 과거에 식민자들의 침입에 대항할 때 그랬듯 자신들의 역사와 문화를 방어하기 위한 노력을 전개한다는 점을 덧붙여둘 필요가 있다. 카왈라의 경우 논란의 대상이 된 토지의 주민 대다수가 누대에 걸쳐 그곳에 살아왔고 친지들의 묘도 그곳에 있었다. (우간다에서는 많은 경우 이를 토지소유권의 궁극적인 근거로 삼는다.) 이런 투쟁에 대한 트리프의 설명은 지금까지 내가 거론했던 내용들과 맞닿아 있다.

> 갈등의 상황에서 한 발 물러나서 살펴보면 주민들, 특히 관련 여성들이 카왈라에서뿐만 아니라 더 넓게는 다른 공동체프로젝트에 모델을 제공하기 위해 공동체 동원을 위한 새로운 규범을 제도화하려고 했던 점이 분명해진다. 이들은 여성, 과부, 아이들, 노인들의 필요를 출발점으로 삼는 협력적인 노력의 상을 가지고 있었고, 생존을 위해서는 토지에 의존해야 함을 인식하고 있었다.[31]

자급적인 생산을 방어하기 위한 여성들의 투쟁과 관련하여 두 가지 사건을 더 언급할 필요가 있을 것 같다. 첫 번째 사건은 "식량안보"를 보장하고 연대에 기초한 경제와 경쟁을 거부하는 삶을 유지하기 위해 지역자급시스템을 마련한 것이다. 이와 관련하여 가장 인상적인 예는 35개 여성단체로 구성된 전국적인 운동조직인 〈전국여성식량권동맹〉 National Alliance for Women's Food Rights을 결성한 인도의 경우다. 이 조직의 주요 활동 중에는 인도의 도시와 농촌에서 많은 여성에게 중요한 의미를 갖는 겨자씨경제를 수호하기 위한 캠페인이 있다. 미국에 본사를 두고 있는 다국적 기업들이 식용유의 원료로 유전자조작 대두를 도입하려 시도하면서 자급작물인 겨자씨가 위협받게 된 것이다.32 〈전국여성식량권동맹〉은 이에 대응하여, 이 운동의 지도자 중 한 명인 반다나 시바(2000)의 표현에 따르면 "농민의 생계와 소비자들의 다양한 문화적 선택지를 지키기" 위해 "생산자-소비자 직거래 동맹"을 결성했다. 시바의 말을 빌자면 "우리는 대두수입에 저항하고 유전자조작된 대두의 수입금지를 요구한다. 델리의 슬럼가 여성들은 "Sarson Bachao, Soya Bhagaa", 즉 "겨자를 지키고 대두를 갖다버려라"고 노래한다."33

둘째, 세계 전역에서 여성들은 상업적인 벌목을 저지하고 삼림을 지키거나 복원하기 위한 투쟁을 이끌어왔다. 연료, 약재, 공동체적 관계뿐만 아니라 영양분을 제공하는 삼림은 민중자급경제의 토대이다. 반다나 시바는 세계 곳곳의 증거를 빌어 삼림은 "지구의 비옥함과 생산성을 가장 훌륭하게 표현하고 있는 존재"라고 적고 있다.34 따라서 삼림이 공격을 받을 경우 이는 그 속에 살고 있는 부족민, 그중에서도 특히 여성들에게 사형선고와도 같다. 따라서 여성들은 벌목을 중단시키기 위해 갖은 수단을 동원한다. 이런 맥락에서 시바는 종종 히말라야 기슭의 가르왈 지역 여성운동인 칩코운동을 인용하는데, 이는 1970년대 초부터 벌목업자들이 오면 나무들을 끌어안고 나무와 톱 사이를 몸으로 막아섰던 운동을 말한다.35 가르왈여성들이 벌목을 막기 위해 떨쳐 일어섰다면, 태국북부의 마을에서는 일본제지회사가 태국군사정부의 지원을 받아 농민들에게서 빼앗은 토지에 강제로 심은 유칼립투스 플랜테이션에 저항하는 여성운동이 있었다.36 아프리카에서 중요한 기폭제는 왕가리 마타이의 주도하에 대도시 주위의 그린벨트에 나무를 심는 "그린벨트운동"으로, 1977년 이후 삼림황폐화와 토양유실, 사막화, 땔감부족을 막기 위해 심은 나무가 수천만 그루에 달했다.[37]

하지만 삼림의 생존을 위한 가장 충격적인 투쟁은 니제르 델타지역에서 일어났다. 이곳에서는 맹그로브나무 습지가 석유생산 때문에 위기에 처하게 되자 오가레페Ogharefe에서 촉발된 반대운동이 20년간 이어졌고, 1984년 지역출신 여성 수천 명이 물, 나무, 토지의 파괴에 대한 보상을 요구하며 〈팬 오션 석유회사〉Pan Ocean station의 생산시설을 포위하면서 고조되었다. 또한 이 여성들은 자신들의 결의를 보여주기 위해 만일 요구사항을 무시할 경우 옷을 벗겠다고 위협했다. 결국 이 회사의 책임자가 도착했을 때 이 위협이 행동에 옮겨져 벌거벗은 수천 명의 여성들에게 둘러싸이게 되었는데, 이는 니제르 델타지역사회의 눈에는 심각한 저주였기 때문에 그는 바로 보상요구를 들어주지 않을 수 없었다.[38]

1970년대 이후 토지를 둘러싼 투쟁은 가장 어울리지 않는 장소인 뉴욕시 같은 곳에서도 도시텃밭운동의 형태로 꾸준히 성장했다. 첫 시발점은 "녹색게릴라"라고 하는 여성주도집단의 계획이었는데, 이들은 [맨하탄섬 동부인] 로워이스트사이트에 있는 빈 땅을 정리하는 일부터 시작했다. 1990년대가 되자 뉴욕시에는 850만 개의 도시텃밭이 개발되었고, "지구와의 연결고리를 다시 찾고 아이들에게 거리에 대한 대안을 보여주고" 싶은 일군의 여성들이 시작한 〈할렘녹화연맹〉Greening of Harlem Coalition 같은 수십 개의 공동체 조직들이 형성되었다. 이제는 21개 이상의 조직과 30개의 텃밭 프로젝트가 있는 것으로 집계된다.[39]

여기서 텃밭은 야채와 꽃의 공급원이었을 뿐 아니라 공동체 건설을 촉진하는 한편 빈집점거운동squatting과 [도심의 황폐화를 막기 위해 빈건물 입주를 장려하는] 도시정주장려정책homesteading 같은 공동체 투쟁을 위한 초석이었음을 언급할 필요가 있다. 이런 작용들 때문에 텃밭은 줄리아니 시장 체제하에서 공격의 대상이 되었고, 최근 몇 년간 이 운동이 맞고 있는 큰 도전 중 하나는 불도저를 막는 일이 되었다. 지난 10년간 1백 개의 텃밭이 "개발" 때문에 유실되었고, 사십 개 이상이 불도저로 밀릴 위기에 처했으며, 앞으로의 전망도 아직은 그리 밝지 않다.[40] 사실 현 시장인 마이클 블룸버그는 시장으로 지명된 이후 자신의 전임자와 마찬가지로 텃밭에 대한 전쟁을 선포하고 나섰다.

투쟁의 중요성

이상에서 살펴본 바와 같이 세계 전역의 도시에서 최소한 거주민의 4분의 1이 여성들의 자급 노동을 통해 생산된 식량에 의존한다. 가령 아프리카의 경우 도시민의 4분의 1이 자급형 식품생산 없이는 생존할 수 없다고 말한다. "약 2억 명의 도시거주자들이 먹을거리를 기르고 있고, 이를 통해 약 십억 명의 사람들에게 최소한 식량의 일부를 공급하고 있다"는 유엔인구기금의 주장은 이를 뒷받침한다.[41] 자급용 식품을 생산하는 많은 이들이 여성이라는 사실을 고려했을 때 우리는 어째서 카메룬 케드좀 지역의 남성들이 "맞아요, 자급형 여성농민들이 인류를 위해 훌륭한 일을 하고 있죠"라고 말하는지를 이해할 수 있다. 이 여성들 덕분에 도시와 농촌에 살고 있는 수십억 명의 사람들이 하루에 1~2 달러 정도밖에 벌지 못하면서도, 심지어 경제위기에서도 파산하지 않고 살아남아있는 것이다.

여성들의 자급형 생산활동은 (식품가격상승과 기아의 주원인 중 하나인) 대기업형 농업집단이 경작지를 줄이려는 흐름에 맞서는 한편, 생산되는 식품의 질에 대한 통제력을 어느 정도 확보하고 작물의 유전자 조작과 농약중독에서 소비자들을 보호하고 있다. 나아가 자급형 여성생산자들은 안전한 농법을 지키기도 하는데, 이는 농작물의 농약 때문에 전 세계적으로 여성을 포함한 농민들의 사망과 질병 발생률이 높아지고 있다는 점에서 중요한 고려사항이 아닐 수 없다.[42] 따라서 자급형 농업은 여성들에게 자신들의 건강과 가족들의 건강 및 생활에 대한 요긴한 통제수단이 될 수 있다.[43]

또한 자급형 생산은 새로운 사회를 건설하는 데 핵심적인, 연대를 중심으로 한 비경쟁적 생활양식에 기여하고 있다. 이는 베로니카 벤홀트-톰젠과 마리아 미즈가 말한, "지구상의 생명을 유지하고 생산하는 데 필요한 모든 것들과 생명을 경제 및 사회적 활동의 중심에 둠"으로써 "죽은 화폐의 끝없는 축적"에 맞서는, "다른" 경제의 씨앗과도 같다.[44]

12장

시초축적 시대
공유재의 정치와 여성주의

우리는 지구상의 평민들(commoners)의 관점에 선다. 육신과, 필요와, 욕구를 가진 인간들, 생명을 만들고 유지하기 위한 협동 속에 가장 중요한 전통이 깃들어 있는 인간들, 하지만 우리가 누대에 걸쳐 창조한 공유재와, 자연과, 타인과 서로 분리되어 고통받는 조건 속에서 생명을 만들고 유지해야 했던 바로 그 인간들 말이다.
– 위기탈출공작소, 「위대한 8명의 주인과 60억의 평민들」(Bristol, Mayday 2008)

여성의 자급노동과, 지역민들의 구체적인 생존에 대한 공유재의 기여를 각각 이상화하여 보이지 않게 만드는 것은 유사하기만 할 뿐 아니라 공통된 뿌리를 가지고 있다……어떤 점에서 여성은 공유재처럼 다뤄지고, 공유재는 여성처럼 다뤄진다.
– 마리아 미즈와 베로니카 벤홀트-톰젠, 「공유재의 방어, 탈환, 재발명」(1999)

재생산은 사회적 생산에 선행한다. 여성과 접촉하라, 바위와 접촉하라.
– 피터 라인보우, 『마그나카르타 선언』(2008)

서론 : 왜 공유재인가?

최소한 1993년 12월 31일 사빠띠스따가 멕시코의 공유지를 없애는 법안에 저항하기 위해 산크리스토발의 소칼로 광장을 접수한 이후로 "공유재"라는 개념은 국제적으로나 미국 내에서나 급진좌파 사이에서 대중성을 획득하여 무정부주의자, 맑스주의자/사회주의자, 생태주의자, 생태여성주의자가 모두 관심을 두는 수렴지점이 된 것 같다.[1]

한물간 것이 분명한 이 개념이 현대 사회운동의 정치논의에서 중심을 차지하게 된 데에는 몇 가지 중요한 이유가 있다. 특히 두 가지 두드러진 이유가 있는데, 먼저 한편으로는 정적인 혁명모델이 종언을 고하면서 수십 년간 자본주의의 대안을 건설하려는 급진운동이 약화되었다. 다른 한편으로는 모든 형태의 생명과 지식을 시장논리에 종속시키려는 신자유주의적인 시도 때문에, 금전관계를 통하지 않고서는 바다, 나무, 동물, 친구들에게 접근하지 못하는 세상에서 살아야 하는 위험에 대한 인식이 고조되었다. 또한 "새로운 엔클로저" 때문에 많은 이들이 이미 멸종했거나 사유화의 위협이 있기 전까지는 가치가 없다고 생각했던 공동체의 자산과 관계들에 관심을 가지기 시작했다.[2] 아이러니하게도 새로운 엔클로저는 공유재가 사라지지 않았을 뿐 아니라 인터넷처럼 이전에는 그 무엇도 존재하지 않았던 생활영역에서 새로운 형태의 사회적 협력이 꾸준히 생성되고 있음을 보여주었다.

이런 맥락에서 공유재 개념은 국유재산과 사유재산, 국가와 시장 모두에 논리적이면서도 역사적인 대안을 제공해 왔고, 우리는 덕분에 우리가 서로 배타적인 관계에 있고, 더 이상의 정치적 가능성은 존재하지 않는다는 거짓된 주장을 거부할 수 있게 되었다. 또한 공유재 개념에는 급진좌파들이 만들고자 하는 협력적인 사회보다 더 기본적인 통합적 개념으로서의 이데올로기적인 기능도 있다. 그럼에도 불구하고 공유재 개념을 해석할 때는 상당한 차이와 모호함이 있기 때문에,

만일 우리가 이 공유재의 원칙을 일관된 정치프로젝트로 전환하고자 한다면 이 차이와 모호함을 분명히 밝혀둘 필요가 있다.[3]

가령 공유재를 구성하는 것은 무엇인가? 토지, 물, 공기, 디지털 공유재, 서비스 공유재 등 엄청나게 많은 예가 있을 수 있다. 그뿐만 아니라 우리가 후천적으로 획득한 권리(가령, 사회보장연금)도 종종 공유재로 표현되고, 언어, 도서관, 지나간 문화 같은 집합적인 산물도 마찬가지다. 하지만 반자본주의 전략을 짜는 데 있어서, 이 모든 "공유재"를 동일선상에 놓아도 될까? 이 모든 것이 양립가능한가? 그리고 이 모든 공유재들이 아직 미숙한 상태에 있는 통일성의 구축을 방해하지 않는다고 어떻게 장담할 수 있을까?

나는 이 글에서 이런 질문들을 염두에 두고 여성주의적 관점에서 공유재의 정치를 살펴보고자 한다. 여기서 말하는 여성주의란 재생산노동을 둘러싼 성차별반대투쟁을 통해 형성된 입장이며, 재생산노동은 (라인보우의 말을 인용하자면) 사회건설의 주춧돌이자, 모든 사회적 조직 모델을 검증하는 기준이다. 내가 보기에 공유재의 정치를 잘 정의하고, 이제까지 남성중심적이었던 논쟁을 확대하며, 공유재의 원칙이 반자본주의 프로그램의 기초가 될 수 있으려면 어떤 조건이 필요한지 밝히기 위해서는 이 같은 개입이 필요하다. 이를 위해서는 두 가지 문제가 특히 중요하다.

세계의 공유재, 세계은행의 공유재

첫째, 최소한 1990년대 초 이후 세계은행과 유엔이 사유화를 위해 공유재라는 언어를 도용했다. 세계은행은 생물다양성을 지키고 "세계의 공유재"를 보존한다는 미명하에 열대우림을 생태보호구역으로 전환하고, 수 세기 동안 그곳에서 삶을 일궈온 사람들을 몰아내는 한편, 생태관광 같은 형식으로 굳이 필요하지는 않지만 지불능력이 있는 사람들에게 이 땅을 내주었다.[4] 다른 한편에서는 유엔이 또다시 인류의 공동유산을 보존한다는 명목으로 해양접근권을 관할하는 국제법을 수정하여 각국 정부들이 해수사용권을 몇몇 소수집단에 넘길 수 있게 되었다.[5]

시장의 이해관계에 공유재 개념을 적용한 것은 세계은행과 유엔만이 아니다. 주류경제학자들과 자본주의적 계획가 사이에서는 동기는 다르지만 공유재의 가치를 회복하려는 움직임이 유행처럼 번지고 있다. "사회적 자본", "선물경제", "이타성" 등 공유재나 그와 유사한 주제에 대한 학술문헌이 늘어나고 있는 현상을 보라. 2009년에는 이 분야를 선도하고 있는 정치학자 엘리너 오스트롬에게 노벨경제학상을 수여함으로써 이런 흐름을 공식적으로 인정하기도 했다.[6]

개발계획가들과 정책입안가들은 조건만 맞으면 천연자원의 집합적인 관리가 사유화보다 더 효율적이고 갈등도 적게 일으킬 수 있으며, 공유재를 시장을 위한 생산에 맞게 충분히 조정할 수도 있음을 깨달았다.[7] 또한 이들은 사회적 관계의 상업화가 극단적으로 이루어지면 자멸적인 결과가 일어날 수 있음을 인정하기도 했다. 신자유주의가 그렇듯 상품형태를 사회적 공장의 구석구석까지 확장하는 것은 자본주의 이론가들의 이상이지만, 이는 실현불가능할뿐더러 자본주의시스템의 장기적인 재생산이라는 측면에서 보았을 때 바람직하지도 않다. 자본주의적 축적은 광대무변한 노동과 자원의 자유로운 도용에 구조적으로 의존하는데, 여기서 노동과 자원은 노동력재생산을 위해 고용주들이 의존해 온 여성들의 부불가사노동과 마찬가지로 시장의 외부재로 보여야 한다.

그러므로 월가의 대폭락이 있기 훨씬 전부터 다양한 경제학자와 사회이론가들이 모든 생활영역의 시장화는 시장의 원활한 작동에 해롭다고 경고해 온 것은 우연이 아니다. 시장 역시 신뢰, 신용, 선물 같은 비금전적 관계에 의존하기 때문이라는 것이 해당 주장의 근거다.[8] 즉, 자본은 "공유재산"의 장점에 대해 학습 중이라 할 수 있다. 심지어 150년 이상 자본주의적 자유시장 경제학을 설파해 온 런던의 『이코노미스트』마저 2008년 7월 31일 자를 통해 이 대열에 조심스럽게 합류했다. 『이코노미스트』는 다음과 같이 적고 있다. "신공유재의 경제는 이제 막 형성 중이다. 이 가정에 대해 확신하기에는 아직 이른 감이 있다. 하지만 이는 정책입안가들이 얻을 수 있는 모든 도움을 얻어[해결해]야 하는 인터넷, 지적재산권, 국제적인 오염 관리 같은 문제를 사고하기에 유용한 방식일 수 있다." 따라서 우리는 공유재에 대한 담론을 만들어감에 있어서 위기를 인식한 자본가계급이 가령 지구의 수호자처럼 행세하면서 다시 부활하지 않도록 아주 조심해야 한다.

공유재란 무엇인가?

두 번째 고려사항은, 국제기구들이 공유재를 시장의 기능에 맞게 변형시키는 방법을 학습하는 동안, 어떻게 하면 공유재가 비자본주의 경제의 기초가 될 수 있는지라는 문제는 아직 답을 찾지 못하고 있다는 점이다. 우리는 피터 라인보우의 연구, 그중에서도 특히 『마그나카르타 선언』(2008)을 통해 공유재가 우리 시대까지 이어지는 계급투쟁의 역사를 한데 엮는 실과 같은 역할을 해 왔고, 실제로 공유재를 확보하기 위한 투쟁은 우리 도처에 널려 있음을 알 수 있다. 미국 메인주 주민들은 어자원과 해역을 보존하기 위해 투쟁하고 있고, 애팔래치아 지역 주민들은 힘을 모아 노천채굴로 위협받는 산들을 지키기 위해 노력하고 있으며, 오픈소스, 자유소프트웨어 운동들은 지식의 상품화에 반대하면서 소통과 협력을 위한 새로운 공간을 창출하고 있다. 또한 북미에는 크리스 칼손Chris Carlsson이 그의 책 『나우토피아』Nowtopia에서 묘사한 바와 같이 눈에 보이지 않는 공유재 관련 활동과 공동체들이 창출되고 있다.9 칼손이 보여주듯 화폐/시장경제의 레이더망에 걸리지 않은 사회성의 여러 형태들과 "가상의 공유재"를 생산하기 위해 많은 창의력을 쏟아붓는 이들이 있다.

가장 중요한 것은 대체로 아프리카, 카리브해, 혹은 미국 남부 출신의 이민자공동체의 주도하에 1980년대와 1990년대에 미국 전역에 도시텃밭이 확산된 일이다. 도시텃밭의 중요성은 그 무엇보다도 의미심장하다. 도시텃밭은 식량생산에 대한 통제력을 회복하고, 환경을 재생시키며 자급에 필요한 물자를 공급하고자 할 때 반드시 필요한 "농촌화" 과정으로 가는 문을 열었다. 도시텃밭은 단순한 식량확보의 원천에 그치지 않는다. 사회성과 지식생산, 문화적/세대간 교류의 중심지이기도 한 것이다. 마가리타 페르난데스Margarita Fernandez가 뉴욕의 텃밭에 대해 적은 글에 따르면 도시텃밭은 사람들이 함께 모여 땅을 일굴 뿐만 아니라 카드놀이를 하고 결혼식을 치르며 임신 또는 출산 축하파티를 여는 장소로서 "공동체의 결속을 강화한다."10 어떤 이들

뉴욕의 도시텃밭

은 방과 후 아이들을 대상으로 텃밭에서 환경교육을 진행하는 등 지역학교와 동반자적 관계를 형성하기도 한다. 또한 텃밭은 "다양한 문화적 실천을 전달하고 조우할 수 있는 매개체"이기 때문에 가령 아프리카의 야채와 농법이 카리브해의 야채와 농법을 만나 뒤섞일 수도 있다.[11]

하지만 뭐니 뭐니 해도 도시텃밭의 가장 중요한 특징은 상업적인 목적이 아니라 지역적인 소비를 위해 농산물을 생산한다는 점에 있다. 이는 메인주의 "랍스터 해안"에서 키우는 어자원처럼 시장을 위해 생산하거나, 공공용지를 보존하기 위한 토지트러스트처럼 시장에서 구매하는 다른 재생산용 공유재와 차별되는 점이다.12 하지만 문제는 도시텃밭이 아직도 풀뿌리 차원의 즉흥적인 계획에 머물러 있고, 텃밭을 확대하여 토지에 대한 접근권을 핵심적인 투쟁영역으로 만들려고 하는 미국 내 운동은 거의 존재하지 않는다는 점이다. 더 일반적으로 보았을 때, 좌파에게는 아직 다양한 방식으로 수호, 발전되면서 투쟁을 통해 빠르게 확산되고 있는 공유재가 어떻게 하면 새로운 생산양식의 기초를 제공하는, 완결된 형태로 화합할 수 있을지에 대한 고민이 없다.

예외가 있다면 네그리와 하트가 『제국』(2000), 『다중』(2004), 좀 더 최근에는 『공통체』*Commonwealth*(2009)에서 제안한 이론인데, 이들은 이미 생산의 정보화를 통해 "공유재" 원리 위에 건설된 사회가 진화하고 있다고 주장한다. 이 이론에 따르면 생산 중에서도 주로 인터넷을 통해 조직된 지식의 생산이 주를 이루게 되면서 포함이나 배제 같은 규칙을 정하는 문제에서 벗어난 공공 공간이 마련되었다. 접근과 이용의 횟수가 늘수록 인터넷에서 얻을 수 있는 자원이 줄어드는 것이 아니라 오히려 배가되기 때문이다. 이는 풍요에 기초한 사회, 아마도 생산된 부의 자본주의적 "포획"을 예방하는 것만이 "다중"의 유일한 장애물인 사회의 가능성을 의미한다.

이 이론은 "공유재"의 형성을 기성의 생산 및 노동조직과 분리하지 않고 그 속에 내재하는 것으로 본다는 점이 매력적이지만, 인터넷이 의존하는 디지털기술의 물질적 기초를 문제 삼지 않고, 컴퓨터 역시 지금 조직된 상태에서는 사회적으로나 생태적으로 지극히 파괴적인 경제활동(채굴, 마이크로칩, 희소한 토양생산물)에 의존한다는 사실을 간과한다는 점에서 한계가 있다.13 게다가 이 이론은 과학, 지식생산, 정보를 강조함으로써 일상생활의 재생산 문제를 피해간다. 하지만 이는 다른 공유재에 대한 담론들 역시 전체적으로 공식적인 전제조건들만 강조할 뿐, 기존의 공유재들이 제공할 수 있는 가능성이나, 임금노동과 자본주의적 관계에 대한 종속에 저항할 수 있게 해주는 여러 가지 재생산형태들을 창조할 수 있는 잠재력은 잘 보지 못한다는 점에서 공히 적용될 수 있는 비판이다.

여성과 공유재

이런 맥락에서 공유재에 대한 여성주의적 관점이 중요하다. 공유재에 대한 여성주의적 관점은 여성이 역사적으로나 지금 시대에나 재생산노동의 주요주체로서 남성들보다 더 공유자원에 의존해 왔고, 이를 수호하는 데도 가장 헌신적이었다는 인식에서 출발한다. 내가 『캘리번과 마녀』(2004)를 통해 밝혔듯, 여성들은 자본주의가 처음으로 발달하던 시기 잉글랜드와 "신세계" 모두에서 토지엔클로저에 맞서는 투쟁의 전면에 섰고, 유럽식민화를 통해 파괴될 위험에 처한 공동체의 문화를 가장 열렬하게 수호했다. 페루에서는 스페인 정복자들이 마을을 점령하자 고원지대로 도망친 여성들이 다시 만들어낸 집합적인 삶의 형태들이 오늘날까지 남아있다. 16세기와 17세기에 여성을 상대로 세계사에서 가장 폭력적인 공격인 마녀사냥이 자행된 것은 놀라운 일이 아니다. 오늘날에는 여성들이 새로운 형태의 시초축적에 대항하여 자연의 완전한 상업화를 저지하는 주요사회세력으로 나서고 있다. 전 세계적으로 자급농업을 책임지는 것은 여성들이다. 아프리카에서는 세계은행 등의 기관들이 환금작물재배를 강요하기 위해 꾸준히 공작을 벌이는 상황 속에서도 사람들이 직접 소비하는 식량의 80%를 여성들이 생산하고 있다. 토지에 대한 접근권을 꾸준히 유지하려는 의지가 워낙 강하기 때문에 도시에서도 많은 여성들이 공공용지의 빈 공간에 옥수수와 카사바를 심고 가꾸며, 이 과정에서 아프리카 도시들의 경관을 바꾸고 도농 간의 구분을 무너뜨리고 있다.[14] 인도에서도 여성들은 황폐해진 삼림을 복원하고 나무를 지키며 손을 맞잡고 벌목업자들을 몰아내고 채굴활동과 댐건설을 막아왔다.[15]

재생산수단에 직접 접근하기 위한 여성들의 투쟁에는 (캄보디아에서 세네갈에 이르는) 화폐공유재로 기능하는 제3세계의 신용기관 건설도 있다.[16] (아프리카 일부 지역에서는) "톤티식 연금제도"tontines라고 부르기도 하는 이 제도는 여성들이 만든 자율적이고 자치적인 금융시스템으로, 은행을 이용할 수 없는 개인이나 집단에게 순수하게 신용만을 근거로 현금을 빌려준다. 이는 세계은행이 장려하는 소액대출시스템과는 완전히 다른데, 세계은행의 소액대출시스템은 수치심을 근거로 작동하고, (가령 니제르처럼) 극단적인 경우 대출금을 갚지 못한 여성의 사진을 공공장소에 붙여놓아 자살자가 발생하는 일까지 벌어지고 있기 때문이다.[17]

또한 여성들은 재생산비용을 아끼고, 서로를 빈곤과 국가의 폭력, 남성 개인의 폭력에서 지키기 위한 수단으로서 재생산노동을 집단화하기 위해 노력해 왔다. 주목할 만한 예로는 심한 인플레이션 때문에 혼자 힘으로는 도저히 물건을 살 수가 없었던 1980년대 칠레와 페루의 여성들이 설립한 올라 공동체(공동부엌)가 있다.[18] 이 방식은 집합적인 재조림과 토지개간처럼 아직도 공동체적 유대가 강력한 사회가 남아있음을 보여준다. 하지만 이를 "전통"의 산물 같은 선^先정치적인, "자연스런" 어떤 것으로 받아들여서는 곤란하다. 현실에서는 레오 포들라슉 Leo Podlashuc이 "여성을 지키자, 공유재를 지키자" Saving the Women Saving the Commons에서 언급하고 있다시피 이런 투쟁들이 집합적인 정체성을 만들어내고, 가정과 공동체 내에서 대항권력을 구성하며, 우리가 본보기로 삼아야 할 자기가치화와 자기결정과정의 문을 열고 있다.

이런 투쟁에서 얻어야 할 첫 번째 교훈은 재생산의 물질적 수단을 "공유재화"하는 것은 집합적인 이익과 상호호혜적인 유대를 창출할 수 있는 주요 기제라는 점이다. 이는 군대에서든 사창가에서든 아니면 노동착취형 작업장에서든 노예와 같은 삶에 맞설 수 있는 제1의 저항선이기도 하다. 북미인들이 추가로 얻을 수 있는 교훈은 자원을 같이 모아놓고, 토지와 해역을 탈환하며, 이를 공유재로 전환할 경우, 세계 다른 곳에서 살고 있는 수많은 사람들의 재산을 세계시장을 매개로 빼앗은 상품흐름과 우리의 재생산활동의 연결고리를 끊을 수 있다는 점이다. 이것이 가능해지면 우리의 생계는 세계시장뿐만 아니라 세계시장의 주도권이 의지하고 있는 전쟁-기계와 수감시스템에서 멀어질 수 있다. 그러면 우리는 감수할 수밖에 없는 위험들과, 종종 운동 내 관계의 특징으로 나타나 우리의 헌신성과 인내력을 제약하는 추상적인 연대를 넘어설 수 있다.

이는 원주민사회 등 토지의 탈환에 아주 관심이 많은 미국 전역의 모든 공동체들 내에서 의식함양, 문화간 교류, 동맹 형성 같은 장기적인 과정을 거쳐야만 완수할 수 있는 가공할 만한 과업임이 틀림없다. 지금 당장은 이 과업이 바늘귀를 통과하는 일보다 더 어려워 보일지 모르지만, 자율성의 공간을 넓히고, 자본축적 과정을 중단시키며, 더 이상 세계의 다른 평민들과 공유재를 희생하여 우리 스스로를 재생산하지 않기 위해서는 이 방법밖에는 없다.

여성주의적 재구성

마리아 미즈는 공유재를 만들어내고자 할 때는 먼저 자본주의 내 사회적 분업 때문에 분리되어 있던 것들을 재결합하기 위해 우리의 일상생활을 근본적으로 전환해야 한다고 지적했는데, 이는 이 같은 과업을 위해서는 무엇이 필요한지 인상 깊게 보여준다. 생산이 재생산 및 소비와 멀어지면서 사람들은 우리가 먹는 것이나 입는 것 또는 일할 때 사용하는 것들이 생산된 조건이나, 그 사회 및 환경상의 비용, 그리고 우리가 만들어내는 쓰레기 더미 속에서 살아가는 사람들의 운명에 대해 생각하지 않게 되었기 때문이다.[19]

즉, 우리는 자본주의 내에서 사회적인 분업이 조직된 파괴적인 방식에서 비롯된, 우리 행위의 결과와 관련하여 꾸준한 부인否認과 무책임함의 상태를 극복해야 할 필요가 있다. 그렇지 않을 경우 우리의 삶의 생산은 타인에게는 죽음의 양산과 동의어가 될 수밖에 없다. 미즈의 지적처럼 세계화는 이 위기를 악화시켜 생산과 소비 간의 간격을 벌려놓았고, 이를 통해 외견상 전 세계적인 상호의존성이 증가하고 있음에도 불구하고 우리가 먹는 음식, 우리가 사용하는 석유, 우리가 입는 옷, 우리가 소통을 위해 사용하는 컴퓨터에 묻어있는 피를 보지 못하는 무지를 더욱 강화하는 결과를 낳았다.[20]

이런 몽매함을 극복하기 위해서는 공유재를 재구축하는 일부터 시작하라고 가르치는 여성주의에 귀 기울일 필요가 있다. 타인의 고통을 밟고 서서 우리의 삶과 재생산을 영위하고자 한다면, 우리 자신을 타인과 분리된 존재로 본다면, 그 어떤 공유재도 불가능하다. 실제로 공유재화 commoning가 조금이라도 의미가 있으려면 우리 스스로가 공동의 주체 common subject가 되어야 한다. 이를 위해서는 "공동체가 없이는 공유재도 없다"는 말의 의미를 충분히 이해해야 한다. 여기서 말하는 "공동체"는 빗장이 처져 있거나, 종교와 인종을 근거로 형성된 공동체처럼 타 집단과 분리되는 배타적인 이해관계에 의해 결합된 집단이 아니다. 여기서 말하는 공동체는 인간에 대한, 지구에 대한, 삼림과 바다, 동물에 대한 관계의 질, 협력과 책임의 원칙에 가깝다.

물론 이런 공동체의 완성은 일상적인 재생산활동의 집단화와 마찬가지로 시작에 불과할 수 있다. 이는 더 넓은 반사유화캠페인이나 공공복지 commonwealth의 재구축을 대신할 수 없다. 하지만 이는 집합적 통치를 위한 교육과정의 중요한 일부이자 (자본주의의 신자유주의 시기에 크게 손상된) 역사를 집합적 프로젝트로 인식하기 위해서는 없어서는 안 될 과정이다.

이런 점에서 우리는 가사노동의 공동화/집단화를 우리의 정치의제에 포함시켜, 19세기 중반의 유토피아적 사회주의 실험부터, 19세기 말에서 20세기 초까지 집단적인 살림살이를 통해 가사노동과 가정, 그리고 이웃관계를 재조직하고 사회화하기 위해 "유물론적 여성주의자들"이 했던 시도들(이 노력은 "적색공포"[21]가 등장한 1920년대까지 지속되었다)에 이르기까지 미국에서 보유하고 있는 풍부한 여성주의의 전통을 다시 복원해야 한다.[22] 이런 실천들, 그리고 과거 여성주의자들이 재생산노동을 부정하지 않고 혁명의 대상으로 삼아야 할, 인간활동의 중요한 영역으로 바라보았던 그 통찰력은 다시 검토하면서 재평가할 필요가 있다.

집단적인 생활양식을 만들어내야 하는 중요한 이유 중 하나는, 인간의 재생산은 지구상에서 가장 노동집약적이고, 전체적으로 기계화로 환원불가능한 노동이기 때문이다. 우리는 육아나 환자의 병구완, 또는 육체와 감정의 균형을 잡는 데 필요한 심리적인 노동을 기계화하지 못한다. 미래산업가들이 노력하고 있긴 하지만, 관련자들의 끔찍한 희생이 없을 경우 "돌봄"을 자동화할 수 없다. 그 누구도, 특히 아이나 환자라면 더군다나 "양육로봇"을 자신을 돌봐주는 사람으로 받아들이지 못할 것이다. 노동제공자의 건강을 희생시키지 않아도 되는, 공유된 책임과 협력적인 노동만이 적절한 돌봄을 보장해준다. 수 세기 동안 인간의 재생산은 집합적인 과정이었다. 이는 특히 프롤레타리아트 지역이라면 혼자 사는 사람이라도 의존할 수 있었던, 대가족과 공동체의 노동이었고, 따라서 나이가 들어도 오늘날의 많은 노인들처럼 적막한 외로움과 의존적인 상태가 뒤따르지 않았다. 하지만 자본주의가 시작되면서 재생산은 완전히 사유화되었고, 이제는 우리의 생명을 위협할 지경에까지 이르고 있다. 생명에 대한 꾸준한 가치절하와 파편화를 종식시키고자 한다면 우리는 반드시 이런 흐름을 바꿀 필요가 있다.

바야흐로 이에 맞춤한 적기가 왔다. 자본주의의 위기가 미국을 비롯한 전 세계 수백만 명을 재생산하는 데 필요한 기본요소를 파괴하면서, 우리의 일상적인 삶을 재구축하는 일이 가능하면서도 필요한 일이 되었다. 사회경제적 위기는 파업처럼 임금노동의 규율을 무너뜨리

고 우리에게 새로운 형태의 사
회성을 강요한다. 대공황 시기에
도 이런 일이 있었다. 화물열차
를 공유재로 전환하여 이동의
자유와 유목주의를 추구했던
호보맨[떠돌이] 운동이 탄생한
것이다.23 이들은 선로 교차로에
"호보 정글"을 조직했는데, 이는
자치 규율과 연대가 깃든, 그곳
에 거주했던 많은 이들이 신봉
한 공산주의 세상의 원형과도

호보맨

같았다.24 하지만 일부 "유개차 버사"box-car Berthas[로 상징되는 열정적이
고 자유분방한 여성들]을 제외하면 전적으로 남성들의 세상, 남학생 사
교클럽 같았고, 장기적으로는 지탱하기 어려운 구조였다.25 결국 경제
위기와 전쟁이 막을 내리자 호보맨들은 가족과 가정이라는, 노동력을
안착시키는 두 개의 거대한 엔진에 길들여졌다. 미국자본은 대공황시
기에 겪었던 노동계급재구성 위협에 신경 쓰면서, 생산에 있어서는 협
력을, 재생산에 있어서는 분리와 원자화를 경제생활 조직방식의 특성
으로 삼아 뛰어나게 적용했다. 레빗타운Levittown 26이 제공한 원자화되
어 일렬로 늘어선 가족-가정은 이와 밀접한 관계에 있는 부속물인 자
동차와 결합하여 노동자들을 주저앉혔을 뿐만 아니라 호보정글이 상
징하던 자율적인 노동자들의 공유재에 종언을 고했다.27 오늘날 수백
만 명의 미국인들이 집과 자동차를 담보물로 압류당하면서 대량실업
이 자본주의적인 노동규율의 기둥을 다시 무너뜨리고, 해안에서 해안

12장 시초축적 시대 공유재의 정치와 여성주의 **249**

으로 뻗어 나가는 텐트 도시들처럼 새로운 공동체의 근거지들이 다시 모양을 갖추고 있다. 하지만 이제 이런 공동체의 근거지들이 잠시 스쳐 지나가는 공간이나 일시적인 자율구역에 머물지 않고 새로운 형태의 사회적 재생산의 기초가 되기 위해서는 여성들이 새로운 공유재를 구축해야 한다.

집이 경제의 바탕이 되는 오이코스^{oikos}라고 한다면, 이를 다양한 사람들과 협력의 형태들이 가로지르고, 고립과 안주가 아닌 안전함을 제공하며, 공동체 자산의 공유와 순환을 가능케 하고, 무엇보다 집단적 재생산형태의 기초를 제공하는, 집합적 생활의 중심으로 복원하기 위해서는 여성들, 역사적으로는 가사노동자와 가정의 포로들이 주도권을 잡아야 한다. 이미 제안했듯 우리는 집이 "여성억압의 중요한 공간적 요소"라는 확신을 가지고 노동자들이 재생산을 직접 통제해야 한다고 요구하면서 공동주방, 협력적인 살림살이를 조직했던 19세기 "유물론적 여성주의자들"의 프로그램에서 영감을 얻을 수 있다.[28] 이런 목표들은 오늘날에도 중요하다. 사적인 집안에 갇힌 고립된 삶을 깨부수는 것은 우리의 가장 기본적인 필요를 충족시키고, 고용주와 국가와의 관계에서 우리의 힘을 증강시키기 위한 전제조건만이 아니다. 맛시모 데 안젤리스가 환기시켜주듯 이는 생태적 파국을 막는 일이기도 하다. 겨울에는 온기를 공기 중에 흩어버리고, 여름에는 우리를 지독한 열기에 노출시키는, 지금의 우리가 집이라고 부르는 자기 폐쇄적인 주거시설과 재생산 자산들의 "비경제적인" 증대는 의심할 바 없이 파괴적인 결과를 가져올 것이기 때문이다. 가장 중요한 점은 우리가 우리의 재생산을 더 협력적인 방식으로 재규정하지 않고, 사적인 것을 정치적인 것과, 정치적 행동주의를 일상생활의 재생산과 분리하기를 그만두지 않으면 대안사회와 자기재생산이 가능한 강력한 운동을 구축할 수 없다는 점이다.

　재생산을 공유재화/집단화하는 이 과업을 여성들에게 할당한다고 해서 본질주의적인 "여성성" 개념을 인정하는 것은 아니라는 점을 분명히 해 둘 필요가 있을 것 같다. 당연히도 많은 여성주의자들은 이를 "죽음보다 못한 운명"이라고 생각할 수 있다. 우리의 집단의식 속에는 마치 자본가들이 자연의 풍요를 도용하듯 여성을 남성들이 자유롭게 도용할 수 있는, 남성 공동의 풍요와 서비스의 자연적인 원천으로 여겨왔다는 생각이 깊이 아로새겨져 있다. 하지만 돌로레스 헤이든 Dolores Hayden의 말을 빌리면, 재생산노동의 재조직과, 그러므로 주거시설 및 공공공간 구조의 재조직은 정체성의 문제가 아니라 노동의 문제이며, 우리가 덧붙이자면 권력과 안전의 문제이다.29 여기서 나는 브라질 무토지농민운동의 여성구성원들이 떠오른다. 이들은 자신들의 공동체가 점거했던 토지를 유지할 수 있는 권리를 획득하자 새집을 여러 채 지어 하나의 복합주거시설을 만들어야 한다고 주장했는데, 그렇게 해야 투쟁의 과정에서 그랬듯 남성들과 번갈아 가면서 꾸준히 집안일을 공유하고, 함께 설거지와 요리를 할 수 있으며, 남성에게 학대를 당할 경우에는 언제든 뛰어나가 서로 도움을 주고받을 수 있다고 생각했기 때문이다. 여성들이 재생산노동과 주택의 집단화에서 주도권을 쥐어야 한다는 주장은 가사노동을 여성의 과업으로 본질화하는 것이 아니다. 이는 재생산노동과 관련하여 여성들이 축적해 온 집단적인 경험, 지식, 투쟁을, 역사적으로 자본주의에 대한 우리의 저항에서 본질적인 일부를 차지했던 이 모든 것들을 말살시키지 않기 위함이다. 오늘날 이 역사를 다시 연결하는 것은 남성과 여성 모두에게 젠더화된 일상의 구조물을 해체하고 집과 일상을 공유재로 재구축하기 위한 중요한 한 걸음이다.

13장

감정노동[1]에 관하여

1990년대 중반 세계경제의 재구조화를 통해 나타난 새로운 노동 형태에 대해 사유하던 자율주의적 맑스주의자들이 만들어낸 '감정노동' affective labor이라는 표현은 급진집단 내에서 다면적인 의미를 가진 보편적인 개념이 되었다. 이 용어는 짧은 생애 동안 난해한 과제를 정확하게 정의하려고 노력하는 과정에서 그 범위가 확장되었다. '감정노동'은 오늘날 서비스부문의 새로운 노동–활동을 묘사하거나, '포스트 포드주의' 시대에 노동의 본질을 개념화하는 데 사용된다. 일각에서는 이를 재생산노동의 동의어로 사용하거나 여성주의 담론의 기본원칙들을 재고하기 위한 도약대로 여긴다.

분명 이 개념은 급진적인 상상력을 사로잡았다. 뒤에서 나는 이 개념이 생산의 사회적 조직 속에서 일어난 변화에 대한 우리의 시각을 어떻게 재구성하고, 그것이 어떤 정치적 프로젝트를 존속시키는지를 탐문함으로써 그 매력의 근원에 대해 논할 것이다. 특히 나는 맑스주

안또니오 네그리와 마이클 하트

의적 여성주의자들이 자본주의 내 재생산노동과 여성-자본 관계를 이해하는 범주적 틀과 감정노동을 비교할 것이다. 나의 주장은 감정노동이 재생산의 상업화에서 중요한 측면들을 부각시키긴 하지만 이를 우리 시대 노동-권력의 재생산을 뒷받침하는 활동과 관계들의 주요 기표로 여기기에는 문제가 있다는 것이다. 이 경우 감정노동은 1970년대 여성주의 운동이 제공했던 사회적 관계에 대한 이해라는 측면에서 퇴보하게 된다. 여성의 부불가사노동에 대한 지속적인 착취를 은닉하는 데다 여성들이 재생산영역에서 벌이고 있는 투쟁을 다시금 보이지 않게 만들기 때문이다.

이런 주장들을 뒷받침하기 위해 나는 네그리와 하트, 그리고 이들을 지지하는 주요 이론가들의 저작 속에서 나타난 감정노동이론을 검토하는 한편, 오늘날 사회이론에서 감정노동 개념이 사용되는 방식과 여성주의 저술가들의 수용방식을 살펴볼 것이다. 나의 관심은 주로 정치적인 데 있다. 즉, 감정노동의 개념과 그것이 기대고 있는 이론이 오늘날의 반자본주의 투쟁을 이해하는 데 있어서 어떤 자원과 수단을 제공하는지, 그리고 이는 우리가 어떤 가능성을 사고할 수 있게 해주며 우리의 집단적인 상상을 어떻게 확장시켜 주는지가 나의 주요 관심사이다.

이런 맥락에서 나의 접근법은 당파적이다. 위 질문들에 대한 자율주의 맑스주의자들의 일부 대답들은 최소한 30년간 내 연구의 중심에 있었던 사회적 재생산에 대한 분석과 상충되기 때문이다.2 나의 분석은 자본주의 내에서는 상품생산과 노동력생산, 임금노동과 부불노동 간에 질적인 차이가 존재한다는 가정에 기초를 둔다. 하지만 최소한 자율주의 맑스주의자들이 주장하는 바와 같이 감정노동이론에서는 이런 주장을 받아들이지 않는다.

『제국』부터 『다중』과 『공통체』에 나타난 감정노동과 비물질노동

감정노동 개념은 네그리와 하트의 저작에서 처음으로 발전되었기 때문에 감정노동을 분석하기 위해서는 이들의 저작에서 출발해야 한다. 네그리와 하트가 이 용어를 다루는 방식은 이후 논의를 결정하는 기틀을 다졌다. 하지만 네그리와 하트의 저작에서 감정노동은 자립적인 개념이 아니다. 그보다는 네그리와 하트의 저작에서 핵심이라 할 수 있는 비물질노동이론의 한 측면을 차지한다. 따라서 나는 먼저 감정노동이 삽입되는 더 넓은 틀과, 네그리와 하트가 『제국』(2000), 『다중』(2004), 『공통체』(2009) 삼부작에서 주력했던 정치적/이론적 프로젝트에 중점을 둘 것이다.

이는 마우리치오 랏자랏또(Maurizio Lazzarato)의 표현을 따르자면3 공산주의가 "죽은 가설"이 된 활동가와 지식인 세대를 위해 맑스주의 이론을 다시 선보이는 한편, 역사에 대한 포스트모던한 이해에서 비롯된 비관주의를 몰아내기 위한 시도라고 설명할 수 있다. 네그리와 하

트는 이 과업을 수행하기 위해 1960년대의 투쟁은 이미 자본주의에 압력을 가하여 포스트자본주의 사회로의 이행을 의미하는 신경제질서를 도입하게 만들었다는 주장을 담은 이론을 정교화했다. 여기서 신경제질서가 포스트자본주의 사회로의 이행을 의미하게 된 것은 노동이 자본에서 더 자율적이고, 사회적 협력을 더 많이 만들어내며, 불평등한 권력관계가 만개해 온 물질적인 기초를 해체함으로써 전 지구적 노동력의 정치적 재구성을 촉진했기 때문이라는 것이 이들의 주장이다.

이 개괄적인 설명에서 (그 핵심주장은 폭넓은 논쟁의 대상이 되어 왔기 때문에) 이 이론은 세계경제의 재구조화, 그리고 특히 컴퓨터와 정보혁명이 자본주의 발달의 한 국면의 막을 열었다고 주장하는데, 이는 『정치경제학 비판 요강』에서 맑스가 부분적으로 예견했던 부분이기도 하다.[4] 이 새로운 국면에서는 과학이 주요 생산력이 되고 상품의 인지적/문화적 요인이 가격산출과정의 연료이기 때문에, 비물질노동이 지배적인 노동형태가 된다.

비물리적인 대상(코드, 자료, 상징, 이미지, 생각, 지식, 주체성, 사회적 관계)을 생산하는 노동[5]으로 정의되는 비물질노동은 특정 영역의 활동과 노동자(가령 컴퓨터 조작자, 예술가, 디자이너)로 규정되고 따라서 노동의 사회적 분업이 부과하는 위계질서의 확장을 의미하는 것으로 보인다. 하지만 우리는 이것이 틀렸다고 확신한다. 비물질노동은 위계나 여타의 중요한 차이를 선택하거나 양산하지 않는다. 이들의 주장에 따르면 모든 형태의 노동은 시간이 지나면 비물질화될 것이기 때문이다.[6] 모든 노동형태가 세월이 지나면 비물질화된다는 주장은 (『자본』 1권의) 「기계와 대공업」에 대한 장에서 맑스가 밝혔던 원칙과도 부합한다. 여기서 맑스는 자본주의 발달의 모든 단계에서 지배적인 노동형태는 패권적인 방식으로 다른 모든 노동형태에 자신과 같은 자질을 부과함으로써 동화시키고, 이로써 자신과 동일한 상*으로 탈바꿈시킨다고 명시하고 있다.[7][8] 따라서 현행의 전 지구적 경제에서 비물질노동은 더 이상 지식노동과 육체노동, 머리와 손을 구분하는 기준이 될 수 없고, 가령 알프레드 손-레텔Alfred Sohn-Rethel이 논의했던 자본주의 초기단계에서 지식노동이 그랬듯 노동자를 생산의 지적 기능에서 분리시킨 결과물로 기능하지 못한다.[9]

반면 비물질노동은 노동이 자율성을 띠고 자기조직되며 사회적 협력을 생산하는, 노동과 자본 간의 질적으로 새롭고 긍정적인 관계를 만들어내는데, 네그리와 하트는 이런 현실을 "공통적인 것"the common이라 칭한다. 이 같은 변화의 원인에는 두 가지가 있다. 첫째, 노동자의 투쟁에 압박을 느낀 자본은 생산의 영역에서 그보다 안전한 금융화의 영역으로 도피하고, 이로써 노동자는 [생산]현장을 장악하게 된다.[10] 둘째, 육체노동과 달리 지식/정보기반 노동은 통제나 감시가 불가능하다. 이는 특정 지역이나 시간에 한정되지 않기 때문이다.[11] 이에 우리는 아마도 질적으로 새로운 현상을 맞이하게 된 모양이다. 첨단기술자본주의의 심장부에는 해방된 구역이 나타나고, 동시에 생산의 직접적인 조직이 아니라 자본가들이 노동과정의 끝머리에서 수행하는 탈취 행위를 통해, 가령 지적 재산권 법을 시행함으로써 그 생산물을 포획하는 착취가 꾸준히 지속되는 현상이 공존하게 된 것이다.[12]

세 번째로, 가장 중요한 점은 네그리와 하트가 생산의 비물질화와 함께 산업시대 노동의 특징이었던 모든 대립(생산적/비생산적, 생산/재생산, 노동/여가, 생활시간/노동시간, 임금노동/부불노동)이 소멸

되고, 노동은 더 이상 차별과 불평등한 권력관계의 원천이 되지 못한다고 주장하는 것이다.[13] 네그리와 하트는 위와 같은 구분의 자리에서 엄청난 사회적 재생산 과정이 진행되어 사회적 삶의 모든 절합부위가 생산지점이 되고 사회 그 자체가 자본을 위해 가치뿐만 아니라 지식, 문화, 주체성을 생산하는 거대한 노동-기계가 된다고 주장한다. 네그리와 하트는 푸코와 비슷하게 이 같은 새로운 체제를 **삶정치적 생산** bio-political production이라고 칭하고[14], 이 속에서는 노동이 정치적 소통의 전형적인 특징들을 획득하게 된다는 점에서(노동은 의사소통적이고, 상호적이며, 감정적이 된다) 정치적 행위가 되고, 노동자를 위한 자기통치 훈련장이 된다고 주장한다. 가장 중요한 것은 이 속에는 차별을 양산하는 위계를 뒷받침하는 그 어떤 물질적 기반도 존재하지 않는다는 점이다. 모든 사회 주체들은 생산된 부를 동등하게 만들어내기 때문이다. 이런 맥락에서 '다중'이 비물질노동의 정치적 주체로서, 차이를 통합하고 서열이나 차별을 만들어내지 않는 정치적 주체로서 나타나게 되는 것이다. 하트와 네그리는 다음과 같이 적고 있다.

> 고용된 노동자층들로부터 빈자들을 분리하는 질적 차이는 존재하지 않는다. 그 대신, 점점 공통적이 되는, 실존 및 창조적인 활동조건이 존재하며 이것이 전체 다중을 규정한다. …… 생산적 노동과 비생산적 노동을 가르고, 생산적 노동과 재생산적 노동을 가르는, 언제나 의심스러웠던 낡은 맑스주의적 구분은 이제 완전히 내던져야 한다.[15]

요컨대, 네그리와 하트에 따르면 우리의 일상생활에서 대안을 구축할 수 있음을 의미하는 삶정치와 비물질노동이 도래하면서 주요사회변혁의 가능성이 이제 당면한 의제가 되었고, 남은 할 일은 집단적인 생산과 지식교환을 위한 우리의 역량을 확대하고 우리 스스로 자치에 대한 학습을 하는 것이다.[16]

이렇게 힘을 북돋는 관점이 어째서 큰 성공을 거두게 되었는지는 어렵지 않게 짐작할 수 있다. 그 긍정적인 메시지와 노동과 계급적대에 대한 초점 덕에 이 이론은 포스트모던한 '해체'담론이 수년간 횡행하고 난 뒤 새로운 전환점으로 환영받았다. 아마도 가장 매혹적인 부분은 이 이론이 혁명은 정확히 알 수 없는, 한없이 연기된 미래에 한정된 어떤 것이 아니라 지금 이 순간의 일이라는 생각을 다시 선보이고 있고, '이행'의 문제를 정치 분석의 중심에 놓고 있다는 점일 것이다. [하지만] 동시에 이 이론의 주요교리들은 '경향'과 '추이'에 대한 가정에 과도하게 의존하는 불안한 경험적 기초에 바탕을 두고 있고 그 정치적 메시지 역시 모순적일 때가 많다.

네그리와 하트가 설명한 것이 지금의 경향이라는 사실을 받아들인다 하더라도 오늘날 자본주의가 주로 생산의 비물질적 형태에 의존하고 있다는 근거는 실제적으로도 정치적으로도 의문스럽다.[17] 좀 더 무겁게 말하자면 세계경제를 추동하는 힘은 전 지구적 노동시장에 토지를 몰수당한 소작농과 가정주부들, 즉 막대한 양의 비-계약노동을 풀어놓음으로써 잉여추출율을 기하급수적으로 증가시킨 국제자본의 능력이었다고 볼 수 있다. "비물질노동자"의 자율성이라는 것 역시 논란의 여지가 있다. '닷컴 혁명'이 있기 20년 전 [이미] '넷-노예'라는 표현이 의미하듯 디지털노동이 창의력과 자유의 오아시스가 되리라는 환상은 대부분 해체되었다.[18] 가장 창의적인 노동자의 경우에도 자율성은 일시적이고 지속불가능한 경험이거나 고용주의 이익에 대한 완전한 자기동일시의 결과일 뿐인 것으로 확인되었다. 우리는 목적을 정확히 명시하지 않은 노동의 조직 방식 속에서는 사회적 협력에 대한 예찬에 회의적인 태도를 가져야 한다. 가령 삶정치의 영역에서 전쟁도구의 생산이 육아만큼이나 '공통하는' commoning 활동이라면, 그리고 지불노동과 부불노동 간의 모든 차이가 뭉개져 버린다면, 비물질노동이 요구하고 창출하는 협력은 어떤 정치적 잠재력을 가지는가?

'다중' 개념에도 문제가 있다. 이는 젠더, 인종, 인종적 기원, 직업으로 규정되지 않는, 하나이자 다수, 단일성이자 복수성으로 묘사되는 가공체로 네그리와 하트는 이를 전 지구적 노동력의 기표라고 주장해 왔다. 특히 그것이 전 세계적인 온라인소통의 흐름에 몰입해있는, 컴퓨터를 쓸 줄 아는 비물질노동자들로 구성되어 있다고 상상해보면, 육화되지 않은 그 성격 때문에 의구심을 떨칠 수가 없다. (안토넬라 코르사니Antonella Corsani의 표현을 조금 바꿔서 말하면) 이 비정형의 피조물이 지배적이라는 점은 이론의 여지가 없고, 따라서 이들은 정체성을 필요로 하지 않는 대도시의 남성 노동력의 마지막 안식처란 말인가?[19]

다중이 주로 대도시 남성노동자들로 구성되어 있음을 보여주는 다른 증거도 있다. 예를 들어 네그리와 하트는 생산의 '포스트-포드주의적' 재구조화를 공장에서 영토territory로 흘러넘치는 노동으로 그리고 있다. 하지만 실제로 많은 양의 산업노동은 "제3세계"로 흘러넘쳐 왔다. 그리고 서비스부문의 성장은 대체로 재생산노동이 상업화된 결과물이었고, 따라서 공장에서가 아니라 집에서 "영토"로의 "흘러넘침"이었다.

마지막으로 비물질노동이 주도권을 가진 상태에서 노동의 동질화가 불가피하다는 가정은 입증할 수 없다. 이에 대한 맑스의 설명에는 실책이 있다. 자본주의는 역사적으로 엄청나게 다양한 형태의 노동을 필요로 해 왔고, 이를 통해 이익을 남겼기 때문이다. (자본주의 발달 때문에 체계적으로 '저발전상태에' 머물게 된 사람들의 관점에서뿐만 아니라) 가사노동과 재생산의 관점에서 자본주의 발달을 살펴보면 이는 분명하게 나타난다. 여성주의 역사학자들이 밝혀낸 바와 같이 자본주의는 결코 가사노동을 산업화하지 않았다. 비록 핵가족은 전자본주의적 관계의 유산이라고 보기는 어렵지만 말이다.[20] 가사노동은 산업화가 절정에 달한 19세기 말 자본주의 시기에 남성노동자들을 유화시키는 한편, 섬유산업에서 더욱 강도 높은 노동착취를 요하는, 따라서 노동의 재생산에 대한 투자를 증대시켜야 하는 중공업으로 (맑스의 용어로 절대적 잉여에서 상대적 잉여로) 원활하게 이행하기 위해 창조된 것이다.[21] 가사노동의 창조는 가족임금의 제도화를 낳고 포드주의에서 절정에 달한 자본주의 전략과 동일한 연장선상에 놓여 있다. 볼셰비키 혁명 초반에 시도했던 것과 유사한, 가사노동의 완전한 산업화는 일부 사회주의자들과 심지어는 일부 여성주의자들이 권장했던 선택지 중 하나였음은 부정할 수 없다.[22] 하지만 19세기에도, 뒤이은 20세기의 몇십 년간에도 이는 실제로 시도되지 못했다. 자본주의가 역사적인 변화를 경험한 상황에서도 가사노동은 결코 산업화되지 않았다.

결국 부불가사노동/자들의 경험을 근거로 검토했을 때 우리는 다른 모든 노동형태들이 지배적인 노동형태와 동등해진다는 맑스의 규칙을 수정해야 함을 알 수 있다. 또한 공장 밖에 있는 노동자들을 분해/분산시킬 필요나, 생활의 완전한 통제에 대한 저항을 억제하기는 불가능함 같은 비경제적 요인들에 맞춰 변용하기도 해야 한다. 이는

"실질적 포섭" 체제[23]가 노동 형태와 조건의 완전한 동질화과정 없이도 이루어질 수 있고, 자본주의 관계 재생산에서 단절이 핵심적임을 의미한다.

이제 감정노동이 비물질노동이론에서 하는 역할을 살펴보는 일이 남았다. 사실 비물질노동은 인지적인 속성과 감정적인 속성을 모두 가지고 있는데, 이 구분은 대도시 지역의 전 지구적 경제 재구조화에는 두 가지 핵심 부문, 즉 서비스부문의 증대와 노동의 컴퓨터화가 있음을 시사한다. 이런 점에서 비물질노동은 분해가능하며, 감정노동은 사실상 시장화된 재생산노동을 묘사하는 데 종종 사용된다. 하지만 감정노동이 젠더화된 노동분업의 표현이라고 결론을 맺는다면 이는 실책이 될 것이다. 네그리와 하트는 비물질노동의 인지적 요소를 "노동의 지능화"[24]로, 감정적 요소를 "육화된 노동"으로 지칭함으로써 이를 애매하게 장려하는 듯한 인상을 주고 있다. 이런 식으로 노동을 젠더화되고 위계화된 방식으로 그림으로써 네그리와 하트는 사회등식에서 여성적인 측면을 잊지 않았고 자신들이 바라보는 새로운 생산력은 사회적 삶의 총체성을 포괄하고 있다는 신호를 보내면서 여성주의 운동에 호의적인 눈짓을 보낸다.[25] 하지만 나는 감정노동이 노동의 젠더화된 분업을 강조하기보다는 우리를 그 너머로 데려다준다고 주장하고자 한다. 감정노동은 때로 "여성의 노동"으로 규정되긴 하지만, 젠더특정적인 노동형태가 아니다. 감정노동은 노동의 상호작용이라는 특성, 의사소통의 흐름을 촉진하는 능력을 지칭하며, 따라서 이는 관련된 활동이기만 하다면 다양한 형태를 띨 수 있다. 감정노동 개념이 만들어진 과정과 오늘날 노동이라는 지도에서 전개된 방식을 살펴보면 이는 분명하게 드러난다.

감정노동과 감정affect의 기원

감정노동 개념은 1970년대와 1980년대에 프랑스와 이탈리아의 급진 사상에서 반헤겔주의 반란의 기수가 되었던 17세기의 네덜란드 철학자 베네딕트 데 스피노자Benedict De Spinoza의 철학에서 시작된다. 스피노자는 푸코의 연구에서 영감을 받은 권력의 본질 탐구에서 준거점 역할을 하기도 한다. 스피노자는 네그리와 하트가 모두 연구했던 저술가로26, 이들의 작업, 그중에서도 특히 『공통체』에 스피노자의 존재론적 틀이 갈수록 많이 나타나는 것으로 보아 네그리와 하트의 영감을 깊이 자극했다고 볼 수 있다.27 스피노자는 네그리와 하트가 제안한 재구성된 맑스주의 이론에 정신과 철학, 지혜를 보탠다. 이미 들뢰즈와 가따리에서 그랬듯 네그리와 하트에게서도 스피노자의 자연주의와 내재주의적·유물론적 존재론의 부흥은 예비혁명군들을 역사적 생성의 거수기 역할로 전락시키는, 초월적 힘의 전개 같은 헤겔식의 역사관에 대한 해답이다. 스피노자는 감정노동이 자라난 존재론적 씨앗이라 할 수 있는 "감정"affect 개념을 통해 "인간 본성"과 정치경제학 간의 중요한 연결고리를 제공한다.

감정과 감정노동의 계보학에 중요한 교재는 『에티카』(1677) 3부이다. 여기서 스피노자는 정서성affectivity으로서의 '존재'라는 개념에 뿌리를 두고 마음-육체 관계에 대한 비데카르트적, 유물론적 관점을 발전시킨다.28

스피노자에게 있어서 "감정"은 신체의 행위능력을 증감시키는 신체의 변형태이다.29 스피노자는 감정이 우리 내부에서 비롯될 경우 활동적이고 긍정적인 힘이 될 수 있는 반면, 그것을 자극하는 것이 외부에 있을 경우 소극적이고 부정적인 힘('정념' passions)이 될 수 있다고 상술한다. 따라서 그의 윤리는 기쁨처럼 활동적이고 힘을 부여하는 감정을 육성하고, 우리의 행위를 저지하여 정념에 구속시킬지도 모르는 소극적이고 부정적인 감정에서 스스로를 해방시키도록 장려하는 것이다. 네그리와 하트의 정치적 관점에 통합된 것은 행위능력과 행위의 근거가 되는 능력으로서의 이 같은 '정서성' 개념이다. "감정"은 좋아함이나 사랑 같은 어떤 감정을 의미하지 않는다. 그보다는 상호작용을 위한 능력, 우리의 권력을 확장시키고 존재의 무한한 생산성뿐만 아니라 변혁적이고 따라서 이미 정치적인 성격을 띠는 일상생활을 나타내는 끊임없는 교환과 조우의 흐름 속에서 움직이고 이끌릴 수 있는 우리의 능력을 가리킨다.[30]

"감정"이라는 철학적 개념을 경제와 정치 영역에 올려놓고 이 과정을 통해 오늘날의 자본주의 사회에서 노동은 우리 존재의 이 같은 존재론적 성격을 깨닫게 하고 증폭시켜, "감정" 개념이 환기시키는 자기조직 및 자기변형의 역량을 확대할 수 있음을 보여주는 것이 감정노동이론의 기능 중 하나이다. 나는 비물질노동은 상호작용성이 높고 육체적 에너지뿐만 아니라 노동자의 모든 주체성을 끌어낸다는 점에서 현대 자본주의에서 정서성은 모든 노동형태의 한 구성요소가 되었다는 논지를 이런 방식으로 독해했다.[31] 이 주장을 통해 네그리와 하트는 우리 존재의 존재론적 가능성들과 경제생활을 구성하는 행위들이 독특한 방식으로 배열되며, 이는 말하자면 '역사의 시작'이라고 할 수 있는 새로운 역사적 국면의 도래를 나타낸다고 주장한다.[32] 감정노동은 비물질노동을 확장시켜 상품화된 재생산노동과, 좀 더 모호하게는 시장 밖에 있는 재생산의 특징이 되는 다양한 활동들을 포괄하는 역할도 한다. 하지만 뒤에서 살펴보겠지만 감정노동이 수행하는 주요기능은 노동의 **탈젠더화**ungendering of labor이다. 이는 한때 "여성의 재생산" 노동으로 연상되었던 속성들이 이제는 일반화되어 일눈이 밝은 남성들이 갈수록 여성과 닮아감을 의미한다. 앞서 서술했듯 이 때문에 감정노동이 노동의 성별분화를 촉진하기보다는 최소한 사회적 삶의 중요한 요소이자 여성주의적 입장의 기초로서, 이 구분에 종지부를 찍게 되는 것이다.

감정노동과 노동의 탈젠더화

노동의 '탈젠더화'가 어떻게 완성되는지는 감정노동이 존재론적 영역에서 경제적 영역으로 이행하면서 겪게 되는 변화과정을 추적해보면 확인할 수 있다. 앞서 제시했듯이 감정노동에는 존재론적 측면과 사회학적 측면이 있다. 비물질노동의 인지적 부분들이 노동의 컴퓨터화와 인터넷에 의해 나타난 활동들 속에서 구체화되듯, 감정노동은 특히 재생산의 상업화와 관련된 서비스부문의 활동들을 설명하는 것으로 이야기되곤 한다. 이와 관련하여 여성주의 사회학자 앨리 혹실드가 '감정emotion의 상품화'와 '감정노동' emotioanal labor과 관련하여 진행한 연구는 감정노동이론에 분명한 영향을 미쳤다.[33]

『마음의 관리』 *The Managed Heart*(1983)에서 1980년대 미국의 작업장에서 나타난 변화에 대한 혹실드의 분석은 이 같은 노력에 선구적 역할을 했다. 혹실드는 이미 이 책에서 다니엘 벨의 『탈산업사회의 도래』 *The Coming Post-Industrial Society*(1973)를 인용하면서 산업생산의 감소(1983

년에 총 고용의 6%가 감소)와 서비스부문의 성장과 함께 "오늘날 대부분의 일자리는 물건보다는 사람을 상대하는 능력을, 기계적인 기술보다는 대인관계와 관련된 기술을 요구한다"고 주장한다.[34] 그러면서 항공산업에서 비행승무원들이 승객들의 불안감을 떨치고, 자신감과 안정감을 드러내며, 무례하게 구는 승객 앞에서 분노나 짜증을 억누르고, 승객들이 고급 서비스를 받는다는 느낌이 들게 하기 위해 수행해야 하는 "감정노동"을 집중적으로 조명했다. 혹실드는 후속 연구에서도[35] 한때 가정이 제공했지만 이제 여성들이 유급노동력으로 대거 유입되면서 집 밖으로 내보내진 서비스들의 상업화에서 비롯된 심리학적·사회학적 결과들을 탐구하는 문제로 돌아왔다.

네그리와 하트가 감정노동을 설명하는 방식을 보면, 감정노동과 연결시키는 산업들과, 감정노동에 종사하는 노동자의 형태 등 모든 것이 혹실드의 "감정노동"과 아주 유사하다는 인상을 준다. 감정노동은 "안정감, 행복, 만족, 흥분, 혹은 열정 같은 감정을 만들어내거나 조작하는 노동"이다.[36] 또한 이들은, 이런 노동은 연예나 광고산업에서 많이 볼 수 있고, 노동자는 훌륭한 태도, 훌륭한 사회적 기술, 교육을 갖춰야 한다는 고용주의 요구에서 감정노동의 중요성이 증대하고 있음을 추론할 수 있으며, 감정노동자에는 "법무보조원, 비행승무원", "미소와 함께 서비스"를 해야 하는 패스트푸드 노동자들이 있다고 이야기한다.[37]

하지만 혹실드의 이론과 네그리와 하트의 이론 간에는 상당한 차이가 있다. 혹실드의 분석은 **여성이 감정노동의 중심주체**라는 데 의문의 여지를 남기지 않는다. 이는 공적 기초를 두고 수행되는 임금노동이긴 하지만, 본질적으로 항상 여성들이 수행해 왔던 노동이라는 것이 혹실드의 주장이다. 혹실드의 지적처럼 여성들은 다른 자원이 없고 재정적으로 남성에게 의존해야 하기 때문에 항상 감정을 남성에게 주고 이에 대한 보답으로 자신들에게 없는 물질적 자원을 받는 방식으로 감정을 자산으로 활용해 왔다. [혹실드의 표현에 따르면] 서비스부문의 성장 때문에 감정노동은 더 체계화·표준화되고 대량생산되기 시작했지만, [일차적으로] 감정노동이 존재할 수 있는 것은 아직도 여성들이 어린 시절부터 자신의 감정과 도구적인 관계를 맺도록 훈련받아 왔기 때문이다.[38]

혹실드는 나아가 감정의 상업화와 부불가사노동에 대한 여성의 거부 사이에는 직접적인 연관관계가 있다고 주장한다. 실제로 감정노동에 대한 혹실드의 분석은 '여성주의 혁명'이 여성의 사회적 지위와 가족관계에 미친 영향에 대한 넓은 탐구의 일부에 속한다. 혹실드의 주요 관심 중 하나는 (유급)작업장의 변화나 재생산노동에 대한 제도적 뒷받침의 증대 또는 전보다 더 많이 가사노동을 분담할 남성들의 마음의 준비가 부재한 상태에서 여성의 유급고용이 촉발한 돌봄의 위기이다.[39] 혹실드가 그리는 그림은 골치가 아프다. '자기-돌봄'에 맡겨진 아이들은 자신들과 마주치지 않기 위해 수시로 노동일을 연장하는 부모들의 주간晝間 부재에 대해 자주 분개하고, 노인들은 요양원과 고독한 삶을 운명으로 받아들이며, 금전적 보상으로 이어지지 않는 관계의 가치가 갈수록 저하되면서 이 세상은 전체적으로 더욱 척박해진다.[40]

이 모든 설명을 근거로 판단했을 때 네그리와 하트의 감정노동 이론은 혹실드의 이론과 거리가 있다. 감정노동의 예는 비록 여성이 일상적으로 수행하는 서비스부문의 일자리에서 끌어오고 "여성의 노동"

이라는 명칭이 종종 사용되기도 하지만,[41] 감정노동은 노동의 젠더화된 형태를 말하는 것이 아니다. 오히려 앞서 살펴본 바와 같이 갈수록 의사소통과 상호작용을 고취하고 사회적 관계를 만들어내는 노동의 모든 형태, 비물질노동에서 가장 많은 비중을 차지하는 형태들의 한 구성요소라는 것이다.[42] 이런 점에서 네그리와 하트는 "노동의 여성화"에 대해 말하고 있는 것이다.[43] 따라서 여기서 이들은 여성이 (임금)노동력으로 대거 진입했음을 지칭하는 것이 아니라 남성들이 하는 노동의 '여성화'가 진행되고 있음을 말하고 있다. 네그리와 하트의 어떤 글에서도 출산이나 양육 같은 젠더특정적인 노동형태에 대한 언급이 스치듯이 나오는 것도 바로 이 때문이다.[44] 네그리와 하트는 유급이든 무급이든, 집 안에서 이루어지는 것이든 밖에서 이루지는 것이든 "여성노동"에 대해서는 관심이 없다. 우리가 아무리 여성노동이 지구상에서 "감정노동"의 가장 큰 비중을 차지한다고 설명한다 하더라도 말이다. 이와 마찬가지로 이들은 여성들이 "정서성"의 압박에 대항하여 수행해 왔던, 유무형의 거대한 투쟁들에 대해 전혀 의식하지 못하고 있는 것으로 보인다. 이 투쟁은 생활보조대상 여성들의 투쟁과 여성해방투쟁에서 절정을 이루었다.[45] 네그리와 하트는 전 세계 경제의 재구조화를 추동했다고 평가한 1960년대와 1970년대 노동자들의 투쟁을 묘사할 때 산업프롤레타리아트에만 중점을 두었다. 자본이 다른 생산형태로 이동하게 만든 힘으로 바라본 것은 피아트^{Fiat}와 리버루지$^{River\ Rouge}$의 대중-노동자들이다.[46] 반면 이들의 텍스트에는 여성의 '가사노동 거부'는 전혀 언급되지 않는다. 여성의 가사노동 거부가 우리 시대에 가장 중요하고 가장 변혁적인 사회/문화혁명이라는 일반적인 인식이 있음에도 말이다. 이 같은 생략의 결과 감정노동 이론은 **재생산의 사회**

화를 추동하는 동학과 재생산노동의 신국제분업을 설명하지 못한다. 앞서 살펴보았듯 네그리와 하트는 많은 가정기반 활동들을 노동시장으로 몰아낸 혁명이 1960년대와 1970년대에 가정에서 일어났음을 인식하지 못한 채 노동이 공장에서 사회로 흘러넘친다고 이야기하고 있다. 또한 이들은 재생산노동이 포스트포드주의 시대의 재조정을 통해 생산과 융합되는 것이 아니라 대체로 여성이민자들의 어깨에 부려져 왔다는 사실을 놓치고 있다.[47]

실제로 감정노동과 삶정치적 생산은 오늘날 여성의 삶에서 핵심적인 질문, 즉 재생산과 지불노동을 화해시키려는 과정에서 직면하게 되는 위기, 사회적 재생산이 아직도 여성의 부불노동에 의존하고 있고[48], 의료, 병원의 돌봄, 소매업의 축소 때문에, 또한 (전 세계적인) 가내노동home-work의 확대와 무엇보다도 부불/저임금노동을 끌어들이는 자석과도 같은 가정의 기능 지속 때문에 재생산노동이 집 밖에서 이루어지더라도 그만큼의 재생산노동이 다시 집으로 회귀해 왔다는 사실에 답하지 못한다.[49]

위의 관점에서 우리는 다음과 같은 예비적인 결론을 일부 도출할 수 있다. 감정노동의 일반화, 즉 노동의 모든 형태에 감정노동이 확산되고 있다는 주장은 우리를 여성재생산노동과 이 영역에서 여성들이 벌이고 있는 투쟁의 특수성뿐만 아니라 그 존재 자체를 다시 비가시화한다는 점에서, 여성주의가 존재하기 이전의 상황으로 회귀시킨다.

여성주의 저술에 나타난 감정노동

　네그리와 하트의 사상에서 감정노동이 포스트포드주의 시대 노동의 일반적인 특성을 의미한다면, 여성주의 학자들 내에서 이 개념은 새로운 양식의 주체성과 투사성projectuality뿐만 아니라, 새로운 형태의 (주로 여성에 대한) 노동착취를 탐구하는 분석도구를 제공함으로써 재생산노동과 그 주체들이 공적/상업적 영역에 진입하면서 겪게 된 변화에 대한 경험연구를 자극했다. 하지만 서비스부문의 재생산활동에 대한 사례연구의 형태로 진행된 이런 분석들은 네그리와 하트의 '자율성 가설'과 부합하지 않는다. '감정노동'은 조립라인 노동과 비교했을 때 더욱 창의적으로 보일 수도 있다. 노동자들은 꾸준히 주체성을 재절합/재창조해야 하고, 얼마나 많은 '자아'를 일에 쏟아야 하는지 선택해야 하며, 상충하는 이해관계를 중재해야 한다. 하지만 그 과정에서 이들은 불안정한 노동조건의 압력과 과중한 노동속도, 한때 포드주의체제의 몰락과 함께 사라진 줄만 알았던 노동의 신테일러주의적 합리화와 통제를 견뎌야만 한다.

　노동관계가 '감정적'이고 주관화될 때 감정노동자들이 직면하는 모순에 대해서는 (일부만 꼽자면) 엠마 돌링Emma Dowling, 크리스틴 칼스Kristin Carls, 엘리자베스 위싱어Elizabeth Wissinger, 앨리슨 헌Allison Hearn 이 [각각] 웨이트리스, 대규모 소매업, 모델업, 텔레비전 리얼리티쇼의 '자기-브랜드화'의 감정노동에 대해 수행한 연구에 잘 기록되어 있다. 각각의 연구는 경쟁이 격화되고 기술력을 동원한 고용주의 감시능력이 강화된 상황에서, 개인의 주체성, 개성과 감정을 노동에 투여한다는 것이 임금노동 영역에서 무엇을 의미하는지를 뛰어나게 잘 그리고

휴식 중인 웨이트리스

있다. 가령 돌링은 (런던의 상류층 레스토랑 웨이트리스로서) 자신이 '감정적' 요소(대화, 여흥, 고객의 기 살려주기)를 서빙의 중심에 두고, '정찬의 경험'을 만들어내라는 교육을 받았을 뿐만 아니라, 이를 어느 정도 거리에서 눈을 맞추고 악수를 하는지 등을 세부적으로 규정해 놓은, "25단계의 '서비스 순서'로 꼼꼼하게 설정된" 고도로 구조화되고 성문화된 지침에 따라 수행해야 했다고 지적한다.[50]

칼스의 경우 역시 이번에는 소매업을 사례로 감정에 대한 강조의 심화는 노동자들의 협력과 '노동조건의 집합적인 전유'에 새로운 기회

13장 감정노동에 관하여 271

를 가져오기보다는, 노동 통제의 핵심적인 기제이자 전략이라고 주장한다.51 복장규정에서 화장실 다녀오는 시간에 이르기까지 모든 것을 다양한 형태의 감시를 통해 규제하고 강제하는 노동의 엄격한 통제와 비용감축, 경쟁을 특징으로 하는 노동환경 속에서 노동자-관리와 노동자-고객 관계에서 감정과 상호작용성을 강조하는 것은 다른 노동자들과의 연대보다는 노동실천의 개별화, 행동규율의 내면화, 기업목표의 성공에 대한 책임감의 내면화에 더 큰 도움이 된다. 그리고 미래의 고용에 대한 영구적인 불안과 노동의 불안정화는 이 모든 동학을 강화한다.52

패션산업, 그중에서도 특히 모델업의 감정노동에 대한 엘리자베스 위싱어의 분석에서도 노동-규율의 핵심요소로서 불안정성이 주제로 등장한다. 모델업은 생활과 노동의 경계가 진정으로 흐려지는 일이다. 자신의 몸과 자아에 대한 감각, 투사된 이미지에 대한 꾸준한 노동이 모델의 생명이기 때문이다. 하지만 일견 자기-가치화작업으로 보이는 일은 그 이면에 고도의 부불노동을 숨기고 있고, 노동자들이 꾸준한 임금체불과 완전한 소모성의 체제를 수용하게 만든다. "때로 일이 아직 끝나지 않았을 때조차" 이들이 더 이상 '즐겁지' 못하면 바로 그 자리에서 해고될 수 있기 때문이다.53

마지막으로 리얼리티 텔레비전에서 "자기-브랜드화"에 대한 헌의 논의는 감정노동이 창의적인 활동 또는 자기표현의 수단이라는 가정에 직접적으로 도전한다. 헌의 논의는 개성의 수행이 노동자의 감정과 성격에서 나오기도 하지만, 특정한 지시와 규율구조에 의해 결정되고, '주체성'과 생활경험의 판매는 생산비용을 감축하는 관리상의 책략으로, 노동은 전혀 투입되지 않은 듯한 인상을 준다는 점을 보여준다.54

이 외에도 수많은 예가 있지만 결과는 유사하다. 요컨대 감정노동은 자연스럽게 "기초적인 공산주의"의 형태를 만들어내는, 자율적이고 자기조직적인 형태의 노동이 아니라 노동자의 입장에서는 통제하에 수행되고, 감시당하며, 그 어떤 육체노동만큼이나 역량을 생산해내는 그 가치로 측정되고 계량되는, 소외를 유발하는 기계적인 경험이다.[55] [56] 이는 또한 노동자에게 더욱 강렬한 책임감과 때에 따라서는 자부심을 생성함으로써, 부당한 일로 고통을 받았을 때 이에 저항할 수 있는 잠재력을 잠식하는 노동이기도 하다.

감정노동에 대한 위의 설명은 일반화가 가능하다. 감정노동의 특징을 지니는 노동-활동들 중에서 네그리와 하트가 이런 노동에 의해 생성된다고 생각했던 '노동에 내재적이고' '자본에는 외재적인' 공통적인 것the common을 만들어내는 경우는 거의 없다. 칼스의 지적처럼 "협력과 집합적 주체의 발달은 노동의 포스트포드주의적 재조직화 논리에 내재하는, 자연스러운 과정이 아니다……"[57]

웨이트리스나 소매업노동자와 고객, 베이비시터와 이들이 돌보는 아이들, 간호사나 조무사와 병원환자들 간의 관계는 "공통적인 것"을 자동적으로 생산해내지 못한다. 신자유주의적 작업장에서는 일손 부족 때문에 언제나 작업속도가 빠를 수밖에 없고 [고용의] 불안정성은 높은 수준의 불안과 근심을 양산하기 때문에 감정노동은 공통성의 발견보다는 긴장과 갈등으로 이어지는 경향이 더 크다.[58] 사실 노동관계가 축적을 위해 구조화되어 있는 노동체계에서 노동이 자율적인 성격을 띠고 스스로 조직되며 측정과 계량을 피할 수 있다는 믿음부터가 환상에 불과하다.

자본주의가 살아있는 노동의 모든 에너지/생산성을 "포획"할 수 없다고 해서, 자본주의 논리에 포섭된 노동이 노동자의 정신에 손을 뻗쳐 그 영혼을 조작, 왜곡, 조직한다는 사실까지 부정할 수는 없다. 비물질노동이 주도권을 쥔 상태에서는 "노동자의 인격과 주체성이 조직과 통제에 민감해져야 한다"는 마우리치오 랏자랏또(1996)의 진술은 위 사실을 인정하고 있다.[59] 혹실드 역시 같은 입장이다. 그녀는 '감정노동자들'이 이들의 감정에너지를 전유하기 위해 차용하는 관리자들의 테크닉에 대응하기 위해 다양한 전략에 의존한다는 사실을 밝히고 있다. 고객의 일을 자신의 일로 여기고 업무에 자신의 영혼을, 자아 전체를 던지는 사람들이 있는가 하면, 업무와 자아를 완전히 분리시켜 자신에게 기대되는 노동의 감정적인 부분을 기계적으로 "연기하는" 사람들도 있고, 이 양극단 사이에서 적당히 줄타기를 하려는 사람들도 있다.[60] 하지만 그 어떤 경우에도 "공통하기"는 노동 그 자체에 내재한, 자동적으로 주어지는 상황이 아니다. 달리 말하자면 우리가 신장질환을 겪든 말든 고객에게 음료수를 제공해야 하거나, 고객이 감당할 능력이 없을지도 모르는 옷, 자동차, 가구를 사도록 설득해야 할 때, 처방에 따라 고객의 자존심을 추어주고 찬사를 늘어놓아야 할 때 "공통하기"가 생성될 수는 없다. 실제로 앞서도 말했지만 '자율성'처럼 보이던 것이 알고 보면 고용주의 필요가 내면화된 것인 경우가 많다.

그럼에도 불구하고 고객에게 무조건 맞춰주기를 거부하고 "낙하산을 타고 내려온" 비행승무원 스티븐 슬레이터Steven Slater의 결심이 극적으로 보여주듯 감정노동에 대항하는 투쟁은 실제로 일어나고 있으며, 아마도 이런 현실을 무시한 것이 네그리와 하트의 주요 한계 중 하나가 아닐까 싶다.[61]

이는 우연이 아니다. 정서성affectivity을 주로 상호작용성과 자기조직, 협력으로 정의하려 한 네그리와 하트의 고집은 이런 노동을 구성하고 있는 적대적인 관계들을 인식하는 데 걸림돌이 되고 있다. 또한 이는 감정노동자들이 타인의 재생산을 좌우하는 노동을 거부하는 데서 오는 죄책감을 극복하는 데 도움이 될 수 있는 전략을 정교하게 짜는 데도 무능하다. 우리가 돌보는 대상을 파괴하는 것이 아니라 오히려 그들의 힘을 북돋는 투쟁과 거부의 형태를 상상하는 것은 오직 우리가 감정노동을 이중적이고 모순적인 기능을 가진 재생산노동으로 사고할 때만 가능하다. 여성주의 운동은 유급돌봄노동과 부불가사노동의 핵심에 있는 착취와 감정적 갈취에 대한 여성의 거부가 이런 노동에 의존하는 이들 역시 해방시켰음을 인식했다는 점에서 이와 관련하여 큰 역할을 했다.

하지만 만일 이런 활동이 자본에 의해, 그리고 자본을 위해 조직되는 노동으로서가 아니라, 포스트자본주의 사회의 노동을 전형적으로 대변하는 것으로 이해될 경우, 감정노동에 대한 이 같은 인식과 전략적인 접근법은 불가능하다.

결론

감정노동이라는 이름하에 수행된 분석들이 새로운 형태의 시장노동, 그중에서도 특히 (대체로 여성의) 상업화된 재생산노동에 집중해왔다는 점은 의미심장하다. 많은 재생산노동의 시장화가 1980년대와 1990년대에 부불노동에 대한 여성들의 투쟁에 대응하여 출현한 새로운 세계경제에서 주요한 현상 중 하나였다는 점에서 어떻게 보면 이는 그리 놀랄 만한 일이 아니다. 하지만 다른 한편으로 이 같은 변화는 문제적이다. 시장화된 재생산노동에 중점을 둘 경우 아직도 집에서 수행되는 부불노동의 열도(烈島)와, 이것이 여성의 임금노동자로서의 지위에 미치는 영향을 또다시 보이지 않게 만들 위험이 있기 때문이다. 게다가 시장노동과 (네그리와 하트의 관점에서) 생산/재생산, 임금/부불 노동 간의 구분 붕괴에 대한 지배적인 강조는 1960년대 무급노동자들의 투쟁이 격렬하게 전면에 내세웠던, 자본주의의 본질에 대한 근본적인 사실을 흐리게 만들 위험이 있다. 자본축적은 막대한 양의 부불노동을 자양분으로 삼고, 무엇보다 거대한 세계프롤레타리아트 부문의 가치절하로 이어질 수 있는 재생산노동의 체계적인 가치절하를 자양분으로 삼는다는 바로 그 사실을 말이다. '감정노동'이 재생산의 재구조화를 독해하는 유일한 프리즘이 될 때 또는 감정노동이 생산/재생산, 지불/부불 노동 간의 구분이 완전히 사라진 세계관의 지표가 될 때 위와 같은 인식은 유실될 위험이 있다.

:: 후주

한국어판 서문

1. Henri Lefebvre, *Critique of Everyday Life* Vol.1, London, New York : Verso, 1991의 「서론」. 프랑스어에서 불어로 번역. 불어판 첫 발행연도는 1947년.
2. 일례로 2013년 8월 이탈리아의 입법부는 여성살해를 범죄의 새로운 범주로 규정했다.
3. 이 주제에 대해서는 David T. Beito, *From Mutual Aid to the Welfare State. Fraternal Societies and Social Services, 1890~1967,* Chapel Hill(NC) : The University of North Carolina Press, 2000을 참고할 것.

서문

1. Bell Hooks, "Homeplace : A Site of Resistance," *Yearning : Race, Gender, and Culture Politics* (Boston : South End Press, 1990).
2. 같은 책.
3. Donna J. Haraway, *Simians, Cyborgs, and Women : The Reinvention of Nation* (London : Routledge, 1990)[다나 해러웨이, 『유인원, 사이보그, 그리고 여자』 민경숙 옮김, 동문선, 2002], 181~182. 180~181쪽에서 해러웨이는 다음과 같이 적고 있다. "여성주의자들은 최근 여성들에게 일상성이 부여되어 있고, 남성들보다는 여성들이 어느 정도 더 많이 삶을 부양하고 있으며, 따라서 잠재적으로 우월한 인식론적 지위를 가지고 있다고 주장하고 있다. 이 주장은 한 번도 가치평가가 되어 본 적 없는 여성들의 활동을 가시화하고, 이를 삶의 바탕으로 명명한다는 점에서 대단히 흥미롭다. 하지만 삶의 바탕이라고?"

들어가며

1. 이 역사를 쓰기 위한 첫발을 뗀 것은 여성의 자율성 신장과 [전통적인] 가정교육 및 남성에 대한 의존 거부 등, 전쟁이 이탈리아와 유럽가정의 조직에서 빚어낸 거대한 변환을 살피는 Leopoldina Fortunati의 "La Famiglia : verso la ricostruzione"이다. 포르투나티는 2차 세계대전을 노동계급에 대한 대대적인 공격과 노동력의 막대한 파괴로 설명하면서 다음과 같이 적고 있다. "여성들이 가족의 이익을 위한 희생에서 어떤 혜택을 찾아내든지 간에 이 [전쟁]는 노동계급의 재생산 구조를 회복불가능한 정도로 찢어놓았다. 이런 점에서 전전(戰前) 같은 형태의 가족은 돌무더기 속에 묻혀버렸다." Mariarosa Dalla Costa, *Brutto Ciao* (Rome : Edizioni delle Donne, 1976), 82.
2. 이 주제에 대해서는 Dolores Hayden, *The Grand Domestic Revolution* (Cambridge,

MA : MIT Press, 1985)를 볼 것.
3. 이탈리아의 노동자주의와, 여기에서 파생된 자율주의운동에 대한 논의는 Harry Cleaver 의 *Reading Capital Politically* (Edinburgh : AK Press, 2000)[해리 클리버, 『자본론의 정치적 해석』, 권만학 옮김, 풀빛, 1996]에서 Introduction을 볼 것.
4. Karl Max, "Wages of Labour," in *Economic and Philosophic Manuscripts of 1844*를 볼 것.
5. Ariel Salleh, *Ecofeminism as Politics : Nature, Marx, and the Postmodern* (London : Zed Books, 1997); Maria Mies, *Patriarchy and Accumulation on a World Scale* (London : Zed Books, 1986)[마리아 미즈, 『가부장제와 세계적 규모의 축적』, 최재인 옮김, 갈무리, 근간] 을 볼 것.
6. *Midnight Noes* 10 (Fall 1990)
7. "The New Enclosures," *Midnight Notes* 10 (Fall 1990); George Caffentzis, "The Work Energy Crisis," *Midnight Notes* 3 (1981); Midnight Noes Collective ed., *Midnight Oil : Work, Energy, War. 1973~1992* (New York : Autonomedia, 1992)를 볼 것.
8. [한국어판] 실비아 페데리치, 『캘리번과 마녀』, 황성원·김민철 옮김, 갈무리, 2011.
9. "Mariarosa Dalla Costa," in *Gli Operaisti,* eds. Guido Borio, Francesca Pozzi, Gigi Roggero (Rome : Derive/Approdi, 2005), 121~22.
10. 이 주제에 대해서는 Team Colors, "The Importance of Support Building Foundations : Creating Community Sustaining Movements," *Rolling Thunder* 6 (Fall 2008) : 29~39를 볼 것.

3장 부엌에서 만든 대안

1. 이 장은 니콜 콕스(Nicole Cox)와 같이 썼다. 이 글은 원래 『리버레이션』(*Liberation*)이라는 잡지에 실린 캐롤 로페이트(Carol Lopate)의 「여성과 가사노동에 대한 보수」(Women and Pay for Housework)라는 제목의 글에 대한 응답의 형식으로 작성되었다. 하지만 편집자들의 거부로 우리의 응답은 실리지 못했다. 우리가 이 글을 지금 발표하게 된 것은 로페이트가 대부분의 좌파 가정과, 좌파가 국제여성주의 운동과 지금 시기에 맺고 있는 관계보다도 더 개방된 자세로 주장을 펼치고 있기 때문이다. 하지만 이 글을 발표함으로써 이미 끝난 좌파와의 논쟁을 다시 시작하기보다는 마무리하고 싶다.
2. Mariarosa Dalla Costa, "Women and the Subversion of the Community," in *The Power of Women and the Subversion of the Community*, Dalla Costa and Selma James, 25~26.
3. 이 책에 실린 1장 「가사노동에 대항하는 임금」을 볼 것.
4. "가사노동에 대한 지불 요구가 유래한 이탈리아의 경우 계급을 막론하고 여성의 압도적인 다수가 아직 집에 머물러 있다. [하지만] 미국에서는 여성의 절반 이상이 일을 하고 있다." 9쪽.
5. Mariarosa Dalla Costa, "Community, Factory and School from the Woman's Viewpoint," L'Offensiva (1972) : "여성들이 공동체에 등장하여 직접 자신의 노동을 확장한 다는 점에서 공동체는 본질적으로 여성의 장소이다. 하지만 공장은 그곳에 등장하지 않는

여성, 자신의 노동력을 그곳에 등장할 수 있는 유일한 인간인 남성에게 이전시킨 여성의 노동이 구현된 장소이다. 똑같은 의미에서 학교는 그곳에 나타나지는 않지만 자신의 노동력을 매일 아침 엄마들이 먹이고 돌보고 다림질해서 학교로 보내는 학생들에게 자신의 노동을 이전시킨 여성의 노동을 구현하고 있다."

6. Lopate, "Women and Pay for Housework," 9.
7. Dalla Costa, "Women and the Subversion of the Community," 28~29.
8. Dalla Costa, "Community, Factory and School,"
9. Karl Mark, *Capital,* vol. 1 (London : Penguin Books, 1990), 644.
10. Lopate, "Women and Pay for Housework," 9 : "여성이 평등을 향한 첫발이라 할 수 있는 자립과 자부심을 얻기 위해서는 임금수익자가 될 필요가 있을 것이다."
11. Lopate, "Women and Pay for Housework," 11.
12. 지금 우리는 핵가족의 탄생을 자본주의적 관계의 한 단계로서 다루고 있다.
13. Dalla Costa, "Women and the Subversion of the Community," 41.
14. Lopate, "Women and Pay for Housework," 11 : "이와 같은 구조변화를 이루기 위한 전투를 일상적으로 치르는 우리 여성들 대부분은 주기적으로 절망에 빠진다. 먼저, 남성들과 우리들에게는 고쳐야 할 나쁜 습관들이 있다. 둘째, 현실적인 시간문제가 있다……아무 남자나 붙들고 한 번 물어보라. 동등하게 육아에 참여할 수 있도록 시간제 일자리를 알아보거나 예외적인 노동시간표를 요청하는 일이 얼마나 어려운 일인지 말이다!"
15. 같은 글.
16. Lopate, "Women and Pay for Housework," 11 : "분명히 기억해야 할 중요한 사실은 우리가 하나의 성(性)이라는 점이다. 이것은 우리의 공통점을 묘사하기 위해 이제까지 개발된 유일한 단어이다."
17. 같은 글.
18. Lopate, "Women and Pay for Housework," 10.
19. 같은 글 : "모든 거래가 교환가치를 갖지는 못하는 자본주의적 삶의 한 거대영역을 제거할 경우 이는 소외되지 않는 자유로운 노동의 가능성을 어렵게 만드는 역할을 할 뿐이다."
20. 같은 글 : "나는 살아있는 영혼을 유지할 수 있는 곳은 바로 우리의 사적인 세계라고 믿는다."
21. Russell Baker, "Love and Potatoes," *New York Times,* November 25, 1974
22. Marx, *Capital,* vol. 1, 717.
23. Selma James, *Sex, Race and Class* (Bristol : Falling Wall Press and Race Today Publications, 1975). 후기가 덧붙여져 *Sex, Race, and Class : The Perspective of Winning : A Selection of Writings, 1952~2011* (Oakland : PM Press, 2012) 92~101로 재발행.
24. Lopate, "Women and Pay for Housework," 11.
25. 같은 글.
26. *Fortune* (December 1974).
27. Lopate, "Women and Pay for Housework," 9.
28. 같은 글.

29. 같은 글.
30. 같은 글, 10.
31. 같은 글.
32. 같은 글.

4장 1970년대 미국의 가사노동과 재생산의 구조조정

1. 이 글은 1980년 11월 9일부터 11일까지 로마에서 "이탈리아와 미국의 여성노동에 대한 경제정책"을 주제로 열린 한 학술대회의 발표문이다. 이 행사는 [이탈리아의] 〈아메리카학연구소〉(Centro Studi Americani)와 〈독일의 미국마샬기금〉(German Marshall Fund of the United States)이 공동으로 후원했다.
2. Alfred Marshall, *Principles of Economics* (London : Macmillian and Co., 1938), 207.
3. Gary Becker, "A Theory of the Allocation of Time," *Economic Journal* 75, no. 299 (1965) : 493~517.
4. Gary Becker, *The Economic Approach to Human Behavior* (Chicago : University of Chicago Press, 1976), 89.
5. [한국어판] 베티 프리단, 『여성의 신비』, 김현우 옮김, 이매진, 2005.
6. Milwaukee County Welfare Rights Organization, *Welfare Mothers Speak Out* (New York : W. W. Norton Co., 1972), 79.
7. Daniel P. Moynihan, *The Politics of a Guaranteed Income* (New York : Random House, 1973), 17.
8. 제안의 내용은 아래와 같다. "〈전미여성회의〉는 각 주의 생활비를 근거로 적절한 생활수준을 보장해줄 수 있는 금액 정도에서 연방정부의 지불금 하한선을 승인해야 한다. 그리고 다른 노동자들과 마찬가지로, 정부의 지출을 통해 수입을 얻는 가사노동자들 역시 그 돈을 복지수당이 아닌, 임금이라 칭함으로써 마땅히 존엄함을 누려야 한다." 1977년 11월 휴스턴에서 열린 〈전미여성회의〉에서 채택된 전국행동계획(National Plan of Action).
9. 또한 가전기기에 대한 소비자지출의 관점에서 보더라도 1970년대는 (1960년대에 비해) 성장이 전혀 없었고, 1950년대와 비교했을 때 오히려 감소했다. 또한 더 많은 기술이 여성을 노동에서 해방시켜 줄 수 있는지는 의문의 여지가 있다. 노동절감기기들이 여성의 노동을 증가시키는 경우도 종종 있기 때문이다. Ruth Cowan, *More Work for Mother : The Ironies of Household Technology from the Open Hearth to the Microwave* (New York : Basic Books, 1983).
10. 이 지점은 Valeri Kincaid Oppenheimer, *The Female Labor Force in the United States : Demographic and Economic Factors Governing Its Growth and Changing Composition* (Westport, CT : Praeger, 1976)에 나오는 주장이다.
11. Juanita Morris Kreps, *Sex in the Marketplace* (Policy Studies in Employment & Welfare) (Baltimore, MD : Johns Hopkins University Press, 1971), 68.
12. 뉴욕에서는 지난 8년간 생활비가 두 배가 되었음에도 복지수당이 1972년 수준으로 동결되었다(1974년에 조정됨).

13. 이들은 전업주부가 1년에 6천 달러 가치의 일을 한다고 계산했는데, 이는 체이스맨하탄은 행의 연구에서 밝힌 1만3천 달러와, 같은 시대의 경제학자 Peter Snell이 연구에서 밝힌 2만 달러보다 낮은 수치이다.
14. 1976년경 노동시장에 진출한 여성은 1985년까지도 노동부에서 예측하지 못한 수치에 달했다.
15. 여기서 포드행정부가 들어선 기간 동안 논란이 되었던 개정실업보험 제안을 언급할 필요가 있겠다. 공개적으로 인정된 적은 없지만, 그 목적은 "집에 남겨진"(다시 말해서 가정주부) 이들을 위한 실업수당을 감축하는 것이었다. 또한 이 안은 실업자라 하더라도 배우자가 취업 중인 경우에는 실업수당의 수혜자에서 제외할 것을 제안하기도 했다. "교육수준이 낮거나 이전 직업경력이 없어서 자격요건이 안 되는" 이들 역시 실업수당에서 제외되도록 했다. Eileen Shanahan, "Study on Definition of Jobless Urged," *New York Times*, January 11, 1976.
16. Department of Health, Education and Welfare, *Work in America* (Cambridge, MA : MIT, 1975).
17. 서비스산업의 판매와 가전기기의 판매를 비교해보라. (가전제품 판매와 비교했을 때) 서비스의 판매는 10년도 안 되어 두 배로 뛰었다. 1965년 6.5%, 1970년 8.7%, 1975년 11.8%, 1976년 11%.
18. [옮긴이] 건축물이나 그 구성재의 설계나 조립에 있어서 기본이 되는 단위로서 모듈을 설정하고 이를 쌓거나 해체하여 필요에 따라 크기를 조절할 수 있게 만드는 방식이다.
19. 오늘날 출생률의 폭락은 이민정책의 논의에서 중요한 역할을 하고 있다 (Michael L. Wachter, "The Labor Market and Illegal Immigration : The Outlook for the 1980s," *Industrial and Labor Relations Review* 33, no. 3 (April 1980) : 342~54를 볼 것).
20. 웨스트버지니아주(플레전트 카운티)에 있는 Cyanamid Company Wilson Island 공장에서 일하는 5명의 여성노동자가 바로 이런 사례에 속한다. 이들은 회사가 여성이 노출되어도 문제가 없는 화학물질의 수를 줄이자, 실직에 대한 두려움에서 스스로 불임시술을 택했다(웨스트버지니아주 아카이브에서 편찬한 *Timeline of West Virginia Women's History*). 전미자동차노조(United Auto Workers)가 제너럴모터스를 상대로 (가임연령여성에 대한 제약을 문제 삼아) 제기한 소송을 통해 이 사실이 밝혀지면서 이런 일이 극히 드문 일이 아님이 확인되었다.
21. 여성가장가구의 증가율이 가장 높은 집단은 이혼여성들이다. 여성가장가구의 상황은 여성들이 "혼자 힘으로" 헤쳐 나가려 할 때 직면하는 고난들을 보여준다. 이들은 전인구집단 중에서 가장 수입수준이 낮기 때문이다. 이는 부양아동보조금이 너무 적은 데다 "이탈한 주부"가 시장의 일자리를 얻을 때 받게 되는 저임금 때문이다. 가사노동이 노동으로 인식되지 않는 한 주부는 기술이 전무하다는 취급을 받으며 어쩔 수 없이 최저임금의 일자리를 받아들일 수밖에 없다.
22. U.S Department of Commerce, *Service Industries : Trends and Prospects* (Washington, DC : U.S. Government Printing Office, 1975) : 3~13.
23. 하지만 1977년의 경우, 2세 이하 어린이 중 겨우 3%와, 3세에서 5세 사이의 어린이 중 5%

만이 어린이집에 다니고 있는 것으로 추정되었다. 1975년에는 통계국의 육아 관련 연구에서 조사대상 부모의 대부분이 아이의 주요 양육자로 자기 자신이나 공공시스템을 꼽았다. 이용가능한 어린이집의 수와 (집에서 일하는 여성들을 포함한) 일하는 여성의 수 사이에 격차가 벌어진 데는 육아서비스를 "결손"가정에 한정시켜 육아수당을 부양아동보조금의 수급자로 한정시킨 연방정부 정책에 책임이 있다. 연방세감면을 제외하면 연방정부의 육아 서비스 개입은 1970년대에, 그중에서도 특히 1975년 이후에 감소되었다. 이 같은 환경에서 엄마들은 개인적인 해법을 찾거나 영리형 어린이집의 상당한 비용을 감당하는 것 말고는 대안이 없는 상태에 놓이게 되었다. 영리형 어린이집은 주당 평균 50달러로 그닥 적절한 서비스를 제공하지도 못하면서 가정의 소득을 깎아 먹는 지출의 한 부분을 차지하게 되었다.

24. [옮긴이] 미국의 36대 대통령 린든 존슨(Lyndon B. Johnson)이 1964년에 정책 이념으로 내건 민주당의 목표를 말한다.
25. 오펜하이머의 지적에 따르면 1930년대와 1940년대 내내 기혼직장여성에 대한 부정적인 태도가 팽배했다. 이들이 남성들로부터 일자리를 빼앗아 갈지 모른다고 걱정했기 때문이다. 이에 26개 주에서는 기혼여성고용에 반대하는 법안이 통과되기도 했다. 오펜하이머는 심지어 1929년 [주식시장] 폭락 이전에도 "학교시스템 대다수는 기혼여성을 교사로 고용하지 않으려 했고, 절반가량이 미혼교사가 결혼을 하면 퇴직할 것을 종용했다"라고도 지적한다(Oppenheimer, *Female Labor Force*, 127~28, 130).
26. 야간부업을 하는 여성의 비중은 1969년에서 1979년 사이에 거의 두 배로 늘었다. 하지만 이 수치는 지하경제 고용까지 치면 더 높아질 수도 있다. 1969년 야간부업자 중 여성은 16%였지만, 1979년에는 30%가 되었다. 야간부업을 하는 여성들은 주당 평균 52시간 일을 하는 것으로 조사되었다(*Monthly Labor Review* 103, no. 5 [May 1980]).
27. *Women and Health, United States* 1980, 9~11, 36~37.
28. [옮긴이] 1978년 미국 뉴욕주의 나이아가라폴스 러브커낼에서 후커 케미컬이라는 화학회사가 매립한 독성물질로 인해 발생한 토양오염 사건이다.
29. Nancy Smith Barrett, "The Economy Ahead of Us," in *Women and the American Economy : A Look to the 1980s*, ed. Juanita Morris Kreps (Englewood Cliffs, NJ : Prentice Hall 1976), 165.
30. Amory Lovins, *Soft Energy Paths : Towards a Durable Peace* (New York : Harper Collins, 1979), 151.
31. 같은 책, 169.
32. Smith Barrett, "The Economy Ahead of Us," 166.
33. 같은 책.

5장 여성주의 바로잡기

1. [옮긴이] 미국의 유명한 팝 아티스트인 앤디 워홀을 저격한 발레리 솔라나스가 쓴 급진여성주의적 선언문이다.
2. [옮긴이] 여성을 특정한 위해에서 보호하기 위해 시행된 법률로 미국에서 20세기 중후반까지 시행되었다.

3. [옮긴이] 1993년까지 영국과 미국의 공군이 주둔했던 잉글랜드 버크셔지방의 작은 마을로 1980년대에는 여성평화캠프가 개최된 것으로 유명하다.
4. [옮긴이] 미국 뉴욕주 중서부의 도시로 1848년 미국 최초로 여권신장을 위한 세니커폴스 여성권리대회가 개최되었다.
5. [옮긴이] 중남미의 군부독재체제하에서 불법으로 납치되어 자취를 감춘 사람을 말한다.

6장 신국제노동분업에서 재생산과 여성주의 투쟁

1. Lourdes Beneria and Shelly Feldman, eds., *Unequal Burden : Economic Crisis, Persistent Poverty, and Women's Work* (Boulder, CO : Westview Press, 1992); Diane Elson, "From Survival Strategies to Transformation Strategies : Women's Needs and Structural Adjustment," in *Unequal Burden : Economic Crisis, Persistent Poverty, and Women's Work* (Boulder, CO : Westview Press, 1992), 26~49; Isabella Bakka, "Engendering Macro-economic Policy Reform in the Era of Global Restructuring and Adjustment," in *The Strategic Silence : Gender and Economic Policy*, ed. Isabella Bakka, 1~29 (London : Zed Books, 1994)를 볼 것.

2. 구조조정이 여성들의 조건에 미친 영향을 기록한 최초의 책 중 하나인 *Mortgaging Women's Lives : Feminist Critiques of Structural Adjustment* (London : Zed Books, 1994)의 말미에서 Pamela Sparr가 제안한 내용이 대표적이다. 그녀는 세계은행과 국제통화기금에서 정책대여를 위한 사회적 영향평가를 할 때 젠더를 기준으로 삼을 것, 대부가 여성과 가정에 미치는 영향을 모니터할 것, "젠더민감성과 대부과정에 대한 지역참여 독려를 전 직원의 업무로 삼는 한편 직원 경력강화 및 승진의 주요 기준으로 삼을 것"을 제안하고 있다. 또한 "세계은행의 독립적인 사찰패널 세 명 중 최소 한 명이 여성이 되도록 하고", "여성집단에게 이 사찰패널에게 불만을 전달할 권리가 있음을 알리며, 패널구성원과 비정부기구에게 여성조건의 변화가 어떻게 삐걱거리며 불만을 일으키는지 교육하고", 국제통화기금과 세계은행 등의 전직원 젠더교육에 관여할 것을 제안하고 있다. 그 외 유사한 권고사항은 아래와 같다. 구조조정의 개혁을 위해 Sparr는 여성들이 집에서, 공동체에서, 밭에서 하고 있는 부불노동과 관련하여 "좀 더 창의적인"(구체적으로 더 이상 밝히지는 않는) 해법을 채택할 것, 젠더 차이를 없애는 데 공공지출을 사용할 것, 그리고 여성들의 이중고를 덜어주기 위해 세금을 가지고 어린이집을 만들 것을 제안하면서, 이 모든 방법들이 신고전경제학모델과 양립가능하다고 호언장담한다.

3. 이 전략과 관련하여 중요한 문헌은 *Ours By Right : Women's Rights as Human Rights*, ed. Joanna Kerr (London : Zed Books, 1993)에 실린 글들이다. 이 책에서는 (빈곤과 경제적 착취 등을 포함하는) 여성들이 직면한 모든 문제들을 여성에 대한 불평등한 처우에서 비롯된 인권유린으로 다루고 있다(4~5). 이에 대한 해법으로는 1948년 유엔이 채택한 보편인권선언 Universal Declaration of Human Rights을 더 잘 이행할 것, 모든 국가가 유엔의 여성차별철폐협약 UN Convention on the Elimination of All Forms of Discrimination against Women을 비준할 것을 제안한다(같은 책). 하지만 이 책에 실린 글들이 보여주듯 현실적으로 인권방법론은 여성을 상대로 한 학대를 기록하고 공론화하는 것과, "제3세계"

와의 협력과 "보조"를 주재하는 기관들 및 유엔의 활동을 모니터하는 것으로 구성된다.
4. Dorothy Q. Thomas "Holding Governments Accountable by Public Pressure," in *Ours By Right: Women's Rights as Human Rights*, ed. Joanna Kerr (London: Zed Books, 1993), 82~88을 볼 것.
5. Charles Albert Michalet, *The Multinational Companies and the New International Division of Labour* (Geneva: ILO, World Employment Programme Research Working Papers, 1976); June Nash and Maria P. Fernandez-Kelly, *Women, Men and the International Division of Labor* (Albany: SUNY University Press, 1983); Joseph Grunwald and Kenneth Flamm, *The Global Factory: Foreign Assembly in International Trade* (Washington, DC: The Brookings Institution, 1985); Chadwick F. Alger, "Perceiving, Analyzing and Coping with the Local-Global Nexus," *International Social Science Journal* 117 (1988); Kathryn Ward, *Women Workers and Global Restructuring* (Ithaca, NY: Cornell University, Industrial Labor Relations Press, 1990); Martin Carnoy et al., *The New Global Economy in the Information Age* (University Park: Pennsylvania University Press, 1993). 멕시코와 필리핀을 사례로 자유무역지대의 노동조건과 상품생산의 국제화를 검토하는 다큐멘터리 *The Global Assembly Line* (1986)도 참고할 것.
6. Linda Lim, "Capitalism, Imperialism and Patriarchy," in *Women, Men and the International Division of Labor*, eds. June Nash and Maria P. Fernandez-Kelly (Albany: SUNY University Press, 1983), 81.
7. 1994년 여름 (스위스) 다보스에서 열린 세계경제포럼 연례회의 참가자들이 마련한 보고서를 볼 것. 하지만 이 보고서의 지배적인 태도는 제3세계의 산업화가 선진산업국의 경제적 퇴보를 야기할지도 모른다는 두려움이다. 경제학자 폴 크루그먼은 이 주장을 "자유시장"의 확장에 위험하다고 간주하여 비판하면서, "제3세계"의 수출품은 "제1세계" 수입의 겨우 1%만을 흡수할 뿐이고, 1993년에 "제1세계"에서 "제3세계"로 이전된 총 자본의 양은 겨우 6백억 달러로 그가 보기에 "한해에 4조 달러 이상을 투자하는 세계경제에서는 미미한 변화"일 뿐이라고 지적한다. ("Fantasy Economics," *New York Times*, September 26, 1994).
8. 마뉴엘 카스텔(Manuel Castells)은 좀 색다른 방식으로 비판하는데, 신국제노동분업의 특징은 세계경제의 재구조화뿐만 아니라 핵심생산수단으로 지식과 정보에 의존한다는 것이 그의 주장이다. 카스텔은 산업의 경쟁력이 값싼 노동력이 아니라 기술과 정보에 대한 접근성에 좌우된다는 이론을 다시 제안한다. 이 관점에서 보았을 때 "제3세계"는 더 이상 존재하지 않고, 다만 산업적으로 발전한 동아시아 국가들과, "정보경제"에 대한 접근능력 부재와 그로 인한 경제적인 주변화를 특징으로 하는 "제4세계"의 출현만이 남게 된다 ("The Information Economy and the New International Division of Labor," 22~39). 카스텔의 분석에 따르면 아프리카와 남아메리카의 거의 전부, 그리고 아시아의 상당한 일부가 이 "제4세계"에 해당한다(35~39). 관련 인구가 엄청나게 많은데도 불구하고, 그는 이들이 수행하는 노동이 세계경제와 자본축적의 목적과 무관하다는 과감한 주장을 펼친다.
9. Robin Cohen, *The New Helots: Migrants in the International Division of Labor* (Aldershot, U.K.: Gower Publishing Co., 1987), 242~42; Carlo Guelfi, "Il Dialogo

Nord-Sud e i Suoi Problemi," in Nuove Questioni di Storia Contemporanea Vol. III, ed. Roman H. Rainero (Milan: Marzorati, 1985), 142.

10. Nash and Fernandez-Kelly, *Women, Men and the International Division of Labor.*
11. Kathy McAfee, *Storm Signals: Structural Adjustment and Development Alternatives in the Caribbean* (Boston: South End Press with Oxfam America, 1991), 87~89; Published by the Sistren Theatre Collective, Kingston (Jamaica), (August-September 1986).
12. Diana L. Wolf, "Linking Women's Labor with the Global Economy: Factory Workers and their Families in Rural Java," in *Women Workers and Global Restructuring*, ed. Kathryn Ward (Ithaca, NY: Cornell University, Industrial Labor Relations Press, 1990), 26.
13. National Labor Committee, *Zoned for Slavery: The Child behind the Label* (New York: Crowing Rooster Arts, 1995).
14. 1985년 9월 멕시코시티의 지진 속에 사망한 여성노동자들이 바로 이 사례에 해당한다. 이 지진으로 여성들이 감금된 약 8백 개의 산업공장이 붕괴되었다(Cynthia Enloe, *Bananas, Beaches and Bases* [Berkeley: University of California Press, 1990], 169)[신시아 인로, 『바나나, 해변 그리고 군사기지』, 권인숙 옮김, 청년사, 2011]. 사고 현장에 달려가 잔해에서 기계들을 건져내는 데 급급했던 고용주들은, 지진 당시 교대시간을 기다리며 공장 밖에 있었던 노동자들이 항의한 뒤에야 부상자들을 구조했다.
15. Wolf, "Linking Women's Labor," 27; Enloe, *Bananas,* 168~74; John Walton and David Seddon, *Free Markets and Food Riots: The Politics of Global Adjustment* (Oxford: Basil Blackwell, 1994), 75~80; Lorraine Gray, Global Assembly Line (New Day Films, 1986).
16. 이 주제에 대한 가장 중요한 저작으로는 Kathryn Ward가 편집한 *Women Workers and Global Restructuring* (Ithaca, NY: ILR Press, 1990)이 있다. 이 책에는 [인도네시아] 자바섬 농촌지역의 여성공장노동자들와 가족에 대한 D. L. Wolf의 글과, 멕시코와 미국 국경에 있는 마킬라지역에 고용된 여성에 대한 Susan Tiano의 글이 실려 있다.
17. 여기서 사용하는 "신경제질서" 개념은 1970년대 후반에 "제3세계" 엘리트들이 이 용어를 만들 때와는 다른 의미를 지닌다. 당시 "신경제질서" 개념은 부의 새로운 국제적 분배와, 발전에 이르기 위한 국가적 경로에 대한 "제3세계" 부르주아지들의 요구를 담고 있었다. 이 개념은 "제1세계"와 "제3세계" 간의 격차를 종식시킬 것을 요구하기도 했다(Guelfi, "Il Dialogo"). 하지만 이 글에서 신경제질서라는 개념은 세계수준에서 경제적 신자유주의가 전개되면서 나타난 정치 및 경제적 환경을 일컫는다. 요즘에는 이 용어가 일반적으로 이런 의미로 사용된다.
18. Elmar Altvater, et al., *The Poverty of Nations: A Guide to the Debt Crisis from Argentina to Zaire* (London: Zed Books, 1987); Dharma Gai, ed., *The IMF and the South: The Social Impact of Crisis and Adjustment* (London: Zed Books, 1991); MacAfee, *Storm Signals*; Bill Rau, *From Feast to Famine: Official Cures and Grassroots Remedies in Africa's Food Crisis* (London: Zed Books, 1991).
19. 이 과정에 대한 세계은행의 책임을 분석한 책으로는 Bruce Rich, *Mortgaging the Earth*

(Boston : Beacon Press, 1994)를 볼 것. 이 책은 세계은행이 자금을 지원한 프로젝트들이 일으킨 사회적/생태적 재난을 기록하고 있다.
20. Joseph Hanlon, *Mozambique : Who Calls the Shots?* (London : James Currey, 1991); Joanna Macrae and Anthony Zwi, eds., *War and Hunger : Rethinking International Responses to Complex Emergencies* (London : Zed Books, 1994); Alex de Waal, *Famine Crimes : Politics and the Disaster Relief Industry in Africa* (London : Zed Books, 1997).
21. 구사회주의 국가에서처럼 세계은행과 국제통화기금의 프로그램들은 볼리비아의 주석광산, 잠비아의 구리광산, 방글라데시의 황마산업, 탄자니아의 섬유산업, 멕시코의 국가지원 산업 등 국가산업의 해체로 이어졌다.
22. 사스키아 사센의 관찰에 따르면, 가장 높은 비중의 해외투자를 유치하여 수출용 상품생산을 할 수밖에 없는 국가들은 가장 많은 수의 이민자들을 해외로 보내는 나라들이다. 또한 이런 나라들에서는 해외이주가 늘고 있다(*The Mobility of Labor and Capital : A Study In International Investment And Labor Flow* [Cambridge, UK : Cambridge University Press, 1990], 99~114.)
23. Peter Stalker, *The Work of Strangers : A Survey of International Labour Migration* (Geneva : International Labour Office, 1994), 122~23.
24. 국제노동기구의 추정에 따르면 1980년대 중반에는 해외 취업을 위해 모국을 등진 사람들의 수가 약 3천만 명에 달했다. Lydia Potts의 제언에 따라 이민자의 가족, 미등록이민 관련자, 난민 등을 더할 경우 이 수치는 6천만 명이 넘게 된다(*The World Labor Market : A History of Migration*, [London : Zed Books, 1990], 159). 미국의 경우 이중 3분의 2 이상이 소위 "제3세계" 출신이지만, 중동석유생산국의 경우 거의 9/10에 달한다. 유럽경제지역에는 오늘날 정치망명자를 포함한 1천5백만 명의 등록이민자와, 약 8백만 명의 미등록이민자가 있다(World of Work 3 [April 1993]). 하지만 구조조정과 자유화의 정치가 꾸준히 새로운 빈곤을 창출하고 있고, 세계은행과 기타 국제기관들이 꾸준히 이러한 상황을 지지하고 있기 때문에 이 수치는 증가할 수밖에 없는 상황이다. 따라서 우리는 이 모든 상황들을 근거로 "제3세계"출신의 이산자들이 다음 세기에도 지속되리라고 믿을 수밖에 없다. 이는 우리가 우연적인 상황을 대면하는 것이 아니라 전 세계적인 규모의 노동관계 재구조화를 겪고 있음을 보여준다.
25. Steven Colatrella, *Workers of the World : African and Asian Migrants in Italy in the 1990s* (Trenton, NJ : Africa World Press, 2001).
26. Arjun Makhijani는 다음과 같이 적고 있다. "자본주의의 전 지구적 현실은 그 신화와는 반대로, 경제시스템으로 보자면 그 동학과 분할, 그 폭력과 불평등에 있어서 남아프리카공화국과 상당히 유사하다"("Economic Apartheid in the New World Order", in *Altered States : A Reader in the New World Order*, eds. Phyllis Bennis and Michel Mushabeck [Brooklyn, NY : Olive Branch Press, 1993], 108). "남아프리카공화국의 통행법제도는, 소수에게는 쉽고 다수에게는 어려운 비자와 여권시스템을 통해 국제적인 규모로 재생산되고 있다"(같은 책) "심지어 통계자료조차 맞아떨어진다. 백인과 비백인을 똑같이 구분하고, 이 둘 간의 수입차가 유사하며, 신생아 사망률의 차이, 토지 및 자원수탈 방식, 소수에게 이동

성을 부여하면서 다수에게는 거부하는 법률까지 모두 유사하다"(109).
27. Saskia Sassen, "Labor Migrations and the New Industrial Division of Labor," in *Women, Men and the International Division of Labor*, eds. June Nash and Maria P. Fernandez-Kelly(Albany : SUNY University Press, 1983), 184.
28. Roger Sawer, *Children Enslaved* (London, New York : Routledge, 1988).
29. 부부 둘 중 한 명이 해외에서 노동을 하지 않는 경우라 하더라도, 남성의 실업과, 어떤 식으로든 생계를 유지해야 한다는 필요 때문에 가족이 온전히 함께 지내는 경우가 드물다. 따라서 구조조정의 정치는 전 세계적으로 핵가족을 시행하려는 시도를 위기로 몰아넣고 있다.
30. Walton and Seddon, *Free Markets and Food Riots*.
31. 마리아로사 달라 코스따의 선구적인 두 편의 글들은 이민과 재생산의 관계를 분석하고 있다. 첫 번째 글(1974)은 출발국과 도착국의 관계 속에서 이민의 동학과 유럽의 다국적 노동계급 형성에서 이민이 하는 역할을 다루고 있고, 두 번째 글(1981)은 제3세계 사람들의 이민이 이탈리아에서 노동, 특히 재생산노동의 계층화에 어떤 역할을 하는지를 살핀다.
32. Nash and Fernandez-Kelly, *Women, Men*, 178~79.
33. 국제노동기구의 통계에 따르면 "제3세계"를 떠나는 이민자의 50% 이상이 여성이다 (Noleen Heyzer, et al., *The Trade in Domestic Workers : Causes, Mechanism and Consequences of International Migration* [London & Kuala Lumpur : Asian and Pacific Development Centre, with Zed Books, 1994]; Stalker, *The Work of Strangers*. 이중 대다수는 가사노동자(가사도우미, 보모, 노인요양사)로 일하거나 재생산노동으로 전문화된 서비스부문(관광, 건강관리, 오락, 매춘 등)에서 일한다.
34. Enloe, *Bananas*, 178~79.
35. Mary Romero, *Maid in the U.S.A* (New York and London : Routledge, 1991), 97~112.
36. 같은 책, 102.
37. Janice Raymond, *Women as Wombs : The New Reproductive Technologies and the Struggle for Women's Freedom* (San Francisco : Harpers and Co., 1994), 145; Susan Chira, "Babies for Export : And Now the Painful Question," *New York Times*, April 21, 1988.
38. Alessandra Stanley, "Nationalism Slows Foreign Adoption in Russia," *New York Times*, December 8, 1994; "Adoption of Russian Children Tied Up in Red Tape," *New York Times*, August 17, 1995.
39. Raymond, *Women as Wombs*, 141~42.
40. Janice Raymond, "The International Traffic In Women : Women Used in Systems of Surrogacy and Reproduction." *Reproductive and Genetic Engineering* 2, no. 1 (1989) : 51~52.
41. Susanne Thorbeck, *Voices from the City : Women of Bangkok* (London : Zed Books, 1987); Enloe, *Bananas*; Thanh-Dam Truong, *Sex and Morality : Prostitution and Tourism in South East Asia* (London : Zed Books, 1990).

42. Sawyer, *Children Enslaved*.
43. Venny Villapando, "The Business of Selling Mail-Order Brides," in *Making Waves: An Anthology of Writings by and about Asian American Women*, ed. Asian Women United of California, 318~27 (Boston, Beacon Press, 1989); Uma Narayan, "Mail-Order's Brides," *Hypatia* 10, no. 1 (Winter 1995).
44. Kathleen Barry, *The Prostitution of Sexuality: The Global Exploitation of Women* (New York: University Press, 1995), 154.
45. David Firestone, "Gloom and Despair Among Advocates of the Poor," *New York Times*, September 21, 1995.
46. Mary Romero의 관찰처럼 미국의 여성주의 운동은 유급출산휴가처럼 다른 나라에서 오랫동안 당연시해 왔던 조치들조차도 손에 넣지 못했다.
47. CAFA(Committee For Academic Freedom in Africa). Newsletter 2 (Fall 1991); Newsletter 4 (Spring 1993); Newsletter 5 (Fall 1993).
48. Silvia Federici, "The New African Student Movement," 93~94.
49. Cheryl Johnson-Odim, "Common Themes, Different Contexts, Third World Women and Feminism," in *Third World Women and the Politics of Feminism*, eds. Chandra Talpade Mohanti, Ann Russo, and Lourdes Torres, 314~27 (Bloomington and Indianapolis: Indiana University Press, 1991).
50. 같은 책, 323~24.
51. 이 수입창출프로젝트는 보통 (그라민은행을 모델로 회원들에게 돈을 대출해주는 협동조합으로, 회원들은 대출상환에 대해 집단적으로 책임을 지는) 신용조합이나 여성들에게 "수입창출활동"을 가르치는 프로그램들로 구성된다. Jutta Berninghausen과 Birgit Kerstan이 일본의 비정부기구 활동에 대한 연구에서 기록한 바와 같이, 수입창출활동교육프로그램은 해방적 기능보다는 안정화/방어적인 기능이 있고, 기껏해야 거시경제 수준에서 파괴되었던 개별적 또는 공동체적 관계를 미시적 수준에서 회복시키고자 할 뿐이다.(Forging New Paths: Feminist Social Methodology and Rural Women in Java [London: Zed Books, 1992], 253).

7장 전쟁, 세계화, 재생산

1. Thomas Pakenham, *The Scramble for Africa: White Man's Conquest of the Dark Continent From 1876 to 1912* (New York: Avon Books, 1991), 126.
2. 최근의 계산에 따르면 1999년에 어떤 형태로든 전쟁을 겪고 있는 나라는 75개국이었고 (Effe: La Rivista delle Librerie Feltrinelli 13 (1999), 아프리카 대륙 43개국에서 이에 해당하는 나라는 33개국이었다. 이는 마르코스 부사령관이 종종 글로 남기도 하는 세계의 빈민에 대한 "제4차 대전"이다.
3. 계급 간 중재의 소멸을 강조하는 새로운 자본주의의 국면에 대한 설명과 관련해서는 Midnight Notes Collective, *Midnight Oil*을 볼 것. 이 글에서는 현대자본주의의 핵심이 1950년대와 1960년대 사회주의국가, 식민지 해방국가, 또는 케인즈주의 국가에서 인정했

던 모든 자급보장수단들의 절멸임을 보여주기 위해 "새로운 엔클로저"라는 표현을 사용한다. 이 과정이 성공하기 위해서는 폭력이 수반될 수밖에 없다.
4. 구조조정, 세계화, 신자유주의와 관련된 엄청난 양의 기존 문헌들은 이 같은 부의 이전을 상세하게 설명하고 있다. 다음을 참고할 것. Jeremy Brecher and Tim Costello, *Global Village or Global Pillage : Economic Reconstruction from the Bottom Up* (Boston : South End Press, 1994); Walden Bello, *Dark Victory : The United States, Structural Adjustment and Global Poverty* (London : Pluto Press, 1994); Richard J. Barnet and John Cavanagh, *Global Dreams : Imperial Corporations and the New World Order* (New York : Simon and Schuster, 1994).
5. 아프리카의 구조조정에 대한 문헌 역시 엄청나게 많다. 1980년대 중반 이후로 구조조정 프로그램을 이행하는 데 있어서 (국제 및 일국의) 비정부기구가 중요해졌는데, 이 비정부기구들은 구조조정이 시행되면서 국가가 자금지원을 철회해야 하는 사회적 재생산 부문을 넘겨받았다. Alex de Waal은 다음과 같이 적고 있다. "신자유주의와 '인간의 얼굴' 간의 결합은 국제비정부기구들에게 보건, 농촌지도, 식량배급 같은 대규모 기본서비스 조달에서 하도급업자라는 새로운 역할을 맡겼다 …… 기근이나 제도의 붕괴 같은 위기가 있을 때는 비정부기구(CARE, Catholic Relief Services, Save the Children Fund)가 더 많은 서비스를 들여와 꾸준히 머물러 있었다. 어떤 경우에는 비정부기구들이 관계부처(보건을 가장 선호한다)의 자문관을 맡기도 하고 전체 서비스에 대한 책임을 넘겨받는 경우도 있다. 유럽-미국 후원기구들의 자금을 가지고 대체로 국제비정부기구들이 주관하는 '국가적인' 보건프로그램으로는 수단의 수도에 있는 보건소에 대한 기초의약품공급, 우간다 농촌지역의 주요보건관리, 탄자니아의 거의 모든 결핵 및 나병 프로그램 등이 있다"(Famine Crimes, 53).
6. 약한 집단을 강탈한 좋은 사례는 1980년대 말 수단에서 찾을 수 있다. 당시 수단 정부는 Baggara Arabs 부족에서 선발한 Murahaliin 민병대에 Dinka족의 가축을 약탈할 권리를 주었다. "이들의 습격은 빈번히고 광범위했으며 파괴적이다. 습격자들은 가축을 훔치고, 마을을 파괴하며, 우물에 독극물을 풀고, 무차별적인 살상을 저질렀다. 또한 포로를 노예로 만들기도 했다. 수비대 주둔도시로 도망친 생존자들은 가축 등의 재산을 헐값에 팔지 않을 수 없었다" (de Waal, Famine Crimes, 94). 이 과정에 대한 더 자세한 내용은 Mark Duffield, "The Political Economy of Internal War : Asset Transfer, Complex Emergencies, and International Aid," in *War and Hunger : Rethinking International Responses to Complex Emergencies,* eds. Joanna Macrae and Anthomy Zwi (London : Zed Books, 1994), 54~57을 볼 것.
7. Jean-Francois Bayart et al., *The Criminalization of the State in Africa* (Oxford, UK : The International African Institute in Association with James Curry, 1999).
8. 같은 책; Phil Williams, "The Nature of Drug-Trafficking Networks," *Current History* (April 1998).
9. Michel Chossudovsky, *The Globalization of Poverty : Impacts of the IMF and World Bank Reforms* (London : Zed Books, 1998).
10. Martin Stone, *The Agony of Algeria* (New York : Columbia University Press, 1997)

11. Human Rights Watch, Africa, *Slaves, Street Children and Child Soldiers* (New York: Human Rights Watch, 1995).
12. 아프리카에서 농업의 자본화를 촉진하는 세계은행의 정책에 대한 분석으로는 George Caffentzis, "The Fundamental Implications of the Debt Crisis for Social reproduction in Africa," in *Paying the Price: Women and the Politics of International Economic Strategy*, eds. Mariarosa Dalla Costa and Giovanna Franca Dalla Costa, 15~41 (London: Zed Books, 1995)을 볼 것.
13. Silvia Federici, "The Debt Crisis, Africa, and the New Enclosures," in *Midnight Oil: Work, Energy, War, 1973~1992*, ed. Midnight Notes, 303~17 (New York: Autonomedia, 1992).
14. 정부와 이슬람 근본주의자들 간의 사실상의 전쟁은 정부가 1992년 초 근본주의자들의 선거상의 성취를 인정하지 않으면서 시작되었다. 하지만 갈등의 뿌리는 1988년 반IMF 폭동에 대한 정부의 엄중한 대응에서 찾을 수 있다. Martin Stone, *The Agony of Algeria* (New York: Columbia University Press, 1997).
15. [옮긴이] 1969년 쿠데타를 통해 소말리아민주공화국을 건국한 뒤 1991년에 정권에서 물러난 독재자이다.
16. 1987년 옥스팜은 유럽연합집행기관의 한 관료가 자기충족적인 예언의 방식으로 남수단의 유목민에 대한 원조요청에 대해 대응했다고 전했다. "그의 관점에서 유목주의는 어떤 식이든 간에 생존불가능하고 전 지역에서 쇠락하는 중이었다." 이어서 옥스팜은 다음과 같이 논평했다. "USAID, UNICEF, EEC 모두 최근 남반구의 유목주의와 관련하여 유사한 관점을 드러냈음을 주목할 필요가 있으며, 어쨌든 유목주의는 사라지고 있고 20년이면 어떤 식으로든 자취를 감추리라는 점 역시 주목할 만하다"(David Keene and Ken Wilson, "Engaging with Violence: A Reassessment of Relief in Wartime," in *War and Hunger: Rethinking International Responses to Complex Emergencies*, eds. Joanna Macrae and Anthony Zwi [London: Zed Books, 1994], 214); Africa Watch Report, *Somalia: A Government at War with Its People* (New York: Human Rights Watch, 1990).
17. David Sogge, "Angola: Surviving against Rollback and Petrodollars," in *War and Hunger: Rethinking International Responses to Complex Emergencies*, eds. Joanna Macrae and Anthony Zwi (London: Zed Books, 1994), 105.
18. Macrae and Zwi, *War and Hunger*, 11~12. Alex de Waal은 다음과 같이 적고 있다. "전쟁구역의 접근권에 대한 최초의 협상동의안은 1989년 4월 수단의 작전생명선 Operation Lifeline이었다 …… 이어 1991~92년에 가령 동에티오피아에서는 "교차-명령"작전 개념이 생겼다. 이 경우 UNHCR, UNICEF, WFP가 난민과 유민, 곤궁해진 주민들을 무차별적으로 원조했다. 교차명령 접근법은 구유고슬라비아에서 심화 발전되었다"(*Famine Crimes*, 69).
19. Duffield, "The Political Economy of Internal War," 60~63.
20. [옮긴이] CARE(Cooperative for Assistance and Relief Everywhere): 1945년에 창설된 국제 인도주의단체. 긴급구호와 국제개발프로젝트에 주로 관여한다.
21. 원조공여자가 군대의 주역으로 전환한 어처구니없는 사례 중 하나는 1980년대에 에티오

피아 정부가 에리트레아민족해방전선과 티그레이민족해방전선을 상대로 벌인 전쟁에 미국과 유엔이 원조를 핑계로 끼어든 일을 꼽을 수 있다. 1984~85년 그 유명한 "위 아 더 칠드런" 캠페인을 촉발한 기근은 당시의 주장처럼 가뭄, 인구과잉, 부적절한 토지 사용 때문에 일어난 것이 아니었다. 진짜 원인은 수십만 명을 에티오피아 북부에서 남부로 강제이주시킨 에티오피아 정부의 재정착프로그램과, 에리트레아민족해방전선 및 티그레이민족해방전선을 상대로 벌인 수많은 공격이었다(이 기간 동안 사망자는 5만 명에 달한다). 미국, 유엔, 그리고 여러 비정부기구들이 제공한 식량원조(1985년과 1988년 사이 대략 총 30억 달러였다)는 재정착계획뿐만 아니라 에티오피아 정부의 전쟁노력을 지속시키는 데 긴요한 역할을 했다. 미국, 유엔, 비정부기구 직원들과 에티오피아 정부 간의 협력과 공모가 아주 철두철미했기 때문에 기근의 원인과, 식량원조를 군대에 돌린다는 사실(많아야 원조의 15%만이 민간인에게 전달되었고 나머지는 모두 군대로 흘러갔다), 그리고 재정착계획의 인적비용을 모두 숨길 수 있었다. 또한 이들은 에티오피아군이 "기근 지역에 접근할 수 있도록" 수행하는가 하면, 무엇보다 에리트레아민족해방전선이나 티그레이민족해방전선이 영토를 재장악하기만 하면 자신들의 인도주의적인 노력이 방해를 받고 있다고 시끄럽게 불평을 해댔다! African Rights의 공동책임자인 Alex de Waal은 이 졸렬한 행위를 깊이 있고도 놀라운 방식으로 설명하고 있는데, 자신이 직접 참여했던 사건을 다루고 있다는 점에서 더욱 뜻깊다 (Famine Crimes, 115~327).

22. Duffield, "The Political Economy of Internal War."
23. Macrae and Zwi, *War and Hunger*.
24. Hanlon, *Mozambique and Peace Without Profit : How the IMF Blocks Rebuilding in Mozambique* (Oxford : James Currey, 1996).
25. 이는 태국과 브라질의 현대판 노예소유주들이 노예에 대한 책임을 회피함으로써 노예의 수익성이 떨어지기만 하면 "바로 처분"하는, Kevin Bales가 말한 "신노예제"와 유사하다 (*Disposable People : New Slavery in the Global Economy* [Berkeley : University of California Press, 1999]).
26. Adam Hochschild, *King Leopold's Ghost* (Boston : Houghton Mifflin Co., 1998).
27. Walton and Seddon, *Free Markets*.

8장 여성, 세계화, 국제여성운동

1. 5차례에 걸친 세계여성회의와 여성의 10년(Women's Decade)(1976~1985) 등, 여성해방을 위해 유엔이 후원하는 활동들을 말한다. 다음 문헌을 참고할 것. United Nations, *From Nairobi to Beijing* (New York : United Nations, 1995); *The World's Women 1995 : Trends and Statistics* (New York : United Nations, 1995); *The United Nations and the Advancement of Women : 1945~1996* (New York : United Nations, 1996); Mary K. Meyer and Elizabeth Prugl, eds., *Gender Politics in Global Governance* (Boulder : Rowman and Littlefield Publishers Inc., 1999).
2. Christa Wichterich, *The Globalized Woman : Reports from a Future of Inequality* (London : Zed Books, 2000); Marilyn Porter and Ellen Judd, eds., *Feminists Doing*

Development: A Practical Critique (London: Zed Books, 1999).
3. 가령 1960년대 미국의 생활보호대상 어머니들의 투쟁을 보라. 이는 재생산의 수준에서 여성과 국가 사이에 협상이 이루어진 최초의 영역이었다. 이 투쟁을 통해 부양아동이 있는 가정에 대한 보조금을 받는 여성들은 복지수당을 최초의 "가사노동에 대한 임금"으로 전환시켰다. Milwaukee County Welfare Rights Organization, *Welfare Mothers Speak Out*.
4. 삼림파괴와 자연의 상업화를 저지하기 위한 여성들의 투쟁에 대해서는 (다른 것들도 많지만 그중에서도) Filomina Chioma Steady, *Women and Children First: Environment, Poverty, and Sustainable Development* (Rochester, VT: Schenkman Books, 1993); Vandana Shiva, *Close to Home: Women Reconnect Ecology, Health and Development Worldwide* (Philadelphia: New Society Publishers, 1994); Radha Kumar, *The History of Doing: An Illustrated Account of Movements for Women's Rights and Feminism in India 1800~1990* (London: Verso, 1997); Yayori Matsui, *Women in the New Asia: From Pain to Power* (London: Zed Books, 1999)를 볼 것.
5. 비정부기구들의 비판 때문에 세계은행이 어떤 식으로 "젠더에 대한 관심"을 늘려왔는지에 대한 역사적인 고찰은, Josette L. Murphy, *Gender Issues in World Bank Lending* (Washington, DC: The World Bank, 1995)를 볼 것.
6. Meredith Thursen, ed. *Women and Health in Africa* (Trenton, NJ: Africa World Press, 1991); Folasode Iyun, "The Impact of Structural Adjustment on Material and Child Health in Nigeria," in *Women Pay the Price: Structural Adjustment in Africa and the Caribbean,* ed. Gloria T. Emeagwali (Trenton: Africa World Press, 1995).
7. Susan Joekes, *Trade Related Employment for Women in Industry and Services in Developing Countries* (Geneva: UNRISD, 1995).
8. Wichterich, *Globalized Woman*, 1~35.
9. Arlie Hochschild, "Global Care Chains and Emotional Surplus Value," in *Global Capitalism*, eds. Will Hutton and Anthony Giddens (New York: The New Press, 2000).
10. Shiva, *Close to Home*.
11. United Nations, *The World's Women 1995*, 77.
12. Bernard Schlemmer ed., *The Exploited Child* (London: Zed Books, 2000).
13. 1985년과 1996년 사이 국내 난민은 1천만 명에서 2천만 명으로 두 배가 되었다 (Robert Cohen and Francis M. Deng, *Masses in Flight: The Global Crisis of Internal Displacement* [Washington, DC: Brookings Institution Press, 1998], 32). 이 문제에 대해서는 Macrae and Zwi, *War and Hunger* 역시 참고할 것.
14. Naomi Neft and D. Levine, *Where Women Stand: An International Report on the Status of Women in 140 Countries, 1997~1998* (New York: Random House, 1997), 151~63.
15. Mini Abramovitz, *Regulating the Lives of Women: Social Welfare Policy From Colonial Times to the Present* (Boston: South End Press, 1996).
16. 가장 야만적인 빈곤화에 맞서 아이들과 노인들을 돌본 것은 바로 여성들이었다. 반면 남성파트너들은 가족을 내팽개치고, 월급을 술값으로 날리며, 자신들의 좌절감을 여성파트

너들에게 해소하는 경향이 더 많다. 유엔에 따르면 케냐, 가나, 필리핀, 브라질, 과테말라 등 많은 나라에서는 여성의 총수입이 남성보다 훨씬 낮은데도, 여성가장인 가정에서는 [가장이 남성인 가정에 비해] 극심한 영양결핍에 시달리는 아이들이 더 적다 (United Nations, *The World's Women*, 129).

17. Jo Fisher, *Out of the Shadows : Women, Resistance and Politics in South America* (London : Latin America Bureau, 1993) : 103~15.
18. 같은 책, 17~44, 177~200.
19. Elizabeth Jelin, *Women and Social Change in Latin America* (London : Zed Books, 1990); Carol Andreas, *Why Women Rebel : The Rise of Popular Feminism in Peru* (Westport CT : Lawrence Hill Company, 1985).
20. [한국어판] 마리아 미즈·베로니카 벤홀트-톰젠, 『자급의 삶은 가능한가』, 꿈지모 옮김, 동연, 2013.
21. Elvia Alvarado, *Don't Be Afraid, Gringo : A Honduran Woman Speaks from the Heart* (New York : Harper and Row, 1987); Bernadette Cozart, "The Greening of Harlem," in *Avant Gardening : Ecological Struggle in the City and the World*, eds. Peter Lamborn Wilson and Bill Weinberg (New York : Autonomedia, 1999); Sarah Ferguson, "A Brief History of Grassroots Greening in the Lower East Side," in *Avant Gardening*.

9장 세계경제에서 노동력의 재생산과 끝나지 않은 여성주의 혁명

1. [옮긴이] 나이지리아 북서부와 인근 니제르 남부에 사는 부족.
2. Karl Marx, *Capital*, vol. 1 (1990), 274.
3. 같은 책.
4. 같은 책, 276~77.
5. 같은 책, 275.
6. Federici, *Caliban and the Witch*, 2004.
7. Marx, *Capital*, 346.
8. 같은 책, 718.
9. Samir Amin, *Accumulation on a World Scale : A Critique of the Theory of Underdevelopment* (New York : Monthly Review Press, 1970), Andre Gunder Frank, *The Development of Underdevelopment* (New York : Monthly Review Press, 1966), and *Capitalism and Underdevelopment in Latin America : Historical Studies of Chile and Brazil* (New York : Monthly Review Press, 1967)를 볼 것.
10. Milwaukee County Welfare Rights Organization, *Welfare Mothers Speak Out* (New York : W. W. Norton Co., 1972).
11. Silvia Federici, "Going to Beijing : How the United Nations Colonized the Feminist Movement," (미발표원고, 2000).
12. Claude Meillassoux, *Maidens, Meal and Money : Capitalism and the Domestic Community* (Cambridge : Cambridge University Press, 1975). 메이야수는 여성의 자급농

업이 부와 노동력을 농촌에서 도시로 꾸준히 이전시킴으로써 정부와 회사, 개발기관들이 아프리카의 노동력을 좀 더 효과적으로 착취할 수 있게 해주었다는 점에서 이들에게는 뜻밖의 보너스와도 같았다고 주장했다 (110~11).

13. Marx, *Capital*, 277.
14. 같은 책.
15. [옮긴이] 원래는 미국산업들이 자유롭게 활동할 수 있는 멕시코 북부 국경지역을 의미했지만, 최근 들어 1) 노동력의 여성화 2) 기술범주의 극심한 분화 3) 실질임금의 하락 4) 비-노조 경향을 특징으로 하는 좀 더 일반적인 노동과정을 의미하는 표현으로 쓰이고 있다. *Tangled Routes : Women, Work, and Globalization on the Tomato Trail* 참고
16. Karl Marx, *Grundrisse*, David McLellan in *Karl Marx : Selected Writings* (Oxford : Oxford University Press, 1977), 363~64에서 인용.
17. Sam Moyo and Paris Yeros, eds., *Reclaiming the Land : The Resurgence of Rural Movement in Africa, Asia and Latin America* (London : Zed Books, 2005), 1.
18. Silvia Federici, "Witch-Hunting, Globalization, and Feminist Solidarity in African Today," *Journal of International Women's Studies*, special issue, *Women's Gender Activism in Africa* 10, no. 1 (October 2008) : 21~35.
19. Yann Moulier Boutang, *De l'esclavage au salariat. Économie historique du salariat bridé* (Paris : Press Universitaire de France, 1998); Dimitris Papadopoulos, Niamh Stephenson, and Vassilis Tsianos, *Escape Routes : Control and Subversion in the 21st Century* (London : Pluto Press, 2008).
20. [옮긴이] 16~17세기 유럽 전역에 정신병원이 나타나 빈민, 부랑자들을 감금시키기 시작한 현상을 말함. 푸코에 따르면 당시 파리 전체 인구의 1%가 정신병원에 수감되었다.
21. Nancy Folbre, "Nursebots to the Rescue? Immigration, Automation and Care," *Globalizations* 3, no. 3 (2006) : 349~60.
22. [옮긴이] median age : 전체 인구를 연령의 크기순으로 일렬로 세워 단순히 균등하게 이등분한 연령을 말함. 주로 인구노령화의 지표를 알아보는 데 사용한다.
23. 이 책의 「6장 신국제노동분업에서 재생산과 여성주의 투쟁」을 볼 것.
24. Nona Glazer, *Women's Paid and Unpaid Labor : Work Transfer in Health Care and Retail* (Philadelphia : Temple University Press, 1993).
25. David E. Staples, *No Place Like Home : Organizing Home-Based Labor in the Era of Structural Adjustment* (New York : Routledge, 2006), 1~5.
26. Hugo F. Hinfelaar, "Witch-Hunting in Zambia and International Illegal trade," in *Witchcraft Beliefs and Accusations in Contemporary Africa*, ed. Gerrie Ter Haar (Trenton, NJ : Africa World Press, 2007).
27. Federici, "Witch-Hunting, Globalization, and Feminist Solidarity in Africa Today."
28. [옮긴이] 결혼지참금이 적다는 이유로 결혼 후 남편이나 시집식구들이 여성을 살해하는 일을 말함.
29. [옮긴이] 리오그란데강을 사이에 두고 미국과 마주 보고 있는 멕시코 북부의 도시.

30. [옮긴이] 특수효과 없이 실제 살해장면을 찍는 영화의 한 장르.
31. [옮긴이] 1960~70년대 페루에서 대대적인 이촌향도와 국제통화기금의 개혁정책이 겹치면서 생활비와 빈곤율이 크게 상승하자 이에 대한 대응에서 빈곤한 농촌 출신 여성들과 도시거주자들이 조직한 운동으로, 이제는 큰 성공을 거두어 2003년 현재 1만 개의 센터가 생겨 3백만 명에게 음식을 공급한다. 페루 외에도 캐나다, 니카라과, 인도 등으로 확산되었다.

10장 노인돌봄노동과 맑스주의의 한계

1. Laurence J. Kotlikoff and Scott Burns, *The Coming Generational Storm : What You Need to Know About America's Economic Future* (Cambridge, MA : MIT Press, 2004).
2. Nancy Folbre, "Nursebots to the Rescue? Immigration, Automation and Care," *Globalizations* 3, no. 3 (2006) : 350.
3. Joyce와 Mamo가 "Graying in the Cyborges"(2007)에서 지적한 바와 같이 젊음을 특권화하는 이데올로기와 이윤동기에서, 노년층을 소비자로 지목하여 이들의 몸을 "재생"시켜주고 적절한 의약품과 기술을 사용하기만 하면 노화를 지연시킬 수 있다고 약속하는 폭넓은 캠페인이 진행 중이다. 이런 맥락에서 고령은 거의 죄악시되고, 최신 회춘상품을 이용하지 못함으로써 스스로 빠지는 곤경이 되었다.
4. Dora L. Costa, *The Evolution of Retirement : An American Economic History,* 1880~1990 (Chicago : The University of Chicago Press, 1998), 1.
5. OECD Health Project, *Long-Term Care for Older People* (Paris : OECD Publications, 2005); Lourdes Benería, "The Crisis of Care, International Migration, and Public Policy," *Feminist Economics* 14, no. 3 (July 2008) : 2~3, 5.
6. 520만 명이 비공식돌봄노동을 제공하는 것으로 추정되는 잉글랜드와 웨일즈에서는 2007년 4월부터 성인대상 돌봄노동자들에게 유연한 노동일정을 요구할 권리가 주어졌다(같은 책). 스코틀랜드에서는 2002년의 〈공동체 돌봄 및 보건법〉(Community Care and Health Act)이 "노년층을 위한 무료개인돌봄서비스를 도입하고" 돌봄제공자를 "서비스에 돈을 지불할 의무가 있는……소비자보다는 자원을 받아들이는 협력노동자"로 재정의했다(Fiona Carmichael et al., Feminist Economics 14, no. 2[April 2008] : 7).
7. Glazer, *Women's Paid and Unpaid Labor : Work Transfer in Health Care and Retail* (Philadelphia : Temple University Press, 1993). 여러 조사에 따르면 이 같은 삭감의 결과……미국의 경우 2천만 명에서 5천만 명에 이르는 가족 구성원들이 전통적으로 간호사와 사회적 노동자들이 수행했던 돌봄노동을 제공하고 있다. 가족돌봄노동자들은 병이나 장애가 있는 친척에게 필요한 돌봄의 80%가량을 제공하고 있는데, 인구가 고령화되고 현대의학으로 수명이 연장되면서 이런 서비스의 필요는 꾸준히 증가할 것이다……2007년 1월의 *Archives of Internal Medicine*에 실린 한 보고서에 따르면, 갈수록 많은 중증환자들이 집에서 죽음을 맞기로 결심하는 가운데, 남은 생을 공동체에서 보내고 있는 병들거나 장애가 있는 노인 중 약 3/4에 대해 가족구성원이나 친구들이 비공식적인 돌봄노동자의 역할을 맡고 있다(Jane E. Brody, "When Families Take Care of Their Own," *New York Times,* November 11, 2008).

8. 이러한 "이전"의 결과 (글레이저의 표현에 따르면) 가정은 투석을 실시하고 주부와 조무사들이 카테터 삽입법과 상처에 투약하는 법을 배워야 하는 의료공장이 되어버렸다. 따라서 이제 새로운 종류의 의료장비들이 가정용으로 제조되고 있다(Glazer, *Women's Paid and Unpaid Labor*, 154).
9. Glazer, *Women's Paid and Unpaid Labor*, 166~67, 173~74.
10. Eileen Boris and Jennifer Klein, "We Were the Invisible Workforce : Unionizing Home Care," in *The Sex of Class : Women Transforming American Labor*, ed. Dorothy Sue Cobble (Ithaca : Cornell University Press, 2007) 180.
11. Glazer, *Women's Paid and Unpaid Labor*, 174.
12. Jean L. Pyle, "Transnational Migration and Gendered Care Work : Introduction," *Globalizations* 3, no. 3 (2006) : 289; Arlie Hochschild and Barbara Ehrenreich, *Global Women : Nannies, Maids and Sex Workers in the New Economy* (New York : Holt, 2002).
13. Dario Di Vico, "Le badanti, il nuovo welfare privato. Aiutano gli anziani e lo Stato risparmia," *Corriere della Sera*, June 13, 2004, 15.
14. Arlie Hochschild, "Global Care Chains and Emotional Surplus Value," in *Global Capitalism*, eds. Will Hutton and Anthony Giddens (New York : The New Press, 2000); Arlie Hochschild and Barbara Ehrenreich, *Global Women : Nannies, Maids and Sex Workers in the New Economy* (New York : Holt, 2000), 26~27.
15. *New York Times*, January 28, 2009.
16. 〈가사노동자연합〉이 2010년 뉴욕주에서 캠페인을 벌여 쟁취한 권리장전은 미국 최초로 돌봄노동자들이 노동자이며, 따라서 다른 범주의 노동자들과 동등한 권리를 누려야 함을 인정했다.
17. Dario Di Vico, "Le badanti."
18. 하지만 『뉴욕타임즈』에 따르면 미국에서는 나이든 부모를 돌보는 남성들의 수가 꾸준히 늘고 있다.
19. Martin Beckford, "Sandwich Generation's Families Torn between Demans of Children and Parents," *Telegraph*, April 1, 2009.
20. Pam Belluck, "In Turnabout, Children Take Caregiver Role," *New York Times*, February 22, 2009. 그 외 아이들이 돌봄노동을 하는 나라로는 영국과 호주가 있다. 이들 나라에서는 돌봄노동을 하는 아이들에게 "부모돌봄 토론모임"에 참여하고 노동에 대한 보상을 요구할 권리를 인정하기도 한다.
21. *New York Times*, August 30, 2008.
22. 이 주제와 관련하여 Francesco Santanera, "Violenze e abusi dovuti anche alla mancata applicazione delle leggi" in *Prospettive Assistenziali*, 169 (gennaio/marzo 2010)을 볼 것. *Prospettive Assistenziali*는 사회적 배제, 특히 장애인과 노년층의 소외에 저항하는 투쟁을 전문적으로 다룬다. Santanera의 논문은 온라인으로도 읽을 수 있다. http://www.superando.it/content/voew/5754/121. 2010년부터 시행된 정부 규제에 따르면 노인 대상 기관의 3분의 1이 법적 규정을 위반하고 있다 (http//:www.ansa.it/notizie/

rubriche/cronaca/2010/02/06/visualizza_new).
23. Shireen Ally, "Caring about Care Workers : Organizing in the Female Shadow of Globalization," Center for Global Justice, San Miguel De Allende (Mexico) : International Conference on Women and Globalization, July 27~August 3, 2005, 3.
24. Boris and Klein, "We Were the Invisible Workforce," 182.
25. Ally, "Caring about Care Workers," 1.
26. Robin Blackburn, *Banking on Death or Investing in Life : The History and Future of the Pensions* (London : Verso, 2002), 39~41; Nordhoff 1966. 로빈 블랙번의 지적처럼 노인에게 연금을 지급하자는 제안은 프랑스혁명 시기에 처음으로 나타났다. 톰 페인은 Rights of Man(1792) 2부에서 이 문제를 다루었고, 그의 친구인 콩도르세 역시 모든 시민을 대상자로 하는 계획안을 제안했다. 이 제안과 관련하여 다음과 같은 기록이 있다. "국민공회는 혁명력의 10일을 노인의 날로 선포하고, 모든 구역에 노인들을 위한 집을 건설할 것을 명했다······국민공회는 노예제를 폐지한 지 몇 달 안 된 1794년 6월에 고령자를 위한 시민연금의 원칙을 채택했다"(Blackburn, Banking on Death, 41~41). 맑스의 시대에는 실업뿐만 아니라 질병, 고령, 죽음에 대한 여러 형태의 부조가 노조를 중심으로 조직된 노동자클럽인 "우애조합"(friendly society)을 통해 제공되었는데, John Foster는 이를 "노동인구대다수의 삶을 어루만지는 사회제도"라고 묘사한 바 있다(Foster, *Class Struggle and the Industrial Revolution,* 216). 게다가 유토피아적 사회주의가 절정에 달한 19세기 초부터 1860년대까지 참가자들을 빈곤, 무력함, 고령에서 보호하기 위한 공산주의적인 실험이 특히 미국에서 꾸준히 진행되었다. 당대의 언론인이었던 Charles Nordhoff에 따르면 협동조합/공산주의적 원칙에 따라 조직된 곳이 72개가 넘었다.
27. Wally Seccombe, *Weathering the Storm : Working-Class Families from the Industrial Revolution to the Fertility Decline* (London : Verso, 1993 & 1995), 75~77.
28. Peter Kropotkin의 상호부조 개념에 대해서는 특히 동명의 저서인 *Mutual Aid : A Factor of Evolution* (1902)[P. A. 크로포트킨, 『만물은 서로 돕는다』, 김영범 옮김, 르네상스, 2005]에서 마지막 두 장을 볼 것.
29. Marx, *Capital,* 451; 맑스는 아래와 같이 적고 있다. "협력자로서, 노동조직의 구성원으로서, [노동자들은] 단순히 특정한 자본의 존재양식을 구성한다." 이들이 발전시키는 생산적인 힘은 "자본의 생산력"이다 (같은책.)
30. Kropotkink, *Mutual Aid,* 208, 221.
31. 같은 책, 230.
32. Nancy Folbre, "Nursebots to the Rescue? Immigration, Automation and Care." *Globalizations* 3, no. 3 (2006) : 356.
33. 같은 책.
34. "스스로 재생산하는 운동" 개념은 (좌파정치에서 전형적으로 나타나는) 정치활동과 일상적인 재생산 간의 분리를 거부하는, 미국의 수많은 공동체들의 구호가 되었다. 이 개념을 좀 더 상세히 알고 싶다면 Team Colors에서 발행한 글 모음집 "In the Middle of a Whirlwind"와 Craig Hughes와 Kevin Van Meter가 최근 *Rolling Thunder*에 발표한 글

"The Importance of Support. Building Foundations, Creating Community Sustaining Movements"를 볼 것.
35. [옮긴이] 일각에서는 정동으로 번역하기도 하지만 페데리치의 경우 affective labor와 emotional labor를 모두 여성의 재생산노동으로 수렴시키고 있다는 점에서 본서에서는 감정노동으로 번역하였다. affective labor에 대한 저자의 더 자세한 분석 및 입장은 13장을 참고할 것.
36. 특히 *Empire*(2000)에서 *Commonwealth*(2009)로 이어지는 3부작에서 하트와 네그리가 정식화한 "비물질노동"이론을 말한다. *Multitudes : War and Democracy in the Age of Empire* (2004), 108~11 역시 참고할 것.
37. 하트와 네그리의 "비물질노동"이론에 대한 논의는 이 책의 13장을 참고할 것.
38. Negri and Hardt, *Multitudes*, 114.
39. 이 문제에 대해서는 Mariarosa Dalla Costa, "Women's Autonomy and Remuneration for Carework in the New Emergencies," *The Commoner* 15 (Winter 2012), http://www.thecommoner.org를 볼 것.
40. Nancy Folbre, Lois B. Shaw, and Agneta Stark, eds., *Warm Hands in Cold Age : Gender and Aging* (New York : Routledge, 2007), 164.
41. Alan Greenspan, *The Age of Turbulence : Adventures in a New World* (New York : Penguin Press, 2007), 217.
42. Elizabeth A. Watson and Jane Mears, *Women, Work and Care of the Elderly* (Burlington VT : Ashgate, 1999), 193.
43. "돌봄의 공동체" 조직은 미국 양대 해안지역의 수많은 무정부주의적 자급자족 공동체들이 추진하는 프로젝트다. 이들은 "자기재생산적인" 운동의 구축을 위해서는 돌봄의 공동체 조직이 선행되어야 한다고 믿는다. 여기서는 1980년대 에이즈 확산에 대응하여 게이공동체 내에서 Act Up을 통해 조직된 연대활동을 본보기로 삼고 있다. Act Up은 온갖 악조건에도 불구하고 이 운동의 성장에 중요한 전환점을 마련했다. "돌봄의 공동체" 프로젝트에 대한 정보는 이 주제로 만들어진 다양한 잡지들뿐만 아니라 일부 웹사이트(오리건주 포틀랜드의 Dicentra Collective 같은)에서도 얻을 수 있다. 이 주제에 대해서는 "The Importance of Support : Building Foundations, Sustaining Community," *Rolling Thunder : An Anarchist Journal of Dangerous Living* 6 (Fall 2008) : 29~39도 참고할 것.

11장 여성, 토지투쟁, 세계화

1. *Don't Be Afraid, Gringo : A Honduran Woman Speaks from the Heart : The Story of Elvia Alvarado,* ed. Medea Benjamin (New York : Harper Perennial, 1987), 104에서 인용.
2. United Nations, *The World's Women 1995 : Trends and Statistics* (New York : United Nations, 1995), 114. 1988년 국제노동기구는 농업과 어업의 자급노동자들을 "식량, 쉼터, 최소한의 현금수입을 자기 자신과 가족들에게 제공하는" 이들로 정의했다. 하지만 이는 "최소한의 현금수입"과 "제공"의 개념이 무엇인지에 따라 의미가 달라질 수 있는 애매한 개념이다. 게다가 핵심적인 의미는 자급노동자가 "시장지향성"을 갖지 않는다는 의도와, 공적 신

용과 고급기술에 대한 접근권이 없다는 결핍에 그 기원을 둔다.
3. Food and Agriculture Association, *Gender and Agriculture*, http://www.fao.org/Gender/agrib4-e.htm.
4. 식민주의의 사회경제적 영향은 직접적인 식민통치의 지속기간에 따라 (부분적으로) 크게 달라진다. 오늘날 자급형 농업과 현금작물 농업에 대한 여성들의 참여방식상의 차이를 토지의 식민적 전유의 정도를 가늠하는 잣대로 볼 수도 있다. 유엔-국제노동기구의 노동력참여통계자료를 사용하고, 자급농업과 관련된 측정상의 문제를 고려했을 때 우리는 사하라 사막 이남 아프리카 지역에서 여성의 농업참여비중이 가장 높고(75%), 남아시아는 55%이며, 동남아시아는 42%, 동아시아는 35%임을 알 수 있다. 반면 중남미는 여성의 농업참여율이 낮은데, 7~10% 사이로 유럽 같은 "선진"국의 수치와 유사하다. 즉, 여성의 노동참여율은 해당 지역의 공식적인 식민주의의 지속기간과 큰 틀에서 상관관계가 있다.
5. Irene Silverblatt, *Moon, Sun, and Witches : Gender Ideologies and Class in Inca and Colonial Peru* (Princeton, NJ : Princeton University Press, 1987); Federici, *Caliban and the Witch*.
6. Ester Boserup, *Women's Role in Economic Development* (London : George Allen and Unwin, 1970), 53~55, 59~60.
7. Susan Diduk, "Women's Agricultural Production and Political Action in the Cameroon Grassfields," *Africa* 59, no. 3 (1989) : 339~40.
8. Susan Diduk, "Women's Agricultural Production," 343; 1950년대의 서부카메룬지역 여성농민들의 투쟁에 대해서는 아래의 글을 남긴 Margaret Snyder와 Mary Tadesse도 참고할 것. "여성들은 식민시대에 가공할 만한 역경 속에서도 경제활동을 지속했다. 일례로는 1950년대의 서부카메룬에서 옥수수제분협회를 조직한 일을 들 수 있다. 시간이 지나면서 1만8천 명의 회원을 둔 총 2백여 개의 협회가 생겨났다. 이들은 공동소유의 제분기를 사용했고, 자신들의 밭에 울타리를 쳤으며, 관개용수저장시설과 협동조합식의 상섬을 만들었다⋯⋯ 다시 말해서 여성들은 수세대에 걸쳐 일종의 집단행동을 확립함으로써 집단생산성을 향상시키고, 식민행정부가 실패한 곳에서 사회경제적 격차를 메우거나, 자신들로부터 가족들을 위한 자원을 박탈해가는 정책에 저항했다" (Margaret Snyder and Mary Tadesse, *African Women and Development : A History* [London : Zed Books, 1995], 23).
9. Basil Davidson, *The People's Cause : A History of Guerillas in Africa* (London : Longman, 1981), 76~78, 96~98, 170.
10. Judith Carney and Michael Watts, "Disciplining Women? Rice, Mechanization, and the Evolution of Mandinka Gender Relations in Senegambia," *Signs* 16, no. 4 (1991) : 651~81.
11. Caroline O. N. Moser, *Gender Planning and Development : Theory, Practice, and Training* (London : Routledge, 1993).
12. Claude Meillassoux, *Maidens, Meal, and Money : Capitalism and the Domestic Community* (Cambridge : Cambridge University Press, 1975).
13. 같은 책, 110~11.

14. 위기는 아무래도 만일 가내 경제의 생산성이 너무 낮으면 이주노동자를 재생산하지 못하고, 반대로 생산성이 너무 높으면 노동자들이 굳이 임금노동을 하려 하지 않을 것이기 때문에 노동비용을 끌어올린다는 사실에 있는 것 같다.
15. 일례로는 여성의 노동에 대한 정교한 분석을 수행하는 "세계은행의 여성주의자" Caroline Moser가 있다. 그녀 자신의 말을 빌리면 그녀는 여성에 대해 "해방적인" 접근법을 취한다. (맑스주의자들을 포함하여) 여성의 노동에 대한 많은 이론적 접근법들을 주의 깊게 분석한 뒤 그녀가 검토하는 사례연구는 "수입창출"프로젝트와 "노동을 위한 식량" 계획이다 (*Gender Planning and Development*, 235~38).
16. Barbara Bush, *Slave Women in Caribbean Society*, 1650~1838 (Bloomington : Indiana University Press, 1990); Marietta Morrissey, *Slave Women in the New World* (Lawrence : University Press of Kansas, 1989). 하지만 세계시장의 설탕가격이 상승하자마자 플랜테이션 소유주들은 노예가 자신의 식량생산지를 경작할 시간을 줄여버렸다.
17. Federici, "The Debt Crisis" : 가령 Michael Chege가 아프리카의 임금노동자들과 토지에 대해 쓴 다음 글을 참고할 것. "대부분의 아프리카 노동자들은 농촌에 있는 기반을 유지한다. 즉, 토지소유권에서 완전히 소외된 노동이 아직은 존재하지 않는다"("The State and Labour in Kenya," in *Popular Struggles for Democracy in Africa*, ed. Peter Anyang' Nyong'o [London : Zed Books, 1987], 250) 이 "소외의 부재"에서 파생된 결과 중 하나는 아프리카의 노동자들이 파업을 하겠다는 결정을 내리기만 하면 언제든지 촌락으로부터 (특히 식품공급 같은 형태의) 연대의 물질적 기초에 의존할 수 있다는 점이다.
18. Deborah Fahy Bryceson, *Liberalizing Tanzania's Food Trade : Private and Public Faces of Urban Marketing Policy, 1930~1988* (London : Zed Books, 1993), 105~17.
19. 세계은행이 구조조정을 통해 감행한 공격은 가내 경제가 자본주의를 위해 기능한다는 메이야수의 주장이 틀렸음을 보여주는 한편, 가내 경제를 보존하고 통제하지 못하는 무능함 때문에 자본주의의 "최종"위기가 닥칠 것이라는 그의 예언이 맞음을 입증한다.
20. Federici, "The Debt Crisis"; Caffentzis, "The Fundamental Implications"; Terisa E. Turner and Leigh S. Brownhill, "African Jubilee : Mau Mau Resurgence and the Flight for Fertility in Kenya, 1986~2001," in *Commons*, 특별호, *Canadian Journal of Development Studies* 22, eds. Terisa E. Turner and Leigh S. Brownhill.
21. 나이지리아에서 발생한 "실질임금"의 극적인 감소와 빈곤율의 상승을 보라. 나이지리아는 한때 "중간소득" 국가로 분류되기도 했지만 이제는 인구의 70%가 하루 1달러 미만으로 살고 있고, 90%가 하루 2달러 미만으로 살아간다(UN Development Program의 웹사이트에 있는 통계자료).
22. Rosemary Galli and Ursula Frank, "Structural Adjustment and Gender in Guinea Bissau," in *Women Pay the Price : Structural Adjustment in Africa and the Caribbean*, ed. Gloria T. Emeagwali (Trenton, NJ : Africa World Press, 1995).
23. Wichterich, *Globalized Women*, 73.
24. Galli and Funk, "Structural Adjustment and Gender," 23.
25. 이는 2000년 프라하의 "대항정상회담"에서 진행된 육성증언을 토대로 한 것이다.

26. Fisher, *Out of the Shadows*, 86.
27. 같은 책, 87.
28. 같은 책, 98.
29. Aili Mari Tripp, *Women and Politics in Uganda* (Oxford : James Currey, 2000), 183.
30. 트리프는 "카왈라의 투쟁이 여러 가지 면에서 우간다에서 진행 중인 변화 중 일부의 축소판"이라고 결론짓는다 (같은 책, 194). 제3세계 전역에서 이와 유사한 투쟁들이 전개되었다. 소작농여성조직들은 자신들과 가족들을 몰아내고 환경을 오염시키는 산업지구개발에 맞서 싸우기도 했다.
31. 같은 책, 194.
32. 1998년 난데없이 지역에서 생산배포된 겨자씨 식용유를 먹은 사람 41명이 사망하는 사건이 일어나면서 이 시도에 힘이 실리게 되었다. 정부는 겨자씨의 판매용 생산을 금지했다. 〈전국동맹〉은 이에 소송을 제기하고 소비자와 생산자들에게 정부와 협력하지 말 것을 요청하는 방식으로 대응했다(Vandana Shiva, *Stolen Harvest : The Hijacking of the Global Food Supply* [Boston, MA : South End Press, 2000][반다나 시바, 『누가 세계를 약탈하는가』, 류지한 옮김, 울력, 2003], 54).
33. 같은 책, 32~33.
34. Vandana Shiva, *Staying Alive : Women, Ecology and Development* (London : Zed Books, 1989)[반다나 시바, 『살아남기』, 강수영 옮김, 솔, 1998], 56.
35. 같은 책.
36. Matsui, *Women in the New Asia*, 88~90.
37. Wangari Maathai, "Kenya's Green Belt Movement," in *Africa* (5th ed.), ed. F. Jeffress Ramsay (Guilford, CT : The Dushkin Publishing Group, 1993).
38. Terisa E. Turner and M.O.Oshare, "Women's Uprisings against the Nigerian Oil Industry," in *Arise! Ye Mighty People! : Gender, Class and Race in Popular Struggles*, ed. Terisa Turner (Trenton, NJ : Africa World Press, 1994), 140~41.
39. Wilson and Weinberg, *Avant Gardening*, 36.
40. 같은 책, 61.
41. United Nations Population Fund, *State of the World Population 2001* (New York : United Nations, 2001).
42. 가령 L. Settimi et al., "Cancer Risk Among Female Agricultural Workers : A Multi-Center Case-Control Study," *American Journal of Industrial Medicine* 36 (1999) : 135~41을 볼 것.
43. Veronika Bennholdt-Thomsen and Maria Mies, *The Subsistence Perspective : Beyond the Globalized Economy* (London : Zed Books, 1999).
44. 같은 책, 5.

12장 여성주의와 공유재의 정치

1. 영국에 본부를 두고 있는 전자저널 *The Commoner*는 지난 10여 년간 공유재의 정치와 그 이론적인 기반을 다지는 데 있어서 중요한 자료원이었다(http://www.commoner.org.uk).
2. 관련 사례로는 Portland Spring 생수판매사업을 위해 메인주의 물을 네슬레가 전용하자 메인주의 많은 공동체에서 이에 대한 반대투쟁이 일어난 것을 꼽을 수 있다. 네슬레의 절도 행위 때문에 사람들은 메인주의 수원과 이를 지탱해주는 수자원의 중요성을 인식하게 되었고, 이를 진정 공유재로 여기게 되었다(*Food and Water Watch*, June 2006).
3. 오늘날 공유재 논쟁이 벌어지는 훌륭한 곳으로는 영국의 운동잡지 *Turbulence*의 최근호 (2009년 12월 5일 자)가 있다. http://www.turbulence.org.
4. 이 주제에 대한 중요한 논문으로는 Ana Isla, "Who Pays for the Kyoto Protocol?"(2009)이 있다. 이 글에서 저자는 열대우림은 "탄소흡수원"과 "산소발생장치"를 의미한다는 이유로, 생물다양성의 보존이 어떻게 세계은행과 기타 국제기구에게 열대우림의 엔클로저를 위한 핑계를 제공하게 되었는지를 설명한다.
5. 1994년에 통과된 유엔해양법협약에서는 배타적 경제구역을 정의하고, 2백 마일의 연안 제한선을 정해 놓고 있다. 이 배타적 경제구역 내에서는 해당 국가가 어자원에서 천연가스에 이르기까지 자원을 채취, 관리, 보호할 수 있다. 또한 유엔해양법협약은 심해 채굴과 이로 인한 수익의 사용에 대한 규제조항을 정하고 있다.
6. 위키피디아의 설명에 따르면 오스트롬의 연구는 공동관리자원에 초점을 맞추고 "인간이 장기적으로 지속가능한 자원산출물을 유지하기 위해 어떻게 생태계와 상호작용하는지를 강조한다".
7. 이 주제에 대해서는 자본주의적 발전과 노력이라는 맥락 속에서 공동체적 소유관계의 효율성을 다룬 초기 논문인 Celestus Juma의 *In Land We Trust* (1996)을 볼 것.
8. David Bollier, *Silent Theft : The Private Plunder of Our Common Wealth* (London : Routledge, 2002).
9. Chris Carlsson, *Nowtopia* (Oakland, CA : AK Press, 2008).
10. Margarita Fernandez, "Cultivating Community, Food and Empowerment,"(Project Course Paper, 미발표원고, 2003), 23~26. 도시텃밭에 대한 초기의 중요한 작업으로는 Weinberg and Wilson의 *Avant Gardening : Ecological Struggle in the City & the World* (1999)가 있다.
11. 같은 책.
12. 하지만 메인주의 어자원 "공유재"는 오늘날 아이러니하게도 "어획 공유"라는 이름으로 보존을 앞세우고 정당화하려는 새로운 사유화정책에 위협을 받고 있다. 이는 이미 캐나다와 알래스카에서 적용하고 있는 시스템으로, 지방정부가 어획량을 제한하고 과거에 잡았던 물고기의 양을 근거로 개인의 몫을 할당한다. 이 시스템은 자신의 몫을 어쩔 수 없이 최고 입찰자에게 판매할 수밖에 없는 소규모 독립적인 어민들에게 재난을 초래하는 것으로 확인되었다. 따라서 이의 시행에 저항하는 움직임이 메인주의 어민공동체에서 고조되고 있다. "Catch Shares or Share-Croppers?" *Fishermen's Voice* 14, no. 12 (December 2009).
13. 가령 개인용 컴퓨터 한 대를 생산하기 위해서는 3만3천 리터의 물과 15톤에서 19톤의 물

질이 필요하다고 계산된 바 있다(Saral Sarkar, *Eco-Socialism or Eco-Capitalism? A Critical Analysis of Humanity's Fundamental Choices* [London: Zed Books, 1999], 126).
14. Silvia Federici, "Women, Land Struggles, and the Reconstruction of the Commons," *Working USA: The Journal of Labor and Society* 14, no. 1 (March 2011): 52.
15. Vandana Shiva, *Staying Alive: Women, Ecology and Development* (London: Zed Books, 1989); *Ecology and the Politics of Survival: Conflicts Over Natural Resources in India* (New Delhi/London: Sage Publications, 1991), 102~17; 같은 책, 274.
16. Leo Podlashuc, "Saving Women: Saving Commons," in *Eco-Sufficiency and Global Justice: Women Write Political Ecology*, ed. Ariel Salleh (New York, London: Macmillan Palgrave, 2009).
17. Ousseina Alidou와의 인터뷰.
18. Fisher, *Out of the Shadows*, 1993; Andreas, *Why Women Rebel*.
19. Bennholdt-Thomsen and Mies, *The Subsistence Perspective*, 141.
20. 같은 책.
21. [옮긴이] 미국 역사에서 등장했던 히스테리적인 반공주의 열풍으로, 1917~20년에 한 번, 1947~57년에 다시 한 번 나타났다.
22. Hayden, *The Grand Domestic Revolution and Redesigning the American Dream: The Future of Housing, Work and Family Life* (New York: Norton and Company, 1986).
23. George Caffentzis, "Three Temporal Dimensions of Class Struggle," 2006년 3월, 캘리포니아 샌디에이고에서 열린 ISA 연차총회에 제출된 발표문.
24. Nels Anderson, *Men on the Move* (Chicago: Chicago University Press, 1998); Todd Depastino, *Citizen Hobo* (Chicago: The University of Chicago Press, 2003); Caffentzis, "Three Temporal Dimensions."
25. Boxcar Bertha(1972)는 열정적인 떠돌이 Bertha Thompson의 소설화된 자서전 *Sister of the Road*를 마틴 스코세이지 감독이 영화화한 작품이다.
26. [옮긴이] 윌리엄 레빗과 그의 회사 레빗앤선즈가 제2차 세계대전 이후 퇴역군인들을 위해 마련한 교외 주택단지를 말함. 마치 공장에서 찍어낸 듯 모두 흰 울타리에 푸른 잔디가 깔리고 현대적인 주방을 갖춘, 만들기 쉬운 조립형 가옥으로 현대적인 주택단지의 기준이 되었다.
27. Hayden, *Redesigning the American Dream*.
28. Hayden, *The Grand Domestic Revolution*.
29. Hayden, *Redesigning the American Dream*, 230.

13장 감정노동에 관하여

1. [옮긴이] 일각에서는 affective labor를 정동노동으로 번역하기도 하지만 본 글에서는 affective labor와 emotional labor를 모두 감정노동으로 통일한다. 이는 본 글의 뒷부분에서 설명하고 있듯, (저자인 페데리치의 입장에서 보았을 때) 이 두 용어가 한 가지 현상에 대한 두 가지 다른 정세판단과 관련이 있지만 결과적으로 여성의 재생산노동으로 수렴

되기 때문이다. 다만, 혹실드의 논의를 소개할 때 제외하고 저자는 모든 경우 affective labor라는 용어를 사용했음을 밝혀둔다.

2. Federici 1980, Federici 1999, Federici 2004
3. Maurizio Lazzarato, From Knowledge to Belief, from Critique to the Production of subjectivity, European institute for progressive cultural policies(eipcp), 2008. Eipcp. net/transversal/0808/lazzarato/en. Accessed Jan. 1, 2011.
4. 맑스는 과학이 생산과정에 완전히 통합될 경우 생산의 완벽한 기계화로 이어져 노동자가 기계의 보조자라는 지위에 머물게 된다고 믿었다. 반면 네그리와 하트는 후기 자본주의에서 기술의 역할을 크게 중시하지 않는다. 이들이 노동의 조직에서 가장 유의미하다고 보았던 변화는 노동의 컴퓨터화와 직접적으로 관련이 있긴 하지만 말이다. 이들의 관심은 '산노동'의 자율성과 창의력을 강조하는 데 있다. 따라서 이들의 저작에서 기술은 노동자를 해방시켜주지도, 지배하지도 않는다.(Hardt and Negri 2009 : 267) 하지만 과학이 생산의 주요 수단이 될 때 노동시간이 더 이상 가치의 척도가 되지 못하는, 질적으로 새로운 상황이 창출된다는 점에서는 맑스와 의견이 일치한다.
5. Hardt and Negri, *Multitude-War and Democracy in an Age of Empire*, London : Penguin Press, 2004, 65~6; *Commonwealth*, Cambridge (MA) : Harvard University Press, 2009, 132, 287.
6. Hardt and Negri, *Multitude*, 107, 338, 349
7. 맑스가 이 '원리'를 제시한 핵심 문단은 다음과 같다. "공장제도의 발전과 이에 수반하는 농업의 변혁에 따라, 다른 모든 공업부문의 생산은 그 규모가 확대될 뿐 아니라 그 성격도 변한다. 기계제 생산의 원리―생산과정을 그 구성단계들로 분해하며 또 그 결과 발생하는 문제들을 기계학·화학 등등, 간단히 말해 자연과학을 응용해 해결한다―는 어디에서나 결정적 역할을 하게 된다."(Karl Marx, *Capital* Vol.1, Penguin Books Limited, 1976, 590)[칼 마르크스, 『자본론 1권(하)』, 김수행 옮김, 비봉출판사, 2009, 618쪽].
8. Hardt and Negri, *Multitude*, 107; *Empire*, Cambridge (MA):Harvard University Press, 2000, 292.
9. 손-레텔은 테일러리즘의 도래는 자본과 결탁한 기술 및 관리 분야의 지식인들을 물질적인 상품을 생산하는 육체노동력과 경쟁시키는, 지식노동과 육체노동 간의 새로운 구분을 만들어냈다고 강조한다(Sohn-Rethel 1978 : 157).
10. Hardt and Negri, *Commonwealth*, 289.
11. 같은 글, 266.
12. Hardt and Negri, *Multitude,* 184~188; Hardt and Negri, *Commonwealth*, 141.
13. Hardt and Negri, *Multitude*, 134~135.
14. Hardt and Negri, *Commonwealth*, 132~137.
15. Hardt and Negri, *Multitude*, 134~135.
16. Hardt and Negri, *Commonwealth*, 314~321.
17. S. Federici and G. Caffentzis, "Notes on the edu-factory and Cognitive Capitalism" (with George Caffentzis), In Edu-factory Collective ed. *Towards a Global University,*

Cognitive Labor, the Production of Knowledge and Exodus from the Education Factory, Brooklyn : Autonomedia, 2009.
18. Tiziana Terranova, "Free Labor : Producing Culture for the Digital Economy." *Social Text*, no. 63, 2000.
19. Antonella Corsani, "Beyond the Myth of Woman : The Becoming Transfeminist of (Post-) Marxism." *SubStance* #112, Vol. 36, no.1, 2007, 107~138.
20. 19세기와 20세기초에 가사노동의 산업화를 둘러싸고 벌어진 논쟁을 개괄하고자 한다면 D. Hayden, *The Grand Domestic Revolution : A History of Feminist Designs for American Homes, Neighborhoods, and Cities*, Cambridge, MA : The MIT Press, 1985를 볼 것.
21. Federici (u.d.) The Devlopment of Domestic Work in the Transition From Absolute to Relative Surplus Value. For copies contact S. Federici at silvia.federici@hofstra.edu.를 볼 것.
22. 1920년대 산업화된 가사노동에 대한 소련의 논의를 설명한 글로는 Anatole Kopp, *Ville et Revolution : Architecture et Urbanisme Sovietiques des Annees Vingt*, Paris; Editions Anlthropos, 1967을 볼 것. 일정 유형의 가사노동의 산업화를 지지했던 미국의 여성주의자와 관련해서는 Charlotte Perkins Gilman, *The Home, Its Work and Influence*, New York : McClure, Phillips, & Co, 1903을 볼 것.
23. 맑스는 형식적 포섭과 실질적 포섭을 구분하고 있다. 전자는 자본주의가 기존의 생산형태들을 변화 없이 통합시키는 초기 단계를 말한다. 후자는 자본이 자신의 필요에 따라 생산과정의 모든 측면을 재주조하는 주도권을 쥐는 대규모 산업 기간 동안에 나타난다 (Marx 1976 : 1019~1025).
24. Hardt and Negri, *Multitude*, 109.
25. Susanne S. Schultz, "Dissolved Boundaries and "Affective Labor" : On the Disappearance of Reproductive Labor and Feminist Critique in Empire." *Capitalism, Nature and Socialism*, Volume 17, Number 1, Number 1/March 2006, 77~82(6).
26. Negri, *The Savage Anomaly. The Power of Spinoza's Metaphysics and Politics* (Translated form the Italian by Michael Hardt), Minneapolis : University of Minnesota Press, 1991[안토니오 네그리, 『야만적 별종』, 윤수종 옮김, 푸른숲, 1997]과 Hardt, *Gilles Deleuze : an Apprenticeship in Philosophy*, Minneapolis : University of Minnesota Press, 1993[마이클 하트, 『들뢰즈 사상의 진화』, 김상운·양창렬 옮김, 갈무리, 2004]을 볼 것.
27. 하트와 네그리에게 있어서 스피노자의 사상이 중요함을 보여주는 중요한 지표는 마음-육체의 문제에 대한 스피노자의 해법을 수줍은 듯 모델로 삼은 이들의 혁명 실천 이론이다 (Hardt and Negri, *Commonwealth*, 2009).
28. Benedict De Spinoza, *On the Improvement of the Understanding, The Ethics, The Correspondence*, New York : Dover Publication, 1955.
29. 같은 글, 130.
30. Hardt and Negri, *Commonwealth*, 379.

31. Hardt and Negri, *Multitude*, 108.
32. Hardt and Negri, *Commonwealth,* 377.
33. Hardt and Negri, *Multitude*, 375; *Commonwealth*, 407.
34. A. R. Hochschild, *The Managed Heart. Commercialization of Human Feeling*, Berkeley : University of California Press, 1983[앨리 러셀 혹실드, 『감정노동』, 이가람 옮김, 이매진, 2009] : 9.
35. 가장 중요한 연구로는 Hochschild 2003과 Hochschild 1997이 있다.
36. Hardt and Negri, *Multitude*, 108.
37. 같은 글.
38. Hochschild, *The Managed Heart*, 171.
39. Hochschild, *The Commercialization of Intimate Life*, Berkeley : University of California Press, 2003, 1~3, 37~8.
40. Hochschild, *The Commercialization of Intimate Life*, 131, 145; Hochschild, *Time Bind. When Work Becomes Home and Home Becomes Work*, New York : Metropolitan Book, 1997, 212~225.
41. Hardt and Negri, *Empire*, 293.
42. Hardt and Negri, *Multitude*, 108.
43. 『공통체』(133쪽)에서 설명하고 있듯, "노동의 여성화"는 "전통적으로 '여성의 노동'과 연결되었던 자질들이 …… 갈수록 노동의 모든 부문에서 중요해지는 것"을 말한다. 여기서 네그리와 하트는 생활시간과 노동시간의 구분이 흐려지면서 비공식적인 시급고용의 일반화가 나타나고, 생산이 "사회적 관계"와 "삶의 형식"의 생산이 되어가고 있는 사실을 지적한다. 이는 전통적인 정의에서 여성노동의 특징들이다. 하지만 이들은 어째서 '가사노동'이 조립라인의 노동보다 "삶의 형식"을 더 많이 생산하는지, 그것은 구체적으로 어떤 "삶의 형식"을 나타내는지에 대해서는 설명하지 않는다.
44. Hardt and Negri, *Commonwealth*, 133~134를 볼 것.
45. Milwaukee County Welfare Rights Organization, 1972를 볼 것.
46. Hardt and Negri, *Empire*, 261~279.
47. 이 책의 6장; S. Ongero, "De la reproduction productive a la production reproductive." Association Multitudes, *Multitudes*, 2003/2-n. 12, 2003, pp. 145~153; R. S. Parrenas, *Servants of Globalization : Women, Migration and Domestic Work*, Stanford : Stanford University Press, 2001.
48. 네그리와 하트는 이 위기에 대해 다음과 같은 단 한 문단으로 언급하고 있다(Hardt and Negri 2009 : 134). "감정노동은 일자리가 있든 없든 간에 여성에게 더욱 많이 요구된다 …… 여성들이 임금노동으로 대거 진입하고 있음에도 불구하고 …… 여성들은 아직도 전 세계 국가에서 가사노동과 육아 같은 부불가사 및 재생산노동을 주로 책임지고 있다." 하지만 삶정치적 생산이 생산과 재생산의 모든 구분을 해체하고 있다는 주장을 삼부작(과 심지어는 이 문단이 있는 쪽)에서 꾸준히 반복적으로 펼치고 있다는 사실을 고려했을 때 이 구절조차 의문스럽다. 이 맥락 속에서 재생산노동에 대한 언급은 어떤 의미인가? 재생산

노동을 규정하는 구분을 거부한다면 그와 관련된 위기에 대한 해법을 어떻게 상상해낼 수 있단 말인가?
49. Nona Glazer, *Women's Paid and Unpaid Labor : The Work Transfer in Health Care and Retailing*, Temple University Press, 1993; David Staples, *No Place Like Home : Organizing Home-Based Labor in the Era of Structural Adjustment* (New York : Routledge, 2006).
50. E. Dowling "Producing the Dining Experience : Measure Subjectivity and the Affective Worker," *Ephemera*, Vol. 7(1), 2007, 120~121.
51. K. Carls "Affective Labor in Milanese Large Scale Retailing : Labor Control and Employees Coping Strategies." *Ephemera*, Vol. 7(1), 2007, 46.
52. 같은 글, 49~51.
53. E. Wissinger "Modelling a Way of Life : Immaterial and Affective Labour in the Fashion Modelling Industry." *Ephemera*, Vol. 7(1), 2007, 252~3, 255~7.
54. A. Hearn, "Reality television, *The Hills*, and the limits of the immaterial labor thesis." *tripleC - Cognition, Communication, Co-operation*, Vol 8, No 1, 2010.
55. Dowling, "Producing the Dining Experience : Measure Subjectivity and the Affective Worker.", 121, 128.
56. 감정노동이 가치측정에서 벗어나 있다는 것은 잘못된 믿음이다. 가령 1990년대 미국의 돌봄 및 가정관리의 테일러화에 대한 엘린 보이스와 제니퍼 클라인의 통찰력 있는 논평을 생각해보라.(E. Boris and J. Klein, "We are the Invisible Workforce. Unionizing Home Care." In D. S. Cobble ed, *The Sex of Class, Women Transform American Labor*, Ithaca : Cornell University Press, 2007) 이들은 돌봄이 "아직 규정되지 않은 경계를 넘나드는" 활동이기는 하지만 병원과 민간시설들이 이를 테일러화된 업무시간표에 따라, 가령 자택요양을 신체적 관리로 축소하고, 아무리 돌봄노동자들이 중요하다고 생각하더라도 담소와 친교 맺기를 자택요양의 업무내용에서 제외하는 등의 방식으로 이를 정의해 왔다고 적고 있다.(같은 글, 189)
57. Carls, "Affective Labor in Milanese Large Scale Retailing : Labor Control and Employees Coping Strategies." 58.
58. 같은 글, 46.
59. Dowling, "Producing the Dining Experience : Measure Subjectivity and the Affective Worker.", 121에서 인용.
60. Hochschild, *The Managed Heart*.
61. L. King, Interview with Steven Slater. 2010. Transcripts.cnn.com/TRANSCRIPTS/1010/26/lkl.01.html. Accessed on January 1, 2011.

:: 참고문헌

Abramovitz, Mimi. *Regulating the Lives of Women : Social Welfare Policy from Colonial Times to the Present*. Boston : South End Press, 1996.

Africa Watch Report. *Somalia : A Government at War with Its People*. New York : Human Rights Watch, 1990.

Alexander, Mary. "ERP (Economic Recovery Program) Hits Women Hardest." *NSAMANKOW : Voice of Patriotic and Democratic Forces in Ghana* 2 (August 1990) : 8~9.

Alger, Chadwick F. "Perceiving, Analyzing and Coping with the Local-Global Nexus." *International Social Science Journal* 117 (1988).

Allen, Chris. "The Machinery of External Control." *Review of African Political Economy*, no. 76 (March 1998).

Ally, Shireen. "Caring about Care Workers : Organizing in the Female Shadow of Globalization." Center for Global Justice, San Miguel De Allende (Mexico) : International Conference on Women and Globalization, July 27~August 3, 2005.

Altvater, Elmar, et al., *The Poverty of Nations : A Guide to the Debt Crisis from Argentina to Zaire*. London : Zed Books, 1991.

Alvarado, Elvia. *Don't Be Afraid, Gringo : A Honduran Woman Speaks From the Heart*. New York : Harper and Row, 1987.

Amin, Samir. *Accumulation on a World Scale : A Critique of the Theory of Underdevelopment*. New York : Monthly Review Press, 1970 [사미르 아민, 『세계적 규모의 자본축적 1, 2』 김대호·윤진호 옮김, 한길사, 1986].

_____. *Unequal Development. An Essay on the Formation of Peripheral Capitalism*. New York : Monthly Review Press, 1976.

Amore, Louise, ed. *The Global Resistance Reader*. New York : Routledge, 2005.

Anderson, Alexandra, and Anne Cottringer. *Hell to Pay*. Documentary video. New York : Women Make Movies, 1988.

Anderson, Nels. *Men on the Move*. Chicago : Chicago University Press, 1998.

Andreas, Carol. *Why Women Rebel : The Rise of Popular Feminism in Peru*. Westport, CT : Lawrence Hill Company, 1985.

Anton, Anatole, Milton Fisk, and Nancy Holmstrom. *Not for Sale : In Defense of Public Goods*. Boulder, CO : Westview Press, 2000.

Antrobus, Peggy. *The Global Women's Movements : Origins, Issues and Strategies*. London : Zed Books, 2004.

Asia Watch. *A Modern Form of Slavery : Trafficking of Burmese Women and Girls into Brothels in Thailand*. New York : Human Rights Watch, 1993.

Asian Women United of California, ed. *Making Waves : An Anthology of Writings by and about Asian American Women*. Boston : Beacon Press, 1989.

Association of Concerned Africa Scholars (ACAS). "The Aid Debate," *ACAS Bulletin* 47 (Fall 1996).

Bakker, Isabella. "Engendering Macro-economic Policy Reform in the Era of Global Restructuring and Adjustment." In *The Strategic Silence: Gender and Economic Policy*, edited by Isabella Bakker, 1~29. London: Zed Books, 1994.

Bales, Kevin. *Disposable People: New Slavery in the Global Economy*. Berkeley: University of California Press, 1999.

Barnet, Richard J., and John Cavanagh. *Global Dreams: Imperial Corporations and the New World Order*. New York: Simon and Schuster, 1994.

Barry, Kathleen. *The Coalition against Trafficking in Women: History and Statement of Purpose 1991~1992* (State College, PA: CATW, 1992).

———. *Female Sexual Slavery*. New York: Avon Books, 1981.

———. *The Prostitution of Sexuality: The Global Exploitation of Women*. New York: New York University Press, 1995.

Baxandall, Rosalyn, and Linda Gordon, eds. *Dear Sisters: Dispatches from the Women's Liberation Movement*. New York: Basic Books, 2000.

Bayart, Jean-Francois, et al., *The Criminalization of the State in Africa*. Oxford, UK: The International African Institute in Association with James Curry, 1999.

Becker, Gary. *The Economic Approach to Human Behavior*. Chicago: University of Chicago Press, 1976.

———. "A Theory of the Allocation of Time." *Economic Journal* 75, no. 299 (1965).

Beckford, Martin. "'Sandwich Generation' Families Torn between Demands of Children and Parents." *Telegraph*. April 1, 2009.

Bello, Walden. *Dark Victory: The United States, Structural Adjustment and Global Poverty*. London: Pluto Press, 1994 [월든 벨로, 『어두운 승리』, 이윤경 옮김, 삼인, 1998].

Bello, Walden, Shea Cunningham, and Li Kheng Po. *A Siamese Tragedy: Development and Disintegration in Modern Thailand*. London: Zed Books 1998.

Belluck, Pam. "In a Turnabout, More Children Take On the Caregiver Role for Their Elders." *New York Times*. February 23, 2009.

Beneria, Lourdes. "The Crisis of Care, International Migration, and Public Policy." *Feminist Economics* 14, no. 3 (July 2008): 1~21.

Beneria, Lourdes. and Shelley Feldman, eds. *Unequal Burden: Economic Crisis, Persistent Poverty, and Women's Work*. Boulder, CO: Westview Press, 1992.

Benjamin, Medea, ed. *Don't Be Afraid, Gringo: A Honduran Woman Speaks. The Story of Elvia Alvarado*. New York: Harper Perennial, 1987.

Bennholdt-Thomsen, Veronika, Nicholas Faraclas, and Claudia von Werlhof, eds. *There Is an Alternative: Subsistence and Worldwide Resistance to Globalization*. London: Zed Books, 2001.

Bennholdt-Thomsen, Veronika, and Maria Mies. *The Subsistence Perspective: Beyond the Globalised Economy*. London: Zed Books, 1999 [마리아 미즈·베로니카 벤홀트-톰젠, 『자

급의 삶은 가능한가』, 꿈지모 옮김, 동연, 2013].

Bennis, Phyllis, and Michel Mushabeck. *Altered States: A Reader in the New World Order.* Brooklyn, NY: Olive Branch Press, 1993.

Berninghausen, Jutta, and Birgit Kerstan. *Forging New Paths: Feminist Social Methodology and Rural Women in Java.* London: Zed Books, 1992.

Blackburn, Robin. *Banking on Death or Investing in Life: The History and Future of the Pensions.* London: Verso, 2002.

Blot, Daniel. "Demographics of Migration." *OECD Observer* 163 (April~May 1990).

Bolles, A. Lynn. "Kitchens Hit by Priorities: Employed Working-Class Jamaican Women Confront the IMF." In *Women, Men and the International Division of Labor*, edited by June Nash and Maria P. Fernandez-Kelley, 138~60. Albany: SUNY University Press, 1983.

Bollier, David. *Silent Theft: The Private Plunder of Our Common Wealth.* London: Routledge, 2002.

Bonefeld, Werner, et al., eds. *Emancipating Marx (Open Marxism 3).* London: Pluto Press, 1995.

Bonefeld, Werner, ed. *Subverting the Present, Imagining the Future: Class, Struggle, Commons.* Brooklyn: Autonomedia, 2008.

Boris, Eileen, and Jennifer Klein. "We Were the Invisible Workforce: Unionizing Home Care." In *The Sex of Class: Women Transforming American Labor*, edited by Dorothy Sue Cobble, 177~93. Ithaca: Cornell University Press, 2007.

Boserup, Ester. *Women's Role in Economic Development.* London: George Allen and Unwin Ltd., 1970.

Brecher, Jeremy, and Tim Costello. *Global Village or Global Pillage: Economic Reconstruction from the Bottom Up.* Boston: South End Press, 1994.

Brody, Jane E. "When Families Take Care of Their Own." *New York Times.* November 11, 2008.

Brozn, Michelle Burton. "Women Garment Workers of Bangladesh Seek U.S. Support in Anti-Sweatshop Campaign." Industrial Workers of the World. http://www.iww.org/unions/iu410/mlb/11-23-2004.shtml.

Bryceson, Deborah Fahy. *Liberalizing Tanzania's Food Trade: Private and Public Faces of Urban Marketing Policy, 1930~1988.* London: Zed Books, 1993.

Buckley, Cara, and Annie Correal. "Domestic Workers Organize to End an 'Atmosphere of Violence' on the Job." *New York Times.* June 9, 2008.

Burkett, Paul. *Marxism and Ecological Economics: Toward a Red and Green Political Economy.* Boston: Brill, 2006.

Bush, Barbara. *Slave Women in Caribbean Society, 1650~1838.* Bloomington: Indiana University Press, 1990.

Buvinic, Mayra. "Women in Poverty: A New Global Underclass." *In Perspectives: Global Issues*, edited by James M. Lindsay. Boulder: Coursewise Publishing, 1998.

CAFA (Committee for Academic Freedom in Africa). *Newsletter* 2 (Fall 1991).

_____. *Newsletter* 4 (Spring 1993).
_____. *Newsletter* 5 (Fall 1993).
Caffentzis, George. "The Fundamental Implications of the Debt Crisis for Social re-production in Africa." In *Paying the Price: Women and the Politics of International Economic Strategy*, edited by Mariarosa Dalla Costa and Giovanna Franca Dalla Costa, 15~41. London: Zed Books, 1995.
_____. "The Future of 'The Commons': Neoliberalism's 'Plan B' or The Original Disaccumulation of Capital." *Imperial Ecologies: A Journal of Culture/Theory/Politics* 69 (2010): 23~41.
_____. "On the Notion of the Crisis of Social Reproduction: A Theoretical Review." In *Women, Development and Labor of Reproduction: Struggles and Movements*, edited by Mariarosa Dalla Costa and Giovanna Franca Dalla Costa, 153~88. Trenton, NJ: Africa World Press, 1999.
_____. "Three Temporal Dimensions of Class Struggle." Paper presented at ISA Annual meeting held in San Diego, CA, March 2006.
_____. "The Work/Energy Crisis and the Apocalypse." In *Midnight Oil: Work, Energy, War, 1973~1992*, edited by Midnight Notes Collective, New York: Autonomedia 1981.
Calasanti, Toni M., and Kathleen F. Slevin, eds. *Age Matters: Realigning Feminist Thinking*. New York: Routledge, 2006.
Campbell, Horace, and Howard Stein, eds. *The IMF and Tanzania*. Harare (Zimbabwe): Nat-print, 1991.
Carlsson, Chris. *Nowtopia: How Pirate Programmers, Outlaw Bicyclists, and Vacant-Lot Gardeners Are Inventing the Future Today!*. Oakland, CA: AK Press, 2008. Carmichael, Fiona, Claire Hulme, Sally Sheppard, and Gemma Connell. "Work-Life Imbalance: Informal Care and Paid Employment in the UK." *Feminist Economics* 14, no. 2 (April 2008): 3~35.
Carney, Judith, and Michael Watts. "Disciplining Women? Rice, Mechanization, and the Evolution of Mandinka Gender Relations in Senegambia." *Signs* 16, no. 4 (1991): 651~81.
Carnoy, Martin, et al., *The New Global Economy in the Information Age*. University Park, PA: Pennsylvania University Press, 1993.
Carls, Kristin. "Affective Labor in Milanese Large Scale Retailing: Labor Control and Employees Coping Strategies.", *Ephemera*, Vol. 7(1), 2007, 46~59.
Casarino, Cesare & Negri, Antonio, *A conversation on philosophy in praise of the commons and politics*. Minneapolis: University of Minnesota Press, 2008. [쎄자레 까사리노·안또니오 네그리, 『공통된 것을 찬양하며』, 손지태 옮김, 갈무리, 근간]
Castegnaro, Alessandro. "La Rivoluzione occulta dell'assistenza agli anziani: le aiutanti domiciliari." *Studi Zancan*, 2 (2002).
Castells, Manuel. *The End of Millennium: The Information Age. Economy, Society and Culture*. Malden, MA: Blackwell Publishers, 1998 [마뉴엘 카스텔, 『밀레니엄의 종언』, 박행웅·이종삼 옮김, 한울, 2003].

_____. "The Informational Economy and the New International Division of Labor." In *The New Global Economy in the Information Age*, edited by Martin Carnoy, et al., 15~45. University Park, PA: Pennsylvania University Press, 1993.

Chandler, Michael Alison. "When a Kid Becomes the Caregiver." *Washington Post*, August 25, 2007.

Chege, Michael. "The State and Labour in Kenya." In *Popular Struggles for Democracy in Africa*, edited by Peter Anyang' Nyong'o. London: Zed Books, 1987.

Chira, Susan. "Babies for Export: And Now the Painful Question." *New York Times*, April 21, 1988.

Chossudovsky, Michel. *The Globalization of Poverty: Impacts of the IMF and World Bank Reforms*. London: Zed Books, 1998 [미셸 초스도프스키, 『빈곤의 세계화』, 이대훈 옮김, 당대, 1998].

Cleaver, Harry. *Reading Capital Politically*. Edinburgh: AK Press, 2000. [해리 M. 클리버 지음, 『자본론의 정치적 해석』, 권만학 옮김, 풀빛, 1996].

Clough, Michael. *Free at Last? U.S. Policy toward Africa at the End of the Cold War*. New York: Council of Foreign Relations, 1992.

Coalition of South African Trade Unions (COSATU). http://www.cosatu.org.za/shop/shop1006-08.html.

Cobble, Dorothy Sue, ed. *The Sex of Class: Women Transforming American Labor*. Ithaca: Cornell University Press, 2007.

Cock, Jacklyn. "Trapped Workers: The Case of Domestic Servants in South Africa." In *Patriarchy and Class: African Women in the Home and in the Workforce*, edited by Sharon B. Stichter and Jane L. Parpart. Boulder, CO: Westview Press, 1988.

Cohen, Roberta. *The New Helots: Migrants in the International Division of Labor*. Aldershot, UK: Gower Publishing Co., 1987.

Cohen, Roberta, and Francis M. Deng. *Masses in Flight: The Global Crisis of Internal Displacement*. Washington, DC: Brookings Institution Press, 1998.

Colatrella, Steven. *Workers of the World: African and Asian Migrants in Italy in the 1990s*. Trenton, NJ: Africa World Press, 2001.

Commonwealth Secretariat. *Engendering Adjustment for the 1990s*. London, 1990. Costa, Dora L. *The Evolution of Retirement: An American Economic History, 1880—1990*. Chicago: University of Chicago Press, 1998.

Corsani, Antonella. "Beyond the Myth of Woman: The Becoming Transfeminist of (Post-) Marxism." *SubStance* # 112, Vol. 36, no.1, 2007, 107~138.

Cowan, Ruth. *More Work for Mother: The Ironies of Household Technology from the Open Hearth to the Microwave*. New York: Basic Books, 1983.

Cowell, Alan. "Affluent Europe's Plight: Graying." *New York Times*, September 8, 1994.

Cozart, Bernadette. "The Greening of Harlem." In *Avant Gardening: Ecological Struggle in the City and the World*, by Peter Lamborn Wilson and Bill Weinberg. New York: Autonomedia, 1999.

Dalla Costa, Giovanna Franca. "Development and Economic Crisis: Women's Labour and Social Policies in Venezuela in the Context of International Indebtedness." In *Paying the Price: Women and the Politics of International Economic Strategy*, edited by Mariarosa Dalla Costa and Giovanna Franca Dalla Costa. London: Zed Books, 1995.

Dalla Costa, Mariarosa. "Capitalism and Reproduction." In *Subverting the Present, Imagining the Future: Class, Struggle, Commons*, edited by Werner Bonefeld, 87~98. Brooklyn: Autonomedia, 2008 [마리아로사 달라 코스따, 「자본주의와 재생산」, 『재생산의 비밀』, 윤수종 옮김, 박종철출판사, 1997].

―――. "Community, Factory and School from the Woman's Viewpoint." *L'Offensiva* (1972).

―――. "Riproduzione e emigrazione." In *L'Operaio Multinazionale in Europa*, edited by Alessandro Serafini. Milan: Feltrinelli, 1974. Translated by Silvia Federici and Harry Cleaver and published as "Reproduction and Emigration" in *The Commoner* 15 (Winter 2012): 95~157.

―――. "Women and the Subversion of the Community." In *The Power of Women and the Subversion of the Community*, by Mariarosa Dalla Costa and Selma James. Bristol: Falling Wall Press, 1973.

―――. "Women's Autonomy and Remuneration for Care Work in the New Emergencies." *The Commoner* 15 (Winter 2012): 198~234.

Dalla Costa, Mariarosa, and Giovanna Franca Dalla Costa, eds. *Paying the Price: Women and the Politics of International Economic Strategy*. London: Zed Books, 1995.

―――. *Women, Development and Labor of Reproduction: Struggles and Movements*. Trenton, NJ: Africa World Press, 1999.

Dalla Costa, Mariarosa, and Leopoldina Fortunati. *Brutto Ciao. Direzioni di marcia delle donne negli ultimi trent'anni*. Rome: Edizioni delle donne, 1976.

Dalla Costa, Mariarosa, and Selma James. *The Power of Women and the Subversion of the Community*. Bristol: Falling Wall Press, 1973.

Davidson, Basil. *The People's Cause: A History of Guerillas in Africa*. London: Longman, 1981.

Davies, Miranda. *Third World: Second Sex*. London: Zed Books, 1987.

Davis, Mike. *Planet of Slums: Urban Involution and the Informal Working Class*. London: Verso, 2006 [마이크 데이비스, 『슬럼, 지구를 뒤덮다』, 김정아 옮김, 돌베개, 2007].

De Angelis, Massimo. *The Beginning of History: Value Struggles and Global Capital*. London: Pluto Press, 2007.

Department of Health, Education and Welfare. *Work in America: Report of a Special Task Force to the Secretary of HEW* (Health, Education and Welfare). Cambridge, MA: MIT, 1975.

Depastino, Todd. *Citizen Hobo*. Chicago: The University of Chicago Press, 2003.

Diduk, Susan. "Women's Agricultural Production and Political Action in the Cameroon Grassfields." *Africa* 59, no. 3 (1989): 338~55.

Di Vico, Dario. "Le badanti, il nuovo welfare privato. Aiutano gli anziani e lo Stato risparmia."

Corriere della Sera. June 13, 2004, 15.

Dowling, Emma. "Producing the Dining Experience: Measure Subjectivity and the Affective Worker." *Ephemera*, Vol. 7(1), 2007, 117~132.

Duffield, Mark. "The Political Economy of Internal War: Asset Transfer, Complex Emergencies, and International Aid." In *War and Hunger: Rethinking International Responses to Complex Emergencies*, edited by Joanna Macrae and Anthony Zwi. London: Zed Books, 1994.

Eaton, Susan E. "Eldercare in the United States: Inadequate, Inequitable, but Not a Lost Cause." In *Warm Hands in Cold Age*, edited by Nancy Folbre, Lois B. Shaw, and Agneta Stark, 37~52. New York: Routledge, 2007.

Ecologist, The. *Whose Common Future? Reclaiming the Commons*. Philadelphia: New Society Publishers with Earthscan, 1993.

Economist. "Trafficking in Women: In the Shadows." *Economist* 356, no. 8185. August 26, 2000.

_____. "Why It Still Pays to Study Medieval English Landholding and Sahelian Nomadism." July 31, 2008. http://www.economist.com/node/11848182.

Edelman, Marc, and Angelique Haugerud, eds. *The Anthropology of Development and Globalization: From Classical Political Economy to Contemporary Neoliberalism*. Malden, MA: Blackwell Publishing, 2005.

Effe. *La Rivista delle Librerie Feltrinelli* 13 (1999).

El Saadawi, Nawal. *Woman at Point Zero*. London: Zed Books, 1999.

Elson, Diane, ed. "From Survival Strategies to Transformation Strategies: Women's Needs and Structural Adjustment." *Unequal Burden: Economic Crisis, Persistent Poverty, and Women's Work*, edited by Lourdes Beneria and Shelley Feldman, 26~49. Boulder, CO: Westview Press, 1992.

_____. *Male Bias in the Development Process*. Manchester: Manchester University Press, 1990.

Emeagwali, Gloria T. *Women Pay the Price: Structural Adjustment in Africa and the Caribbean*. Trenton: Africa World Press, 1995.

Emergency Exit Collective. *The Great Eight Masters and the Six Billion Commoners*. Bristol: May Day, 2008.

Engels, Friederich. *The Condition of the Working Class in England*. Moscow: Progress Publishers, 1980.

Enloe, Cynthia. *Bananas, Beaches and Bases*. Berkeley: University of California Press, 1990 [신시아 인로, 『바나나, 해변, 그리고 군사기지』, 권인숙 옮김, 청년사, 2011].

FAO (Food and Agriculture Association). *Gender and Agriculture*. http://www.fao.org/Gender/agrib4-e.htm

Faraclas, Nicholas. "Melanesia, the Banks, and the BINGOs: Real Alternatives Are Everywhere (Except in the Consultants' Briefcases)." In *There Is an Alternative: Subsistence and Worldwide Resistance to Corporate Globalization*, edited by Veronika Bennholdt-

Thomsen, Nicholas Faraclas, and Claudia von Werlhof. London: Zed, 2001.

Federici, Silvia. *Caliban and the Witch: Women, the Body and Primitive Accumulation*. Brooklyn, NY: Autonomedia, 2004 [실비아 페데리치, 『캘리번과 마녀』, 황성원·김민철 옮김, 갈무리, 2011].

_____. "Wages Against Housework." In E. Malos (ed.), The politics of Houswork. Cheltenham: New Clarion Press, 1980.

_____. "The Debt Crisis, Africa, and the New Enclosures." In *Midnight Oil: Work, Energy, War, 1973~1992*, edited by Midnight Notes Collective, 303~17. New York: Autonomedia, 1992.

_____. "Economic Crisis and Demographic Policy in Sub-Saharan Africa: The Case of Nigeria." In *Paying the Price: Women and the Politics of International Economic Strategy*, edited by Mariarosa Dalla Costa and Giovanna Franca Dalla Costa, 42~57. London: Zed Books, 1995.

_____. "Going to Beijin: The United Nations and the Taming of the International Women's Movement." Unpublished manuscript, 1997.

_____. "Reproduction and Feminist Struggle in the New International Division of Labor." In M. Dalla Costa and F. Dalla Costa eds. Women, Development and Labor Reproduction. Trenton (NJ): Africa World Press, 1999.

_____. "The New African Student Movement." In *A Thousand Flowers: Social Struggles against Structural Adjustment in African Universities*, edited by Silvia Federici et al., 86~112. Trenton, NJ: Africa World Press, 2000.

_____. "On Affective Labor." In *Cognitive Capitalism, Education and Digital Labor*, edited by Michael A. Peters and Eergin Blut, 57~74. New York: Peter Lang, 2011.

_____. "Precarious Labour: A Feminist Viewpoint," In the Middle of a Whirlwind. 2008. Convention Protests, Movement and Movements. www.inthemiddleofawhirlwind.info.

_____. "War, Globalization and Reproduction." *Peace and Change* 25, no. 2 (April 2000). Reprinted in *Seeds of New Hope: Pan-African Peace Studies for the Twenty-First Century*, edited by Matt Meyer and Elavie Ndura-Ouédraogo, 141~64. Trenton, NJ: Africa World Press, 2008.

_____. "Witch-Hunting, Globalization, and Feminist Solidarity in Africa Today." *Journal of International Women's Studies*, special issue, *Women's Gender Activism in Africa* 10, no. 1 (October 2008a): 21~35.

_____. "Women, Land Struggles, and the Reconstruction of the Commons." *WorkingUSA: The Journal of Labor and Society* 14, no. 1 (March 2011): 41~56.

S. Federici (u.d.) The Devlopment of Domestic Work in the Transition From Absolute to Relative Surplus Value. For copies contact S. Federici at silvia.federici@hofstra.edu.

Federici, Silvia, et al., *A Thousand Flowers: Social Struggles against Structural Adjustment in African Universities*. Trenton: Africa World Press, 2000.

Federici, Silvia, and Caffentzis, George. "Notes on the edu-factory and Cognitive Capitalism" (with George Caffentzis). In Edu-factory Collective ed. *Towards a Global University*.

Cognitive Labor, the Production of Knowledge and Exodus from the Education Factory. Brooklyn: Autonomedia, 2009.

Ferguson, Ann, and Nancy Folbre. "Women, Care and the Public Good: A Dialogue." In *Not for Sale: In Defense of Public Goods*, edited by Anatole Anton, Milton Fisk, and Nancy Holmstrom, 95~108. Boulder, CO: Westview Press, 2000.

Ferguson, Sarah. "A Brief History of Grassroots Greening in the Lower East Side." In *Avant Gardening: Ecological Struggle in the City and the World*, by Peter Lamborn Wilson and Bill Weinberg. New York: Autonomedia, 1999.

Fernandez, Margarita. "Cultivating Community, Food, and Empowerment: Urban Gardens in New York City." Project course paper, 2003.

Firestone, David. "Gloom and Despair Among Advocates of the Poor." *New York Times*. September 21, 1995.

Fisher, Jo. *Out of the Shadows: Women, Resistance and Politics in South America*. London: Latin America Bureau, 1993.

Flowers, Amy. *The Fantasy Factory: An Insider's View of the Phone Sex Industry*. Philadelphia: University of Pennsylvania Press, 1998.

Folbre, Nancy. "Nursebots to the Rescue? Immigration, Automation and Care." *Globalizations* 3, no. 3 (2006): 349~60.

Folbre, Nancy, Lois B. Shaw, and Agneta Stark, eds. *Warm Hands in Cold Age*. New York: Routledge, 2007.

Fortunati, Leopoldina. *The Arcane of Reproduction: Housework, Prostitution, Labor and Capital*. Brooklyn: Autonomedia, 1995. (First published in Italian as: *L'Arcano della Riproduzione: Casalinghe, Prostitute, Operai e Capitale*. Venezia: Marsilio, 1981) [레오폴디나 포르투나티, 『재생산의 비밀』, 윤수종 옮김, 박종철출판사, 1997].

Gabriela. *Globalization: Displacement, Commodification and Modern-day Slavery of Women*. Proceedings of the Workshop on Women and Globalization. Quezon City. Philippines. November 23, 1996.

Gai, Dharam, ed. *The IMF and the South: The Social Impact of Crisis and Adjustment*. London: Zed Books, 1991.

Gall, Carlotta. "Poverty and a Decade of Balkan Conflicts Feed a Network of Sex Slavery." *Herald Tribune*. July 31, 2001.

Galli, Rosemary, and Ursula Frank. "Structural Adjustment and Gender in Guinea Bissau." In *Women Pay the Price: Structural Adjustment in Africa and the Caribbean*, edited by Gloria T. Emeagwali. Trenton, NJ: Africa World Press, 1995.

Gilman, Charlotte Perkins, *The Home, Its Work and Influence*. New York: McClure, Phillips, & Co.,1903.

Glazer, Nona. *Women's Paid and Unpaid Labor: Work Transfer in Health Care and Retail*. Philadelphia: Temple University Press, 1993.

Goldberg, Carey. "Sex Slavery, Thailand to New York: Thousands of Indentured Asian Prostitutes May Be in U.S." *New York Times*, September 11, 1995.

Goldschmidt-Clermont, Luisella. *Economic Evaluations of Unpaid Household Work : Africa, Asia, Latin America, Oceania*. Geneva : ILO Publications, 1987.
Gray, Anne. *Unsocial Europe : Social Protection or Flexpoitation?* London : Pluto Press, 2004.
Gray, Lorraine. *The Global Assembly Line*. Documentary video. Wayne, NJ : New Day Films, 1986.
Green, Carole A. "Race, Ethnicity and Social Security Retirement Age in the U.S." In *Warm Hands in Cold Age*, edited by Nancy Folbre, Lois B. Shaw, and Agneta Stark, 117~44. New York : Routledge, 2007.
Greenspan, Alan. *The Age of Turbulence : Adventures in a New World*. New York : Penguin Press, 2007.
Grunwald, Joseph, and Kenneth Flamm. *The Global Factory : Foreign Assembly in International Trade*. Washington, DC : The Brookings Institution, 1985.
Guelfi, Carlo. "Il Dialogo Nord-Sud e i Suoi Problemi." In *Nuove Questioni di Storia Contemporanea III*, edited by R.H. Rainero, 137~81. Milan : Marzorati, 1985.
Gunder Frank, Andre. *Capitalism and Underdevelopment in Latin America : Historical Studies of Chile and Brazil*. New York : Monthly Review Press, 1967.
_____. *The Development of Underdevelopment*. New York : Monthly Review Press, 1966 [A. G. 프랭크, 『저개발의 개발』, 최완규 옮김, 참한, 1983].
_____. *World Accumulation, 1942~1789*. New York : Monthly Review Press, 1978.
Hamermesh, Mira. *Maids and Madams*. Documentary video. Associated Film Production. Channel 4 Television Co., London, 1985.
Hanlon, Joseph. *Mozambique : Who Calls the Shots?* London : James Currey, 1991.
_____. *Peace Without Profit : How the IMF Blocks Rebuilding in Mozambique*, Oxford : James Currey, 1996.
Haraway, Donna J. *Simians, Cyborgs and Women : The Reinvention of Nature*. New York : Routledge, 1991 [다나 J. 해러웨이, 『유인원, 사이보그 그리고 여자』, 민경숙 옮김, 동문선, 2002].
Hardt, Michael. *Gilles Deleuze : an Apprenticeship in Philosophy*. Minneapolis : University of Minnesota Press, 1993 [마이클 하트, 『들뢰즈 사상의 진화』, 김상운·양창렬 옮김, 갈무리, 2004].
_____. "Affective Labor," *Boundary* 2 26.2 (1999) : 89~100. [안토니오 네그리 외 지음, 「정동적 노동」, 『비물질노동과 다중』, 자율평론 기획, 서창현 외 옮김, 갈무리, 2005].
Hardt, Michael, and Antonio Negri. *Empire*. Cambridge, MA : Harvard University Press, 2000 [안토니오 네그리·마이클 하트, 『제국』, 윤수종 옮김, 이학사, 2001].
_____. *Multitudes : War and Democracy in the Age of Empire*. Cambridge, MA : Harvard University Press, 2004 [안토니오 네그리·마이클 하트, 『다중』, 조정환·정남영·서창현 옮김, 세종서적, 2008].
_____. *Commonwealth*. Cambridge (MA) : Harvard University Press.
Harrington, Meyer, et al., "Linking Benefits to Marital Status : Race and Social Security in the U.S." In *Warm Hands in Cold Age*, edited by Nancy Folbre, Lois B. Shaw, and Agneta

Stark, 163~98. New York: Routledge, 2007.
Hayden, Dolores. *The Grand Domestic Revolution*. Cambridge, MA: MIT Press, 1985.
_____. *Redesigning the American Dream: The Future of Housing, Work, and Family Life*. New York: Norton and Company, 1986.
Hearn, Allison. "Reality television, *The Hills*, and the limits of the immaterial labor thesis. tripleC - Cognition, Communication, Co-operation, Vol 8, No 1, 2010.
Heyzer, Noleen, et al., *The Trade in Domestic Workers: Causes, Mechanisms and Consequences of International Migration*. London & Kuala Lumpur: Asian and Pacific Development Centre, with ZED Books, 1994.
Hinfelar, Hugo F. "Witch-Hunting in Zambia and International Illegal Trade." In *Witchcraft Beliefs and Accusations in Contemporary Africa*, edited by Gerrie Ter Haar, 229~46. Trenton, NJ: Africa World Press, 2007.
Hochschild, Adam. *King Leopold's Ghost*, Boston: Houghton Mifflin Co., 1998.
Hochschild, Arlie. *The Managed Heart. Commercialization of Human Feeling*. Berkeley: University of California Press, 1983. [앨리 러셀 혹실드, 『감정노동』 이가람 옮김, 이매진, 2009].
Hochschild, Arlie. *Time Bind. When Work Becomes Home and Home Becomes Work*. New York: Metropolitan Book, 1997.
Hochschild, Arlie. "Global Care Chains and Emotional Surplus Value." In *Global Capitalism*, edited by Will Hutton and Anthony Giddens. New York: The New Press, 2000.
Hochschild, Arlie. *The Commercialization of Intimate Life*. Berkeley: University of California Press, 2003.
Hochschild, Arlie, and Barbara Ehrenreich. *Global Women: Nannies, Maids and Sex Workers in the New Economy*. New York: Holt, 2002.
Holloway, John. *Change the World Without Taking Power*. London: Pluto Press, 2002 [존 홀러웨이, 『권력으로 세상을 바꿀 수 있는가』, 조정환 옮김, 갈무리, 2002].
_____. *Crack Capitalism*. London: Pluto Press, 2010 [존 홀러웨이, 『크랙 캐피털리즘』, 조정환 옮김, 갈무리, 2013].
Holmstrom, Nancy, ed. *The Socialist Feminist Project: A Contemporary Reader in Theory and Politics*. New York: Monthly Review Press, 2002.
Hooks, Bell. *Yearning: Race, Gender, and Cultural Politics*. Boston: South End Press, 1990.
Human Rights Watch (Africa). *Child Soldiers in Liberia*. New York: Human Rights Watch, 1994.
_____. *Slaves, Street Children and Child Soldiers*. New York: Human Rights Watch, 1995.
Inglehart, Ronald, and Pippa Norris. *Rising Tide: Gender Equality and Cultural Change Around the World*. Cambridge: Cambridge University Press, 2003.
International Labour Organization. "Migrants from Constraint to Free Choice." *World of Work* 3 (April 1993).
Isla, Ana. "Enclosure and Micro-enterprise as Sustainable Development: The Case of the Canada-Costa Rica Debt-for-Nature Investment." *Canadian Journal of Development*

Studies 22 (2001): 935~43.
_____. "Who Pays for the Kyoto Protocol?" In *Eco-Sufficiency and Global Justice. Women Write Political Ecology*, edited by Ariel Salleh, 199~217. New York, London: Macmillan Palgrave, 2009.
Iyun, Folasode. "The Impact of Structural Adjustment on Maternal and Child Health in Nigeria." In *Women Pay the Price: Structural Adjustment in Africa and the Caribbean*, by T. Emeagwali. Trenton: Africa World Press, 1995.
Jackson, Robert M., ed. *Global Issues: 93, 94*. Guilford, CT: The Dushkin Publishing Group, 1993.
James, Selma. *Sex, Race and Class*. Bristol: Falling Wall Press (with Race Today), 1975.
_____. *Sex, Race, and Class: The Perspective of Winning: A Selection of Writings, 1952~2011* (Oakland, PM Press: 2012).
Jelin, Elizabeth. *Women and Social Change in Latin America*. London: Zed Books, 1990.
Joekes, Susan. *Trade-Related Employment for Women in Industry and Services in Developing Countries*. Geneva: UNRISD, 1995.
Johnson-Odim, Cheryl. "Common Themes, Different Contexts, Third World Women and Feminism." In *Third World Women and the Politics of Feminism*, by Chandra Talpade Mohanti, Ann Russo, and Lourdes Torres, 314~27. Bloomington and Indianapolis: Indiana University Press, 1991.
Joyce, Kelly, and Laura Mamo. "Greying the Cyborg: New Directions in Feminist Analyses of Aging, Science and Technology." In *Age Matters: Realigning Feminist Thinking*, edited by Toni M. Calasanti and Kathleen F. Slevin, 99~122. New York: Routledge, 2006.
Keen, David. "The Functions of Famine in Southwestern Sudan: Implications for Relief." In *War and Hunger: Rethinking International Responses to Complex Emergencies*, edited by Joanna Macrac and Anthony Zwi. London: Zed Books, 1994.
Keen, David, and Ken Wilson. "Engaging with Violence: A Reassessment of Relief in Wartime." In *War and Hunger: Rethinking International Responses to Complex* Books, 1994.
Kelly, Deirdre M. *Hard Work, Hard Choices: A Survey of Women in St. Lucia's Export-Oriented Electronic Factories*. Cave Hill, Barbados: University of the West Indies, Institute of Social and Economic Research. 1987.
Kempadoo, Kamala, and Jo Doezema, eds. *Global Sex Workers: Rights, Resistance, and Redefinition*. London: Routledge, 1998.
Kerr, Joanna, ed. *Ours by Right: Women's Rights as Human Rights*. London: Zed Books, 1993.
King, Larry. Interview with Steven Slater. Transcripts.cnn.com/TRANSCRIPTS/1010/26/lkl.01. html, 2010. Accessed on January 1, 2011.
Kotlikoff, Laurence J., and Scott Burns. *The Coming Generational Storm: What You Need to Know About America's Economic Future*. Cambridge, MA: MIT Press, 2004.
Kopp, Anatole. *Ville et Revolution: Architecture et Urbanisme Sovietiques des Annees*

Vingt. Paris; Editions Anlthropos, 1967.
Kreps, Juanita Morris, ed. *Sex in the Marketplace : American Women at Work*. Baltimore : John Hopkins University Press, 1971.
―――――. *Women and the American Economy : A Look at the 1980s*. Englewood Cliffs, NJ : Prentice Hall, 1976.
Kropotkin, Peter. *Mutual Aid : A Factor of Evolution*. London : Freedom Press, 1902 [P. A. 크로포트킨, 『만물은 서로 돕는다』, 김영범 옮김, 르네상스, 2005].
Krugman, Paul. "Fantasy Economics." *New York Times*. September 26, 1994.
Kumar, Radha. *The History of Doing : An Illustrated Account of Movements for Women's Rights and Feminism in India 1800~1990*. London : Verso, 1997.
Kuppers, Gaby. *Compañeras : Voices from the Latin American Women's Movement*. London : Latin American Bureau, 1992.
Lazzarato, Maurizio. From Knowledge to Belief, from Critique to the Production of subjectivity. European institute for progressive cultural policies (eipcp), 2008. Eipcp.net/transversal/0808/lazzarato/en. Accessed Jan. 1, 2011.
Lim, Linda. "Capitalism, Imperialism and Patriarchy." In *Women, Men and the International Division of Labor*, edited by June Nash and Maria P. Fernandez-Kelley, 70~91. Albany, NY : SUNY University Press, 1983.
Lindsay, James M. ed. *Perspectives : Global Issues*. Boulder : Coursewise Publishing, 1998.
Linebaugh, Peter. *The Magna Carta Manifesto : Liberties and Commons for All*. Berkeley : University of California Press, 2007[피터 라인보우, 『마그나카르타 선언』, 정남영 옮김, 갈무리, 2012].
Lovins, Amory. *Soft Energy Paths*. New York : Harper and Row, 1977.
Lyon, Dawn. "The Organization of Carework in Italy : Gender and Migrant Labor in the New Economy." *Indiana Journal of Legal Studies* 13, no. 1 (Winter 2006) : 207~24.
Maathai, Wangari. "Kenya's Green Belt Movement." In *Africa* (5th ed.), edited by F. Jeffress Ramsay. Guilford, CT : The Dushkin Publishing Group, 1993.
Macrae, Joanna, and Anthony Zwi, eds. *War and Hunger : Rethinking International Responses to Complex Emergencies*. London : Zed Books, 1994.
Makhijani, Arjun. "Economic Apartheid in the New World Order." In *Altered States : A Reader in the New World Order*, by Phyllis Bennis and Michel Mushabeck. Brooklyn, NY : Olive Branch Press, 1993.
Malos, Ellen, ed. *The Politics of Housework*. Cheltenham, UK : New Clarion Press, 1980.
Mander, Jerry, and Edward Goldsmith. *The Case against the Global Economy and for a Turn toward the Local*. San Francisco : Sierra Club Books, 1996.
Marshall, Alfred. *Principles of Economics*. London : Macmillan and Co., 1890 & 1938.
Marx, Karl. *Capital*, vol. 1. London : Penguin Classics, 1990 [칼 마르크스, 『자본론 1권』, 김수행 옮김, 비봉출판사, 2005].
―――――. *Grundrisse*. London : The Penguin Press, 1973 [칼 마르크스, 『정치경제학 비판 요강 1~3권』, 김호균 옮김, 그린비, 2007].

_____. "Wages of Labour," in *Economic and Philosophic Manuscripts of 1844*. Moscow : Progress Publishers, 1974 [칼 마르크스, 『경제학-철학 수고』, 강유원 옮김, 이론과실천, 2006].

Mathieu, Lilian. "The Debate on Prostitution in France : A Conflict between Abolition, Regulation and Prohibition." *Journal of Contemporary European Studies* 12, no. 2 (August 2004) : 153~64.

Matsui, Yayori. *Women in the New Asia : From Pain to Power*. London : Zed Books, 1999.

McAfee, Kathy. *Storm Signals : Structural Adjustment and Development Alternatives in the Caribbean*. Boston : South End Press with Oxfam America, 1991.

McLellan, David. *Karl Marx : Selected Writings*. Oxford, UK : Oxford University Press, 1977.

Meillassoux, Claude. *Maidens, Meal, and Money : Capitalism and the Domestic Community*. Cambridge : Cambridge University Press, 1975.

Meisenheimer II, Joseph R. "How Do Immigrants Fare in the U.S. Labor Market?" *Monthly Labor Review* (December 1992).

Melotti, Umberto. *L'immigrazione una sfida per l 'Europa*. Capodarco di Fermo, AP : Edizioni Associate, 1992.

Mendez, Jennifer Bickham. *From Revolution to the Maquiladoras : Gender, Labor and Globalization*. Durham : Duke University Press, 2005.

Meyer, Mary K., and Elizabeth Prugl, eds. *Gender Politics in Global Governance*. Boulder : Rowman and Littlefield Publishers Inc., 1999.

Michalet, Charles Albert. *The Multinational Companies and the New International Division of Labour*. Geneva : ILO, World Employment Programme Research Working Papers, 1976.

Midnight Notes Collective. *Midnight Oil : Work, Energy, War, 1973~1992*. New York : Autonomedia, 1992.

_____. "The New Enclosures." In *Midnight Oil : Work, Energy, War, 1973~1992*, edited by Midnight Notes Collective. New York : Autonomedia, 1992.

Mies, Maria. "From the Individual to the Individual : In the Supermarket of 'Reproductive Alternatives.'" *Genetic Engineering* 1, no. 3 (1988) : 225~37.

_____. *Patriarchy and Accumulation on a World Scale : Women in the International Division of Labour*. London : Zed Books, 1986 [마리아 미즈, 『가부장제와 세계적 규모의 축적』, 최재인 옮김, 갈무리, 근간].

Mies, Maria, and Veronika Bennholdt-Thomsen. "Defending, Reclaiming, and Reinventing the Commons." In *The Subsistence Perspective : Beyond the Globalised Economy*, edited by Veronika Bennholdt-Thomsen and Maria Mies, 141~64. London : Zed Books, 1999.

Mies, Maria, Veronika Bennholdt-Thomsen, and Claudia von Werlhof. *Women : The Last Colony*. London : Zed Books, 1988.

Mies, Maria, and Vandana Shiva. *Ecofeminism*. London : Zed Books, 1993.

Milwaukee County Welfare Rights Organization. *Welfare Mothers Speak Out*. New York : W.

W. Norton Co., 1972.

Misra, Joya, Jonathan Woodring, and Sabine N. Merz. "The Globalization of Care Work: Neoliberal Economic Restructuring and Migration Policy." *Globalizations* 3, no. 3 (2006): 317~32.

Mohanti, Chandra Talpade, Ann Russo, and Lourdes Torres. *Third World Women and the Politics of Feminism*. Bloomington and Indianapolis: Indiana University Press, 1991.

Morgan, Robin, ed. *Sisterhood Is Global: The International Women's Movement Anthology*. New York: Doubleday, 1984.

Morokvasic, Mirjana. "Birds of Passage Are Also Women." *International Migration Review (IMR)* 13, no. 4 (1984): 886~907. Kansas, 1989.

Moser, Caroline O.N. *Gender Planning and Development: Theory, Practice and Training*. London: Routledge, 1993.

Moulier Boutang, Yann. *De l'esclavage au salariat. Économie historique du salariat bri-dé*. Paris: Presse Universitaire de France, 1998.

Moynihan, Daniel P. *The Politics of a Guaranteed Income*. New York: Random House, 1973.

Moyo, Sam, and Paris Yeros, eds. *Reclaiming the Land: The Resurgence of Rural Movement in Africa, Asia and Latin America*. London: Zed Books, 2005.

_____. "The Resurgence of Rural Movements under Neoliberalism." In *Reclaiming the Land: The Resurgence of Rural Movement in Africa, Asia and Latin America*, edited by Sam Moyo and Paris Yeros, 8~66. London: Zed Books, 2005.

Murphy, Josette L. *Gender Issues in World Bank Lending*. Washington, DC: The World Bank, 1995.

Murray, Alison. "Debt-Bondage and Trafficking: Don't Believe the Hype." In *Global Sex Workers: Rights, Resistance, and Redefinition*, edited by Kamala Kempadoo and Jo Doezema. London: Routledge, 1998.

Narayan, Uma. "'Mail-Order' Brides." *Hypatia* 10, no. 1 (Winter 1995).

Nash, June. "The Impact of the Changing International Division of Labor on Different Sectors of the Labor Force." In *Women, Men and the International Division of Labor*, edited by June Nash and Maria P. Fernandez-Kelley, 3~39. Albany, NY: SUNY University Press, 1983.

Nash, June, and Maria P. Fernandez-Kelley. *Women, Men and the International Division of Labor*. Albany, NY: SUNY University Press, 1983.

National Labor Committee. *Zoned for Slavery: The Child Behind the Label*. New York: Crowing Rooster Arts, 1995.

Neft, Naomi, and D. Levine. *Where Women Stand: An International Report on the Status of Women in 140 Countries, 1997~1998*. New York: Random House, 1997.

Nels, Anderson. *On Hobos and Homelessness*. Chicago: The University of Chicago Press, 1998.

Negri, Antonio. *The Savage Anomaly. The Power of Spinoza's Metaphysics and Politics*. (Translated form the Italian by Michael Hardt. Minneapolis: University of Minnesota

Press, 1991 [안토니오 네그리, 『야만적 별종』, 윤수종 옮김, 푸른숲, 1997].
Nordhoff, Charles. *The Communistic Societies of the United States: From Personal Observation*. New York: Dover Publications, Inc., 1875 & 1966.
Nzongola, Ntalaja, ed. *The Crisis in Zaire: Myths and Realities*. Trenton, NJ: Africa World Press, 1986.
Ode, J. "Women Under SAP." *Newswatch*. July 9, 1990.
Ogundipe-Leslie, Molara. *Re-Creating Ourselves: African Women and Critical Transformations*. Trenton, NJ: Africa World Press, 1994.
Olivera, Oscar, with Tom Lewis. *Cochabamba! Water War in Bolivia*. Cambridge, MA: South End Press, 2004.
Ongaro, Sara. "De la reproduction productive a la production reproductive." Association Multitudes, *Multitudes*, 2003/2-n. 12, pp. 145~153.
Oppenheimer, Valerie Kincaid. *The Female Labor Force in the United States: Demographic and Economic Factors Governing Its Growth and Changing Composition*. Berkeley: University of California Press, 1970.
Organization for Economic Co-operation and Development (OECD) Health Project. *Long-Term Care for Older People*. Paris: OECD Publications, 2005.
Ostrom, Elinor. *Governing the Commons: Evolution of Institutions for Collective Action*. Cambridge, UK: Cambridge University Press, 1990 [엘리너 오스트롬, 『공유의 비극을 넘어』, 윤홍근 옮김, 랜덤하우스코리아, 2010].
Outram, Quentin. "'It's Terminal Either Way': An Analysis of Armed Conflict in Liberia, 1989~1996." *Review of African Political Economy* 24, no. 73 (September 1997): 355~72.
Pakenham, Thomas. *The Scramble for Africa: White Man's Conquest of the Dark Continent from 1876 to 1912*. New York: Avon Books, 1991.
Papadopoulos, Dimitris, Niamh Stephenson, and Vassilis Tsianos. *Escape Routes: Control and Subversion in the 21st Century*. London: Pluto Press, 2008.
Parreñas, Rhacel Salazar. *Servants of Globalization: Women, Migration and Domestic Work*. Stanford, CA: Stanford University Press, 2002.
Patel, Raj. *Stuffed and Starved: The Hidden Battle for the World Food System*. Brooklyn, NY: Melville House Publishing, 2007.
_____. *The Value of Nothing: How to Reshape Market Society and Redefine Democracy*. New York: St Martin's Press, 2009.
Pear, Robert. "Violations Reported in 94% of Nursing Homes." *New York Times*. September 30, 2008.
Philipps, Lisa. "Silent Partners: The Role of Unpaid Market labor in Families." *Feminist Economics* 14, no. 2 (April 2008): 37~57.
Pietila, Hilkka, and Jeanne Vickers. *Making Women Matter: The Role of the United Nations*. London: Zed Books, 1990 & 1994.
Pitelis, Christos and Roger Sugden. *The Nature of the Transnational Firm*. New York: Routledge, 1991.

Platt, Leah. "Regulating the Global Brothel." *American Prospect*. July 2, 2001.

Podlashuc, Leo. "Saving Women : Saving Commons." In *Eco-Sufficiency and Global Justice : Women Write Political Ecology*, edited by Ariel Salleh, 268~90. New York, London : Macmillan Palgrave, 2009.

Polanyi, Karl. *The Great Transformation : The Political and Economic Origins of Our Time*. Boston : Beacon Press, 1957 [칼 폴라니, 『거대한 전환』, 홍기빈 옮김, 길, 2009].

Porter, Marilyn, and Ellen Judd, eds. *Feminists Doing Development : A Practical Critique*. London : Zed Books, 1999.

Potts, Lydia. *The World Labor Market : A History of Migration*. London : Zed Books, 1990.

Povoledo, Elisabetta. "Italian Plan to Deal with Migrants Could Affect Residents Who Rely on Them." *New York Times*. June 21, 2008.

Prunier, Gerard. *The Rwanda Crisis : History of a Genocide*. New York : Columbia University Press, 1995.

Pullella, Phillip. "UN Highlights Trade in People." *St. Petersburg Times*. December 15, 2000.

Pyle, Jean L. "Globalization and the Increase in Transnational Care Work : The Flip Side." *Globalization* 3, no. 3 (2006) : 297~316.

―――――. "Transnational Migration and Gendered Care Work : Introduction." *Globalizations* 3, no. 3 (2006) : 283~96.

Rainero, Roman H., ed. *Nuove Questioni di Storia Contemporanea* (Volume III). Milan : Marzorati, 1985.

Rau, Bill. *From Feast to Famine : Official Cures and Grassroots Remedies in Africa's Food Crisis*. London : Zed Books, 1991.

Raymond, Janice. "At Issue : Children for Organ Export?" *Reproductive and Genetic Engineering* 2, no. 3 (1989) : 237~45.

―――――. "The International Traffic in Women : Women Used in Systems of Surrogacy and Reproduction." *Reproductive and Genetic Engineering* 2, no. 1 (1989) : 51~57.

―――――. "Prostitution against Women : NGO Stonewalling in Beijing and Elsewhere." *Women's Studies International Forum* 21, no. 1 (1998) : 1~9.

―――――. *Women as Wombs : The New Reproductive Technologies and the Struggle for Women's Freedom*. San Francisco : Harpers and Co., 1994.

Reysoo, Fenneke, ed. *Economie mondialisee et identites de genre*. Geneva : Institut universitaire d'etudes du developpement, 2002.

Rich, Bruce. *Mortgaging the Earth : The World Bank, Environmental Impoverishment and the Crisis of Development*. Boston : Beacon Press, 1994.

Romero, Mary. *Maid in the U.S.A.* New York and London : Routledge, 1992.

Roy-Campbell, Z.M. "The Politics of Education in Tanzania : From Colonialism to Liberalization." In *The IMF and Tanzania*, edited by Horace Campbell and Howard Stein. Harare (Zimbabwe) : Natprint, 1991.

Salleh, Ariel. *Ecofeminism as Politics : Nature, Marx, and the Postmodern*. London : Zed Books, 1997.

Salleh, Ariel, ed. *Eco-Sufficiency and Global Justice: Women Write Political Ecology.* New York, London: Macmillan Palgrave, 2009.

Sarkar, Saral. *Eco-Socialism or Eco-Capitalism? A Critical Analysis of Humanity's Fundamental Choices.* London: Zed Books, 1999.

Sassen, Saskia. "Labor Migrations and the New Industrial Division of Labor." In *Women, Men and the International Division of Labor*, edited by June Nash and Maria P. Fernandez-Kelley, 3~39. Albany, NY: SUNY University Press, 1983.

_____. *The Mobility of Labor and Capital: A Study In International Investment and Labor Flow.* Cambridge, UK: Cambridge University Press, 1988 & 1990.

Sawyer, Roger. *Children Enslaved.* London, New York: Routledge, 1988.

Schlemmer, Bernard, ed. *The Exploited Child.* London: Zed Books, 2000.

Scott, James C. *Weapons of the Weak: Everyday Forms of Peasant Resistance.* New Haven, CT: Yale University Press, 1985.

Seccombe, Wally. *Weathering the Storm: Working-Class Families from The Industrial Revolution to The Fertility Decline.* London: Verso, 1993 & 1995.

Seguino, Stephanie. "Plus Ça Change? Evidence on Global Trends in Gender Norms and Stereotypes." *Feminist Economics* 13, no. 2 (April 2007): 1~28.

Serafini, Alessandro, ed. *L'Operaio Multinazionale in Europa.* Milan: Feltrinelli, 1974.

Settimi, L. et al., "Cancer Risk among Female Agricultural Workers: A Multi-Center Case-Control Study." *American Journal of Industrial Medicine* 36 (1999): 135~41.

Shaw, Lois B., and Sunhwa Lee. "Growing Old in the U.S.: Gender and Income Inadequacy." In *Warm Hands in Cold Age*, edited by Nancy Folbre, Lois B. Shaw, and Agneta Stark, 174~98. New York: Routledge, 2007.

Sheppard, Nathaniel. "More Teen-aged Girls Are Turning to Prostitution, Youth Agencies Say." *New York Times.* April 5, 1976.

Shiva, Vandana. "The Chikpo Women's Concept of Freedom." In *Ecofeminism*, by Maria Mies and Vandana Shiva. London: Zed Books, 1993 [반다나 시바 외, 『에코페미니즘』, 손덕수·이난아 옮김, 창비, 2000].

_____. *Close to Home: Women Reconnect Ecology, Health and Development Worldwide.* Philadelphia: New Society Publishers, 1994.

_____. *Earth Democracy: Justice, Sustainability, and Peace.* Cambridge, MA: South End Press, .

_____. *Ecology and the Politics of Survival: Conflicts Over Natural Resources in India.* New Delhi/London: Sage Publications, 1991.

_____. *Staying Alive: Women, Ecology and Development.* London: Zed Books, 1989 [반다나 시바, 『살아남기』, 강수영 옮김, 솔, 1998].

_____. *Stolen Harvest: The Hijacking of the Global Food Supply.* Boston, MA: South End Press, 2000 [반다나 시바, 『누가 세계를 약탈하는가』, 류지한 옮김, 울력, 2003].

Sigle-Rushton, Wendy, and Jane Waldfogel. "Motherhood and Earnings in Anglo-American, Continental European and Nordic Countries." *Feminist Economics* 13, no. 2 (April

2007) : 55~92.

Silverblatt, Irene. *Moon, Sun, and Witches : Gender Ideologies and Class in Inca and Colonial Peru*. Princeton : Princeton University Press, 1987.

Smeeding, Timothy M., and Susanna Sandström. "Poverty Income Maintenance in Old Age : A Cross-National View of Low Income Older Women." In *Warm Hands in Cold Age*, edited by Nancy Folbre, Lois B. Shaw, and Agneta Stark, 163~74. New York : Routledge, 2007.

Smith Barrett, Nancy. "The Economy Ahead of Us." In *Women and the American Economy*, edited by Juanita Kreps. Englewood Cliffs, NJ : Prentice Hall, 1976.

Smith, Joan K., Immanuel Wallerstein, and Hans Dieter Evers, eds. *Households and the World Economy*. Beverly Hills, CA : Sage, 1984.

Snyder, Margaret, and Mary Tadesse. *African Women and Development : A History*. London : Zed Books, 1995.

Sogge, David. "Angola : Surviving against Rollback and Petrodollars." In *War and Hunger : Rethinking International Responses to Complex Emergencies*, edited by Joanna Macrae and Anthony Zwi. London : Zed Books, 1994.

Sohn-Rethel, Alfred. *Intellectual and Manual Labor : A Critique of Epistemology*. London : Macmillan, 1978.

Sparr, Pamela, ed. *Mortgaging Women's Lives : Feminist Critiques of Structural Adjustment*. London : Zed Books, 1994.

Spinoza, Benedict De. *On the Improvement of the Understanding, The Ethics, The Correspondence*. New York : Dover Publication, 1955.

Stalker, Peter. *The Work of Strangers : A Survey of International Labour Migration*. Geneva : International Labour Office, 1994.

Stanley, Alessandra. "Adoption of Russian Children Tied Up in Red Tape." *New York Times*. August 17, 1995.

―――. "Nationalism Slows Foreign Adoption in Russia." *New York Times*. December 8, 1994.

Staples, David E. *No Place Like Home : Organizing Home-Based Labor in the Era of Structural Adjustment*. New York : Routledge, 2006.

Stark, Agneta. "Warm Hands in Cold Age : On the Need of a New World Order of Care." In *Warm Hands in Cold Age*, edited by Nancy Folbre, Lois B. Shaw, and Agneta Stark, 7~36. New York : Routledge, 2007.

Steady, Filomina Chioma. *Women and Children First : Environment, Poverty, and Sustainable Development*. Rochester, VT : Schenkman Books, 1993.

Stichter, Sharon B., and Jane L. Parpart, eds. *Patriarchy and Class : African Women in the Home and in the Workforce*. Boulder & London : Westview Press, 1988.

―――. *Women, Employment and the Family in the International Division of Labour*. Philadelphia, PA : Temple University Press, 1990.

Stienstra, Deborah. *Women's Movements and International Organizations*. New York : St.

Martin's Press, 1994.

Stone, Martin. *The Agony of Algeria*. New York: Columbia University Press, 1997.

S. Schultz, Susanne "Dissolved Boundaries and 'Affective Labor': On the Disappearance of Reproductive Labor and Feminist Critique in Empire." *Capitalism, Nature and Socialism*, Volume 17, Number 1, Number 1/March 2006 pp. 77~82(6).

Summerfield, Gale, Jean Pyle, and Manisha Desai. "Preface to the Symposium: Globalizations, Transnational Migrations, and Gendered Care Work." *Globalizations* 3, no. 3 (September 2006): 281~82.

Tabet, Paola. "'I'm the Meat, I'm the Knife': Sexual Service, Migration, and Repression in Some African Societies." *Feminist Issues* 11, no. 4 (Spring 1991): 3~22.

Tanner, Victor. "Liberia Railroading Peace." *Review of African Political Economy* 25, no. 75 (March 1998).

Team Colors (Craig Hughes and Kevin Van Meter)."The Importance of Support: Building Foundations, Creating Community Sustaining Movements." *Rolling Thunder* 6 (Fall 2008): 29~39.

Ter Haar, Gerrie, ed., *Witchcraft Beliefs and Accusations in Contemporary Africa*. Trenton, NJ: Africa World Press, 2007.

Terranova, Tiziana. "Free Labor: Producing Culture for the Digital Economy." *Social Text*, no. 63, 2000.

Thomas, Dorothy Q. "Holding Governments Accountable by Public Pressure." In *Ours by Right: Women's Rights as Human Rights*, by Joanna Kerr, 82~88. London: Zed Books, 1993.

Thompson, Ginger. "Successful Anti-Sweatshop Campaign against Nike in Mexico." *New York Times*. October 8, 2001.

Thorbeck, Susanne. *Voices from the City: Women of Bangkok*. London: Zed Books, 1987.

Tiano, Susan. "Maquiladora Women: A New Category of Workers?" In *Women Workers and Global Restructuring*, edited by Kathryn Ward, 193~223. Ithaca, NY: Cornell University, Industrial Labor Relations Press, 1990.

Tisheva, Genoveva. "Some Aspects of the Impact of Globalization in Bulgaria." In *Economie mondialisee et identites de genre,* edited by Fenneke Reysoo. Geneva: Institut universitaire d'etudes du developpement, 2002.

Topouzis, Daphni. "Feminization of Poverty." *Global Issues: 93, 94*, edited by Robert M. Jackson. Guilford, CT: The Dushkin Publishing Group, 1993.

Tripp, Aili Mari. *Women and Politics in Uganda*. Oxford: James Currey, 2000.

Truong, Thanh-Dam. *Sex and Morality: Prostitution and Tourism in South East Asia*. London: Zed Books, 1990.

Turbulence: Ideas for Movement 5 (December 2009). http://turbulence.org.uk.

Turner, Terisa E., ed. *Arise! Ye Mighty People!: Gender, Class and Race in Popular Struggles*. Trenton, NJ: Africa World Press, 1994.

Turner, Terisa E., and Leigh S. Brownhill, eds. *Gender, Feminism and the Civil Commons*, special issue, *Canadian Journal of Development Studies* 22 (2001).

Turner, Terisa E. and M.O. Oshare. "Women's Uprisings against the Nigerian Oil Industry." In *Arise! Ye Mighty People!: Gender, Class and Race in Popular Struggles*, edited by Terisa E. Turner. Trenton, NJ: Africa World Press, 1994.

Turshen, Meredith, ed. *Women and Health in Africa*. Trenton, NJ: Africa World Press, 1991.

United Nations. *Beijing Declaration and Platform for Action Adopted by the Fourth World Conference on Women: Action for Equality, Development and Peace*. Beijing: United Nations, 1995.

―――. *From Nairobi to Beijing*. New York: United Nations, 1995.

―――. *The United Nations and the Advancement of Women: 1945~1996*. New York: United Nations, 1996.

―――. *The World's Women 1995: Trends and Statistics*. New York: United Nations, 1995a.

United Nations High Commission for Refugees (UNHCR). *The State of the World's Refugees: The Challenge of Protection*. New York: Penguin, 1993.

United Nations Population Fund. *State of the World Population 2001*. New York: United Nations, 2001.

U.S. Bureau of Labor Statistics, *Monthly Labor Report* 103, no. 5 (May 1980).

U.S. Department of Commerce. *Service Industries: Trends and Prospects*. Washington, DC: U.S. Government Printing Office, 1975.

Villapando, Venny. "The Business of Selling Mail-Order Brides." In *Making Waves: An Anthology of Writings By and About Asian American Women*, edited by Asian Women United of California. Boston: Beacon Press, 1989.

de Waal, Alex. *Famine Crimes: Politics and the Disaster Relief Industry in Africa*. London: Zed Books, 1997.

Wachter, Michael L. "The Labor Market and Illegal Immigration: The Outlook for the 1980s." *Industrial and Labor Relations Review* 33, no. 3 (April 1980): 342~54.

Wallerstein, Immanuel. *The Modern World System*. New York: Academic Press, 1974.

Walton, John, and David Seddon. *Free Markets and Food Riots: The Politics of Global Adjustment*. Oxford: Basil Blackwell, 1994.

wan, wind. "A Dialogue with 'Small Sister' Organizer Yim Yuelin." *Inter-Asia Cultural Studies* 2, no. 2 (2001): 319~23.

Ward, Kathryn. *Women Workers and Global Restructuring*. Ithaca, NY: Cornell University, Industrial Labor Relations Press, 1990.

Watson, Elizabeth A., and Jane Mears. *Women, Work and Care of the Elderly*. Burlington VT: Ashgate, 1999.

Weeks, Kathi "Life Within and Against Work: Affective Labor, Feminist Critique, and Post-Fordist Politics." *Ephemera*, Vol. 7(1), 2007, 233~249.

When Language Runs Dry: A Zine for People with Chronic Pain and Their Allies. http://chronicpainezine.blogspot.com

Wichterich, Christa. *The Globalized Woman: Reports from a Future of Inequality*.

London: Zed Books, 2000.
Williams, Phil. "The Nature of Drug-Trafficking Networks." *Current History* (April 1998).
Wilson, Peter Lamborn, and Bill Weinberg, eds. *Avant Gardening: Ecological Struggle in the City and the World*. New York: Autonomedia, 1999.
Wissinger, Elizabeth. "Modelling a Way of Life: Immaterial and Affective Labour in the Fashion Modelling Industry." *Ephemera*, Vol. 7(1), 2007, 250~269.
Wolf, Diana L. "Linking Women's Labor With the Global Economy: Factory Workers and their Families in Rural Java." In *Women Workers and Global Restructuring*, edited by Kathryn Ward, 25~47. Ithaca, NY: Cornell University, Industrial Labor Relations Press, 1990.
Women and Health, United States. Public Health Reports, U.S. Government Printing Office: Washington, 1980.
Work in America. A report of a special task force to the Secretary of HEW (Health Education and Welfare). Boston: MIT Press, 1975.
World Investment Report. *Transnational Corporations and Integrated International Production*. New York: United Nations, 1993.
World Values Survey. *Data from the World Values Survey*. http://www.worldvalues survey.org.
The Worst: A Compilation Zine on Grief and Loss 1 (2008). http://www.theworstcompzine.blogspot.com
Zajicek, Edward K., Toni Calasanti, Cristie Ginther, and Julie Summers. "Intersectionality and Age Relations: Unpaid Care Work and Chicanas." In *Age Matters: Realigning Feminist Thinking*, edited by Toni M. Calasanti and Kathleen F. Slevin, 175~97. New York: Routledge, 2006.
Zimmerman, Mary K., et al. *Global Dimensions of Gender and Carework*. Stanford: Stanford University Press, 2006.

::**옮긴이 후기**

계약직 교사로 일하던 시절 방학보충수업으로 오전 네 시간 연강을 하고 나면 그날은 오후 내내 집에 누워 있기만 했다. 40여 명을 상대로 쉼 없이 '기'를 토해내고 나면 좀처럼 운신을 하기 힘들 지경이 되었기 때문이다. 그땐 다음날 다시 출근하기 위해서는 가만히 누워 있기만 하면 되는 줄 알았다. 누군가 장을 보고, 재료를 씻고 다듬고, 음식을 만들고, 이부자리를 정돈하고, 청소를 하고, 빨래를 하고, 블라우스를 다리는 노동을 대신 해주었다는 사실을 깨달은 건 그로부터 한참이 지나서였다.

전직 대통령의 단골멘트였던 '내가 해봐서 아는데'는 지금도 가끔 조롱의 대상으로 언급되지만, 나는 왠지 그의 심정을 조금은 이해할 것 같다. 하루 세끼 무슨 반찬과 찌개를 먹을지 고민해보지 않고서는, 직접 장을 보고 재료를 손질하고 음식을 차리고 뒷정리까지 해보지 않고서는, 해도 표가 안 나지만 그렇다고 하지 않을 수도 없고 품은 많이 드는 청소를 해보지 않고서는, 생각보다 참 많은 '손세탁' 라벨이 붙은 옷가지들을 직접 손으로 빨아보지 않고서는, 욕실의 머리카락과 변기의 오물들을 직접 손으로 씻어보지 않고서는, 그렇게 한나절 표나지 않는 노동들과 씨름하고 난 뒤 설마 이걸 죽을 때까지 해야 된다는 건가, 한숨짓지 않아보고서는, 감히 '집에서 논다' 같은 소리는 못할 것이라는 생각이 이제는 강한 확신처럼 들기 때문이다.

한때 자급자족을 꿈꾼 적도 있지만, 텃밭을 가꾸고, 목공을 배우고, 재봉틀을 돌리면서 그 속에 촘촘히 박혀있는 다양한 강도의 노동과 새롭게 습득해야 하는 지식들에 기가 질린 나머지 이상理想과 물질적인 노동을 화해시키는 새로운 단계의 고민에 직면한 지금 이 책이 내게 약간의 위안이 되었다. 이처럼 고립된 공간에서 가치절하된 노동들과 씨름하며 사회적 모멸감까지 견뎌야 하는 무수한 재생산/가사노동자들 역시 이 책에서 약간의 빛을, 희망의 단초를 발견했으면 좋겠다.

2013년 12월
황성원

::인명 찾아보기

ㄱ
겔러, 루스(Geller, Ruth) 104
골드만, 엠마(Goldman, Emma) 118
글레이저, 노나(Glazer, Nona) 199

ㄴ
네그리, 안또니오(Negri, Antonio) 169, 185, 242, 254, 255, 257~260, 262~264, 266~270, 273~276, 298, 304~306

ㄷ
돌리, 샴션 나하르 칸(Doli, Shamsun Nahar Khan) 227
돌링, 엠마(Dowling, Emma) 270, 271
디둑, 수잔(Diduk, Susan) 220
뜨론띠, 마리오(Tronti, Mario) 25

ㄹ
라인보우, 피터(Linebaugh, Peter) 33, 235, 237, 240
랏자랏또, 마우리치오(Lazzarato, Maurizio) 255, 274

ㅁ
맑스, 칼(Marx, Karl) 23, 60, 67, 68, 73, 163~169, 171, 175, 179, 205, 206, 208, 256, 257, 260, 261
메이야수, 클로드(Meillassoux, Claude) 174, 222, 293, 300
미즈, 마리아(Mies, Maria) 28, 121, 161, 163, 234, 235, 246, 278, 293
미첼, 줄리엣(Mitchel, Juliet) 61, 62

ㅂ
바렛, 낸시(Barrett, Nancy) 102, 103
버켓, 폴(Burkett, Paul) 169
베이커, 러셀(Baker, Russell) 72

벤홀트-톰젠, 베로니카(Bennholdt-Thomsen, Veronika) 161, 234, 235
보즈럽, 에스터(Boserup, Ester) 219
부탕, 얀 물리에(Boutang, Yann Moulier) 182
비히터리히, 크리스타(Wichterich, Christa) 226
포르투나티, 레오뽈디나(Fortunati, Leopoldina) 29, 105, 163, 172, 277

ㅅ
살레, 애리얼(Salleh, Ariel) 28, 163
샌더스, 베울라(Sanders, Beulah) 112
손-레텔, 알프레드(Sohn-Rethel, Alfred) 257, 304
쇼, 루이스(Shaw, Lois B.) 211
스타크, 아그네타(Stark, Agneta) 211
스테이플스, 데이비드(Staples, David) 162, 190
스피노자, 베네딕트 데(Spinoza, Benedict De) 263, 305

ㅇ
아민, 사미르(Amin, Samir) 24, 169, 170, 290, 291
안젤리스, 맛시모 데(Angelis, Massimo De) 33, 250
엥겔스, 프리드리히(Engels, Friedrich) 166, 167, 205
위싱어, 엘리자베스(Wissinger, Elizabeth) 270, 272
인로, 신시아(Enloe, Cynthia) 130, 131, 285

ㅈ
제임스, 셀마(James, Selma) 105, 163, 172, 173
존스, 마더(Jones, Mother) 118

ㅋ
칼손, 크리스(Carlsson, Chris) 240
칼스, 크리스틴(Carls, Kristin) 270, 271, 273

코르사니, 안토넬라(Corsani, Antonella) 260
코스따, 마리아로사 달라(Costa, Mariarosa Dalla) 30, 104, 105, 121, 163, 172, 287
코헨, 로빈(Cohen, Robin) 124
크렙스, 주애니타(Kreps, Juanita) 89

ㅌ
트리프, 아일리 마리(Tripp, Aili Mari) 229, 230, 301

ㅍ
파농, 프란츠(Fanon, Frantz) 24
파파도폴로스, 디미트리스(Papadopoulos, Dimitris) 182
페르난데스, 마가리타(Fernandez, Margarita) 240
포들라슉, 레오(Podlashuc, Leo) 245

폴브레, 낸시(Folbre, Nancy) 207, 208, 211, 212
프랑크, 안드레 군더(Frank, Andre Gunder) 24, 169
프리단, 베티(Friedan, Betty) 86, 280
피셔, 조(Fischer, Jo) 228
피어시, 마지(Piercy, Marge) 106

ㅎ
하트, 마이클(Hardt, Michael) 169, 185, 242, 254, 255, 257~260, 262~264, 266~270, 273~276, 298, 304~306
한론, 조셉(Hanlon, Joseph) 148
해러웨이, 다나(Haraway, Donna J.) 277
헌, 앨리슨(Hearn, Allison) 270, 272
헤이든, 돌로레스(Hayden, Dolores) 251
혹실드, 앨리(Hochschild, Arlie) 31, 200, 265~267, 274, 304, 306

::용어 찾아보기

가사노동 21~24, 26~30, 32, 33, 35~40, 42~46, 48~50, 57, 60, 61, 63~68, 70, 72, 73, 77, 79~81, 83~92, 94~98, 101~103, 105, 108~113, 118, 126, 130, 131, 134, 153, 155, 157, 163, 166~175, 188~190, 193, 198, 201, 204, 208, 218, 222, 239, 247, 250, 251, 254, 261, 267, 268, 275, 278, 280, 281, 287, 292, 296, 305, 306
가사노동에 대한 임금 22~24, 26~29, 32, 36, 37, 40, 43~46, 48~50, 60, 63, 64, 77, 79~81, 87, 98, 103, 105, 108~111, 113, 163, 172, 173, 292
〈가사노동자 권리장전〉 201
〈가사노동자연합〉 201, 204, 296
감정노동 16, 169, 176, 195, 208, 209, 253~255, 262~270, 272~275, 306, 307
결혼 37, 39, 41, 42, 47, 49, 58, 66, 83, 88, 93, 94, 116, 133, 156, 188, 240, 282, 294
경제자유화 127, 128, 200
계급투쟁 24, 61, 108, 169, 170, 171, 205
공동체 34, 37, 64, 72, 78, 86, 93, 104, 125, 145, 150, 154, 158, 159, 161, 175, 183, 185, 189, 193, 194, 205, 213, 215, 221~223, 225, 228, 230~233, 236, 240, 243~245, 247, 248, 250, 251, 278, 283, 288, 295, 297, 298, 302
공산주의 23, 24, 163, 168, 184, 205, 249, 255, 273, 297
공유재 32~34, 154, 186, 195, 213, 235~240, 242~245, 247, 249~252, 302
「공유재의 방어, 탈환, 재발명」(미즈, 벤홀트-톰젠) 235
공통적인 것 257, 273
구조조정 28, 30, 31, 34, 35, 83, 122, 124, 127, 128, 135~137, 139, 140, 142, 144, 150~152, 154, 156, 158, 159, 163, 174, 178, 180, 181, 183, 185, 188, 189, 191, 200, 224, 225, 286, 287, 289, 300
〈국제여성주의 집단〉 26
국제통화기금 30, 31, 122, 126, 130, 132, 135, 136, 140, 144, 155, 160, 224, 283, 286, 295
금융화 178, 186, 257
기계화 66, 187, 206, 248, 304
『끔찍한 날들이여 안녕』(포르투나티) 172

ㄴ, ㄷ

『나우토피아』(칼손) 240
나이지리아 하우사 여성들 162
〈나이지리아의 여성들〉 31
남성성 41
〈남아프리카노동조합회의〉 204
노동계급 25, 27, 32, 38, 40, 41, 44, 60, 61, 63, 64, 67, 69, 74~78, 80, 106, 109, 129, 159, 163, 165~167, 169, 185, 192, 196, 198, 205, 249, 277, 287
노동분업 120, 121, 123~126, 128, 129, 131, 133, 135~137, 176, 180, 211, 262, 284, 294
노동을 위한 식량 181, 300
노동의 탈젠더화 12, 265
노동자주의 23~25, 278
노인돌봄 195~198, 200, 204, 205, 207, 209, 210
다중 194, 242, 255, 258, 260, 317
『다중』(네그리·하트) 242, 255, 317
『대 캘리번』(페데리치·포르투나티) 29
대유폐 184
도시정주장려정책 233
도시텃밭 33, 161, 232, 240~242, 302
돌봄의 세계화 31, 189

ㄹ, ㅁ

레나모 147, 148
레닌주의 25, 171
레빗타운 249
로지더리베터 22

『마그나카르타 선언』(라인보우) 235, 240, 320
마낄라도라 192
『마음의 관리』(혹실드) 265
맑스주의 15, 23, 24, 68, 164, 165, 168, 169, 171, 177, 192, 195, 196, 205, 208, 222, 236, 253, 255, 258, 263, 300
모잠비크 147~149
『모잠비크:누가 지배하는가?』(한론) 147, 148
〈무토지여성연합〉 226, 227
『미드나잇 노트』 29

ㅂ, ㅅ

반전운동 118, 119, 150, 152
복지국가 178, 199
부르주아 54, 68, 285
부불가사노동 84, 89, 102, 163, 170, 189, 222, 239, 254, 261, 267, 275
부엌 30, 35, 39, 42, 60, 62, 63, 65, 79, 106, 109, 194, 244
부채위기 28, 128, 181
비물질노동 208, 255~260, 262, 264, 265, 268, 274, 298
빈곤화 127, 180, 184, 192, 292
사회민주주의 171
사회적 공장 25, 74, 208, 238
상호부조 193, 196, 205, 206, 297
『새로운 노예들』(코헨) 124
생산력 67, 163, 182, 198, 256, 262, 297
생활보호수당 90
성별분업 124, 173, 186, 219
성차별 70, 75, 108, 122, 129, 133, 136, 164, 237, 283
세계은행 30, 31, 122, 126, 128, 130, 132, 134, 136, 140, 142, 143, 146, 154, 155, 158, 160, 174, 224, 225, 228, 229, 237, 238, 244, 283, 285, 286, 290, 292, 300
세계화 28, 31, 120, 122, 123, 126, 128, 137~139, 143, 147, 149, 150, 153~155, 158, 159, 161, 169, 174, 186, 187, 189, 192, 194, 195, 198, 200, 215, 224, 225, 246, 289

섹슈얼리티 35, 45, 46, 52, 54~58, 106, 166, 172, 173
『섹스, 인종, 그리고 계급』(제임스) 173
시초축적 25, 30, 32, 177, 178, 180, 235, 243
식량원조 139, 144~146, 148, 150, 291
식민지 27, 28, 126, 130, 136, 139, 141, 158, 174, 180, 183, 219, 223, 224, 288
신자유주의 28, 31, 124, 127, 155, 159, 165, 169, 172, 174, 199, 223, 225, 236, 238, 247, 273, 285, 289
『신제국주의』(비엘) 162

ㅇ

『아프리카 쟁탈전』(파켄엄) 138
『암적 상태의 자본주의』(맥머트리) 162
〈앙골라완전독립민족동맹〉 144
『에티카』(스피노자) 263
「여성과 가사노동에 대한 보수」(로페이트) 64, 278
『여성과 공동체의 전복』(코스따) 104
〈여성노조연합〉 112
여성성 26, 44, 45, 47, 70, 71, 88, 251
〈여성소작농위원회〉 228
여성운동 60, 71, 87, 104~107, 109~ 118, 120, 131, 153, 159, 228, 231
『여성운동의 씨앗』(겔러) 104
「여성의 권력과 공동체의 전복」(코스따) 64
『여성의 신비』(프리단) 86, 280
여성주의 22~24, 26, 28, 31, 32, 35, 37, 60, 88, 95, 104~106, 108, 110~ 113, 115~118, 120~123, 125, 129, 130, 132~ 137, 153~155, 159~164, 168, 170~174, 176, 189, 192, 195, 207, 208, 210, 211, 218, 223, 235~237, 253, 254, 261, 262, 265, 267, 269, 270, 275, 277, 278, 282, 288, 294, 300, 305
여성해방운동 121, 169, 173, 175, 180
『영국 노동계급의 상태』(엥겔스) 167
우편주문 신부 133
원주민 160, 164, 216, 245
월가점거운동 34

유개차 버사 249
유럽중심주의 169
유토피아 71, 72, 107, 111, 113, 193, 194, 205, 206, 247, 297
이민 74, 127~131, 133, 142, 172, 187~201, 240, 269, 281, 286, 287, 291
「이주와 재생산」(코스따) 172
인적자본 97, 98
인종차별 75, 133, 164, 169

ㅈ

『자본』(맑스) 25, 163, 167, 256
『자본주의와 재생산』(달라 코스따) 121
자유무역지대 124~127, 156, 284
자율주의 23, 208, 253~255, 278
재개발 33, 196
재생산노동 21, 27, 28, 30, 33, 89, 98, 100, 123, 125, 126, 129, 131, 134, 136, 163, 165~171, 173, 175~177, 186~190, 192, 193, 198, 200, 201, 204~211, 237, 243, 244, 248, 251, 253, 254, 260, 262, 264, 267, 269, 270, 275, 276, 287, 298, 303, 306
저강도전쟁 154, 158
저성장경제 101, 102
〈전국여성식량권동맹〉 230, 231
〈전미여성회의〉 87, 280
「전부인가 전무인가」(브레히트) 138
『정치경제학 비판 요강』(맑스) 168, 179, 206, 256
제3세계 62, 63, 74, 78, 124, 126~128, 130~132, 135, 136, 139, 149, 154, 159, 161, 162, 169, 171, 180, 181, 216, 244, 260, 283~287, 301
『제국』(네그리·하트) 242, 255
젠더 27, 31, 33, 154, 155, 169, 186, 191, 208, 210, 251, 260, 262, 265, 268, 283
주부 22, 24, 27, 36, 37, 39~41, 47, 50, 61, 64, 66, 70, 74, 81, 84, 90, 92, 95, 99, 100, 106, 116, 167, 205, 259, 281, 296
지적재산권 135, 139, 239
「집만한 곳 없어라」(스테이플즈) 162, 190

ㅊ, ㅋ, ㅌ

『최소생활의 관점』(미즈, 벤홀트-톰젠) 161
〈캄팔라도시위원회〉 229
『캘리번과 마녀』(페데리치) 30, 243, 278
『공통체』(네그리·하트) 242, 255, 263
『탈산업사회의 도래』(벨) 265
탈영토화 178
탈축적 93, 96, 182
톤티식 연금제도 244

ㅍ, ㅎ

〈평등헌법수정안〉 116, 118
평화 139, 148~151, 229, 283
포스트포드주의 269, 270, 273
프롤레타리아트 23, 24, 33, 40, 68, 69, 126~128, 136, 155, 160, 167, 169, 171, 177, 185, 206, 225, 248, 268, 276
피임 93, 125
하류계급 210
〈할렘녹화연맹〉 232
핵가족 68, 73, 106, 261, 279, 287
『혹한의 시절 따뜻한 손길』(스타크) 211

기타

2차 세계대전 21, 22, 169, 172, 277, 303
〈5월광장 어머니회〉 157, 160
『SCUM 선언』(솔라나스) 116